现代商贸流通
重大战略研究丛书

教育部人文社科重点研究基地
浙江省新型重点专业智库
浙江工商大学现代商贸研究中心

赋能乡村振兴

电子商务促进中国农村共同富裕的理论与实践

肖 亮 柯彤萍 等著

中国财经出版传媒集团
经济科学出版社
Economic Science Press
北京

图书在版编目（CIP）数据

赋能乡村振兴：电子商务促进中国农村共同富裕的
理论与实践/肖亮等著. -- 北京：经济科学出版社，
2023.10
（现代商贸流通重大战略研究丛书）
ISBN 978 - 7 - 5218 - 5300 - 1

Ⅰ.①赋…　Ⅱ.①肖…　Ⅲ.①农村 - 电子商务 - 研究
- 中国②农村经济发展 - 研究 - 中国　Ⅳ.①F724.6
②F323

中国国家版本馆 CIP 数据核字（2023）第 199325 号

责任编辑：郑诗南
责任校对：杨　海
责任印制：范　艳

赋能乡村振兴：电子商务促进中国农村共同富裕的理论与实践
FUNENG XIANGCUN ZHENXING：DIANZI SHANGWU CUJIN ZHONGGUO
NONGCUN GONGTONG FUYU DE LILUN YU SHIJIAN
肖　亮　柯彤萍　等著
经济科学出版社出版、发行　新华书店经销
社址：北京市海淀区阜成路甲 28 号　邮编：100142
总编部电话：010 - 88191217　发行部电话：010 - 88191522
网址：www. esp. com. cn
电子邮箱：esp@ esp. com. cn
天猫网店：经济科学出版社旗舰店
网址：http://jjkxcbs. tmall. com
北京季蜂印刷有限公司印装
710 × 1000　16 开　21.5 印张　361000 字
2023 年 10 月第 1 版　2023 年 10 月第 1 次印刷
ISBN 978 - 7 - 5218 - 5300 - 1　定价：88.00 元
（图书出现印装问题，本社负责调换。电话：010 - 88191545）
（版权所有　侵权必究　打击盗版　举报热线：010 - 88191661
QQ：2242791300　营销中心电话：010 - 88191537
电子邮箱：dbts@ esp. com. cn）

前　　言

　　共同富裕是党中央、国务院在新时代，结合当前我国经济社会发展的需求，有针对性地提出的国家发展的重大主题，是打造我国经济高质量发展的"新引擎"，是处理好区域统筹和城乡统筹的重要抓手，是缩小贫富差距实现社会公平可持续发展的根本保障。习近平总书记在《扎实推动共同富裕》一文中明确提出："促进共同富裕，最艰巨最繁重的任务仍然在农村。"① 加快推动我国农村地区实现共同富裕是全面落实共同富裕国家战略的重要着力点。2021 年 5 月 20 日《中共中央 国务院关于支持浙江高质量发展建设共同富裕示范区的意见》也明确提出，"共同富裕要更注重向农村、基层、相对欠发达地区倾斜，向困难群众倾斜，在高质量发展中推动共同富裕"。但目前中国农村地区在实现共同富裕过程中，仍面临居民收入差距、基本公共服务差距、产业发展差距等一系列堵点和痛点。

　　电子商务是数字技术在农村地区应用的重要体现，也是数字乡村最活跃最集中的表现形式。首先，电子商务可引领农业生产方式深刻变革，加快构建农产品供应链体系，进而推动农业高质量发展。其次，电子商务有利于加快补齐农村物流基础设施短板，提升农村物流公共服务水平，拓展农村商业网点体系，增强农村居民美好生活获得感，在全面小康的基础上走向共同富裕。最后，电子商务还可推动农村地区产业发展，并提供大量自主创业和分时就业机会，是农村居民低收入群体脱贫致富的重要渠道，也是培育和扩大农村中等收入群体的新增长点，具有"扩中""提低"的突出作用。因此，2014～2023 年，连续十年的中央一号文件均明确提出要发展农村电商。2020 年 4 月，习近平总书记在陕西考察期间，与柞水县小岭镇金米村的村民交谈时表示："电商作为新兴业态，既可以推销农副产

---

① 习近平：《扎实推动共同富裕》，载《求是》2021 年第 20 期。

品、帮助群众脱贫致富，又可以推动乡村振兴，是大有可为的。"① 可见，利用电子商务破解农村地区加快实现共同富裕过程中面临的区位不佳、资金不足和产业滞后等发展瓶颈，将农村地区的生态优势、资源优势转化为经济优势和产业优势，是数字经济时代高质量解决好"共同富裕"问题的创造性探索与创新性实践。

近年来，作者及其团队一直在从事电子商务领域的理论研究和应用实践工作，先后承担了商务部重大招投标课题《提升电子商务进农村》、教育部人文社会科学重点研究基地重大课题《共同富裕框架下电子商务促进农村高质量发展研究》（22JJD630019）、浙江省软科学重点研究课题《农村电商赋能高质量发展建设共同富裕示范区的机理与对策》（2022C25042）、浙江省商务厅《浙江省电子商务进农村综合示范绩效评价（2020－2022）》等相关课题。课题期间先后通过不同方式，走访调研了陕西、浙江、福建、云南等多个省份，以及浙江省34个电子商务进农村国家示范县。这期间撰写了《农村电商赋能共同富裕的浙江做法及启示》《农村电商的物流短板及政策建议》《提升电子商务进农村畅通国内城乡大循环》《制约我省农产品冷链物流发展的主要瓶颈及对策》《打造农村电商"升级版"首批国家试点形成"浙江经验"》《加快我省乡村物流补短板强弱项的思考和建议》等系列成果要报，并牵头起草了《现代商贸特色镇评价规范》（T/ZTAC 002—2022）、《现代商贸示范村评价规范》（T/ZTAC 003—2022）等多项行业标准。其中，《提升电子商务进农村研究》获商务部全国商务优秀成果奖二等奖；多份成果要报先后获省部级及以上领导肯定性批示和商务部、浙江省人民政府等重要政府部门应用采纳。

本书正是在上述课题研究及调研基础上形成的最终研究成果。全书分为七章。其中，第一章阐释了电子商务赋能农村共同富裕的理论逻辑，分析了新发展阶段电子商务赋能农村共同富裕所面临的新任务，进而提出电子商务赋能农村共同富裕的理论模型。第二章对共同富裕、乡村振兴、农村电商等领域的理论研究，进行了系统评述。第三章从农产品生态价值实现、农村公共服务均等化满意度、小农户参与电商共富体三个不同视角出

---

① 《直与天地争春回——记习近平总书记在陕西考察》，人民网，2020 年 4 月 27 日，http: //jhsjk. people. cn/article/31690006。

发，聚焦农业高质量发展、农村公共服务均等共享和农民收入"扩中""提低"三条主线，深入揭示电子商务赋能农村共同富裕的理论机制。第四章阐述了共同富裕时代"农产品进城"电商的基本内涵，并在"农产品进城"电商发展现状、存在问题、典型案例与经验启示梳理的基础上，提出共同富裕时代下"农产品进城"电商的发展思路与对策。第五章阐述了共同富裕时代"工业品下乡"电商的基本内涵，并在"工业品下乡"电商发展现状、存在问题、典型案例与经验启示梳理的基础上，提出共同富裕时代下"工业品下乡"电商的发展思路与对策。第六章阐述了共同富裕时代农村电商物流的基本内涵，并在农村电商物流发展现状、存在问题、典型案例与经验启示梳理的基础上，提出共同富裕时代下农村电商物流的发展思路与对策。第七章阐述了共同富裕时代农村电商促进收入"扩中""提低"的基本内涵，并在农村电商促进收入"扩中""提低"发展现状、存在问题、典型案例与经验启示梳理的基础上，提出共同富裕时代下农村电商促进收入"扩中""提低"的发展思路与对策。

全书是作者及其研究团队多年来的集体研究成果，受教育部人文社会科学重点研究基地重大课题（22JJD630019）、浙江省软科学重点研究课题（2022C25042）资助。其中，肖亮教授负责全书编辑和统稿工作，并承担了全书主要章节核心内容的撰写和修改工作；余福茂教授、柯彤萍博士、王家玮博士、邱毅教授、袁霄助理研究员参与了本书部分章节的撰写、修改和研讨工作；研究生骆林勇、王兴宇、张艳俊、石习涵、郑基旺、王文豪、陈姿谚、姜圣妃、田利亚、张咸宁、王展、聂海龙等参与了本书部分章节初稿的撰写及相关文献整理工作，此外，还要特别感谢商务部政研室、浙江省商务厅电商处，以及相关省市区商务部门在课题调研过程中给予的大力支持。由于电子商务进农村的理论研究和应用实践均发展较快，书中有关论述可能存在疏漏。恳请同行、读者提出批评意见，以便逐步完善。此外，本书写作过程中参阅了大量文献资料，对于本书中引用但是由于疏忽而没有在参考文献中准确指出资料出处的情况，向相关作者表示诚挚的歉意。

肖　亮

2023 年 10 月于浙江工商大学

目录

第一章　电子商务赋能农村共同富裕的理论逻辑

第一节　电子商务赋能农村共同富裕的基本逻辑

一、共同富裕是社会主义的本质要求，是中国式现代化的重要特征，更是我国在发展新阶段的重大战略部署

共同富裕是党中央、国务院在新时代，结合当前我国经济社会发展的需求，有针对性地提出的国家发展重大战略，是打造我国经济高质量发展的"新引擎"，是处理好区域统筹和城乡统筹的重要抓手，是缩小贫富差距实现社会公平可持续发展的根本保障。党的十八大以来，党中央把握发展阶段新变化，把逐步实现全体人民共同富裕摆在更加重要的位置上。习近平总书记曾指出："共同富裕本身就是社会主义现代化的一个重要目标。我们要始终把满足人民对美好生活的新期待作为发展的出发点和落脚点，在实现现代化过程中不断地、逐步地解决好这个问题。"[①] 特别是党的十九届五中全会以来，习近平总书记就推动共同富裕发表了系列重要论述，创立了习近平新时代中国特色社会主义思想重要篇章，开辟了中国特色社会主义共同富裕理论新境界。为系统谋划推动共同富裕，党的十九届五中

[①] 《习近平在中共中央政治局第二十七次集体学习时强调 完整准确全面贯彻新发展理念确保"十四五"时期我国发展开好局起好步》，人民网，2021 年 1 月 29 日，http：//jhsjk. people. cn/article/32017264。

全会提出了"全体人民共同富裕取得更为明显的实质性进展"的目标。2021年5月，《中华人民共和国国民经济和社会发展第十四个五年规划和2035年远景目标纲要》提出，"十四五"时期全体人民共同富裕迈出坚实步伐；到2035年，人的全面发展、全体人民共同富裕取得更为明显的实质性进展；支持浙江高质量发展建设共同富裕示范区。2021年8月17日，习近平总书记在中央财经委员会第十次会议上提出，要深入研究不同阶段的目标，分阶段促进共同富裕：到"十四五"末，全体人民共同富裕迈出坚实步伐，居民收入和实际消费水平差距逐步缩小。到2035年，全体人民共同富裕取得更为明显的实质性进展，基本公共服务实现均等化。到本世纪中叶，全体人民共同富裕基本实现，居民收入和实际消费水平差距缩小到合理区间[①]。2022年10月，习近平总书记在党的二十大报告中进一步强调："中国式现代化是全体人民共同富裕的现代化。共同富裕是中国特色社会主义的本质要求，也是一个长期的历史过程。我们坚持把实现人民对美好生活的向往作为现代化建设的出发点和落脚点，着力维护和促进社会公平正义，着力促进全体人民共同富裕，坚决防止两极分化。"[②]

二、农村地区能否加快实现共同富裕、能否取得标志性的共同富裕成果，事关共同富裕国家战略全局

习近平总书记在《扎实推动共同富裕》一文中明确提出："促进共同富裕，最艰巨最繁重的任务仍然在农村。"[③] "共同富裕要更注重向农村、基层、相对欠发达地区倾斜，向困难群众倾斜，在高质量发展中推动共同富裕"[④]。但目前农村地区在实现共同富裕过程中，仍面临居民收入差距、基本公共服务差距、产业发展差距等一系列堵点和痛点（丁一珂和宾建成，2021）。据统计从居民收入差距来看，2022年，我国农村居民人均可支配收入为20 133元，比上年增长6.3%；人均消费支出16 632元，比上

---

① ③ 《扎实推动共同富裕》，人民网，2021年10月15日，http：//jhsjk. people. cn/article/32255147。

② 《高举中国特色社会主义伟大旗帜 为全面建设社会主义现代化国家而团结奋斗》，人民网，2022年10月26日，http：//jhsjk. people. cn/article/32551700。

④ 《中共中央 国务院关于支持浙江高质量发展建设共同富裕示范区的意见》，中国政府网，2021年6月10日，https：//www. gov. cn/zhengce/2021－06/10/content_5616833. htm。

年增长 4.5%，而城市居民人均收入为 49 283 元，比上年增长 3.9%；人均消费支出 30 391 元，比上年增长 0.3%，全国城乡居民收入比值达到 2.45，消费支出差别达 1.83 倍①。北京大学的相关研究也表明，目前有 70% 的城市人口已经进入幸福消费区域（食品消费占家庭消费开支总额的比例低于 30%）。而农村只有 30% 的人口进入幸福消费区域，农村的消费水平落后于城市约 10 年。② 从基本公共服务差距来看，受农村地区地理位置偏远、地形复杂等因素影响，农村公共基础设施建设难度较大，导致普遍存在城乡基础设施衔接不够畅通，城乡基本公共服务不均衡等问题（赵丽琴等，2023）。以商贸物流公共服务为例，据统计，我国农村人均商业面积仅有城市的 1/10，农村地区快递网点村级覆盖率不到 20%。东部沿海地区农村和城市的电商快递差价可达到 1.5 元/千克。而西部地区农村物流成本又是东部地区的 4~5 倍，快递成本则近 6~10 倍。③ 从产业发展差距来看，城乡地区发展不平衡的一个重要原因是城乡产业结构的差异。相比城市工业化水平高，经济体多是工业和服务业类，农村经济则以农业为主体，仅有少部分低水平工业。据第七次全国人口普查统计，我国县域人口占全国总人口的比重约 60%，而地区生产总值仅占比 35% 左右④。

三、电子商务进农村是破解农村地区加快实现共同富裕过程中面临关键瓶颈的最大动力源、最强支撑点和最佳突破口

首先，深化电子商务进农村是破解农村居民收入差距较大难题，实现更高水平共同富裕的最大动力源。深化电子商务进农村不仅可引领农业生产方式深刻变革，提高农产品附加值，提高农民收入水平，还可提供大量

---

① 国家统计局：《中华人民共和国 2022 年国民经济和社会发展统计公报》，国家统计局官网，2023 年 2 月 28 日，http://www.stats.gov.cn/sj/zxfb/202302/t20230228_1919011.html。

② 马晓岚：《农村人口的消费潜力巨大》，科学网，2018 年 11 月 24 日，https://news.sciencenet.cn/htmlnews/2018/11/420319.shtm。

③ 傅娟、杨道玲、王凡：《【专家观点】加快释放县乡地区消费潜力》，国家发展和改革委员会官网，2022 年 12 月 1 日，https://www.ndrc.gov.cn/wsdwhfz/202212/t20221201_1343116.html。

④ 国家统计局、国务院第七次全国人口普查领导小组办公室：《第七次全国人口普查公报》，中国政府网，2021 年 5 月 11 日，https://www.gov.cn/guoqing/2021-05/13/content_5606149.htm。

自主创业和分时就业机会（肖亮和王家玮，2022）。深化电子商务进农村既是县域居民低收入群体脱贫致富的重要渠道，也是培育和扩大县域中等收入群体的新增长点，具有"扩中""提低"的突出作用。截至 2022 年 6 月，我国已建设 50 个国家现代农业产业园、40 个优势特色产业集群、200 个农业产业强镇，促进农民就地就近就业。全国农民合作社、家庭农场超过 610 万家，农业社会化服务组织超过 95.5 万个①。截至 2022 年底，全国返乡入乡创业人员数量累计达 1 220 万人②，创办农村产业融合项目的超 80%，利用"互联网＋"创新创业的超过 50%，在乡创业人员超过 3 100 万。预计 2025 年，农产品网络销售额将达 1 万亿元③。

其次，深化电子商务进农村是破解农村基本公共服务共享难题，实现更高质量共同富裕的最强支撑点。电子商务进农村不仅有利于加快补齐农村物流基础设施短板，提升农村物流公共服务水平，助力乡村全面振兴；也可拓展和完善农村商业网点体系，优化农村消费服务环境，增强农村居民美好生活获得感，在全面小康的基础上走向共同富裕（屈迪和贺建风，2022）。以快递物流服务为例，截至 2022 年，在电子商务带动下，全行业拥有各类营业网点 43 万处，累计建成 990 个县级寄递公共配送中心、27.8 万个村级快递服务站点，实现乡乡设所、村村通邮，快递网点乡镇全覆盖。平均每天有约 1 亿件包裹在乡村进出④。这反映了电子商务对公共服务高质量、高效能发展的显著带动作用，也说明了公共服务与电子商务深度融合是实现公共服务更高效、更公平和更透明的新动能。

最后，深化电子商务进农村是破解农业发展资源短板难题，实现更高层次共同富裕的最佳突破口。电子商务进农村有利于农村地区深度链接产业发展的外部资源，有效破解农村地区相对区位不佳、资金不足和产业相

---

① 农业农村部信息中心、中国国际电子商务中心：《2022 县域数字农业农村电子商务发展报告》，中华人民共和国农业农村部门户网站，2023 年 1 月 16 日，http：//www. moa. gov. cn/xw/zxfb/202301/P020230116514407104560. pdf。

② 常钦：《截至 2022 年底，全国返乡入乡创业人员数量累计达 1 220 万人》，中国新闻网，2023 年 2 月 17 日，https：//www. chinanews. com/gn/2023/02 - 17/9955175. shtml。

③ 农业农村部：《全国乡村产业发展规划（2020 - 2025 年）》，中国政府网，2020 年 7 月 9 日，http：//www. gov. cn/zhengce/zhengceku/2020 - 07/17/content_5527720. htm。

④ 李心萍：《2022 年完成业务量 1 105.8 亿件快递服务覆盖全国 95% 建制村》，中国政府网，2023 年 1 月 18 日，https：//www. gov. cn/xinwen/2023 - 01/18/content_5737679. htm。

对滞后等发展瓶颈，将农村地区的生态优势、资源优势转化为经济优势和产业优势，为农村地区实现产业高质量发展提供有力支撑（屈迪和贺建风，2022）。截至 2022 年，我国各类涉农电商平台 3 万多个，全国农村网商（网店）达到 1 730.3 万家，同比增长 6.2%。其中仅直播电商就有573.2 万家，占 33.1%。仅 2022 年，全国改造县城综合商贸服务中心 983个、乡镇"大集"和商贸中心 3 941 个①。在巩固脱贫成果方面，农村电商的发展推动产业脱贫成效显著。截至 2022 年 6 月，全国脱贫地区已累计创建 140 个优势特色产业集群、250 个国家现代农业产业园、1 300 多个农业产业强镇、3 600 多个"一村一品"示范村镇，832 个脱贫县每个县已初步培育 2~3 个优势突出、带动能力强的主导产业②。2022 年，脱贫地区农民人均可支配收入达到 15 111 元，增长 7.5%，比全国农民人均可支配收入增速高 1.2 个百分点。脱贫人口人均纯收入达到 14 342 元，同比增长 14.3%，比全国农民人均可支配收入增速高 8 个百分点③。

第二节　新发展阶段电子商务赋能农村共同富裕面临的新任务

当前，我国经济正处在转变发展方式、优化经济结构、转换增长动力的攻关期以及共同富裕战略实施的关键期，国内外发展环境也经历着深刻变化。未来一个时期，国内市场主导国民经济循环特征会更加明显，经济增长的内需潜力会不断释放。在新形势背景下，深化电子商务进农村的新使命主要体现为聚焦巩固脱贫攻坚成果、促进乡村振兴和加快实现共同富裕，着重破解以下 5 个"不平衡"问题，为构建共同富裕背景下新发展格局提供强大动力。

---

① 商务部：《全国 95% 的行政村实现了快递直达》，中华物流网，2023 年 3 月 2 日，https：//www.163.com/dy/article/HUROKG9P055061FK.html。

② 农业农村部信息中心、中国国际电子商务中心：《2022 县域数字农业农村电子商务发展报告》，中华人民共和国农业农村部门户网站，2023 年 1 月 16 日，http：//www.moa.gov.cn/xw/zxfb/202301/P020230116514407104560.pdf。

③ 农业农村部：《2022 年脱贫地区农民人均可支配收入达到 15111 元增长 7.5%》，央视网，2023 年 2 月 14 日，https：//news.cctv.com/2023/02/14/ARTIurw3FFmXJNQuy6IngFfy230214.shtml。

一、破解农产品消费需求与供应链服务能力的不平衡

近年来，随着人们消费水平的不断提升，国内消费者特别是城市消费者的消费方式、动机及消费结构发生了显著变化（龙少波等，2020），对健康的注重、对品质的追求等拉动了农产品消费需求的升级，也推动了生鲜农产品冷链物流消费需求的迅速增长。据统计，2022 年，全国农产品网络零售额 5 313.8 亿元，同比增长 9.2%[①]。然而，由于我国农产品流通体系尚不完善，农产品流通供应链保障能力相对较弱，正制约着居民更高质量的农产品消费需求的释放（肖亮和王家玮，2022）。第一，农产品产业链的标准化、规范化水平较低，三品一标认证的普及率不高，这可能造成农产品质量的参差不齐，进而影响消费者的网络购物体验，不利于农产品电商的良好可持续发展（张小允和许世卫，2022）；第二，农产品流通体系建设不能适应农产品进城的发展要求，尤其是上行物流体系短板明显，存在物流网点布局与运营质量欠佳、全程冷链物流体系发展滞后、农村电商物流服务体系不健全等问题，制约了产销对接的顺畅性；第三，农业产业链上游与中、下游连接不紧密，农民在信息、流通、销售方面缺乏相应的经验，在利益链条中处于弱势地位，难以公平分享全链条增值收益，农户、农业企业、电商平台的利益联结机制未建立，最终导致农产品产销不能有效衔接。

二、破解农民消费需求与农村市场供给能力的不平衡

随着农民收入逐年增加，庞大的农村消费市场日渐活跃，消费活力正在加速释放。2022 年，我国城镇消费品零售额 380 448 亿元，乡村消费品零售额 59 285 亿元；农村居民人均可支配收入 20 133 元，比上年增长 6.3%，增速比城镇居民人均可支配收入高 2.4 个百分点[②]。在消费总量加速增长的同时，农村居民消费行为和消费观念不断发生变化，网络消费、

---

① 常钦：《挖掘产业优势 推进乡村振兴（经济聚焦）》，人民网，2023 年 3 月 27 日，ht-tp：//finance. people. com. cn/n1/2023/0327/c1004 - 32651430. html。

② 国家统计局：《中华人民共和国 2022 年国民经济和社会发展统计公报》，国家统计局官网，2023 年 2 月 28 日，http：//www. stats. gov. cn/sj/zxfb/202302/t20230228_1919011. html。

定制消费、体验消费、智能消费等新兴消费亮点不断涌现。但是，由于我国农村市场体系不够完善，工业品下乡供给能力难以适应农民美好生活新需要，制约了农村消费进一步提质扩容（张义博等，2023）。第一，县域物流现代化程度仍然不高，还存在网络分布不均衡、产业承载能力有待提高等堵点，农村电商物流"最后一公里"效率低下而且成本高，农村地区"货难到、效益差、不持续"等物流问题导致无法支撑下行产品顺畅流通；第二，虽然我国农村地区居民增收较快，但人均可支配收入依然较低，农民收入瓶颈成为消费升级的刚性约束，且农村地区的消费环境在硬件和软件两方面都存在较为严重的短板，打击了农民的消费信心，给工业品下乡带来负面影响；第三，新时代城乡"数字鸿沟"问题的主要矛盾正从基础设施差距转向数字素养和技能差距（谢治菊和黄美仪，2023）。受制于教育基础薄弱，农民数字素养水平普遍较差，也在一定程度上制约了工业品下行的推进。据 2021 年中国社科院发布的《乡村振兴战略背景下中国乡村数字素养调查分析报告》，我国城乡居民数字素养差距异常明显，城市居民平均得分 56.3 分（满分 100 分），农村居民平均得分 35.1 分，差值高达 21.2 分；农民数字素养得分仅 18.6 分，显著低于其他职业类型群体，较全体人群平均值低 57%[1]。

三、破解城乡居民公共服务供给能力的不平衡

实现城乡基本公共服务均等化作为乡村振兴及共同富裕的基本要求，受到党和国家的高度重视，是我国深入推进中国式现代化的重要政策目标。但受政策、基础设施、居民收入水平、素养、获取资源的渠道等因素的影响，城乡公共服务供给范围及供给能力均呈现不平衡现象。以基本生活设施为例，据统计，城市、县城、建制镇、乡驻地、村庄依次递减，城市与村庄之间的供水普及率相差 20.67 个百分点，燃气普及率之间相差 68.11 个百分点[2]。究其原因，一是农村居民获取公共服务的能力有限。

---

[1] 张建国：《多措并举提升农民数字素养和技能》，光明网，2022 年 12 月 24 日，https：// m. gmw. cn/baijia/2022 - 12/24/36254626. html.

[2] 盛广耀：《中国城乡基础设施与公共服务的差异和提升》，知网，2020 年 7 月 15 日，https：//kns. cnki. net/kcms2/article/abstract? v = 3uoqIhG8C44YLTlOAiTRKibYlV5Vjs7i8oRR1PAr7Rxj uAJk4dHXom_q_3_0ELQxjGVihJkNWTaWYipJaV1vkSbpXTLBvXlS&uniplatform = NZKPT.

长期以来，我国"自上而下"的公共服务资源配置机制具有高效、统一、简单的优点，但由于城乡经济、社会发展差异化明显，供给过程中往往无法充分考虑和体现不同地区尤其是农村居民的实际需求。一方面，受制于城乡间"数字鸿沟"，农村居民相较城市居民而言数字素养相对较差，因此很难通过现代化手段进行需求主张，导致需求和供给出现偏差；另一方面，在新型城镇化进程中，一些地方政府过度追求公共服务供给数量，对公共服务供给质量考虑欠佳，缺少对农村居民实际需求的调查和信息的收集、整理，忽视了农村居民的需求偏好问题，进而造成制度制定脱离实际需求，不能有效配置基层的公共服务资源。二是农村基础设施落后制约了城乡公共服务均等化。长久以来，由于农村地区具有人口居住松散、交通不方便等特征，交通、物流、市政等传统基础设施较为分散且不能完全覆盖农村区域，使得农村居民无法便捷地依托基础设施获取公共服务，且随着信息技术发展，农村地区物联网、无人配送等新型基础设施较城市而言还存在许多短板和不足，进一步拉大了城乡公共服务的供给范围及供给水平。

四、破解东西部区域农村电商发展的不平衡

近年来，我国农村电子商务发展成效显著。习近平总书记在陕西考察时指出，电商作为新兴业态，既可以推销农副产品、帮助群众脱贫致富，又可以推动乡村振兴，是大有可为的①。随着"互联网＋"在农业领域的发展，电子商务已站在时代的风口，成为农村经济新的增长点，为脱贫攻坚和乡村振兴不断注入新动能。2014～2022 年，中央一号文件连续九年对农村电商作出部署。2022 年中央一号文件进一步强调要实施"数商兴农"工程，推进电子商务进乡村。然而，我国农村电商发展不平衡的问题依然十分突出，制约了农村电商发展红利更好、更广地惠及农村、农民。一是由于经济发展基础及政策重视程度不同，导致东西部区域农村电商发展不平衡。华东地区农村电商发展水平远高于中部、西部和东北地区，城镇和乡村之间在基础设施、产业集群、公共资源及人才环境等方面仍有较大差

---

① 《直与天地争春回——记习近平总书记在陕西考察》，人民网，2020 年 4 月 27 日，ht-tp：//jhsjk. people. cn/article/31690006。

距。2021 年，华东、华南、华北、华中、西南、东北和西北地区县域网络零售额依次为 26 221.9 亿元、9 105.9 亿元、4 538.0 亿元、1 442.1 亿元、1 424.4 亿元、558.8 亿元、537.3 亿元，占全国的比重依次为 59.8%、20.8%、10.4%、3.3%、3.2%、1.3% 和 1.2%[1]，差距明显。二是由于各地农村电商发展起步时间不同，致使发展阶段不平衡。东部区域多数农村地区电商发展基础较好，已进入从大到强的提质期。西部农村地区电商发展处于从小到大的发展期，部分较落后农村甚至处于从无到有的萌芽期。三是相较东部而言，西部农村地区电商功能较为单一，消费需求与市场供给不平衡。当前，西部地区农村网销商品多以工业品和地方土特产品为主，生鲜农产品发展相对缓慢，而且未充分融入餐饮、旅游、娱乐、医疗等生活服务领域，致使供给类型单一，无法充分满足消费者多元化需求。

五、破解城乡居民收入水平的不平衡

随着脱贫攻坚的胜利，我国脱贫事业的关注对象指向了相对贫困，农业农村和低收入群体受到了广泛关注。随着乡村振兴战略的实施，农业现代化和新型城镇化的进程不断推进，人民生活水平得到了显著提高，但由于发展不平衡，我国收入差距问题仍然尖锐。据统计，2022 年城镇居民人均可支配收入 49 283 元，比上年增长 3.9%，农村居民人均可支配收入 20 133 元，比上年增长 6.3%，二者相差 2.45 倍[2]，城乡收入差距依旧处于高位。究其原因，首先，农村生产方式传统、经营方式粗放。我国长期存在的城乡二元的经济结构决定了城乡居民劳动生产方面的巨大差异，实行城乡分割的二元经济体制加剧了城乡发展的不同步。受资源条件限制，不同于城市，农村地区小农经济特征突出，存在生产主体分散、土地资源要素分散、生产组织化程度低的特征，多数农村地区没有形成完整的产业链，产品仍处在最初的原始状态，难以打造大品牌，品牌效益有限，限制

---

[1]　农业农村部信息中心、中国国际电子商务中心：《2022 县域数字农业农村电子商务发展报告》，中华人民共和国农业农村部门户网站，2023 年 1 月 16 日，http://www.moa.gov.cn/xw/zxfb/202301/P020230116514407104560.pdf。

[2]　国家统计局：《中华人民共和国 2022 年国民经济和社会发展统计公报》，国家统计局官网，2023 年 2 月 28 日，http://www.stats.gov.cn/sj/zxfb/202302/t20230228_1919011.html。

了居民的增收。其次，农村居民个人能力相对欠缺。受教育水平等因素的限制，农村居民相较城市居民而言文化素养、数字素养等相对较差，加之由于城乡二元分离带来的知识和信息获取壁垒，使广大农民难以及时接触新技术新成果，对于农业科技应用不足，导致农业生产效率及生产质量低下，制约了农村居民的增收。最后，人才外流严重。由于实行城市和农村两种户籍制度，造成城乡劳动力市场分割和城市劳动力市场对农民的封闭，加之农村人才扶持、社会保障等政策较城市而言较不健全，农村劳动力多选择去邻近的城市发展，城市的虹吸效应愈发明显，在客观上制约了农民收入的增长，促使城乡收入差距不断拉大。

第三节　电子商务赋能农村共同富裕的理论模型

纵观乡村振兴和共同富裕的出发点和主要任务，其核心是高质量解决"三农"问题。可以说，共同富裕的基础在"三农"，短板也在"三农"。因此，电子商务赋能农村共同富裕的核心是如何利用电子商务赋能农村地区，破解五大不平衡问题，加快实现共同富裕。其基本思路是："明确一个愿景、聚焦三大主线、深化四大场景、升级六大体系"。其中，"明确一个愿景"是指共同富裕，这也是农村电商发展的最终目标。"聚焦三大主线"是指推动农业高质量发展；促进农村公共服务均等共享；助力农村居民收入"扩中""提低"，这也是共同富裕背景下农村电商发展的战略使命。"深化四大场景"是指深化电子商务畅通农产品上行场景；深化电子商务畅通工业品下行场景；深化电子商务促进物流快递进村场景；深化电子商务促进农民收入"扩中""提低"场景，这也是共同富裕背景下农村电商发展的主要路径。"升级六大体系"是指推动农产品上行体系、工业品下行体系、农村电商公共服务体系、农村电商物流服务体系、农村电商产业体系、农村电商创新创业服务体系升级，是共同富裕背景下农村电商发展的核心任务。电子商务赋能农村共同富裕的基本框架如图 1 - 1 所示。

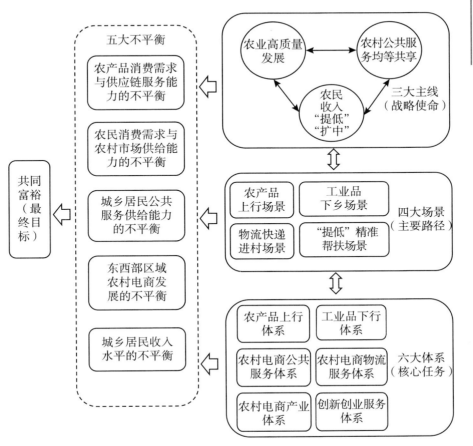

图1-1　电子商务赋能农村共同富裕的基本框架

资料来源：由笔者整理绘制。

一、聚焦三大主线

(一) 实现农业高质量发展是实现农村共同富裕的基础支柱

加快推进农业高质量发展是农业发展进入新阶段的现实要求，它有利于提升农产品质量安全水平，提高农业竞争力，进而提高农业效益，实现乡村振兴及共同富裕。高质量发展是农业现代化的必由之路，是实现乡村振兴的重要抓手，是推进农业大国向农业强国转变的重大战略。农业高质量发展的关键是促进农业生产方式转型创新、增加农产品高附加值和提高农业市场主体技能，建立现代化农业生产和市场体系。但受社会资源、信息技术和人力资本等因素的限制，我国农业现代化生产和市场体系构建存在较大难题，仍然面临着生产方式粗放、生产组织方式以小农户为主、农产品附加值不高等问题，这也成为阻碍农村地区实现共同富裕的重要难题。深化电子商务进农村，可有效实现互联网嵌入，借助社会网络及资源，深入农业生产各个环节，促进农业生产力、生产方式和生产关系重构，推动农业经营主体在组织管理、生产服务、市场经营等各种方式和手段方面进行数字化转型，引导农业向规模化、标准化发展，延长农业价值链，切实提升农业供应链的组织化程度，促进农业生产方式转变，同时能够引导农业企业推进"三品一标"认证工作，提升农业企业在农业价值链中的地位，显著增强农业生产者的市场议价能力，最大化创造农产品品牌价值，从而促进产品竞争力的提升。尤其是新一代信息技术，诸如大数据、人工智能、5G 等日益深入农业生产的各个环节，可以通过数字赋能实现发展动能转换，从而让小农户在转型中共享数字红利，将农村地区的生态资源优势转化为经济产业优势，从而实现共同富裕。

（二）推动农村公共服务均等共享是实现农村共同富裕的重要内容

共同富裕不仅要求整体经济发展水平达到较高水平，还要求缩小城乡基础设施、公共服务、民生事业等方面发展差距，最终实现城乡基本公共服务均衡发展。农村的基本公共服务水平普遍弱于城市，存在着基本公共服务类型少、服务网点不健全、服务机制不完善等诸多短板。近年来，以电子商务为核心的数字化技术正在改变农村地区基本公共服务提供的结构、流程和内容，农村基本公共服务提供的性质发生了深刻变化。首先，农民群体数字素养与技能的高低，将直接关系到在"触网"之后对数字资源的持续使用意愿和能力。深化电子商务进农村，可带动提升农民数字能力，尤其增强其获取线上公共服务以及表达公共服务需求的数字能力。其次，农村电商的发展，一方面可以带动农村公共基础设施建设更充分和均衡，通过布局电商县、乡、村三级服务站点，打破公共服务物理空间的藩篱，弥补农村产业公共服务短板，同时，通过赋能站点不断迭代站点快递收寄、金融服务等功能，提升公共服务可达性，加快基本公共服务均等共享；另一方面，通过积极布局农村电商物流服务体系，推动公共服务要素资源由城市向农村地区流动，创新"工业品下乡"的"云消费"场景，可将更多优质产品及服务传递至农村地区，推动农村居民消费观念及消费需求升级，提升农民生活水平，进而推动城乡公共服务均等共享。公共服务与电子商务深度融合是实现农村基本公共服务更高效、更公平和更透明的新动能。

（三）助力农民收入"扩中""提低"是实现农村共同富裕的核心目标

要实现全体人民共同富裕，农民是需重点关注的人群。农村居民收入"扩中""提低"是农村共同富裕应有之义。缩小农村居民收入差距既要高度关注"平均数以下"问题，切实解决农村低收入人口的发展增收和民生困难问题，也要积极探索稳定和扩大中等收入群体的新机制。但是现阶段，农民增收还面临着个人技能水平有限、就业岗位不足、创业动机不强及配套服务欠缺等问题。一方面，农民收入"提低"问题的本质是共同富裕框架下的农村精准帮扶问题。深化电子商务进农村，不仅为农民低收入群体创造了掌握知识和技能、及时获取市场信息的条件，使其有机会参与分享农业高质量发展收益，更重要的是为社会资本借力电子商务参与农村精准帮扶提供了机会，其逻辑起点是先富带动后富，最终实现农村共同富裕。另一方面，农民收入"扩中"问题的本质是共同富裕框架下电子商务对农村居民创新创业选择的影响及其作用问题。深化电子商务进农村，在带动现代化农业高质量发展，拓展和延伸农村产业链等方面发挥重要的作用，尤其是网络直播、社交电商等电子商务新业态新模式为农村居民创新创业提供了新机遇，正在成为扩大农村居民中等收入群体的重要途径。同时，农村电商的发展既可以通过"订单农业"等模式，帮助农业生产者及时了解市场需求信息，改变仅凭经验生产的传统模式，避免有货无处卖、增产不增收的窘境，又能用来实现农产品与消费市场的直接对接，促进农产品销售数字化，缩短中间交易环节，降低交易成本，从而提升农民收入。

二、深化四大场景

（一）深化电子商务畅通农产品上行场景，助力农村农业生产方式转型升级

2019 年 12 月，农业农村部、国家发展改革委、财政部、商务部联合

发布了《关于实施"互联网＋"农产品出村进城工程的指导意见》，文件指出要进一步发挥"互联网＋"优势，推动农产品卖得出、卖得好，促进农业高质量发展。2022年中央一号文件进一步提出，要鼓励各地重点发展农村电商等产业，加快实施"互联网＋"农产品出村进城工程，推动建立长期稳定的产销对接关系。电子商务进农村拓宽了上行渠道，促进了农业产业链供应链数字化改造，助力农业转型升级，一定程度上解决了传统"三农"小生产短板和现代市场大生产有效对接的问题。为了进一步拓宽农产品上行通道，拓展农民增收致富空间，更好地解决更高质量的农产品消费需求与农产品供应链服务能力的不平衡问题，需要深化电子商务拓宽农产品上行，推动农业生产方式转型升级的示范场景，从培育区域公用品牌提升农产品价值、整合供应链提升农产品可电商化水平、渠道模式创新畅通农产品电商上行体系、构建产地冷链物流体系延长农产品电商销售周期、建立健全农产品质量追溯体系等方面，深化利用农村电子商务对农产品进行品牌、数据和产品赋能，促进农产品高质量上行，带动农村农业生产方式转型升级的主要经验及创新举措。

（二）深化电子商务畅通工业品下乡场景，助力共同富裕美好社会建设

习近平总书记在参加十四届全国人大一次会议江苏代表团审议时对推动高质量发展作出重要部署，强调"必须以满足人民日益增长的美好生活需要为出发点和落脚点，把发展成果不断转化为生活品质，不断增强人民群众的获得感、幸福感、安全感"。[①] 消费是经济发展的重要引擎，推动乡村资源与全国大市场对接，提高农村消费水平，是推动农民幸福感提升的重要发力点。电子商务的发展促进了基础设施建设，贯通了"城货下乡、快递入户"渠道，拉动了重点领域的换代消费的同时扩大了新兴消费规模，在拉近农民与市场的距离、促进农村消费扩容提质方面已经发挥了重要作用。在加快完善国内统一大市场，以畅通国民经济循环为主构建新发展格局的背景下，推进现代农村市场体系建设，畅通工业品下乡渠道，对于解决更高层次的农村居民消费升级需求与农村市场供给能力的不平衡问题有重要意义。需要进一步从互联网电商平台赋能农村传统中小商贸企

---

① 《牢牢把握高质量发展这个首要任务》，人民网，2023年3月6日，http：//jhsjk. people. cn/article/32637555。

业、创新"工业品下乡"的"云消费"场景、促进农村地区重点产品网络消费、推动农村商业网点线下线上融合等方面，深化电子商务畅通工业品下乡渠道，健全县域农村商业网点体系，促进农村居民消费扩容提质，增强农村居民幸福获得感，助力高质量共同富裕美好社会建设的主要经验及创新举措。

（三）深化电子商务促进物流快递进村场景，助力城乡公共服务优质共享

党的二十大报告强调："采取更多惠民生、暖民心举措，着力解决好人民群众急难愁盼问题，健全基本公共服务体系，提高公共服务水平，增强均衡性和可及性，扎实推进共同富裕。"习近平总书记指出，城乡差距大最直观的是基础设施和公共服务差距大，要把公共基础设施建设的重点放在农村，加快推动公共服务下乡①。农村电商公共服务网络和三级物流配送网络是数字经济时代农村最重要的新型公共服务设施，农村电商的发展能够健全三级物流配送体系，延伸公共服务网络，在推动农特产品出得去、卖得好的同时促进生产生活物品进村，提升农民生活品质，对于破解城乡发展不平衡问题和扎实推进公共服务均等化具有重要意义。未来，可从县乡村三级物流快递体系建设、共同配送模式普及应用、物流运力资源整合共享等方面，深化电子商务推动农村物流基础设施补短板强弱项，实现县乡村三级物流服务设施及资源优质共享，缩小城乡之间和区域之间农村物流服务质量和成本差距，助力乡村振兴降本增效的主要经验及创新举措；依托物流站点，从全域化农村电子商务公共服务网络建设、数字化农村电商公共服务模式创新、"一站多能、多站合一"村级电商服务站点建设等方面，深化农村电子商务推动产业公共服务基础设施补短板强弱项，实现产业公共服务优质资源下沉，缩小城乡之间公共服务差距，助力公共服务优质共享的主要经验及创新举措。

（四）深化电子商务赋能精准帮扶场景，助力城乡收入差距弥合

2018年1月2日《中共中央 国务院关于实施乡村振兴战略的意见》提出，要把维护农民群众根本利益、促进农民共同富裕作为出发点和落脚

---

① 《习近平论"三农"》，人民网，2019年5月8日，http://jhsjk.people.cn/article/31072879。

点，促进农民持续增收，并要求保持农村居民收入增速快于城镇居民。促进农民持续增收，是缩小城乡差距的主要途径，而深化电商精准帮扶机制，能够通过完善创业就业环境，推动平台集聚，提升农民收益等手段激发市场主体活力和内生动力，构建可持续发展环境，对于破解农村电商经济效益和社会效益不平衡、促进农村电商可持续发展、弥合城乡收入差距具有重要意义。未来，以相对落后地区低收入农户"增收"和扩大农村居民中等收入群体为重点，打造经济发展相对薄弱地区的农产品公用品牌，提升农民收益；支持农村居民灵活就业，通过创新创业培训培育壮大新一代农村创新创业主体，提升其市场竞争力；建立可持续的共同富裕利益联结机制，构建利益共同体；持续扩大典型示范带动效应，实现经验复制推广，从而深化农村电商促进城乡居民多渠道增收致富，缩小农村与城市居民的收入差距，建立健全"先富带后富"帮扶机制的主要经验及创新举措，最终实现共同富裕。

三、升级六大体系

（一）升级农产品上行体系，引领农村农业生产方式转变，助力农村居民多渠道增收致富

第一，加强农产品区域共用品牌培育推广，发挥区域公用品牌的引领示范作用，有序推进"三品一标"认证工作，引领农业生产方式转变，最大化创造农产品品牌价值。第二，推动农产品标准化体系建设，把"非标"、分散的、季节性的农产品变成能够具备上网销售、快递到家的"网货"，提升农产品可电商化水平。第三，切实提升农业供应链的组织化程度。通过委托加工、品牌联营、采购合作、联合开发等方式，支持电商企业与农业企业建立稳定供应链关系；推进农业生产、加工、流通等全产业链数字化建设，提升农产品上行体系的数字化程度。第四，建设本地产、本地销、线上线下协同运营的农产品供应链服务体系，打造农产品进城短链条，畅通农产品区域流通微循环；鼓励有条件的农产品嫁接电商走得更远，引导企业通过网络拓展销售市场或依托市场平台向上下游延伸，畅通农产品进城多元化流通渠道；建立跨地区农产品产销合作常态化机制，鼓励跨区域农产品产销对接；积极利用直播、社交和众筹等方式，创新"订

单式电商""同城配送""新零售＋特色农业""乡村旅游＋特色农业"等农产品上行模式。第五，构建从产地到市场再到餐桌的全程可追溯体系，逐步实现农产品全程追溯信息的汇集与综合利用，推动农产品质量追溯系统的互联互通，完善农产品质量追溯管理与市场准入的衔接机制。

（二）升级工业品下行体系，推动农村电子商务与县域商业网点建设融合，满足农村居民美好生活愿望

第一，鼓励各大电商平台加大下沉农村的力度，设立面向农民的商品专区，开展面向农村市场的出口转内销线上推介会，向农村地区提供高性价比的品质商品。第二，发挥电商平台大数据优势，开发适销对路的商品，促进产销精准对接，向农村地区提供高性价比的品质商品，促进农村地区重点产品的换代消费。第三，推动商贸渠道线下线上融合。鼓励传统商贸龙头企业利用数字化技术和自身采购渠道优势，加快数字化、连锁化转型升级；支持商贸流通龙头企业下沉市场，为农村零售网点等提供集中采购、统一配送、库存管理等服务。第四，提高农村商业基础设施的整体水平，培育一批商贸特色镇和示范村，推动商贸特色镇、商贸示范村与电商专业镇、专业村的联动建设，打造电商赋能共同富裕的"示范样板"。第五，构筑放心农资下行电商通道。支持电商平台推介新品种和实用先进技术，宣传优质农资企业产品，拓宽农民选购农资渠道；利用各大网络平台、直播平台，加强对农民群众的技术指导和培训，推广农资安全使用规范和绿色防控技术。第六，加快在农村地区发展线上线下融合的商业网点体系，建设一批集线上、线下销售、营销、服务、物流四位一体的农村商业网点样板。第七，加强打击制售假冒伪劣商品、虚假宣传、不正当竞争和侵犯知识产权等违法行为，加强工商行政部门、电商平台在农村消费者维权方面的合作，简化维权流程、提高维权便利度和监管力度。

（三）升级农村电商物流体系，补齐乡村振兴基础设施短板，赋能农村物流降本增效

第一，加快构建以县城和重点乡镇为中转、村级服务点为基础、入村到户配送为终端的县乡村三级物流配送体系，共同打造"覆盖较大行政村、上行当日达下行次日达、成本价便民惠农、末端网点规范运作"的农

村三级物流配送共享网络。第二，以"数字化、自动化"为要求提升县级物流站点，优化"最初一公里"；以"智慧化、普惠化"为要求改造村级物流末端配送站点，打通"最后一公里"。第三，加快农村物流网络节点建设，推动物流节点资源融合共享。在站点功能上，围绕本地村民需要，叠加邮乐购、农村淘宝、金融保险、快递寄送、商超便利等业务，形成"代收＋代购＋增值＋超市"的组合模式，提升农村物流公共服务均等化水平。第四，鼓励物流服务模式创新，推动运力资源整合优化，逐步形成利益共享机制，大力发展共同配送、统一配送等先进物流模式，提升农村物流配送效率。第五，提升农村物流数字化水平。积极推广应用条形码、射频识别技术、车载卫星定位装置等现代物流信息技术，实现农村物流信息化、集约化和体系化运作管理。第六，健全农产品冷链物流体系。引导有条件的县建设产地低温直销配送中心、冷链物流基地，鼓励农产品优势区域的乡镇和重点村适当布局贮藏窖、冷藏库、预冷库。支持家庭农场、农民合作社等新型农业经营主体在田间地头建设或改建与农产品类型相匹配，具有产地冷却、贮藏保鲜、商品化处理等功能的小型仓储保鲜设施建设。

（四）升级农村电商公共服务体系，推动功能提升和数字赋能，实现公共服务优质共享

第一，建设县（市）、镇（乡）、村三级公共服务网络，探索建设"市级中枢指导＋镇级服务覆盖＋村级服务联动"的电子商务公共服务运维体系，构建一个中心、多点服务的全域化电商公共服务格局。第二，积极拓展电商公共服务链条。鼓励各地打造以孵化、运营等为主要内容的电商公共服务中心，为企业提供融资、市场营销、管理咨询等"一站式"综合服务。鼓励各类社会资源参与公共服务体系建设，开发针对小微型电商主体的创业创新孵化平台和服务产品。第三，按照"多站合一、多网合一"的思路，采取功能拓展、资源互换、连锁加盟等方式，推动农村电商服务站点开展多业经营、复合经营，整合邮政、供销、快递、金融、政务等资源，拓展代买代卖、小额存取、信息咨询、职业介绍等便民服务功能，提升站点的可持续经营能力。第四，以县乡村三级电商公共服务站点、电子商务专业村镇、电子商务产业园区为载体，建立全覆盖的农村电商公共培训服务体系。第五，通过数字赋能、功能提升和模式创新，打造

数字公共服务新体系，提供一站式、低成本、全流程的数字化公共服务。重点依托平台，拓展农村电商在线办公功能，优化政府工作流程，深挖线上公共服务广度与深度，开发农村电商公共素材库、培训资料库、政策库、第三方服务商库等数字资源库，探索线上与线下结合的电商公共服务模式。

（五）升级农村电商产业体系，加快主体培育和产业集聚，夯实共同富裕产业基础

第一，鼓励电商专业村（镇）和农村电商产业园区做大做强，积极培育一批与本地产业紧密结合的电商专业村（镇），加强产品集聚、服务集聚和政策集聚，充分发挥规模效应、协同效应和溢出效应。尤其是抓住网络直播风口，借力淘系、抖音、快手等平台力量，建设高能级网络直播产业平台。第二，充分发挥龙头企业的示范引领作用，强化龙头企业对产业链上下游企业的集聚效应，大力培育一批产业系统健全、成长性好、集聚辐射力和创新竞争力强的农村电商供应链。第三，培育和壮大各类农村电商市场主体。在稳定完善农户家庭经营基本格局基础上，发展新型农业经营主体和服务主体。鼓励和支持互联网化的农产品经营企业，鼓励互联网化的农产品经营企业积极参与组建农业产业化联合体，积极培育多类型市场主体。第四，构建市场主体利益联结机制。支持各类电子商务平台与龙头企业、农业种养与加工基地、农副产品营销大户等主体对接，因地制宜地打通"电商＋创业带头人＋农户""电商＋农业龙头企业＋农户""电商＋农民合作社＋农户""电商创业模范＋农户"等各种利益联结模式。第五，培育农村电商专业服务商。建立重点培育专业服务商名录，大力发展软件开发、摄影美工、追溯防伪、金融服务等电商服务企业，打造一批业务特点鲜明、辐射带动能力强、行业影响力大的农村电商服务商队伍。

（六）升级农村电商创新创业体系，完善先富带后富的帮扶机制，赋能农村居民收入"扩中""提低"

第一，构建普惠化的农村电商人才培训体系，带动农村电商创新创业。重点针对不同人群和学员层次，科学设置农村电商创新创业培训课程体系，开展分层培训；逐步建立农村电商人才培训的跟踪及服务机制，强化农村电商培训的创新创业及就业带动成效。第二，支持互联网平台企业

和电商龙头企业参与农村地区创新创业体系建设。借助淘系、腾讯、京东、拼多多、抖音、快手等大平台力量，组织开展专业化、精准化、多层次的农村电商人才培训，完善农村电商人才培育体系，不断充实农村电商创新创业队伍。第三，探索以电子商务为纽带的精准帮扶模式。建立"电商＋创业带头人＋低收入农户""电商＋农业龙头企业＋低收入农户""电商＋农民合作社＋低收入农户""电商创业模范＋低收入农户"等多种精准帮扶模式。第四，探索农村中低收入群体增收致富的新机制，推动农村电商帮扶由被动输血模式向主动造血模式转变。重点培育一批农村电商龙头企业、农村创业致富带头人、农村网络主播等。支持中低收入农户通过农村电商实现就业，分类引导其参与农特产品的种植、包装、物流、网络销售及推广运营等环节。支持农村电商及其上下游产业吸纳妇女、中老年劳动力等农村剩余劳动力灵活就业。第五，加快建立常态化的中西部帮扶合作机制。支持电商平台和企业整合电子商务服务资源，拓展对口合作内容，为对口帮扶的中西部地区农村电商发展提供优质的服务支撑。

第二章　电子商务赋能农村共同富裕的理论研究

第一节　共同富裕理论研究

共同富裕是社会主义的发展目标，国外学者在这方面的研究相对较少。然而，当前的贫富差距已经成为一个全球性问题，日益引起人们普遍关注。很多国家都对缩小居民收入差距、地区发展差距高度重视，并在不同的历史时期和经济发展阶段采取了相应措施。如美国在实施西部开发的过程中，制定了明确的区域政策目标，即促进落后地区的自我发展，缩小区域居民收入和生活水平的差距；法国通过财产转移税、财产升值税、巨富税等调节居民的存量财产。1978 年我国实行改革开放之后，国内很多学者主要就先富后富理论进行了大量研究。之后随着改革的不断深化以及贫富差距问题的日益显现，国内学者的研究也就更侧重于共同富裕的内涵、推动共同富裕的重点与挑战、共同富裕的实践路径等的研究。

一、理论逻辑、研究热点及演进趋势

把握共同富裕研究的历史、现状和趋势，对进一步理解我国共同富裕思想的演进过程和相关研究的发展脉络具有重要意义。基于知识图谱的文献计量和可视化研究，对一个领域的研究进展有着更加全面、客观的跟踪与评估。基于此，本部分内容以中国知网数据库 CSSCI 索引期刊中关于共同富裕的相关文献为研究对象，将样本划分四个阶段，结合定量和定性分

析的方法，分析共同富裕相关领域的研究，梳理相应的研究热点，进一步呈现共同富裕研究的演进趋势。

（一）数据来源与研究方法

1. 数据来源

在中国知网以篇名为"共同富裕"进行检索，限定期刊来源为 CSS-CI，检索日期 2022 年 7 月 21 日。共检索到 933 篇文献，剔除重复文章以及调查、学习心得、报道等非学术性文章后，最终得到 875 篇文献。为更好地反映我国共同富裕研究的动态变化，根据共同富裕政策关注热点的变化，将样本划分为 4 个子样本，如表 2 – 1 所示。

表 2 – 1 文献子样本划分

阶段划分	文献时间段	文献数量（篇）	政策要点
阶段一	1998～2002 年	69	效率优先兼顾公平、八七扶贫攻坚计划、西部大开发战略
阶段二	2003～2012 年	111	更加注重社会公平、取消农业税
阶段三	2013～2017 年	80	精准扶贫、共享发展理念
阶段四	2018 年至今	615	决胜脱贫攻坚战、全面建成小康社会

资料来源：由笔者绘制。

2. 研究方法

本部分研究采用文献计量和知识图谱的方法对共同富裕领域的相关文献进行研究。在研究热点分析的基础上，对高频关键词进行共词分析、聚类分析及可视化分析，总结归纳共同富裕研究的热点主题。在演进趋势分析的基础上，通过分阶段的共现分析，描绘共同富裕研究的演变历程。

（二）研究热点与演进趋势

1. 共同富裕研究的热点分析

关键词是研究者对文献主题的总体概括和提炼，能够比较全面地诠释文献的内容。共词分析是探索学科知识结构的一种重要研究方法，通过对出现在同一篇文献中的关键词进行统计分析，以此来反映某一学科领域主题间的联系。

（1）关键词共现分析。

利用 Bicomb 软件提取本研究样本的关键词，在合并同义词、剔除检索词"共同富裕"后等预处理后，将出现频次在 9 及以上的关键词作为高频关键词，并生成共现矩阵。通过 Ucinet 软件对 44 个高频关键词绘制如图 2 - 1 所示的关键词共现图谱。

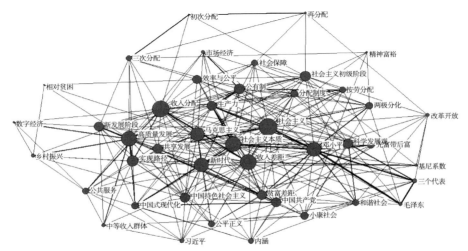

图 2 - 1　1998～2022 年共同富裕研究高频关键词共现网络图谱
资料来源：由笔者绘制。

共同富裕的研究主要围绕着"收入差距""社会主义""社会主义本质""习近平新时代""邓小平""马克思主义"等核心关键词展开。这些关键词近 25 年来使用频次较高，且中心性较高，构成了共同富裕研究领域知识网络的关键路径。

（2）关键词聚类分析。

利用 SPSS 软件根据词篇矩阵对 44 个高频关键词进行系统聚类，对聚类结果比较分析，最终确定 8 个聚类。具体如表 2 - 2 所示。

表 2 – 2   1998～2022 年共同富裕研究领域高频关键词聚类

序号	聚类名称	聚类成员
1	共同富裕思想演进	毛泽东、邓小平、三个代表、科学发展观、改革开放、和谐社会、小康社会、公平正义
2	共同富裕的内涵	社会主义、共享发展、精神富裕、两极分化
3	共同富裕的理论基础	马克思主义、习近平新时代、中国特色社会主义、习近平、社会主义初级阶段、中国共产党
4	社会主义基本经济制度	社会主义本质、公有制、按劳分配、分配制度、市场经济、先富带后富、生产力
5	缩小发展差距	收入差距、基尼系数、收入分配、公共服务、实现路径、内涵、贫富差距
6	推动经济发展	高质量发展、乡村振兴、数字经济、新发展阶段、中国式现代化、中等收入群体
7	收入分配体系	再分配、初次分配、三次分配
8	社会保障与相对贫困	社会保障、相对贫困、效率与公平

注：聚类成员中关键词按出现频率排序。
资料来源：由笔者绘制。

2. 共同富裕研究的演进趋势

基于上述划分的四个阶段，进一步进行高频关键词共词分析，使用 Ucinet 绘制各阶段高频关键词共现图谱，并在每个阶段使用 Citespace 软件绘制时区图（time zone view），探索共同富裕研究的演进趋势。具体如图 2 – 2、图 2 – 3 所示。

第一阶段（1998～2002 年）。共同富裕研究主要围绕"邓小平"这个高中心性关键词，连接了"生产力""社会主义本质""先富带后富""收入差距""中西部地区"等热点词汇，这些词汇仍然是后续第二、第三阶段的高频关键词，为后期研究提供了基础。该阶段研究主要以邓小平的共同富裕理论为核心，探讨了关于社会主义本质的论断，并分析了该阶段我国为实现共同富裕进行的实践探索。

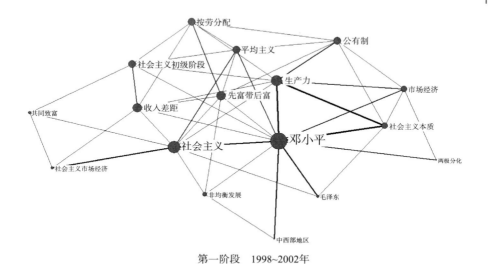

第一阶段　1998~2002年

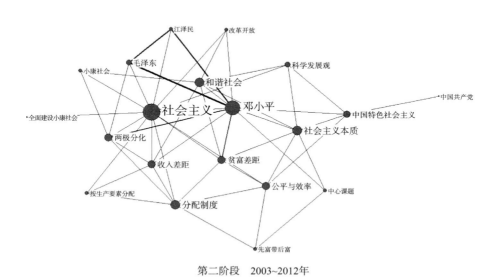

第二阶段　2003~2012年

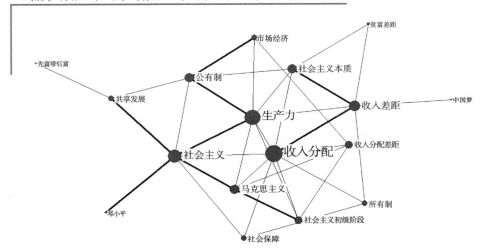

第三阶段　2013~2017年

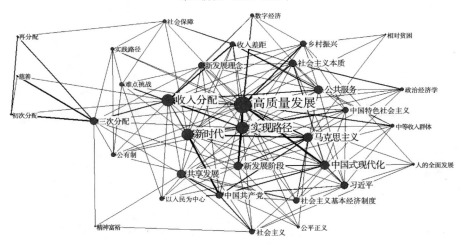

第四阶段　2018~2022年

图 2 - 2　各阶段关键词共现图谱

资料来源：由笔者绘制。

第二阶段（2003~2012年）共同富裕研究以"邓小平""社会主义"等高中心关键词为核心，聚集了"和谐社会""科学发展观""贫富差距""收入差距""两极分化"等关键词。该阶段研究仍然以共同富裕的理论和实践探索为主，与上一阶段相比，更多的是从科学发展观视角出发，在当时的历史背景下探讨共同富裕的实现机制。

第三阶段（2013～2017年）中国特色社会主义进入新时代，以"共享发展""收入分配""社会保障""收入分配差距"为关键词的研究开始崭露头角，并延续到后续阶段。该阶段节点之间连线不密集，说明其研究内容相对分散。研究主题有以下几个方面的转变：第一，前两阶段频次最高的关键词"邓小平"在该阶段热度下降，"收入分配""社会保障"等关键词热度上升，说明该阶段研究逐渐从思想、理论型研究转向政策措施方面，开始从各方面探讨推进共同富裕的基本途径。第二，将中国梦与实现共同富裕联系起来，将全体人民共同富裕作为中国梦的真正体现。第三，将共享发展理念与共同富裕的科学内涵联系起来，把共同富裕作为共享发展的方向和目标，丰富了共同富裕的内容体系。

第四阶段（2018～2022年）即党的十九大以来，共同富裕研究迎来高潮，学者们站在新发展阶段高度，围绕"高质量发展""实现路径""收入分配""新发展阶段""公共服务"等关键词进行研究，拓宽了该领域的知识结构。该阶段的研究出现以下几个方面的变化：第一，随着脱贫攻坚战进入决战决胜阶段，学者们逐渐将研究重点转向全面建成小康社会后如何实现共同富裕；第二，将中国式现代化融入共同富裕的内涵之中，把共同富裕作为中国式现代化的一个基本特征和重要目标；第三，把乡村振兴、高质量发展、基本公共服务均等化、三次分配等举措作为推进共同富裕的必要路径。

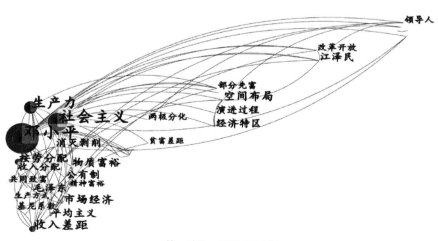

第一阶段 1998~2002年

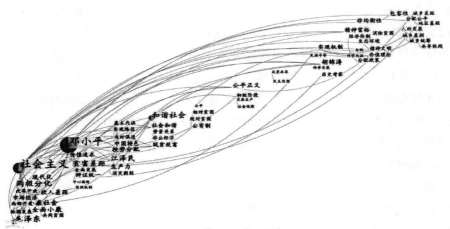

第二阶段　2003~2012年

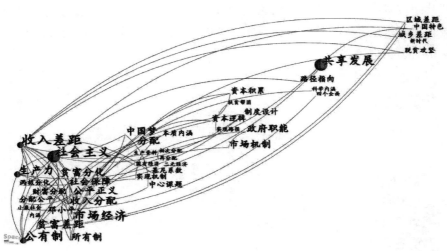

第三阶段　2013~2017年

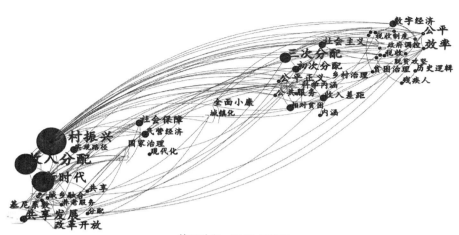

第四阶段　2018~2022年

图 2 - 3　各阶段关键词时空图谱

资料来源：由笔者绘制。

二、共同富裕理论研究内容

（一）共同富裕的科学内涵

共同富裕是中国特色社会主义的本质要求，也是新时代中国特色社会主义的价值目标和实践追求。实现全体人民共同富裕的思想，是从马克思主义诞生以来就形成的社会主义基本价值追求目标之一。

新中国成立以来，中国共产党立足中国国情，把马克思主义基本原理与社会主义建设实践相结合，不断创新和发展着共同富裕思想，使得中国共产党对共同富裕的把握日趋成熟，人民对于共同富裕的认识也越来越全面和深入。新中国成立前后，"共同富裕"开始萌芽。改革开放时期，提出"先富带动后富"理论。党的十四大到党的十七大，"共同富裕"内涵不断拓展延伸。党的十四大第一次提出分配要"兼顾效率与公平"，同时将缩小地区、城乡之间发展差距纳入共同富裕的范畴之内。党的十五大确立了社会主义初级阶段的基本经济制度，并将"实现国家繁荣富强和人民共同富裕"作为中华民族面对的两大历史任务之一，共同富裕的理论高度和历史使命又一次凸显。党的十六大强调了初次分配与再分配的职能分工，提出了全面建设小康社会的奋斗目标，共同富裕的目标内涵逐步清晰。党的十七大进一步明确深化收入分配制度改革的方向和任务，是从实际出发对效率和公平关系认识的不断深化和完善。党的十八大以来进入扎实推动共同富裕的历史阶段，着力发展和改善民生，解决人民日益增长的美好生活需要和不平衡不充分的发展之间的矛盾，赋予共同富裕更加丰富的时代内涵，并把实现全体人民共同富裕摆在更加重要的位置进行战略谋划。党的二十大报告擘画了到 2035 年我国发展的总体目标，其中"人的全面发展、全体人民共同富裕取得更为明显的实质性进展"是重要内容，为新征程上扎实推动共同富裕指明了方向、提供了遵循。综上所述，在对共同富裕中的"共同"内涵的认识上，从同步实现富裕发展到分阶段实现共同富裕，在生产资料社会所有的基础上实现社会财富的全民共享，认识随着时代变化而不断发展，显现出明显的阶段性认识特征。在对共同富裕中"富裕"内涵的认识上，从单一物质性的富裕逐步发展为"五位一体"布局中的全面富裕，不同的发展阶段党领导人民群众进行的伟大社会革命斗争中时间地位在发生变化，党对"富裕"的认识也在不断发展和拓宽。

迄今为止，学术界针对共同富裕理论内涵的研究成果已有不少，主要包含三层含义。第一个层面，是解放生产力，发展生产力，最终达到的富裕水平，体现在社会成员从物质生活扩展到精神生活，强调人民群众在经济、社会、政治、文化、生态等多个方面的富裕（莫炳坤和李资源，2017；刘旭雯，2021）。而富裕所要达到的"度"，受外在生产要素制约，不同发展阶段之下将达到不同程度（曹亚雄和刘雨萌，2019；蒋永穆和谢强，2021）。共同富裕承认存在适度合理的差异性，社会主义共同富裕是在消除贫困、消除两极分化的条件下，以普遍富裕为基础，承认存在个体差别的共同富裕（周文和何雨晴，2022）。第二个层面，是"共同"所反映的社会成员对财富的共享度，以及在权力、地位、机会、发展等方面享有的公平度，是社会是否坚持公平分配，缩小收入分配差距，逐步实现全体人民共同富裕的重要表现（卫兴华，2013；邱海平，2016）。"共同"二字鲜明地指出共同富裕是全体人民共同享有的，而非部分人或多数人所拥有的（张占斌和吴正海，2022；蒋永穆和豆小磊，2022）。第三个层面，是在前两个层次基础上，彻底消灭人与人之间的任何贫富差距，达到最高理想发展状态（曹亚雄和刘雨萌，2019；李瑞军和董晓辉，2021）。

为此，学术界进一步从精准扶贫、共享发展、乡村振兴、全面小康等方面阐释了共同富裕的思想内涵。精准扶贫是走向共同富裕的必经之路，习近平总书记曾指出："消除贫困、改善民生、实现共同富裕，是社会主义的本质要求"①。加快推进精准扶贫，是实现共同富裕的内在要求，也是实现全面建成小康社会的一场攻坚战（张晓平和杨皓，2019；王刚和绽小林，2020）。共享发展是实现共同富裕的根本理念，共享发展理念是中国共产党对共同富裕内涵和实践路径认识的深化，是新时代中国共产党对共同富裕思想的新发展。共享发展理念除了包含共同富裕所要实现的在经济上国家和人民的富足、富裕，还涉及政治、文化、社会、生态等多层面的建设（莫炳坤和李资源，2017；刘旭雯，2021）。乡村振兴战略是实现共同富裕的重要举措。我国发展最大的不平衡是城乡发展不平衡，最大的不充分是农村发展不充分，这也是实现全体人民共同富裕的最大障碍。加快农业农村发展，全面推进乡村振兴，是解决"人民日益增长的美好生活需要和不平衡不充分发展之间的矛盾"的必然要求，是实现"两个一百年"奋斗目标的必然要求，是实现全体人民共同富裕的必然要求（叶兴庆，2018；边发吉，2021）。全面小康是实现共同富裕的关键阶段，实现共同富裕必须和全面小康社会补短板紧密结合。如习近平总书记所说："我国总体上已经建成全面小康社会，但仍然存在一些短板，必须加快补上"②。实现建成共同富裕社会的长远目标，必须打牢全面小康社会的基础，重点是补齐短板和薄弱环节，切实提高全面小康水平和质量（魏后凯，2020；黄祖辉，2021）。

（二）共同富裕面临的挑战

一是发展不平衡不充分。不平衡不充分的发展是人民日益增长的美好生活需要得不到满足的主要原因，它制约了我国经济、文化、社会、生态乃至党的建设等各方面，是实现共同富裕必须解决的核心问题（李瑞军和董晓辉，2021）。区域协调发展战略的持续推进有效缓解了我国地区差距问题，但区域间发展水平在总量和人均层面差距仍较为明显（查雅雯和曹立，2022；庞丹等，2022），呈现"东南高、中部弱、东北和西部低"的

---

① 《在全国脱贫攻坚总结表彰大会上的讲话》，人民网，2021 年 2 月 26 日，http：//jhsjk. people. cn/article/32037154。

② 《习近平：关于全面建成小康社会补短板问题》，人民网，2020 年 5 月 31 日，http：//jh-sjk. people. cn/article/31730111。

特点（唐任伍等，2022）。二是城乡区域发展和收入分配差距较大。具体表现为农村发展相对落后、乡村基础设施建设落后、农户土地权益未得到切实保障等方面（董志勇和秦范，2022）。近年来，居民收入有了较大幅度提高，但城乡居民收入的实际差距与日俱增。随着加大对农村建设和贫困治理的投入力度，城乡收入差距较大的态势得到了一定的扭转，但绝对差值仍在持续扩大（孟鑫，2020；丁一珂和宾建成，2021）。三是阶层固化趋势日渐凸显。一方面，当前贫困代际传递问题制约了人口的向上流动，阶层固化趋势日渐凸显。当前市场机制不健全和阶层分化加剧二者叠加，放大了阶层之间社会资源和机会分配上的不公平，减少了底层民众向上流动的空间和机会。另一方面，阶层固化问题降低了低收入人群的社会认同感，使其产生仇富、仇官等不良心理，不利于社会的稳定发展（李昀励，2021；丁一珂和宾建成，2021）。四是民生短板、弱项等问题依然存在。基本公共服务非均等化问题仍然比较突出，整体供给不足、质量不高，社会保障发展不平衡，结构性矛盾依然存在，主要体现在区域间、城乡间和群体间在就业服务、基础教育、公共医疗、养老服务等与民生紧密相连的各个方面差距较大（陈岑等，2022；罗明忠，2022）。

（三）共同富裕的实践路径

针对共同富裕的实践路径，我国学者提出了不同的观点。第一种观点是从解决社会主要矛盾的视角出发分析当前我国共同富裕的实现途径。楚向红（2021）认为要缩小差距、维护公平，主要包括聚力"区域均衡"，持续缩小地区差距；聚力"城乡融合"，持续缩小城乡差距；聚力"分好蛋糕"，持续缩小收入差距。也有学者认为要缓解发展失衡，探索逐步缩小各方面收入差距的对策，以更有效的举措扎实推进共同富裕（李昀励，2021）。第二种观点是通过分析保障和改善民生的重要意义来提出当前我国共同富裕的实现途径。学者主要关注两个方面：一方面，坚持推进城乡基本公共服务均等化。从基本公共服务和经济社会发展相互促进、政府主导推进和社会积极参与联动、整体面上推动和重点领域突破并行、法规制度保障和技术标准运用协同等角度着手，完善基本公共服务体系的行动逻辑框架（李实和杨一心，2022）。另一方面，构建完善的社会保障体系（李瑞军和董晓辉，2021），同时要坚决打赢精准脱贫攻坚战，消除绝对贫困。健全社会保障体系、增强互助共济功能和持续加大再分配力度，以扎实推进共同富裕（郑功成，2023）。第三种观点是从社会主义本质要求视角出发分析当前我国共同富裕的实现途径。刘建武（2018）指出要实现共富共享，需要具备两个基本条件：一是要快速地发展生产力，因为生产力是历史发展的根本动力；二是要始终坚持将公有制作为其基础，始终坚持以按劳分配为主，促进公平正义的快速实现，让所有人都可以过上富裕平等的美好生活。第四种观点是从绿色发展与共同富裕间的关系入手，分析当前我国实现共同富裕的具体路径。向国成等（2018）指出绿色发展是促进共同富裕的基本路径，且能大大提高生产力，从而促进社会共同富裕。绿色转型发展通过技术变革提高生产力水平、消除贫困、缩小贫富差距、保障低收入群体的生存与健康福利，而公平公正的社会主义分配制度，有助于满足人民对美好生活的需要，有助于实现共同富裕（郑石明等，2022）。第五种观点是从"四个全面"战略布局的角度来分析我国共同富裕的实现路径。郝飞飞等（2019）认为，要破解社会主要矛盾、解决共同富裕现实难题，就必须在新时代下继续坚定不移地贯彻"四个全面"战略布局，它解决了共同富裕实现路径中的动力源泉、工作支点、制度基础、政治保证，为共同富裕目标的实现提供了党治国理政的总抓手，开辟了新时代下实现共同富裕的广阔前景。第六种观点是从中国迈进数字时代背景出发，辨析借助数字技术和数字经济实现共同富裕的路径。数字技术和数据通过提高生产效率、降低交易成本、培育线上声誉、扩大市场边界，推动经济的一般性、均衡性增长，弥补公共服务短板、提升政府服务能力，加快基本公共服务均等化，从而为共同富裕提供技术和路径（夏杰长和刘诚，2021）。数字经济通过创新效应、溢出效应、协同效应和普惠效应，推动全社会共享数字经济红利，促进共同富裕的实现（欧阳日辉，2022）。消除数字鸿沟，增强数字经济的普惠性和共享性，切实增强群众的获得感、幸福感与安全感，推动共同富裕取得更为实质性的进展（夏杰长和刘诚，2021；周泽红和郭劲廷，2022）。

三、共同富裕理论研究述评

综上所述，学者们对于如何实现共同富裕进行了多视角、多方位的探索性研究，在共同富裕的基本内涵、理论逻辑及实践路径方面已经有一些初步研究成果（见表 2 - 3）。首先，现有共同富裕的研究热点集中在思想演进、实践探索、科学内涵、面临挑战和实践路径这 5 个方面。其次，共同富裕的研究内容紧跟国家时政变化。共同富裕是社会主义现代化建设的重要目标和中国共产党百年坚持不懈的追求。随着对共同富裕认识的不断深化，以及国家在战略和政策上的不断推进，共同富裕研究的热点主题随之改变。最后，共同富裕的研究视角从宏观向微观转变。宏观层面的研究涉及"邓小平""先富带后富""生产力""习近平新时代""公有制"等热点词汇，微观层面的研究从共同富裕的实现路径展开，涉及三次分配、公共服务、精准扶贫、数字经济等具体举措。

然而，现有实现共同富裕的关键理论体系研究尚处于初期阶段，且随着国家政策的调整，相应的理论研究需进一步拓展。如随着打赢脱贫攻坚战、全面建成小康社会的目标实现，我国已消除绝对贫困问题，但相对贫困问题仍长期存在，相对贫困的长效治理机制急需完善。因此，学者们应加强对精神生活共同富裕和农村相对贫困问题的关注，以进一步深化拓展共同富裕研究的理论结构。

表 2 - 3 　　　　　　　　　　　　共同富裕理论研究

主题	研究视角和内容	代表性观点和研究成果
共同富裕的科学内涵	共同富裕的内涵	解放生产力，发展生产力（莫炳坤和李资源，2017）；承认存在个体差别的共同富裕（周文和何雨晴，2022）；财富共享，各方面公平（卫兴华，2013）；全体人民共同享有（张占斌和吴正海，2022）；消灭贫富差距（曹亚雄和刘雨萌，2019）
共同富裕面临的挑战	发展不平衡不充分的问题	经济发展不平衡不充分（李瑞军和董晓辉，2021）；区域间发展水平在总量和人均层面有差距（查雅雯和曹立，2022）
	城乡区域发展和收入分配差距较大的问题	农村发展落后、乡村基础设施建设落后、农户土地权益无切实保障（董志勇和秦范，2022）；城乡收入绝对差值扩大（孟鑫，2020）
	阶层固化的趋势日渐凸显的问题	贫困代际传递问题制约人口向上流动，低收入人群社会认同感低（李昀励，2021）
	民生短板、弱项等问题依然存在	基本公共服务非均等化问题突出（陈岑等，2022），基础设施非均等化（查雅雯和曹立，2022）

主题	研究视角和内容	代表性观点和研究成果
共同富裕的实践路径	解决社会主要矛盾的视角	解决发展不平衡不充分的问题（韩文龙和祝顺莲，2018）；缓解发展失衡（李昀励，2021）；缩小差距，维护公平（楚向红，2021）
	分析保障和改善民生	推进城乡基本公共服务均等化（李实和杨一心，2022）；构建完善的社会保障体系（李瑞军和董晓辉，2021）；增强互助共济功能，持续加大再分配力度（郑功成，2023）
	社会主义本质要求的视角	快速发展生产力，坚持公有制基础，按劳分配（刘建武，2018）
	绿色发展与共同富裕	绿色发展确保发展可持续性（向国成等，2018）；绿色转型发展提高生产力水平（郑石明等，2022）
	"四个全面"战略布局	贯彻"全面建设社会主义现代化国家、全面深化改革、全面依法治国、全面从严治党"的"四个全面"战略布局（郝飞飞等，2019）
	数字时代的时代背景	借助数字技术和数字经济（夏杰长和刘诚，2021）；推动全社会共享数字经济红利（欧阳日辉，2022）；增强数字经济的普惠性和共享性（周泽红和郭劲廷，2022）

资料来源：由笔者整理绘制。

第二节　乡村振兴理论研究

一、乡村振兴基础理论研究

乡村振兴是一个全面振兴的综合范畴，既包括经济、社会和文化振兴，还包括治理体系、民生保障和生态文明的振兴。世界发达国家在跨越"中等收入陷阱"的进程中，都十分重视乡村地区的经济社会发展，强调改善乡村生活环境，提高乡村居民生活水平，缩小城乡发展差距。如20世纪50年代日本的"新村建设"、德国的"乡村地区发展"、英国的"乡村农业发展"、韩国开展的"新村运动"、基于可持续理念的美国乡村规划与建设等乡村振兴运动。

我国学者主要围绕乡村经济与社会发展等方面来展开。潘家恩（2004）、项继权（2009）、黄祖辉（2020）、黄季焜（2020）等学者对当前和未来农业农村发展的基础性、理论性研究问题进行了梳理；韩俊（2020）、刘彦随（2018）、陈锡文（2017）、朱进芳（2019）对新时期中国城乡发展的主要问题和战略问题进行了探讨；王勇和李广斌（2016）、张勇（2016）、潘家恩（2017）、王文彬（2019）重点关注乡村衰败、乡村复兴、城乡矛盾与城乡失衡等问题；高慧智等（2014）、魏广龙和崔云飞（2016）、梅燕和蒋雨清（2020）等采用案例研究方法，对我国一些地区的乡村振兴探索实践进行了深入剖析，总结其主要做法、取得的成效和成功经验。此外，还有部分学者从社会学角度讨论了乡村建设的时代价值、乡村社会秩序重构与乡村复兴等问题（申明锐等，2015；沈费伟等，2017；陈秧分和王国刚，2020）。

随着2018年中央一号文件的出台，关于乡村振兴的研究开始逐渐地深入和具体，相关研究主要集中在对乡村振兴战略的时代背景、科学内涵、重要意义、现实路径、国内外经验与启示等方面。一是关于乡村振兴概念的研究，大多从其本义出发界定其概念。如何慧丽（2012）从保留乡村传统基因的角度，探讨了乡村复兴的概念，强调乡村复兴是相对于历史悠远的传统乡村而形成的、一种否定之否定的辩证取向；张京祥等（2014）从乡村转型角度阐述了乡村复兴的概念，强调乡村的自治、繁荣与独特性。二是关于乡村振兴战略时代背景的研究，已有研究多从农村的转型现状、我国社会主要矛盾转换、人民对美好生活需要、社会主义现代化强国要求等方面展开研究与论述。如梁新莉和胡哲文（2018）从历史发展、时代进步和以人为本发展理念等角度，认为乡村振兴战略体现了新时代中国特色社会主义的新矛盾和新要求；王思斌（2018）则从农村发展不平衡不充分的矛盾以及"弱生态位"的现状，论述了乡村振兴战略实施的现实背景；刘晓雪（2018）则从党的十八大以来农村发展取得的成就和贯彻落实党的十九大报告精神的角度，阐述了乡村振兴战略的时代背景。三是关于乡村振兴战略的科学内涵的研究，学界关于乡村振兴战略的科学内涵的阐述，多围绕"二十字"方针的要求展开，侧重点各有差别。如廖彩荣和陈美球（2017）从乡村振兴战略本身出发，探讨了乡村振兴战略科学内涵本身所包含的本质、总体要求、主要目标和主要内容；王亚华和苏毅清（2017）认为乡村振兴的科学内涵包括提出的农村现代化的新任务、城乡融合发展的新思路、更长的土地承包期限、规划好的乡村治理秩序以及人才队伍发展方向等方面的内容；黄祖辉（2018）则认为准确把握"产业兴旺、生态宜居、乡风文明、治理有效、生活富裕"这"二十字"方针的科学内涵和要求，是认识乡村振兴战略的重点。四是关于乡村振兴战略的重要意义研究，学界关于乡村振兴战略意义的探讨，多从对农村发展思想的升华、新时代乡村发展的思想指南等角度阐述理论意义，多从对"三农"问题的解决、社会主要矛盾解决、社会主义现代化建设、中国梦等视角阐述现实意义。如李军国（2018）从现实实践角度阐述了乡村振兴战略实施对社会主要矛盾解决、全面建成小康社会的重要意义；徐俊忠（2017）从农村发展思想角度阐述了乡村振兴战略提出的理论意义。此外，还有学者从社会学角度讨论了乡村建设时代价值、乡村社会秩序重构与乡村复兴问题（申明锐等，2015；沈费伟等，2017）。五是关于乡村振兴战略实施的现实路径的研究，学界对乡村振兴战略实施路径的探讨，多从理论层面和实践层面给予可行性建议，探讨角度多样，研究成果丰富。如段雪珊和黄祥祥（2018）深入分析和总结了我国乡村振兴的路径，认为应该"以深化乡村重点领域改革、创新农村金融供给、培育新型人才、传统组织功能治理转型等"作为新时代乡村振兴的路径选择；刘合光（2018）从建立和完善体制机制角度探讨了乡村振兴的路径；刘守英（2018）指出乡村振兴应以实施乡村振兴战略为统领，以强化活化乡村的制度供给和城乡融合的体制机制创新为支撑，以"活业—活人—活村"为路径，实现"产业兴旺、生态宜居、乡风文明、治理有效、生活富裕"。叶兴庆（2018）则认为，当前乡村振兴战略与以往相比较，具有以下重大变化：从"生产发展"到"产业兴旺"，要求农业农村经济更加全面繁荣发展；从"生活宽裕"到"生活富裕"，要求持续促进农民增收、促进农民消费升级、提高农村民生保障水平；从"村容整洁"到"生态宜居"，要求促进农业农村可持续发展，建设人与自然和谐共生的现代化农业农村；从"管理民主"到"治理有效"，要求健全自治、法治、德治相结合的乡村治理新体系，以更高标准促进乡风文明。与此同时，随着互联网的快速发展，电子商务对乡村振兴的贡献和作用受到高度关注。刘承昊（2019）提出，乡村振兴以农村产业转型升级为关键支撑，要求引入现代化新要素提升农业经济效益。电商作为一种新的经济形态和创业动力引擎，通过"互联网＋"与农业融合，实现了农业资源及产品的重新配置、集成与关联，创新了乡村发展动力。杜永红（2019）认为，乡村振兴战略的首要任务是深入实施精准扶贫与精准脱贫，而电子商务进农村正是促进精准脱贫攻坚与乡村振兴有机结合的重要手段。六是关于国外乡村振兴的经验与启示的研究，大多从国外乡村振兴采取的政府财政、基础设施建设、产业扶持、教育投入、收入补贴、进行互助合作等层面展开研究。如丁旭（2015）从日本、中国台湾及大陆地区相关乡村建设的理论出发，总结了其对中国农村发展的启示；邢成举和罗重谱（2018）则从文献整理角度，研究了乡村振兴的历史源流，探讨了韩国、日本和中国台湾地区的乡村建设对乡村振兴提供的可资借鉴。

二、乡村振兴理论研究内容

乡村振兴战略是党的"三农"工作一系列方针政策的继承和发展，实施乡村振兴战略就是要从根本上解决"三农"问题，推进农业农村现代化（熊小林，2018；魏后凯，2018）。而从农业高质量发展、农村基本公共服务均等化和农民收入三个方面出发，是破解"三农"问题的重要研究方向和抓手。

（一）农业高质量发展研究

农业高质量发展从生产经营体系来看，不仅表现为农产品生产质量高，还应包括产业效益高、高效完备的生产经营体系以及高品质的国际竞争力（钟钰，2018）。任保平和文丰安（2018）认为相比于以往粗放型的数量增长，农业高质量发展还体现在生产效率提高、产业效益提升以及竞争力增强等方面。农业的高质发展可分为狭义和广义。从狭义上来说，高质仅仅代表产品具有质量；从广义上来说，高质不仅代表高质量，而且还要涵盖农业生产体系和效益（赵宇虹和李广，2020）。

"三农"问题首先是农业高质量发展。农业高质量发展是实施全面乡村振兴战略的必要内容，是实现中国农业更加出彩的必然选择，是建设世界农业强国的必由之路（黄修杰等，2020）。王晓鸿和赵晓菲（2021）发现，我国农业高质量发展水平与经济发展水平高度吻合，总体上呈现东强西弱、南强北弱的局面。农业基础要素投入效率降低，信息水平、创新水平、价格指数等成为影响现代农业发展的主要因素。辛岭等（2021）分析发现，我国农业生产、经营和结构现代化水平存在明显发散现象，东部和东北地区水平发散迹象显著。农业农村现代化的水平提升和区域非平衡性并存，集中体现为城乡多维差距、农业面源污染、乡村治理能力失调、农村基础设施和公共服务的薄弱。黄修杰等（2020）认为促使我国农业发展向质量提升转变，一方面要巩固现有的农产品供给量，尤其是保障国家粮食安全；另一方面要提升农产品的质量，保障食品安全。在农业生产过程中农业经营主体对农产品的数量和质量的影响起正向的促进作用，高素质的经营人才是发展高质量农业的必然条件。陈宇斌和王森（2022）通过研究发现，土地流转政策实施对农业高质量发展具有显著推动效应，且这种推动效应具有持续性。政策实施对农业发展相对落后地区所形成的农业进步空间更大，政策实施通过促进农业规模经营效率提高而进一步推动农业高质量发展水平。陈燕翎等（2021）在农业绿色全要素生产率的视角下探讨贸易开放对农业经济高质量发展的影响。农产品出口和进口均促进了农业绿色全要素生产率的增长，有助于农业经济高质量发展。辛岭等（2021）认为农业农村现代化存在区域非均衡性和低质同构化问题，急需明确地区发展障碍和推动因素，补齐农业农村现代化短板，有效发挥核心要素的溢出效应。推进农业现代化发展要聚焦七个方面重点任务，即"三个提升、三个建设、一个衔接"。"三个提升"，即提升粮食等重要农产品供给保障水平、提升农业质量效益和竞争力、提升产业链供应链现代化水平。"三个建设"，即建设宜居宜业乡村、建设绿色美丽乡村、建设文明和谐乡村。"一个衔接"，就是巩固拓展脱贫攻坚成果，有效衔接全面推进乡村振兴[①]。

　　农业高质量发展是坚持人民主体性的发展，是实现农业农村现代化的必然选择，也是中国式现代化道路的重要支撑。以实现"碳达峰、碳中和"目标为牵引推动农业高质量发展，已成为当前和今后中长期内社会主义现代化建设的重要内容之一。从实践角度看，推动农业高质量发展要兼顾质量和效益双重价值取向，不仅包括农产品的提档升级，还包括产业发展质量的持续提升和农业功能的不断拓展。简言之，农业高质量发展的主

---

① 郁静娴：《〈"十四五"推进农业农村现代化规划〉通过 新一轮农业农村现代化蓝图已绘就》，人民网，2021 年 12 月 9 日，http://gs.people.com.cn/n2/2021/1209/c183342 – 35042489.html.

要目标，就是要通过深化供给侧结构性改革，增加总量、优化结构、拓展来源和改善品质，提高农业供给体系与需求体系的协同性、适配性，提升农业发展的质量、效益和性能，不断增强创新力、市场竞争力和抗风险能力（高强和曾恒源，2022）。农业高质量发展是在遵循农业发展客观规律的基础上，适应我国主要矛盾转变的必然要求与选择。农业高质量发展是以提升农业质量效益和竞争力为目标，涵盖高标准农产品、高生产效益农业产业、高效完备生产经营体系、高品质市场竞争力等方面的综合体（崔超和杜志雄，2022）。

（二）农村基本公共服务均等化研究

农村基本公共服务均等化是"三农"问题的重要内容。改革开放40多年来，以农村、农业、农民为内容的"三农"问题以其特有的方式谱写了中国农村的变革之曲。中国农村改革的难度之大、承载的使命之重、涉及的内容之广前所未有，但取得的成就却堪称奇迹。与此同时，农业现代化依然是中国实现现代化强国目标的薄弱环节，由城乡二元结构导致的城乡发展不平衡依然存在。这些问题的解决之道在于持续不断地推动农村改革，也在于实现城乡融合发展，使农村享受与城市均等的发展机会和基本公共服务，以补齐农村发展短板，构筑农村发展的民生底线，使农业强、农村美、农民富由梦想变成现实（温涛等，2018）。

农村基本公共服务均等化的内涵与价值。农村基本公共服务事关农村人民群众的切实利益，主要有基本公共教育、基本社会保障、基本社会服务、基本公共文化体育、基本公共养老、基本医疗卫生六个方面。基本公共教育归纳为教育保障机制和教育资源供给两个层面；基本社会保障归纳为扶贫开发机制、公共资源配置、落户政策制度、社会救助制度四个层面；基本社会服务归纳为公共基础设施、基层管理服务、就业创业服务三个层面；基本公共文化体育归纳为公共文化服务、乡村文化建设两个层面；基本公共养老归纳为养老保险制度、养老服务建设两个层面；基本医疗卫生归纳为卫生服务建设、医疗保险制度两个层面（唐斌等，2021）。农村基本公共服务均等化与共享发展理念有着密切的联系，公共性是二者契合的价值起点，以人民为中心是二者契合的价值中心，公平正义是二者契合的价值原则，共同富裕是二者契合的价值目标。农村共享均等化的基本公共服务具有重要的时代价值：有助于实现乡村振兴的战略目标，有助于满足农民日益增长的美好生活的需要，有助于实现农业现代化（赵玲，2019）。

农村基本公共服务均等化的挑战与对策。刘荣君等（2021）指出过去30年农村养老保险制度在覆盖面、保障支持水平、缴纳标准设计等方面取得突出成绩，但顶层服务体系不健全、资金供给能力待提升、智能化技术应用不佳、居民参保意愿不强烈等现实梗阻，严重阻滞了农村养老保险制度落实与推进。为此，应优化制度设计，提升顶层服务适配性；健全资金保障机制，强化长期稳定性；加强金融科技普及，提升业务开展便捷性；多层次升级运作模式，调动居民参保积极性。赵玲（2019）指出农村基本公共服务均等化工作还存在诸多问题有待改善：一是农村基本公共服务的水平与城市相比仍有差距；二是农村基本公共服务的内容与村民们的多样化需要之间存在矛盾；三是农村基本公共服务均等化的效果与村民的真实需要之间存在差距；四是农村基本公共服务均等化的机制与村民的民主需要之间存在矛盾。同时提出解决这些问题需要以共享发展理念推进农村基本公共服务均等化发展，包括以全民共享为本位，提升农村基本公共服务的水平；以全面共享为内容，扩大农村基本公共服务的普及面；以共建共享为手段，增强农村基本公共服务均等化的效果；以渐进共享为方式，正视农村基本公共服务均等化的长期性。钟真等（2021）发现城乡基础设施与基本公共服务的结构性问题突出：首先，面向乡村的基础设施与基本公共服务供给结构不合理，供给总量仍有不足；其次，城乡之间公共服务质量与保障功能不平衡；最后，基础设施与基本公共服务的城乡衔接仍面临体制障碍。解决这些问题需要多线条推动城乡基础设施和基本公共服务均等化：一是拓展融资渠道，减小城乡基础设施落差；二是确立国家基本公共服务框架体系，弥合城乡公共服务鸿沟；三是优化区域城镇化布局，畅通城乡要素流动渠道。唐斌等（2021）提出实现农村基本公共服务均等化的对策：完善市场机制，提高农村基本公共服务效率；根据资金支出效率，精准优化财政资金的分配；实现农村基本公共服务均等化政策差异性供给；健全农村基本公共服务供给乡村治理机制。提升农村公共服务水平首先要提高农村公共服务的供给质量，优化农村基础设施和公共服务布局[①]。湛礼

---

① 孙鸿鹤：《提高公共服务水平增强均衡性和可及性》，中国共产党新闻网——人民网，2022年11月15日，http://theory.people.com.cn/n1/2022/1115/c40531-32566153.html。

珠（2021）指出城乡基本公共服务均等化需要农村居民和政府共同努力，从农村居民角度看，一方面发挥农村居民主体作用，构建新型民众参与模式；另一方面积极发展农村社会经济，为农村基本公共服务供给提供支撑。从政府角度看，应明确政府在农村基本公共服务提供中的供给主体角色，供给更多强调资金筹集而非服务生产，同时也并非全权监督。

（三）农民收入提升研究

"三农"问题的最终落脚点是农民收入提高，发展的最终目的是造福人民。缩小城乡发展差距，不能采取人为的"削高填低"办法，而应该通过实施乡村振兴战略，加快推进农业农村现代化，不断提高农村居民收入和生活水平，全面增进农民的福祉，实现高水平的城乡共享繁荣。实施乡村振兴战略，提升农民获得感、幸福感、安全感，应该建立在农民收入持续稳定增长的基础之上。习近平总书记早就指出，"小康不小康，关键看老乡"[1] "增加农民收入是'三农'工作的中心任务""农业农村工作，说一千、道一万，增加农民收入是关键"[2]。金丽馥和史叶婷（2019）提到农民财产性收入稳步增加对实现乡村振兴战略具有重要的现实价值：有利于拉动农村内需，推进农村产业壮大；有利于村内重整规划，改善农民生活质量；有利于农村社会和谐，提升乡风和治理有效性；有利于缩小城乡收入差距，实现农民生活富裕。

农民收入"扩中""提低"的挑战与对策。姜长云等（2021）指出当前我国农民增收面临的主要困难和问题：农产品价格增长乏力或呈现较大波动，但其成本却在总体上呈现较快的增长态势；西部地区农民收入水平较低，粮食主产区农民增收困难问题依然突出，以农为主和低收入农户的增收问题仍较为严峻；经济下行压力加大，影响农民就业增收机会的开拓和收入水平的提高；财政收入，特别是粮食主产区等财政增收困难呈现加大趋势，影响对农民增收的支持和农民转移性收入的增长；农产品市场调控对于价格波动的容忍空间过小，容易因"急刹车猛给油"加剧农民收入

---

① 《习近平在海南考察：加快国际旅游岛建设 谱写美丽中国海南篇》，人民网，2013 年 4 月 11 日，http：//jhsjk. people. cn/article/21093668。

② 《习近平：切实把新发展理念落到实处 不断增强经济社会发展创新力》，人民网，2018 年 6 月 15 日，http：//jhsjk. people. cn/article/30060311。

波动风险；新冠疫情对 2020 年农民增收的制约作用较为显著，后续影响仍有很大程度的不确定性。金丽馥和史叶婷（2019）提出制约我国农民财产性收入增长的瓶颈：一是收入分配制度不合理，农民可支配收入低，限制农民财产增值的实现；二是农村土地制度残缺，土地权属模糊，影响农民财产增值的有效收益；三是农村金融制度不健全，金融市场发展滞后，固化农民财产增值的外部环境；四是农民投资意识淡薄，理财能力不强，主观制约农民的财产增值。温涛等（2018）指出农民收入增加存在的问题包括：一是农民增收的农业基础不稳固，农业现代化进程推进困难重重；二是农民增加非农收入的途径不通畅和收入结构失衡；三是农业生产资料价格的快速上涨和不合理的工农产品价格政策；四是城市导向发展战略实施和长时期的农业发展战略扭曲。在增加农民收入、全面增进农民福祉的对策方面，一是要稳定农民家庭工资性收入增长，尤其要通过筑牢现代乡村产业体系，不断提高农民家庭工资性收入中来自农村的工资性收入比重；二是促进家庭经营性收入快速增长，提高家庭经营净收入所占比重及其对农民增收的贡献率；三是全面深化农村改革，激活农村资源，打通资源变资本、资本变财富的渠道，不断拓宽增加农民财产性收入渠道，大幅度提高财产净收入所占比重及其对农民增收的贡献率[①]。在此基础上，还需要加大财政转移支付和收入分配调节力度，进一步完善农业支持保护体系和乡村振兴政策，切实提高农民消费水平，全方位改善农民生活品质，缩小城乡消费和生活水平差距。刘宇荧等（2019）指出农民专业合作社能够提高其成员的收入，其有效途径包括合作社加强对市场渠道的优化，为成员提供优质优价的农资，以相对较高的价格销售成员产品，选择性吸纳异质性成员，给予资金参与者相应权利。黄志岭（2017）提到农民从事自我雇佣确实能够有效提高农民收入，而且个人创业和私营经济发展对经济发展起着积极的重要影响，因此，一是应该大力采取有效措施鼓励农民从事自我雇佣，改善从事自我雇佣的商业环境，如在法律咨询、信息平台、技能培训上提供更好的服务，特别是在金融资源获得渠道上应努力降低难度和成本；二是从事自我雇佣群体面临的风险较大，应完善和提高相应的社会保障待遇，降低个体从事自我雇佣行为所带来的风险；三是为进入自

---

① 魏后凯：《全面打造城乡协调发展的引领区》，人民网，2021 年 8 月 5 日，http：//politics. people. com. cn/n1/2021/0805/c1001 - 32181850. html。

我雇佣部门提供便利，甚至考虑借鉴发达国家的做法，以设立基金等方式为从事自我雇佣的个体（尤其是失业者）提供资助和补贴。姜长云等（2021）提到立足新发展阶段促进农民增收，需要做到：一是按照"十四五"规划要求推进经济高质量发展，坚持经济发展就业导向并创新经济治理方式；二是加强对粮食主产区的财政支持，完善小微企业、民营经济发展的产业生态和创新创业生态；三是以粮食生产功能区、重要农产品生产保护区、特色农产品优势区为重点，加强对农业农村基础设施建设和农业生产性服务业发展的支持；四是落实完善乡村产业发展支持政策，同等优先加强对乡村企业发展的倾斜支持；五是完善农产品价格形成机制，优化农产品市场调控方式；六是全面促进农村改革深化和城乡联动发展，加强农业农村劳动力培训体系和服务能力建设。金丽馥和史叶婷（2019）指出增加农民财产性收入要做到：以乡村振兴为契机促农民增收，夯实农民财产性收入增长的基础；基于承包地和宅基地确权保护农民产权，强化农民财产性收入增长的制度性供给；完善农村金融体系以拓宽农民融资渠道，优化农民财产性收入增长的外部环境；加大农村教育投入以培养农民投资理财意识，强化农民财产性收入增长的人力资本。

三、乡村振兴研究述评

综上所述，国内外学者从农业高质量发展、实现农村基本公共服务均等化、增加乡村居民收入、减小城乡发展差距等视角对乡村振兴进行了综合研究，强调了乡村振兴的积极作用（见表2-4）。与此同时，随着数字经济的不断发展，学者们逐渐发现电子商务等技术的引入，对促进农业高质量发展、基本公共服务均等共享、农民收入提升等方面发挥了作用，对乡村振兴战略实施起到重要作用。然而，从共同富裕的视角，依托农村电子商务产业发展，为突破城乡发展不平衡和农村发展不充分的阻碍、全面推进乡村振兴，提供的理论和经验的研究还极为少有。因此，未来有必要研究电子商务赋能乡村振兴，为实现共同富裕提供对策。

表 2 - 4　　　　　　　　　　　　　　乡村振兴理论研究

主题	研究视角和内容	代表性观点和研究成果
乡村振兴基础理论	乡村振兴概念研究	乡村复兴是相对于历史悠远的传统乡村而形成的、一种否定之否定的辩证取向（何慧丽，2012）；强调乡村的自治、繁荣与独特性（张京祥等，2014）
	乡村振兴战略时代背景研究	新时代中国特色社会主义的新矛盾和新要求（梁新莉和胡哲文，2018）；从农村发展不平衡不充分的矛盾以及"弱生态位"的现状做研究（王思斌，2018）；从党的十八大及党的十九大角度出发（刘晓雪，2018）
	乡村振兴战略的科学内涵研究	从乡村振兴战略本身出发探讨其本质、总体要求等（廖彩荣和陈美球，2017）；认为包含新任务、城乡发展新思路等多个方面（王亚华和苏毅清，2017）；准确把握"二十字"方针的科学内涵和要求（黄祖辉，2018）
	乡村振兴战略的重要意义研究	从实践角度探讨（李军国，2018）；农村发展思想角度（徐俊忠，2017）；社会学角度建设乡村时代价值（申明锐等，2015）
	乡村振兴战略实施的现实路径研究	深化乡村重点领域改革、创新农村金融供给等（段雪珊和黄祥祥，2018）；建立和完善体制机制（刘合光，2018）；以实施乡村振兴战略为统领，以"活业—活人—活村"为路径（刘守英，2018）；提出四要求（叶兴庆，2018）；电商助力乡村振兴（刘承昊，2019）；电子商务是重要手段（杜永红，2019）
	国外乡村振兴的经验与启示研究	丁旭（2015）则从日本、中国台湾及大陆地区相关乡村建设的理论出发，总结了其对中国农村发展的启示；邢成举和罗重谱（2018）从文献整理角度，研究了乡村振兴的历史源流，探讨了韩日台的乡村建设对乡村振兴提供的可资借鉴
农业高质量发展研究	农业高质量发展内涵研究	农业高质量还应包括产业效益高、高效完备的生产经营体系以及高品质的国际竞争力（钟钰，2018）；农业高质量发展还体现在生产效率提高、产业效益提升以及竞争力增强等方面（任保平和文丰安，2018）；高质要涵盖农业生产体系和效益（赵宇虹和李广，2020）

主题	研究视角和内容	代表性观点和研究成果
农业高质量发展研究	农业高质量发展理论研究	我国农业高质量发展水平与经济发展水平高度吻合（王晓鸿和赵晓菲，2021）；我国农业生产、经营和结构现代化水平存在明显发散现象（辛岭等，2021）；农业高质量发展是实施全面乡村振兴战略的必要内容，促使我国农业发展向质量提升转变，要巩固现有的农产品供给量和提升农产品的质量（黄修杰等，2020）
	农业高质量发展实践研究	"一个衔接"，就是巩固拓展脱贫攻坚成果，有效衔接全面推进乡村振兴（人民日报，2021）。农业高质量发展的主要目标，就是要通过深化供给侧结构性改革，增加总量、优化结构、拓展来源和改善品质（高强和曾恒源，2022）；农业高质量发展是以提升农业质量效益和竞争力为目标（崔超和杜志雄，2022）
农村基本公共服务均等化研究	农村基本公共服务均等化的内涵与价值	基本医疗卫生归纳为卫生服务建设、医疗保险制度两个层面（唐斌等，2021）；农村共享均等化的基本公共服务有助于实现农业现代化（赵玲，2019）
	农村基本公共服务均等化的挑战与对策	顶层服务体系不健全、资金供给能力待提升、智能化技术应用不佳、居民参保意愿不强烈等现实梗阻，严重阻滞了农村养老保险制度落实与推进（刘荣君等，2021）；农村基本公共服务均等化工作还存在诸多问题有待改善（赵玲，2019）；城乡基础设施与基本公共服务的结构性问题突出（钟真等，2021）；提出实现农村基本公共服务均等化措施（唐斌等，2021）；城乡基本公共服务均等化需要农村居民和政府共同努力（湛礼珠，2021）；提升农村公共服务水平首先要提高农村公共服务的供给质量，其次要优化农村基础设施和公共服务布局（人民日报，2021）
农民收入提升研究	农民收入提升的内涵与意义	提到农民财产性收入稳步增加对实现乡村振兴战略具有重要的现实价值（金丽馥和史叶婷，2019）
	农民收入"扩中""提低"的挑战与对策	指出当前我国农民增收面临的主要困难和问题（姜长云等，2021）；提出制约我国农民财产性收入增长的瓶颈（金丽馥和史叶婷，2019）；指出农民收入增加存在的问题（温涛等，2018）；稳定农民家庭工资性收入增长，促进家庭经营性收入快速增长，全面深化农村改革（人民日报，2021）；农民专业合作社能够提高其成员的收入（刘宇荧等，2019）；提到农民从事自我雇佣确实能够有效提高农民收入（黄志岭，2017）；指出增加农民财产性收入以乡村振兴为契机促农民增收，夯实农民财产性收入增长的基础等措施（金丽馥和史叶婷，2019）

资料来源：由笔者整理绘制。

第三节　农村电商理论研究

随着"互联网＋"时代的到来，电子商务作为一种新型的商业形态开始走进广袤的农村，成为贯彻落实乡村振兴战略的一个重要抓手。习近平总书记也曾多次指出，电商作为新兴业态是大有可为的。① 同时，政府工作报告中多次提及发展农村电商。农村电商的快速发展引起了国内外学者的高度关注，并形成了一系列研究成果。特别是近年来，大量关于农村电商的研究成果不断涌现，并呈现出一定主题和发展趋势，深入分析我国农村电商领域的研究现状、研究热点及发展趋势，对未来农村电商的发展与研究具有较大的参考价值。

一、理论逻辑、研究热点及演进趋势

本部分内容拟通过文本计量的分析方法，以源于中国知网中关于农村电商的相关核心文献为研究对象，明确农村电商的研究内容与知识结构，梳理该领域的研究热点与发展趋势。

（一）数据来源

农村电商文献来源于 CNKI 中国知识资源总库，检索策略为专业检索，以农村电商、农村电子商务等为关键词，检索日期 2023 年 5 月，限制文献为 SCI、EI、CSSCI、CSCD、AMI 和北大核心，共得到文献 818 篇，剔除无效和不相关文献后共得到文献 806 篇，部分电商文献数据如下（见表 2 - 5）。

表 2 - 5　　　　　　　农村电商学术文献列表（部分）

序号	文献名称	期刊名称	发表年份
1	利用电子商务发展农村经济的对策分析	农村经济	2001 年
2	河北农村专业市场与电子商务	经济论坛	2002 年

---

① 《直与天地争春回——记习近平总书记在陕西考察》，人民网，2020 年 4 月 27 日，http：//jhsjk. people. cn/article/31690006。

续表

序号	文献名称	期刊名称	发表年份
3	实施电子商务对加快农村经济建设的思考	农村经济	2004 年
4	农村人力资本投资与农业新要素的引进——兼谈农业电子商务的人才制约	江苏论坛	2005 年
5	我国农村现代化商贸流通体系的构建	商业经济与管理	2006 年
…	……	……	……
804	农村电商多维度动态特征构念与量表开发	中国流通经济	2021 年
805	农村电子商务高质量发展路径探索	中国农业资源与区划	2022 年
806	数字金融的发展提高了电商助农的效率吗？——基于电子商务进农村综合示范项目的分析	数量经济技术经济研究	2023 年

资料来源：由笔者整理绘制。

（二）文献主题提取

通过绘制不同数量主题的困惑度变化趋势（见图2－4）发现，当主题个数设置为6个时，困惑度的值出现明显拐点；为进一步确定学术文献最优主题，对学术文献主题数为6个时的分布情况进行pyLDAvis可视化展示（见图2－5），此时主题可视化分布效果较好，重叠部分较少，因此，将学术文献模型拟提取的主题最终确定为6个。

为了从学术文献中进一步挖掘主题的重点关注内容，特提取主题贡献强度排名由大到小的TOP20关键词（见表2－6）。并将6个主题归纳为：主题1"电商发展"、主题2"电商影响效应"、主题3"电商物流"、主题4"电商创业"、主题5"产业发展"、主题6"电商扶贫"，并结合主题对应的关键词对主题关注重点方向作进一步详细阐述。

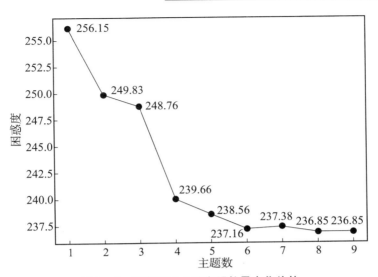

图 2 - 4 困惑度随文献主题数量变化趋势

资料来源：由笔者绘制。

专题间距离图（通过多维缩放）

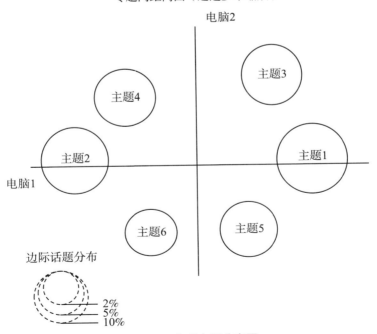

图 2 - 5 文献主题分布图

资料来源：由笔者绘制。

表 2 - 6 　　　　　　　　农村电商学术文献的主题词（TOP20）

主题	主题描述	主题词
主题 1	电商发展	农业、经济、互联网、建设、问题、模式、技术、基础设施、农产品、产业、乡村振兴、农民、人才、体系、供给、数字、融合、现代化、生产、信息化
主题 2	电商影响效应	影响、效应、地区、消费、水平、经济、模型、数据、政策、数字、区域、城乡、差距、分析、检验、居民消费、农民、农民收入、因素、商贸流通
主题 3	电商物流	物流、模式、农产品、企业、体系、流通、仓配、问题、物流配送、供应链、服务、成本、平台、传统、农产品电商、节点、政府、地区、优化、信息
主题 4	电商创业	农户、创业、影响、因素、网络、销售、农民、社会、市场、政府、分析、家庭、技术、信息、资本、环境、风险、平台、政策、意愿
主题 5	产业发展	产业、乡村振兴、乡村、淘宝、经济、战略、人才、模式、政府、升级、转型、政策、阶段、集群、特征、县域、产品、创业、产业集群、互联网
主题 6	电商扶贫	电商扶贫、研究、分析、政策、问题、精准扶贫、机制、金融、平台、融资、贫困地区、攻坚、过程、路径、对策、能力、服务、产业集群、乡村振兴、现状

资料来源：由笔者绘制。

（1）主题 1：电商发展。

随着我国经济的不断发展，互联网与电商逐渐成为经济发展的新引擎。针对该主题主要讨论了农村电商在乡村振兴战略中的重要作用及其面临的挑战和发展路径。农村电商是"互联网 + 农业"发展战略的核心手段，拓宽了农产品的销售渠道，助力了乡村振兴和数字经济产业转型发展。然而，也面临政策依赖性强、品牌建设不足、物流和基础设施落后以及人才队伍不足等问题。针对这些问题，研究提出了建立质量监管体系、增加政策支持、提升互联网和数字经济水平、培育电商人才与加强物流建设等方案。同时，还讨论了数字乡村建设和农村电商可持续发展的自适应创新逻辑，并提出了复合优化策略和精准施策健全治理体系的建议。此外，农村金融则在农村电商领域中起到了不可替代的作用，通过电商渠道实现了农村金融的发展和支持农民网商发展。但是，当前农村电商和农村金融整合还面临着种种障碍，比如农村电商品牌效应不明显以及农村电商人才短缺等问题。因此，在整合互联网、农业、农村电商和金融之间的关系时，需要注重基础设施建设、政策支持、人才培养和推进各方力量的深度融合，从而促进农业经济更加快速地提升。

（2）主题2：电商影响效应。

该主题主要从以下三方面展开：一是政策效应。探讨农村电商发展对城乡一体化、农民增收和乡村振兴的政策效应，以及数字普惠金融在其中的作用和机制。探讨了农村电商发展对缩小城乡收入差距、促进农业劳动生产率提升和推动县域经济增长等方面的积极影响，并提出了加快数字化和信息化基础设施建设、推进电商与数字普惠金融联动与协同等政策建议。同时，探讨了数字普惠金融对农村电商发展的影响和作用机制，认为数字普惠金融可以通过缓解农民融资约束，促进电商助农的效率。二是数字经济效应。主要探讨了数字化乡村发展的现状和问题，以及数字经济时代下的农村电商发展。研究表明，农村电商发展对精准扶贫、培育农村经济新增长点、推动产业集群、缩小城乡差距有重要作用。此外，农村电商的区域异质性问题以及农村电商与区域经济的协同问题始终制约我国农村电商的发展水平。为了解决这些问题，需要建立一套健全的农村电商评价指标体系，并采用多种方法进行实证分析和预测。三是消费升级效应。农村电商的发展为农民提供了更广阔的市场机会，促进了农村消费升级和农村经济增长。农村电商的发展加强了农村居民的消费能力和消费触角，改善了农村消费空间和消费环境。此外，农村电商也给传统的农村流通关系和商贸流通结构带来了重大变革，推动了城乡消费品市场的一体化进程。但这种影响存在地区差异和非线性特征，受农村人力资本和收入门槛等因素影响。需要进一步加强农村电商发展和互联网普及基础，推动互联网与农村产业融合发展。

（3）主题3：电商物流。

相关研究主要围绕以下两个方面展开：一是农村电商物流体系。主要关注了电商物流服务质量、物流模式、物流配送体系以及末端配送和共同配送等方面；二是农产品流通模式。主要涉及农产品和工业品在农村地区的双向流通，以及农产品流通渠道的优化，除了传统的市场渠道，新兴的农村电商平台如直播电商和社交电商等也扮演着重要角色。此外进一步分析了农产品供应链体系中存在的问题以及优化策略。需要注意的是，基础设施差、专业人才匮乏、模式单一、效率低下等因素一直是我国农村电商物流发展缓慢的主要原因，需要重点关注。

（4）主题4：电商创业。

该主题主要从两方面展开：一是农户收入影响因素。从电商对农户收入影响方面，通过研究发现，参与农村电商能够显著提升农户收入水平，尤其是对农业经营性收入、非农业经营性收入具有显著的促进作用。同时，农村电商主要通过扩大生产规模、改善金融获取、强化信息获取、促进人力资本积累、提高社会资本水平、降低农产品流通成本、提升创业水平、增加非农就业以及提高土地流转的概率等机制促进农户增收，同时，政府资助项目也有助于农民增收。二是农户参与电商意愿影响因素。通过研究发现，农户参与电商意愿主要影响因素有：技术接受中感知有用性、感知易用性、期望确认度和行为态度、宽带下乡、农村创业环境变革（农村经济社会环境、基础设施环境、政策支持环境、科技文化环境、金融服务环境优化）以及个人特征因素（年龄、网购经验）、社会网络因素（社会或邻里示范、家中是否有村干部、非农就业人数）和资源禀赋因素（电商培训次数）等因素。

（5）主题5：产业发展。

该主题主要围绕以下两方面展开：一是电商产业发展。电商产业作为农业、物流业、加工业、信息产业等诸多产业融合的载体，产业间形成密切的关系，相辅相成、相互促进，共同助力乡村振兴。发展农村电商产业既能增加农民收入，又能加快农村产业兴旺，但电商产业发展中存在物流基础设施短板、融资手段单一、农产品上行压力、专业化电商人才匮乏、农业产品结构层次度较低以及农村物流产业发展相对滞后等问题。此外，针对这些问题主要提出，加强市场主体合作、政策制度供给、推动普惠金融下乡、加强平台建设、专业人才培养、推动一二三产业融合和创新产业集群模式等建议。二是农村产业升级。相关研究对农村产业升级做了多方面的论述。首先，提到了加强农村基础设施建设、加强科技创新和人才培养、加强对农产品质量安全的监管和保障、促进城乡一体化发展等方面，以推动农村产业升级。其次，探讨了平台经济对农村产业发展和乡村治理的影响，并提出如何推动一二三产业融合等问题。最后，还提到了电商产业集群演进与农村产业升级之间的关系，并提出了相应的政策意义和措施。

（6）主题6：电商扶贫。

电商战略从城市走向农村，结合"精准扶贫"战略方针的制定，形成了一种新的因地制宜的扶贫方式——电商扶贫，针对电商扶贫的研究主要体现在三方面：一是电商实际效果。研究发现农村电商减贫效果较为显著，且能推动贫困地区发展、缩小城乡"信息鸿沟"，有效增加了农民收入。二是作用机制。电商扶贫能够解决农产品过剩、刺激农产品供给增加，同时增加收入、节余开支、提高能效，为创新创业提供条件，此外，志愿服务也能转变农户从事电商的创新创业意愿、行动和提升成效等。三是存在的问题。基础设置薄弱、电商人才匮乏、物流体系不完善、政策衔接不精准等问题。建议从围绕扶贫工作机制、电商人才、基础设施、农产品质量安全与标准化等方面进一步提升电商扶贫效能。

综上所述，本部分内容从学术文献中共提取出6个主题，分别为：主题1"电商发展"、主题2"电商影响效应"、主题3"电商物流"、主题4"电商创业"、主题5"产业发展"、主题6"电商扶贫"；其中，主题1"电商发展"主要关注农村电商在乡村振兴战略中的重要作用及其面临的挑战和发展路径，主题2"电商影响效应"主要关注电商产生的政策效应、数字经济效应和消费升级效应，主题3"电商物流"主要关注农村电商物流体系建设和农产品流通模式创新发展等，主题4"电商创业"主要关注农村电商对农户收入影响因素以及农户参与电商意愿的影响因素，主题5"产业发展"主要关注电商产业发展以及农村产业升级，主题6"电商扶贫"主要关注电商产生的实际效果、电商作用机制以及电商存在的问题等。

（三）研究脉络和热点分析

1. 研究演进脉络分析

将文献主题在不同时间段的热点分布情况进行可视化展示（见图2-6）。整体而言，关于农村电商的文献趋势呈现出由集中到多元化发展的走势，特别是自2014年以后，文献在6个研究领域都有所涉及且趋向稳定。单独从每个主题的角度来看，对于电商发展领域的研究贯穿了整个时间段，在2001~2009年一直是文献主要关注重点；对于电商影响效应的研究，其在2014年以前相对分散，尚未出现稳定且持续性的研究趋势，但是2014年后的研究开始逐渐呈现出增长的趋势，表明研究者对电商影响因素的关注在不断增强。对电商物流的研究整体呈现出先增加后减少的趋势，在 2011 年热度达到了最高点，之后逐渐减少；对于电商创业的研究，总体上呈现出先下降后趋于稳定的发展趋势，尽管该领域的关注时间较早，但后续研究的关注度开始出现下降趋势，至 2013 年以后，对电商创业的关注才逐渐趋于稳定；对产业发展的研究主要体现在 2013 年以后，而在其他时间段相对较少；对于电商扶贫的研究出现较早，整体呈现出波动发展的趋势，在 2012 年以后研究逐渐趋于稳定。整体的演变过程表明农村电商研究领域在不同时间段内关注点的变化，从早期的重点领域扩展到更加多元化发展，关注的因素也在不断增加。这样的发展有助于更全面地理解和应对农村电商研究和实践的复杂性，为未来的研究和政策制定提供有益的指导和参考。

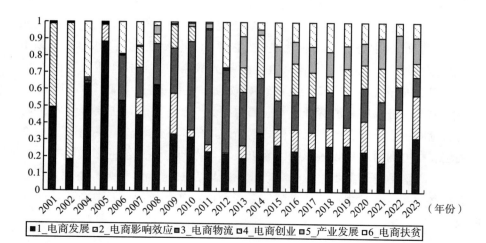

图 2-6　文献主题演化路径

资料来源：由笔者绘制。

2. 研究热点分析

为了进一步挖掘科研论文主题的研究趋势，采用上述提到的自回归检验方法对学术文献主题热度随时间的变化情况进行分析，并对其自回归检验分析结果进行展示（见表 2-7）；整体来看，文献主题类型主要包括 3 个波动主题、2 个趋热主题以及 1 个趋冷主题。其中，波动主题为主题 3 "电商物流"、主题 4 "电商创业"和主题 6 "电商扶贫"；趋热主题为主题 2 "电商影响效应" 和主题 5 "产业发展"；趋冷主题为主题 1 "电商发展"。

表 2 - 7　　　　　　　　学术文献主题热度自回归检验表

学术文献主题	回归系数	p 值	主题类型
（主题 1）电商发展	- 0.016 ***	0.005	趋冷型
（主题 2）电商影响效应	0.009 ***	0.000	趋热型
（主题 3）电商物流	0.004	0.548	波动型
（主题 4）电商创业	- 0.008	0.191	波动型
（主题 5）产业发展	0.010 ***	0.000	趋热型
（主题 6）电商扶贫	0.002	0.590	波动型

注：***表示在 0.001 的水平下显著。
资料来源：由笔者绘制。

在对学术文献主题热点分类的基础上，进一步结合农村电商学术文献主题发文量占比（见图 2 - 7）与主题热度演化趋势（见图 2 - 8），对不同主题类型展开进一步阐述。

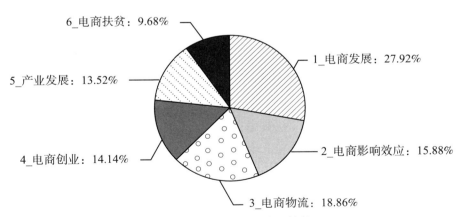

图 2 - 7　文献主题对应文档数

资料来源：由笔者绘制。

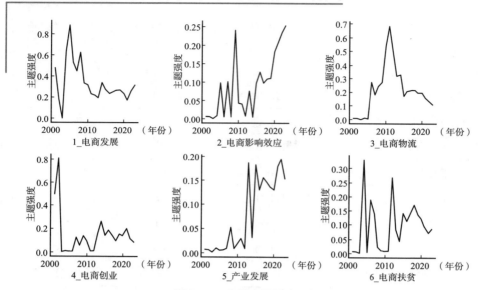

图 2 - 8　文献主题热度趋势

资料来源：由笔者绘制。

（1）波动型主题。

文献波动主题：主题 3 "电商物流" 在 2011 年之前主题强度逐渐上升，之后出现快速下降，至 2015 年后趋于稳定波动状态。但整体强度较高，发文量占比也较高，表明电商物流一直是学者在农村电商研究领域的重点方向，也是影响农村电商发展的重要因素。主题 4 "电商创业" 起步较早，在 2002 年出现一个小高峰，之后快速回落，后趋于稳定波动状态。整体强度相对较低且发文量占比偏低，说明学者们对电商创业的关注一直存在，但并不是电商研究领域关注的主要方向。主题 6 "电商扶贫" 起步也较早，在 2004 年、2012 年等均出现过小高峰，但是峰值强度较低同时发文量占比最低，表明电商扶贫是农村电商研究领域长期关注的方向，也一直受到学者的关注，但并未大规模地展开研究。

（2）趋冷型主题。

文献趋冷主题：主题 1 "电商发展" 主题强度在 2005 年和 2008 年分别出现两个小高峰，主题强度较高同时发文量占比最多，在 2009 年以后，主题强度在 0.26 上下波动，说明电商发展一直是农村电商研究领域的重点方向，但随着研究的持续深化，对电商发展的一般性研究开始逐步减弱。

（3）趋热型主题。

文献趋热主题：主题 2 "电商影响效应" 在 2009 年出现一个主题强度小高峰值，虽然在 2010 年之后主题强度有所回落，但在 2014 年以后主题强度又逐步回升。这可能是因为在 2014 年财务部、商务部推出开展电子商务进农村综合示范政策，进一步推动了学者对电商影响效应的研究热情；在该主题下，学者侧重于农村电商对居民消费、城乡差距以及经济发展的影响效应的研究分析。主题 5 "产业发展" 在 2012 年之前主题强度较小，但在 2013 年及以后主题强度迅速增长。这可能是由于，推动乡村振兴和产业升级的政策陆续出台，以及前期研究的经验积累，进一步推动了学者对乡村振兴和产业发展的研究，且该主题下学者们主要侧重于对产业集群、经济转型升级和人才培养领域的研究。

综上所述，文献主题类型主要包括 3 个波动主题、2 个趋热主题以及 1 个趋冷主题。其中，波动主题为主题 3 "电商物流"、主题 4 "电商创业" 和主题 6 "电商扶贫"；趋热主题为主题 2 "电商影响效应" 和主题 5 "产业发展"；趋冷主题为主题 1 "电商发展"；其中，主题 3 "电商物流" 一直是学者在农村电商研究领域的重点方向，也是影响农村电商发展中的重要因素；主题 4 "电商创业" 一直是学者们关注方向，但并不是农村电商研究领域关注的主要方向；主题 6 "电商扶贫" 是农村电商研究领域长期关注的方向，也一直受到学者的关注，但并未大规模的展开研究；主题 1 "电商发展" 一直是农村电商研究领域的重点方向，但随着新的研究方向不断涌现，对电商发展的一般性研究开始逐步减弱；对于主题 2 "电商影响效应"，学者们主要侧重于农村电商对居民消费、城乡差距以及经济发展的影响效应的研究分析；对于主题 5 "产业发展"，学者们主要侧重于对产业集群、经济转型升级和人才培养等领域的研究。

二、农村电商理论研究内容

（一）农村电商基础理论研究

国内对于农村电子商务的研究开始于 2000 年左右。近年来，农村电商领域的相关研究主要集中在：农村电商发展动力、农村电商内涵及作用、农村电商发展模式、影响农村电商发展的制约因素、促进农村电商的发展策略等方面。具体如下：

在对农村电商发展动力认识方面，随着中国特色社会主义进入新时代，党和国家先后提出"优先发展农业农村""把解决'三农'问题作为全党工作的重中之重""乡村振兴"等目标。发展农村电子商务是农村经济发展的新亮点，也是农村经济转型升级的新引擎（樊玉枝，2017）。电商作为一种新的经济形态和创业动力引擎，通过"互联网＋"与农业融合，实现了农业资源及产品的重新配置、集成与关联，创新了乡村发展动力。萧裕中（2018）认为农村电商可以吸引年轻人返乡创业，将原来农村扶贫的"输血模式"改为"造血模式"且具有可持续性，将农村资源有效地转化为生产力，同时创造巨大的农村就业市场，促进农民增收，缩小城乡收入差距。尹超和张明玉（2018）围绕"五个助"的"购、销、运、便、富"的现实需求，解决欠发达地区"日用百货网上买难"和"农特产品网上卖难"的难题。并且，探索适合农村地区的电子商务模式，以便整合城乡区域资源，促进县域经济的发展。陈虎东（2017）认为农村电子商务是对电商商业领域真空的填补，主要受农村信息化、农村产业化、消费互联网等方面的影响，并由此伴随着产生了农村服务电商以及农村金融电商。曾亿武等（2020）认为中央政府对农村信息化发展的顶层设计力度不断增强，形成"速度—广度—质量"三位一体的农村信息基础设施建设政策框架，农业信息化建设由单一技术提升向推进全程信息化的技术综合集成转变，以"两个体系、一站一园、综合示范"为抓手加快农村电子商务发展，由乡村教育、医疗和金融的信息化发展入手逐步推进"在线城乡一体化"。

在农村电子商务内涵和作用方面，魏延安（2017）认为，农村电商具有广阔的市场前景，能够拉动新生消费需求，打破时空限制，以及催生农村新产业的作用。王沛栋（2016）将农村电子商务定义为一种新型的产业形态，主要是由农业生产、农村生活消费与互联网相结合，具备扶贫的作用，能够拉动农村经济发展。钟燕琼（2016）认为，农村电商通过"工业品下乡"丰富了农村居民的消费选择，提高了居民的消费意愿，通过"农产品进城"和增加就业，促进了农村经济的发展，使农村居民收入增加，提升了居民消费能力。刘根荣（2017）认为电子商务进农村的直接影响主要表现为改变农村居民消费结构、减少供求矛盾、满足消费需求、推动网络金融发展、促进消费增长等；间接影响主要表现为改变传统农产品销售模式，促进农产品销售，改变传统生产方式，推动农业转型升级，带动农村创业，吸引人口回流集聚，推动农村基础设施建设，促进物流业与金融业发展。李秋斌（2018）认为农村电子商务是利用互联网等信息技术，通过数字服务终端服务农民，使农民成为平台最大受益者，为从事涉农领域生产经营的主体提供在网上完成产品或服务的销售、购买、电子支付等业务过程的支持。此外，陈晓琴和王钊（2017）提出农村电商还可以有效实现供求信息的无缝对接，促进贫困地区特色产业发展，推动整个贫困地区的产业发展取得新突破，达到减贫脱贫效果。杨书焱（2019）也认为，电商扶贫能够克服贫困地区区位瓶颈制约，提升贫困地区的产业发展水平，为传统贫困地区提供"弯道超车"的历史性机遇。张文潇（2020）认为农村电商的发展将有助于加速城乡社会结构的扁平化，加速乡村社会发展，减少城乡沟通过程中的中间环节，促进城乡融合，从而导向和谐的城乡关系。赵丹玉（2021）认为农村电商可以降低农村产业融合成本、提升农村产业融合主题品质、引进农村产业发展所需的专业人才，是创新农村产业融合方式、加快农村基础设施建设、推动乡村经济发展的重要途径。任翀（2021）认为，电子商务提高了农产品的市场影响力，引导消费者由即时性农产品消费向半计划性消费，提高农产品上行市场容积，推进农村地区农产品标准化，帮助乡村地区建立农产品品牌，提高农产品市场竞争力，引导乡村按需生产，完善农产品分配、销售机制，优化农户增收路径。

在农村电子商务发展模式创新方面，部分学者研究并提出了浙江遂昌模式、浙江临安模式、浙江丽水模式、浙江桐庐模式、河北清河模式、山东博兴模式、浙江海宁模式、甘肃成县模式、吉林通榆模式、陕西武功模式、江苏沙集模式等农村电商发展模式（何燕玲，2018；陈旭堂等，2018）。郭红东等（2020）认为临安模式是农产品上行的经典案例，为解决农产品上行难以及农村经济电商化转型提供了参考与借鉴。也有学者进一步研究了"淘宝村"模式或现象（刘亚军和储新民，2017），对义乌"青岩刘村"、丽水"北山村"、揭阳"军埔村""东高庄"、南阳"石佛寺村""平乐村"等典型淘宝村案例进行了深入剖析。如崔丽丽等（2014）走访调研了浙江丽水市"淘宝村"的网络商家，运用他们搜集的调查数据进行分层回归分析，发现社交示范、电子商务协会组织等社会创新因素可以显著提高电商的销售业绩。张灿（2015）以义乌青岩刘村为例，探讨农村电商产业集群形成的动力因素。肖荆（2021）以北部湾农村地区为例，探讨了立足农业当地实际，走自己的特色农村电商产业发展道路的电商本土化"生态圈"构建措施。此外，还有学者从其他角度出发对农村电商开展了研究，如"农批市场＋电商平台""B2C＋家庭会员宅配＋订单农业"和"众筹＋农产品"等农产品电商模式（文丹枫和徐小波，2016）；邮掌柜模式、村村乐模式、乐村淘模式（朱品文，2016）；"一村一品一店"模式（王超和龙飞扬，2017）；"返乡＋创业"和"销售＋生产"组成的农村电商聚集化"2＋"模式（魏晓蓓和王淼，2018）。如彭成圆等（2019）总结农村电商创业的四种典型模式：返乡青年电商创业带动型、农村电商创业平台助推型、新型农业经营主体领办型、农村电子商务示范村引领型；张焕等（2021）从新媒体的角度总结了陕西武功县电子商务发展模式，探讨其成功经验和存在问题，并从政策支持、产品创新、人才引进、电商创新等方面总结了武功农村电商发展对其他县域电商发展的启示。

在农村电商发展制约因素和对策建议方面，解新华（2016）认为制约农产品电商模式发展的因素包括信息化水平低、信息获取成本较高、农产品交易的支付方式和信誉问题、物流成本较高。董坤祥等（2016）认为农村地区资源禀赋不均、经济基础薄弱，导致农村电商集群发展出现同质化竞争、经营效率低、融资困难等问题。陈虎东（2017）提出，农村电商发展主要受农村信息化、农村产业化、消费互联网等方面的影响。凌红（2017）将农村发展电子商务的阻力归纳为：农民获得从事电子商务技能的教育成本极高、农村的物流运输成本相对城市较高、农村缺乏必要的资金支持，以及有效供给和需求难以形成。贾玮娜（2021）也指出，由于农民在现实生活中缺乏移动互联网辅助技术培训和其他软环境支持，直播电商等新媒体所带来的"互联网＋农产品"新机遇尚未得到充分认识，加之农村地区互联网基础设施建设滞后、农产品网络直播营销意识淡薄、物流配送能力不足，阻碍了农民利用新媒体工具开展电子商务活动。耿荣娜和曹丽英（2016）认为物流水平、农民素养、政府扶持是农村电子商务产生、发展阶段的重要制约因素，农产品特性及消费者需求是农村电子商务壮大阶段的制约因素。任晓聪和和军（2017）认为农村电子商务发展存在一系列问题：农村电子商务人才匮乏，对电子商务的认识理解不足；现行法律法规主要针对线下销售，农村电商处于监管空白地带；农村物流体系建设不完善；监管组织体系中的部门职责缺乏有序分配和协调，监管方法和手段有待创新。潘鹏和刘莲花（2019）认为制约农村电商发展的因素，有基础设施建设滞后、农业和农产品标准化和规范化生产经营体系尚未建立、农村电商人才缺乏、金融服务对农村电商的支持力度不够等因素。李章梅等（2015）认为政府的主导作用及宏观政策的指导有待加强，标准化体系不健全，农产品缺乏产品标准化等问题。

针对上述问题，部分学者从重构农产品流通体系、人才培养、产品质量追溯体系、基础设施建设、农村金融、政府支持等方面提出了对策建议。如洪勇（2016）认为，发展农村电子商务需要完善农村电商服务体系，加强农村电商人才培养，完善产品质量追溯体系，实施品牌化、差异化策略，完善农村电商基础设施等。柳思维（2017）提出，发展农村电商应重视重构农产品流通体系，充分发展农村流通中介组织及龙头企业，并且应融合和发挥农村邮政网络的优势，借助县级政府的公信力整合农村分散流通资源。周冬和叶睿（2019）认为，在农村电商发展早期，政府应积极推动互联网和道路交通建设，为农村电子商务发展营造良好的制度环境，加速优势资源向农村电子商务集聚。在农村电商发展中期，农产品生产者和销售者成为整个产业发展的主体，优秀农村电商的示范作用将带动创业热情，显著提升区域农村电子商务发展水平。在农村电商发展成熟期，农村电商生态形成，市场要素调节作用明显；政府转变角色，积极履行监管和规范市场责任，引导农村电子商务健康发展。杜永红（2019）认为要面向广大小散农户，健全农业质量追溯体系；建立统一开放电子商务市场，完善农村物流服务体系；发展农村普惠金融，改善农村金融服务；构建农村电子商务公共服务体系，服务百姓惠及民生；打通"互联网＋贫困户"的教育渠道，加快电商人才培训，推动电子商务进农村的快速发展。郑志来（2020）提出从金融机构供给侧、金融服务对象需求端、金融配套中介平台三个维度对农村电商融资体系进行重构，遵循普惠金融发展思路，为农村电商的全产业链提供金融服务支持，打通农村金融服务"最后一公里"，解决农村电商融资难融资贵等问题。

在农村电子商务发展意义方面，学者主要关注提高农民收入、缩小城乡消费差距、实现农村经济供给侧结构性改革、帮助农村扶贫、解决农村剩余劳动力的安置问题等问题。如方莹和袁晓玲（2019）认为农户在电商交易中非谷物类农产品的比重越高、核心特色农产品的生产规模越大，以及发布并实现交易的网络交易平台越多，农产品电子商务交易活动对农户收入的提升作用就会越大。李洁和邢炜（2020）认为电商对居民消费的渗透会更多地促进农村居民消费，进而缩小城乡消费差距。杨永超（2017）认为农村电商的发展与创新已经成为农村经济供给侧结构性改革的重要实现手段，进行农村电商的发展创新，可以有助于我国农村经济供给侧结构性改革的实现。陈晓琴和王钊（2017）认为农村电商可以有效实现供求信息的无缝对接，促进贫困地区特色产业发展，推动整个贫困地区的产业发展取得新突破，达到减贫脱贫效果。杨书焱（2019）认为电商扶贫能够克服贫困地区区位瓶颈制约，提升贫困地区的产业发展水平，为传统贫困地区提供"弯道超车"的历史性机遇。吕丹（2015）认为未来农村电商有助于解决中国农村剩余劳动力的安置问题。董畅和吴萍（2020）认为建立电子商务交易平台，可以有效减少农产品交易的中间流通环节，降低农产品交易成本，提高效率，增加农民收入。

（二）农村电商扶贫理论研究

农村电商扶贫是我国实施精准扶贫方略的有力抓手①。现有文献对我国农村电商扶贫实践做了较多分析，总结了沙集、陇南、元阳、军埔等电商扶贫模式，指出了电商扶贫的制约因素。也有许多文献从理论上剖析了电商扶贫的内涵、作用机理、关键要素及条件依赖等，生态系统观的农村电商和电商扶贫研究也已萌芽。

国际上首先提及信息减贫的是1984年由国际电信联盟提出的通过改善电信设施减贫的《美特兰报告》（Maitland report，1984），另外，包括世界银行、世界信息峰会在内都提出过利用信息、通信等技术进行扶贫的一些计划（World Bank，1994，1995；WSIS Forum，2003，2005）。信息技术的减贫作用在印度（Roger Harris，2006）和阿曼（Zahra Al - Busaidi，2009）的实践中得到了证实。

目前，已有众多文献对我国电商扶贫实践进行了深入分析，且这些文献基本上对电商扶贫持肯定态度。部分学者表示，农村电商扶贫已取得了许多成功经验，如沙集模式——能人带动电商创业的电商扶贫模式（汪向

---

① 新华社：《汪洋在全国农村电商精准扶贫经验交流会上讲话》，中华人民共和国商务部官网，2017年9月17日，http://www.mofcom.gov.cn/article/ae/ai/201709/20170902645130.shtml。

东和张才明，2011），军埔模式——从个体农民自发到政府主导的电商[1]，陇南模式——基层政府主导的电商扶贫模式（张彦龙和高珂，2015），元阳模式——地方特色农产品驱动的电商扶贫模式[2]，通江模式——"新农人、市场化、全链条"为重点的电商扶贫模式（浙江省派驻四川省工作组，2019），砀山模式——"政府＋特色产业＋电商＋贫困户"的电商扶贫模式（陈丹霞，2021），等等。通过这些模式的创新和推广，将有助于促进农村内生增长、包容式发展，促进农村经济和社会转型，促进"三农"问题的解决（汪向东和张才明，2011）。而随着互联网的发展，新的模式也不断涌现，利用"互联网＋"创新扶贫模式，"互联网＋农村电商""互联网＋精准扶贫"模式正在成为农村脱贫的新模式，全链条型服务体系，破解乡镇农副产品的产销困境（丁煌和任洋，2022）。

电商扶贫也为农村带来新的效果与生机，在增加农民收入方面，农村电商显著促进了农户收入的提升（方莹和袁晓玲，2019），间接缩小了城乡收入差距（王瑞峰，2022），同时涉农电商能让贫困农户更方便寻找市场销路，获得更稳定的收入（林广毅和王应宽，2020）；在促进电商创业方面，农村电商活动带来了流动人口"回乡创业"的热情（王盈盈等，2017），同时产业集聚和社会关系网络均正向促进农村电商创业绩效（许敏，2021）。随着电商扶贫被正式纳入扶贫政策体系，从中央到地方、从政府到企业都在积极开展电商扶贫探索实践，并取得了显著的成效。除政府和企业外，还有包括一些非政府扶贫机构、行业协会、专家学者、社会媒体等在内的社会各界都在积极推动电商扶贫事业。随着电商扶贫参与主体的日益多元化以及规划、政策、试点、示范、机制、市场等各方面部署就绪和工作推进，农村电商助力精准扶贫的格局已然形成（汪向东，2017）。电商扶贫是我国精准扶贫、精准脱贫方略的有效抓手。

在电商扶贫实践的过程中发现存在着众多的制约因素。第一，同质化竞争严重，农户自身参与意愿、行动力较弱。就同一区域内的所销售的农产品而言，大多品类相似，而就农户主观因素来看，刘婧娇和董才生（2018）认为农户自身可行能力较弱，难以独立抵御未来风险，并且参与

---

① 马汉青、林曦：《揭阳军埔村一年变身"亿元电商村"淘宝店超家》，新浪新闻网，2014年9月25日，https：//news. sina. com. cn/o/2014 – 09 –25/060130910511. shtml。

② 渭源电商：《【电商扶贫】电商扶贫的元阳实践》，搜狐网，2017年8月22日，https：//www. sohu. com/a/166464004_99891998。

不足最终也会导致能力较弱。第二，溯源体系不完善。随着消费者消费水平的提升，越来越多的人开始重视农产品的食品安全问题。由于农产品的流通环节长，消费者不了解农产品的流通渠道，最终导致了劣币驱逐良币的现象（洪勇，2016）。第三，基础设施不完善①。研究发现我国农村地区实现电商扶贫存在着基础设施不完善的问题，突出表现为网不通、不快、费用太高，物流快递费用昂贵，交通等建设水平需要进一步提高等（郑瑞强等，2016）。就农村网络信息系统而言，一些偏远山区网络信号经常会出现信号弱或没有信号的情况，贫困地区网络资费仍是较大支出，上网成为一种奢侈品而不是必需品。就农村物流配送体系而言，邮政系统覆盖面最广，但其速度无法满足网购者的需求，速度较快的快递企业因这些地方发件量较少而难以实现全面覆盖，满足农产品保鲜需要的冷链物流系统由于技术和成本因素更不易实现（陈岩和王文会，2020）。第四，人才短缺。干事创业靠人，电商人才的问题已经成为电商扶贫的重要困扰。农村电商发展缺乏专业型和综合型人才，并且由于产业凋敝，发展环境不佳，难以留住人才，造成电商扶贫内生能力较弱（陈岩和王文会，2020；李向阳，2017）。目前电商扶贫人才呈现出"三无状态"，即县级领导中无人能懂，部局领导中无人会干，具体业务无人来做（魏延安，2017）。第五，多主体参与及协同。从扶贫主体来看，电商扶贫的主体是多元的，并不仅限于从中央到地方各级政府的各个部门，从全国性的电商大平台到村县级的电商企业，而且还涉及科技、教育、文化、社保、产业等各个部门，以及各个行业主管部门及协会，甚至可以包括社会扶贫团体在内的各种社会组织。所以电商扶贫并不是单个或某几个部门能够独立推进的，它更多的是一项系统性的工程，它需要这项工程的各个部分都能够实现良好的协作（林广毅，2016）。

对于电商扶贫的内涵阐释，不同的学者对其模式、机理、关键要素及条件依赖等展开了详细分析。汪向东和张才明（2011）认为电商扶贫就是将互联网时代日益主流化的电子商务纳入扶贫开发工作体系，使其作用于贫困群体，创新扶贫开发工作，将扶贫同扶志、扶智相结合的互联网＋扶贫模式。周海琴和张才明（2012）认为发展农村电子商务的核心要素主要

---

① 《农村电商高速发展隐忧：基础设施仍有待完善》，中华人民共和国商务部官网，2017年4月26日，http://www.mofcom.gov.cn/article/zt_dzswjnc/lanmufour/201704/20170402564860.shtml。

有两个：一个是农村电子商务领头羊的人物，另一个是当地农民的本身内生力量。无独有偶，陈岩和王文会（2020）认为利用农村熟人社会性质充分发挥"领头羊"的示范作用，加强农村现代物流体系建设，加大人才引进力度和农村电商人才培养力度。彭芬和刘璐琳（2019）认为电商扶贫体系包括两个部分：电商体系及扶贫体系。电商体系主要由电商运营相关的电商交易平台、物流中心、支付中心、电商基础服务平台和供需双方几个平台构成，而扶贫体系主要由政府、企业、协会、社会组织等各个主体构成。而农村电商之所以可以帮助实现减贫脱贫得益于以下几点：首先，农村电子商务的发展真正实现了融入市场，使"市场牵引""政策催化"取代了"政府主导"，这种新的动力机制提高了包容性创业动机，降低了包容性创业的门槛，扩大包容性创业的效果。各类群体如妇女、老年人、大学生等都可利用现成的当地资源开展电子商务交易，并且可以减轻甚至消除贫困户面临的空间阻隔和市场信息不对称问题，有效对接国内外市场，从而使农产品的价格趋近甚至超过正常价格，使农民收入不断提高（程宣梅等，2015；李志平和吴凡夫，2021）。其次，电商扶贫实现了为农村、农民增能赋能。农村居民通过参与市场竞争、提供客户服务等商务活动，以及通过对信息技术的掌握，获得更多的信息获取和学习的机会，实现了整体发展能力的提升（林广毅，2016）。最后，电商扶贫实现了农户思想意识的转变，内生动力不断加强。电商扶贫是我国互联网时代扶贫方式的一种创新，对于降低风险、减弱思想排斥具有不可替代的作用（郑瑞强等，2016），并且随着电商扶贫的效益日益放大化，农户主动学习、自主发展等自我脱贫的内生动力被充分挖潜和激发，从"赋能发展"到"内生动力挖潜"的多维共治机制逐步形成（张世贵，2021）。电子商务扶贫虽然有具体的模式、作用机理，但是其并不具有普遍适用性，在技术、人才队伍、产业发展水平、网络生态管理等方面具有一定的门槛，在推进电商扶贫工作中切忌"一刀切"，避免重复建设，防止异化现象（郑瑞强等，2016）。

（三）农村电商创新创业理论研究

关于农村电商创新创业理论的研究，主要分为以下四部分：

一是农村电商创业的环境优势与发展前景。随着电子商务在农村的发展，农村地区逐渐形成包括有形、无形的资源支撑着农民创业，如人力资源因素，我国农村创业群体基数庞大，且近几年国家出台政策对电子商务在农村的发展及农村的人才引进有许多政策扶持，使得电商方面的人才不断涌现（李誉等，2017；郭红东和周惠珺，2013）。关于政策推动因素，杨卓等（2018）认为，国家电子商务进农村相关政策的实施及道路通达条件和信息化基础设施稳步推进，促进了农村电商的发展。陈享光等（2023）认为农村电商政策减小了城乡"数字鸿沟"、促进了农民增收并缩小了城乡收入差距，且该政策在非贫困县、东部地区、信息通信技术（ICT）水平较高以及第二、第三产业发展较好的地区更具有显著作用。同时，电商产业集群发展、农民消费升级从而反哺电商发展、数字经济赋能都成为农村电商发展的动力因素，因此农村电商创业具有良好的发展前景。在创业环境方面，农村电子商务基础设施也在不断完善。赵西华和周曙（2006）在文章中提到，要掀起农民创业的热情，就要为他们营造一个宽松的创业环境。在硬环境方面，加强农村流通基础设施建设，提高农村宽带普及率，加强农村公路建设，提高农村物流配送能力；在软环境方面，加强政策扶持，加强人才培养，营造良好市场环境。

二是农民电子商务创业利益相关者面临问题与风险。凌红（2017）将农村发展电子商务的阻力归纳为：农民获得从事电子商务技能的教育成本极高、农村的物流运输成本相对城市较高、农村缺乏必要的资金支持，以及有效供给和需求难以形成。在农民电子商务创业中农户面临的困难主要有以下几点：第一，农民对电子商务不了解、不信任。周菁华（2012）认为农民创业是有风险的，农民身为创业的主体，是创业风险的承担者。但我国农民目前对风险的承受能力不足，包括心理的承受能力与实际承受能力。第二，我国农户文化程度普遍较低，对新事物的接收能力较弱。贾玮娜（2021）认为，由于农民在现实生活中缺乏移动互联网辅助技术培训和其他软环境支持，直播电商等新媒体所带来的"互联网＋农产品"新机遇尚未得到充分认识，加之农村地区互联网基础设施建设滞后、农产品网络直播营销意识淡薄、物流配送能力不足，阻碍了农民利用新媒体工具开展电子商务活动。总之，在农民电子商务创业中电商平台企业面临的问题主要有以下几点：第一是缺少初期资金支持；第二是物流成本太高；第三是缺少电商专业人才。为支持农民电子商务创业，政府需要对基础设施和物流配送体系做进一步完善。

三是农民利用互联网等信息手段进行农村创业。随着农村创业逐渐兴起，在创业蓬勃发展的背后，一些不足也不断暴露，比如本地同业竞争激烈、营销策略单一、创新能力不强等（郭承龙，2015；路征等，2015）。我国东部沿海与中西部内陆农村电子商务绩效区域差异较大，电子商务也可能将无法参与数字经济或缺乏所需技能的小农排除在市场之外（郭红东等，2021）。这些问题的存在不仅增加了创业风险和创业成本，也不利于创业层次与创新质量的提升。而互联网思维运用于创业上，能够帮助创业者或新创企业在拓宽资源渠道的基础上开发新的商业机会，实现企业的高效创新成长。当前，互联网在农村经济社会发展中显示出强大的生命力，50%以上的"双创"主体运用了互联网等现代信息技术（韩长赋，2018）。并且，随着电子商务向农村地区快速普及，"淘宝村""淘宝镇"正逐渐成为农村发展新模式（梁强等，2016），由此形成了一条新的乡村现代化转型之路。基于"互联网＋"的大规模智能定制、面向消费终端体验的顾客参与价值共创等服务创新模式，也为农村创业者突破自身发展瓶颈及外部条件限制提供了机会。

四是农村剩余劳动力就业安置。农村电子商务具有技术和市场环境的双重特征，为我国农村创业提供了重要的环境因素。从作用机理研究来看，首先电子商务削弱多维度教育对农村居民创业选择的影响（王金杰和李启航，2017），其次改善信息和市场资源、农村居民的信任水平、社会网络及社会规范（王金杰等，2019），最后打破社会资本差异，增强了农村创业者的创业信心、促进了农户创业选择（汪雨雨等，2020）。从效果研究来看，首先电子商务的发展有助于缓解信息不对称，显著提升了城镇居民与衣食相关的消费水平，为扩大农村电商产品市场规模打下基础，推动了农村居民的就业和创业（邱子迅和周亚虹，2021）；其次，电子商务在农村的应用，促进了农民返乡创业和就近就业（王新春等，2016）；最后，电商发展能够提升创业水平、增加非农就业以及提高土地流转的概率等（秦芳等，2022）。

三、研究述评

综上所述，学者们对农村电子商务进行了深入研究，不仅从拉动农村消费市场、增加农村居民收入及促进城乡整合等视角对农村电商发展的动力机制和作用进行了分析，还总结了众多的农村电子商务发展模式和经验，并分析了制约农村电商发展的因素及对策，以及农村电商在扶贫、农村创新创业等领域所发挥的作用。具体而言，现有研究主要集中于以下几个方面（见表2-8）。

表2-8 农村电商理论研究

主题	研究视角和内容	代表性观点和研究成果
农村电商基础理论	农村电商的内涵	农村电子商务是一种新型的产业形态（王沛栋，2016）；农村电商具有广阔的市场前景（魏延安，2017）；农村电子商务是利用互联网等信息技术，使农民成为平台最大受益者，为从事所有涉农领域生产经营的主体，提供在网上完成产品或服务的销售、购买、电子支付等业务过程的支持（李秋斌，2018）
	发展农村电商的作用	农村电商有助于解决中国农村剩余劳动力的安置问题（吕丹，2015）；农村电商能够拉动新生消费需求，催生农村新产业（魏延安，2017）；使农民增收，提升农民消费能力（钟燕琼，2016）；电子商务进农村的可以改变农村居民消费结构，推动农业转型升级，带动农村创业（刘根荣，2017）；有助于我国农村经济供给侧结构性改革（杨永超，2017）；达到减贫脱贫效果（陈晓琴和王钊，2017；杨书焱，2019）；有助于加速城乡社会结构的扁平化（张文潇，2020）；农村电商可以降低农村产业融合成本（赵丹玉，2021）；电子商务提高了农产品的市场影响力（任翀，2021）
	制约农村电商发展的因素	农村地区资源禀赋不均、经济基础薄弱，同质化竞争（董坤祥等，2016）；农村电商发展主要受农村信息化、农村产业化、消费互联网等方面的影响（陈虎东，2017）；农民获得从事电子商务技能的教育成本极高、农村的物流运输成本相对城市较高、农村缺乏必要的资金支持（凌红，2017）；农产品网络直播营销意识淡薄、物流配送能力不足（贾玮娜，2021）；物流水平、农民素养、政府扶持，农产品特性及消费者需求（耿荣娜和曹丽英，2016）；人才匮乏、监管空白（任晓聪和和军，2017）；基础设施建设滞后、金融服务不完善（潘鹏和刘莲花，2019）；政府的主导作用及宏观政策的指导有待加强（李章梅等，2015）

主题	研究视角和内容	代表性观点和研究成果
农村电商基础理论	促进农村电商发展的策略	完善农村电商服务体系，加强农村电商人才培养（洪勇，2016）；重视重构农产品流通体系（柳思维，2017）；政府在农村电商发展的不同时期应发挥不同作用（周冬和叶睿，2019）；健全农业质量追溯体系、发展农村普惠金融（杜永红，2019）；解决农村电商融资难融资贵问题（郑志来，2020）
农村电商扶贫理论	农村电商的扶贫模式	沙集模式（汪向东和张才明，2011）；军埔模式；陇南模式（张彦龙和高珂，2015）；元阳模式；通江模式（浙江省派驻四川省工作组，2019），砀山模式（陈丹霞，2021）；模式的创新和推广有助于促进农村内生增长、包容式发展等（汪向东和张才明，2011）；"互联网＋"创新扶贫模式正成为农村脱贫的新模式（丁煌和任洋，2022）
	扶贫效果与推动因素	农村电商显著促进了农户收入的提升（方莹和袁晓玲，2019）；农村电商间接缩小了城乡收入差距（王瑞峰，2022）；涉农电商让贫困农户更方便寻找市场销路，获得更稳定的收入（林广毅和王应宽，2020）；农村电商活动带来了流动人口"回乡创业"的热情（王盈盈等，2017）；产业集聚和社会关系网络均正向促进农村电商创业绩效（许敏，2021）；农村电商助力精准扶贫的格局已然形成（汪向东，2017）
	电商扶贫的制约因素	农户自身可行能力低下，难以独立抵御未来风险（刘婧娇和董才生，2018）；劣币驱逐良币的现象（洪勇，2016）；农村基础设施建设水平需要进一步提高（郑瑞强等，2016）；农村冷链物流系统更不易实现（陈岩和王文会，2020）；电商扶贫内生能力较弱（陈岩和王文会，2020；李向阳，2017）；电商扶贫人才呈现出"三无状态"（魏延安，2017）；电商扶贫是一项系统性的工程（林广毅，2016）
	电商扶贫的内涵阐释	电商扶贫是扶贫同扶志、扶智相结合的"互联网＋"扶贫模式（汪向东和张才明，2011）；发展农村电子商务的核心要素：一是农村电子商务领头羊的人物，二是当地农民的本身内生力量（周海琴

主题	研究视角和内容	代表性观点和研究成果
农村电商扶贫理论	电商扶贫的内涵阐释	和张才明，2012）；电商扶贫体系包括电商体系及扶贫体系两个部分（彭芬和刘璐琳，2019）；各类群体都可利用现成的当地资源展开繁荣的商品交易，促使农民收入不断提高（程宣梅等，2015；李志平和吴凡夫，2021）；农村居民通过多途径实现整体发展能力的提升（林广毅，2016）；电商扶贫是我国互联网时代扶贫方式的一种创新（郑瑞强等，2016）；从"赋能发展"到"内生动力挖潜"的多维共治机制逐步形成（张世贵，2021）；在推进电商扶贫工作中切忌"一刀切"（郑瑞强等，2016）
农村电商创新创业理论	创业的环境优势与发展前景	国家对农村电商发展及人才引进的政策扶持（李誉等，2017；郭红东和周惠珺，2013）；农村电商发展得益于国家电子商务进农村相关政策的实施、道路通达条件、信息化基础设施稳步推进（杨卓等，2018）；在软环境和硬环境两个方面营造良好的创业环境（赵西华和周曙，2006）
	创业面临问题与风险	归纳农村发展电子商务的阻力（凌红，2017）；认为农民创业是有风险的（周菁华，2012）；认为农民对新机遇尚未得到充分认识以及利用新媒体工具开展电子商务活动受阻碍（贾玮娜，2021）
	利用互联网等信息手段进行农村创业	农村本地同业竞争激烈、营销策略单一、创新能力不强（郭承龙，2015；路征等，2015）；电子商务也可能将无法参与数字经济或缺乏所需技能的小农排除在市场之外（郭红东等，2021）；50%以上的"双创"主体运用了互联网等现代信息技术（韩长赋，2018）；"淘宝村""淘宝镇"正逐渐成为农村发展新模式（梁强等，2016）
	农村剩余劳动力就业安置	电子商务削弱多维度教育对农村居民创业选择的影响（王金杰和李启航，2017）；电商改善信息和市场资源、农村居民的信任水平、社会网络及社会规范（王金杰等，2019）；农村电商打破社会资本差异（汪雨雨等，2020）；电子商务的发展有助于缓解信息不对称（邱子迅和周亚虹，2021）；农村电商促进了农民返乡创业和就近就业（王新春等，2016）；电商发展能够提升创业水平、增加非农就业以及提高土地流转的概率等（秦芳等，2022）

资料来源：由笔者整理绘制。

与此同时，随着研究的不断深入，相关研究视角、内容等也得到逐步的扩展和延伸，进一步丰富农村电商理论。具体而言，学者们从最初关注对农村电商的影响因素、发展模式、物流建设等基础性概念探讨，逐步转向对互联网和大数据背景下的产业集群、产业升级、精准扶贫、乡村振兴等方向的研究；从整体上对电商发展的探讨逐步细化到对个体居民的消费、收入、创业等方向的研究。学界对农村电商的研究成果在实践中推动了农村脱贫，缩小了城乡差距，进一步促进了乡村振兴。此外，随着基础设施的不断完善和科学技术的不断发展，赋予了农村电商更多样的研究主题，且更加需要吸收和积累不同学科视角和理论基础合力解决一些复杂的问题。

农村电商研究获得系列成果的同时，也存在以下几个方面的不足：首先，从拓展学科交叉的研究领域上看，现有研究主要集中在经济管理和农学方面，并没有拓展更多的新视角，部分学者集中于经济管理方向，导致该方向视角的文献同质化严重。与此同时，随着互联网、大数据的发展，许多问题源于技术，也理应回到技术层面，未来需加强农村电商与计算机领域的跨学科研究，提高研究的现实价值。其次，从研究问题上看，现有研究侧重于对农村电商的发展模式和影响因素的探讨，部分研究停留于理论上的泛泛而谈，对关键因素的聚焦性和深入度不足，观点重复性问题严重，如对于农村电商的影响因素研究中，相关研究结论的同质化现象严重，缺乏具体可实施性方案。最后，随着电子商务与一二三产业加速融合，全面促进产业链、供应链数字化改造，成为助力传统产业转型升级和乡村振兴的重要力量，未来农村电商研究可关注如何推动农民增收和引领消费升级，提高农产品标准化、多元化、品牌化发展，推动市场下沉以及普惠金融，打造新型电商环境下的农村商贸流通网络等方面。

第三章　电子商务赋能农村共同富裕的机理研究

电子商务赋能农村共同富裕的意义

2022 年《政府工作报告》提出"扎实推进共同富裕，不断实现人民对美好生活向往"的愿景，共同富裕是社会主义的本质要求，是中国式现代化的重要特征，党的二十大强调"中国式现代化是全体人民共同富裕的现代化"。目前，促进共同富裕最艰巨、最繁重的任务仍在农村，仍需要通过发展高质量农业，促进农村公共服务均等共享，助力农民收入"扩中""提低"，进而缩小城乡间的差距，实现共同富裕。因此，推动农业高质量发展、农村公共服务均等共享和农民收入"扩中""提低"是实现农村共同富裕的三大主线。从实践上看，电子商务通过转变农业生产方式、构建农产品供应链体系等推动农业高质量发展，通过畅通城乡资源要素、增加公共服务供给等促进农村公共服务均等共享，对农民收入"扩中""提低"也有重要作用，是实现共同富裕的重要抓手之一。但从理论上看，电子商务如何赋能农业高质量发展、农村公共服务均等共享和农民收入"扩中""提低"的机理较少涉及。因此，本书从农业高质量发展、农村公共服务均等共享和农民收入"扩中""提低"的角度出发，探讨电子商务赋能农村共同富裕具有重要的价值。

从农业高质量发展上看，虽然我国农业发展取得巨大进步，但农业高质量发展过程中仍面临着农业发展与环境保护的矛盾等问题。农产品生态价值是农产品生产过程中由自然资源所集聚而成的生态价值，体现了农产品生产过程与自然资源的和谐统一，促进农产品生态价值实现有利于协调农业发展与环境保护间的矛盾，进而有助于农业的高质量发展。从实践上看，农产品生态价值单靠个体无法实现，需在政府、企业、农户等多利益相关主体协同共创中推动农产品生态价值的实现。然而，由于多主体间存在知识鸿沟、认知水平等方面的差异，阻碍了农产品生态价值的实现，而电子商务能促进主体间资源流动，减少主体间知识鸿沟，形成以电子商务为纽带，政府、企业、农户等多方利益相关主体互动的农产品生态价值实现网络，而该网络的协同共创有利于农产品生态价值的实现。从理论上看，现有对农产品生态价值实现的研究较少，已有相关研究聚焦于生态产品的价值实现领域（孙志，2017；管志贵等，2019；文晓辉，2019），对如何促进该类价值的实现的研究涉及较少，且农产品生态价值实现涉及多方主体的互动协同，如何协调多方主体实现价值创造成为研究的重点。因此，探讨如何协调多方主体推动农产品生态价值实现，进而推动农业高质量发展具有重要的现实和理论意义。

从农村公共服务均等共享上看，当前我国公共服务供给体系建设才刚刚起步，其均等化发展还面临着与经济发展水平不一致（陈娟和吴昊，2017）、政策及配套制度梗阻（李轲，2022）等诸多的问题，尤其是城乡间、区域间的不均衡现象依然严峻。此外，农村公共服务也面临着供给不足和发展不平衡的问题（唐斌等，2021），乡村基础设施和公共服务数量与质量远不如城镇。然而，信息技术利用率与社会公共服务水平具有显著的相关性，在数字乡村的背景下，有助于公共服务均等化的实现。电子商务作为一个新兴的主体在农村得到迅速发展，为农村的发展不断注入新动力，且我国农村电商的发展已经逐渐从信息服务阶段和在线交易阶段步入了服务体系阶段（汪向东，2015），对农村地区的公共服务发展贡献程度越来越高。从个体层面来看，农村电商带来的数字技术不仅可以消弭数字鸿沟，促进数字乡村建设（易法敏，2021），而且提高了农民对数字化工具的实际认知程度和掌握程度以及对数字资源和服务的接受程度和获取水平。从县域层面来看，电子商务对传统地理空间格局产生了巨大的影响，打破了城乡之间的地理阻隔，在一定程度上克服了乡村的区位劣势，加速各种要素的流动与转化，促进各市场主体和资源要素进入农村市场（雷竣超等，2022），同时补齐了农村公共服务内容不足、便利性不够等短板，如依托电子商务可以有效地解决公共服务"最后一公里"的问题（徐莘杰，2021）。从公共服务均等化上看，国内外大多数的研究主要聚焦于理论分析（李永红，2017；梁波，2018；梁向东和梁朋，2019）、测评指标（王敬尧和叶成，2014；原世伟等，2018；姜晓萍等，2020）以及公共服务均等化的驱动因素（范柏乃和唐磊蕾，2021）、区域因素（燕连福和毛丽霞，2022）等其他影响因素的分析，较少关注电子商务对公共服务均等化的影响。然而，电商是提升农村地区公共服务水平的重要手段之一，探讨电商如何促进公共服务均等共享具有重要的理论和现实价值。

从农民收入"扩中""提低"上看，受知识水平、技术能力、就业机会等方面的制约，农民收入来源有限，内生发展能力和抗风险能力较弱，而电子商务通过链接小农户、合作社、农业企业等相关利益主体形成电商共富体，成为推动农民收入提升的重要抓手之一。然而，受小农思想约束，加之小农户固有的"小、散、弱"等特点，以及对农村电商的相应知识、技能等缺乏，其在一定程度上对电商共富体持谨慎态度。因此，在农村电商技术逐步迭代升级的背景下，如何提高小农户关于农村电商发展的知识、技能等的内生发展能力，提升其在农产品电商供应链体系的话语权、议价能力等，进而促进小农户对电商共富体的信任，对实现农民收入"扩中""提低"具有重要现实意义。从理论上看，学者们研究发现农户可依托电子商务、信息技术等获得知识、技能等资源（胡卫卫，2019；邱泽奇和乔天宇，2021），获得市场信息等（彭瑞梅，2019；袁峰，2021；周飞飞，2023）。然而，当前研究指出了电子商务对农民知识、技能提升起到重要作用（胡卫卫，2019；王雅婷，2019），进而有利于提高农民在产业链、供应链中的话语权、地位等（胡卫卫等，2019），但对电商在此过程中的具体影响机制的分析较少涉及。同时，作为新型的利益联结机制，电商共富体还处于发展初期，农户对其大多持观望态度，而电商作为共富体联结的纽带在促进农户提高对电商共富体信任的过程中会产生何种影响需要进一步探讨。

综上所述，本书首先从农产品生态价值实现视角出发，聚焦电子商务如何促进农产品生态价值实现网络中多主体知识、技能等资源互动，进而推动农产品生态价值实现的微观作用机制，以揭示电子商务赋能农业高质量发展的作用机理；其次从满意度视角出发，探讨电子商务对农村公共服务均等化满意度的影响机制，进而揭示电子商务赋能农村公共服务均等共享的作用机理；最后从小农户视角出发，聚焦"电商如何促进小农户参与电商共富体"这一关键问题，基于技术双赋、社会认知等相关理论，以探讨电子商务赋能农民收入"扩中""提低"的作用机理。从三个不同视角出发，聚焦农业高质量发展、农村公共服务均等共享和农民收入"扩中""提低"三条主线，深入揭示电子商务赋能农村共同富裕的机理，相关研究成果为推进农村共同富裕提供可借鉴的意见和建议。

第二节 电子商务赋能农业高质量发展的机理：生态价值实现视角

一、研究假设与模型构建

（一）信息联结、网络互动、知识视差与价值共创绩效

1. 信息联结对价值共创绩效的影响

信息联结是指信息网络中的各节点信息通过互联网联结渠道进行信息流动和交互的过程。信息联结本质是组织为达成目标而进行的信息交流与互动行为（戴国良，2017）。信息网络由节点和节点间路径构成，网络中信息基于共同目的的聚合和关联，高效联结的信息网络能够整合资源，降低主体互动带来的损耗，提升组织的竞争力，增强组织效率。在农业领域，周叶等（2008）指出农产品信息资源的整合应与供应链上各节点的差异化特点相结合，因地制宜地构建信息网络体系；何美章等（2022）信息联结机制有助于小农户及时获得农产品市场需求信息，能较好地支撑小农户与供应链企业之间的组织联结机制和市场联结机制。

信息网络的联结渠道上存在着资源、技术、知识等要素，节点与节点之间的互联能够实现互补性资源的交换和交流，且节点密度越大，信息传递越频繁，频繁信息传递又会使节点增多，从而带来网络能力的增强。IT能力在一定程度上体现了组织网络的信息联结能力，李随成等（2008）研究发现企业的IT能力对于企业的合作产出、合作绩效及长期效用具有显著影响。周荣虎（2017）指出信息共享的质量和信息共享的内容都会对企业绩效产生正向影响，信息共享水平的提升能大幅度提升企业绩效。

对于信息网络的主体而言，主体通过信息网络获取资源，整合不同技术领域和不同组织的知识，并与外界进行开放自由的交流（Xiao et al.，2022）。通畅的信息连接渠道使得价值创造网络中的主体能够利用准确可靠的信息等资源，解决信息鸿沟和数字鸿沟。如农产品的标准化生产过程中，农户和企业将各自所拥有的信息进行对接和处理，通过信息联结使得生产、物流、技术、电商售卖等信息进行横向和纵向串联，促进生态农产品的标准化生产和售卖等，有效提升生态农产品绩效。因此信息联结越紧密，对价值共创绩效的提升作用越明显。

H1－1：信息联结对价值共创绩效呈现正向影响。

2. 网络互动对价值共创绩效的影响

拉法利和苏德维科（Rafaeli and Sudweek，1997）认为互动是基于人与人之间的沟通，双方不断发出信息与反馈的过程。福廷（Fortin，1997）认为互动是沟通者拥有选择权选择自己做接收者或者传送者。互联网的数字化、共享性、网络化的特性，改变了人们传统的交往方式，通过网络进行的互动更加广泛和深入，克服了地点、时间、文化等的限制，交流内容丰富、工具先进（Xiao et al.，2023）。从维度划分上看，霍夫曼和诺瓦克（Hoffman and Novak，1996）提出网络互动形式包括人与人展开的人际互动，人与机器展开的机器互动；拉法利和苏德维科（1997）将互动划分为以传递为主的单向式，以一方回应另一方的反应式和处于真实的沟通情境中进行连续且前后相关的全交互式沟通；马西和利维（Massey and Levy，1999）将新闻媒体中的网络互动分为内容互动和人际互动，前者是读者对于新闻内容的参与度，与内容之间的互动，后者是通过计算机在互联网中对新闻进行沟通交流；黄少华（2002）认为网络人际交往是通过互联网媒介形成的人际关系，是非面对面的人际交往，能够在虚拟世界中选择和塑造自己的身份。

因此，本研究认为网络互动是指，以计算机为媒介，借助文本、声音、图像、符号等，与互联网媒体沟通或互联网使用者之间的信息交流和人际沟通。网络互动使互联网使用者之间形成一种交互网络社会关系。同时，借鉴范晓屏和马庆国（2009）对网络互动的分类，将网络互动根据互动内容分为两个维度：工具式互动和人际关系互动。其中工具式互动是指通过互联网进行信息搜索、信息获取、信息分享的人机网络互动；人际关系互动是指建立人际关系、交流情感与思想的人际网络互动。

价值创造网络中的各主体建立起的互动关系搭建成为资源缺失者与资源拥有者的沟通渠道，有效消除互动障碍。强互动程度、高亲密关系使得主体间的信任感增强，使得双方更愿意做出互惠承诺，为价值共创绩效实现提供潜在保障。与此同时，不同角色、背景的主体拥有异质性资源，合作带来的资源互补增强彼此吸引力，直接促进价值共创绩效的实现。价值共创绩效的提升，需从技术和市场上进行创新，因此需要主体的频繁互动，在价值实现的各环节相互协作、信息共享，因此网络互动的强度越大，价值共创绩效提升越大。因此提出如下假设：

H1－2：网络互动对价值共创绩效呈现正向影响。

3. 信息联结与势差之间的关系

格里利谢斯（Griliches，1984）认为知识产生的直接结果是达到一定的产出，所有知识都存在势差的分析和对比；张玉杰（1999）通过对国家和企业之间知识势差的研究，认为在掌握的知识和技术水平上会存在一定的差距，需要通过引入技术和自身学习来缩小差距；杜静（2004）在研究知识增长机制中指出，知识位势是知识主体因具有不同的知识存量而处于不同的位置，即具有不同的势。

根据社会网络理论，网络中存在强联结与弱联结，弱联结更倾向于简单信息的传递，分享事实类的知识，对显性知识传递和扩散更为有效；而强联结对于隐性复杂信息、隐性知识传递和扩散更为有效。通过信息联结，改进主体的信息和通信工具及信息传递的质量，网络成员具备获取高质量信息的途径和能力。在信息传递过程中，对知识势差的影响，一方面体现在利用信息技术改变知识位势。在"互联网＋农业"背景下，农户、企业、政府能够在自身知识储备的基础上，依托互联网手段搜索以图文等形式表现的显性知识和在实践和操作过程中蕴含的隐性知识，通过掌握各种信息、技术、文化而改变自身的知识位势，获取自身发展所需。另一方面体现在主体之间的信息交互程度改变知识位势。主体通过信息网络，拥有广泛的信息获取渠道和高效的信息发布渠道以及信息分析能力，农户、政府、企业充分进行信息交流，信息应用，互动频率高、传递知识质量好、数量多，则说明信息联结程度高。因此提出如下假设：

H1－3a：信息联结对信息势差呈现正向影响。

H1－3b：信息联结对技术势差呈现正向影响。

H1－3c：信息联结对文化势差呈现正向影响。

4. 网络互动与势差的关系

在行业内部，知识相似性和关联性比较高，主体更易开展网络互动，互动能够影响主体间的知识存量，互动过程中的互动质量会影响知识转移的程度和质量。网络互动分为人机互动和人际互动，在主体进行人机互动时，通过互联网进行知识的吸收和内化，改变知识势差。利用互联网的多元信息，助力生产和销售等环节；在主体与主体间进行互动时，深入沟通和交流能够共享有价值信息，彼此之间的信任增强，慢慢会形成默契且持久的合作关系，知识交互也会随之频繁。

互动双方需要多重因素来保障合作，从而促进知识在主体间的流动，合作质量越高，关系越紧密，知识势差越小，即主体和主体间频繁的互动和交流使得知识发生高效流动，减少了彼此的知识势差。具体而言，互动越频繁，彼此信任度越高，农户和企业能够得到的关于种植、售卖等信息越多，信息势差则越小；互动越频繁、质量越高，农户和企业对于种植技术、互联网应用技术等了解更多，则技术势差越小；互动交流频繁，会影响彼此关于生态价值、绿色种植等的思考，具有相同的价值共创愿景，即文化势差越小。因此提出如下假设：

H1－4a：网络互动对信息势差呈现正向影响。

H1－4b：网络互动对技术势差呈现正向影响。

H1－4c：网络互动对文化势差呈现正向影响。

5. 势差与价值共创绩效之间的关系

主体之间因掌握知识的程度、数量不同存在知识势差，而势差的存在会引起知识的转移。知识势差使得处于低位势的主体对高位势主体产生挤压效应，知识高位势主体对低位势主体具有拉动效应，因此会不断形成新一轮的知识势差，并形成往复循环的状态，最终会让组织的知识呈现螺旋式增长的状态。

知识是价值创造过程中的重要变量，在多变的环境中，需要不断输入知识资源，主体不断进行学习，在打破动态平衡和动态平衡之间不断进行学习，使组织适应外在环境和预测多变环境，准确把握商机和发展机会，促进价值创造绩效。因此知识势差能够促进主体之间的知识交流和共享，从而促进价值共创绩效。但是知识势差并不是越大越好，价值共创的过程中不允许知识传递的双方知识水平相差过于悬殊，否则一方面接收方对于知识很难理解和消化，另一方面提供方付出过高的知识成本会阻碍其分享知识。

基于以上分析，提出如下假设：

H1-5a：信息势差越小，价值共创绩效越好。

H1-5b：技术势差越小，价值共创绩效越好。

H1-5c：文化势差越小，价值共创绩效越好。

（二）知识势差的中介作用

1. 势差在信息联结与价值共创绩效之间的关系

信息联结通过改变生态价值创造网络中的信息技术水平和信息交互程度影响知识势差，进而影响价值共创绩效。当网络中的信息技术水平增强时，主体获取信息、技术、文化的相关信息技术更为多元化、便捷化，知识在主体之间流动进而对知识势差产生影响，当主体间的知识势差减小，则说明主体本身的知识位势升高，知识储备增强，有利于正向促进价值共创绩效。如对于农民而言，存在的信息鸿沟、技术鸿沟和文化鸿沟，通过信息技术水平的改善，其能够轻易获取农技知识、市场信息、需求信息等，提高了在生态价值创造网络中的知识位势，从而能够促进农产品的产品品质、提高市场开拓能力等。当网络中的信息交互程度增强时，主体将零散的信息网络化、结构化，原本零散的信息以网络形式呈现，降低了信息在传递过程中的损耗，主体获取的知识价值高且成本低，打破知识的传输与分享壁垒，减少知识不对称，从而提高合作的有效性，有利于正向价值共创绩效。如过去由于信息技术水平和信息交互的限制，农户与电商企业存在信息不对称的情况，销路难以打开。在生态价值共创网络中，信息联结紧密，农户和企业打破信息壁垒，进行产销对接，有利于开拓农产品市场。因此提出如下假设：

H1-6a：信息势差在信息联结和价值共创绩效中间起中介作用。

H1-6b：技术势差在信息联结和价值共创绩效中间起中介作用。

H1-6c：文化势差在信息联结和价值共创绩效中间起中介作用。

2. 势差在网络互动与价值共创绩效之间的关系

价值创造网络中主体的网络互动通过人机互动和人际互动影响知识势差，进而影响价值共创绩效。当人机互动增强时，主体能够有效利用互联网进行知识搜索和内化，一方面增加了价值创造网络中的知识资源，另一方面提高了自身所处知识位势，减小了知识势差，将所学农技、所得信息应用于农产品，从而促进价值共创绩效。当人际互动增强时，主体与主体间的互动增强，彼此更为信任，合作频繁且持久，知识交互增强，自身知识位势发生变化，知识势差处于动态减小的过程中，主体能够有效利用知识参与价值共创，促进价值共创绩效的提升。因此提出以下假设：

H1-7a：信息势差在网络互动和价值共创绩效中间起中介作用。

H1-7b：技术势差在网络互动和价值共创绩效中间起中介作用。

H1-7c：文化势差在网络互动和价值共创绩效中间起中介作用。

(三) 政府支持的调节作用

政府支持是指政府为了优化资源配置和增进社会效益而采取的促进价值共创绩效的措施。从政府支持维度划分上看，林和侯 (Lin and Ho，2009) 将政府支持分为财政支持、培训支持、政策支持和法规便利；王铜安等 (2016) 在政府干预对采纳意向关系的实证研究中将政府干预分为信息干预、技术干预、财政干预和行政干预。结合本书研究情况，将政府支持划分为信息支持和财政支持。其中，信息支持是指能够增加农户、企业对农村电商相关政策了解程度的公开信息和宣传措施；财政支持指的是政府为鼓励农户和企业参与农村电商而提供的资金补贴、税收优惠等的财政政策。

李 (Lee，1996) 在对韩国一家制造企业进行分析发现，政府出台的包括投资、信贷等的税收优惠政策对部门绩效有显著正向影响；伯格斯特龙 (Bergstrom，2000) 认为补贴对于公司绩效呈现显著正向影响，而对于公司生产率影响甚微；陈劲和李飞宇 (2001) 认为政府通过提供信息、资源及一系列政策影响企业绩效，其中政府政策起到关键作用。政府对生产的支持、基础设施建设的创新、高素质人才引进等，有利于促进价值共创绩效的提升。主体在合作过程中，出发点和利益诉求不同，需要政府的政策引导和制度安排，达到协调效果。政府支持对于企业和农户而言都是重要的外部力量，主要通过信息支持和资金支持作用于势差和价值共创绩效之间。当政府加强各类信息公开并进行宣传时，能够对农产品电商起到宣传作用，提高价值共创网络中主体的认知，促进主体间知识势差的减小，提升价值共创绩效。如政府为开展直播培训，主体学习相关知识，减小彼此技术势差，有利于农产品通过电商渠道进行推广，提升绩效。当政府加强资金支持时，即通过提供专项资金、贷款便利、流程简化等，增强农户对知识的学习欲望，正向调节势差和价值共创绩效。因此提出如下假设：

H1-8a：政府支持在信息势差到价值共创绩效之间起到正向调节作用。

H1-8b：政府支持在技术势差到价值共创绩效之间起到正向调节作用。

H1-8c：政府支持在文化势差到价值共创绩效之间起到正向调节作用。

（四）模型构建

基于上述变量间关系的分析，本章提出如图3-1所示的电商赋能农产品生态价值实现的概念模型。

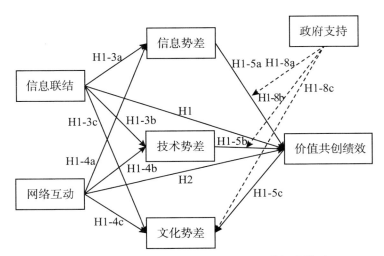

图3-1 电商赋能农产品生态价值实现的概念模型

资料来源：由笔者绘制。

二、研究设计

（一）问卷设计

1. 变量的测量

本研究中各变量的测量均来自成熟的测量量表，并结合研究情境进行适应性改编而成。其中，信息联结的测量主要参考了金等（Jin et al.，2014）、普拉戈戈（Pragogo，2012）、卡兰尼（Calanni，2015）等的相关研究；网络互动的测量参考普里斯（Preece et al.，2001）、弗拉纳金和马兹格尔（Flanagin and Matzger，2001）等的相关研究；知识势差的测量参考陈伟（2013）、比尔利和查克拉巴蒂（Bierly and Chakrabarti，2015）、摩尔曼和迈纳（Moorman and Miner，1997）等的研究，并结合刘景东（2013）的研究进行适当调整而形成；政府支持的测量参考穆恩和布雷特施奈德（Moon and Bretschneider，1997）等的研究，从信息支持和资金支持两个方面出发进行测量；价值共创绩效的测量主要参考魏江（2010）和李金生等（2020）的研究，从技术和市场两个方面对价值共创绩效进行测量。具体如表 3 - 1 所示。

表 3 - 1　　　　　　　　　　测量问项及参考来源

变量	编号	测量问项	参考来源
信息联结	LC1	我可以通过微信、QQ 等多种渠道与网络成员进行沟通	金等（2014）普拉戈戈（2012）卡兰尼等（2015）
	LC2	我与网络中的其他成员共享各类信息，包括市场需求、农产品价格等	
	LC3	我与网络中的其他成员进行频繁、及时的信息交换	
	LC4	我会及时告诉网络中其他成员一些可能影响到对方的信息，如销售渠道、生产方式	
网络互动	OL1	我经常与网络中其他成员共同讨论一些话题	普里斯等（2001）；弗拉纳金和马兹格尔（2001）
	OL2	我愿意与网络中其他成员进行沟通，交流感情，建立关系	
	OL3	我愿意与网络中其他成员互动，帮助其解决问题和困难	
	OL4	我在网络中提出的问题，常会得到网络中其他成员的响应	
	OL5	通过网络我获得了不少农业技术、农产品信息等知识	

变量	编号	测量问项	参考来源
信息势差	IPD1	我认为在信息获取渠道（如微信、QQ 等）方面，我与网络中其他成员的差距减小了	比尔利和查克拉巴蒂（2015）摩尔曼和迈纳（1997）刘景东等（2013）陈伟等（2013）
	IPD2	我所了解的农产品价格等信息与网络中其他成员间的差距减小了	
	IPD3	我认为在信息掌握程度方面，我与网络中其他成员的差距减小了	
技术势差	TPD1	我认为在技术的学习渠道（培训班、网课等）方面，我与网络中其他成员的差距减小了	
	TPD2	我认为在各种农业技术的了解方面，我与网络中其他成员的差距减小了	
	TPD3	我认为在技术的掌握程度方面，我与网络中其他成员的差距减小了	
文化势差	CPD1	我认为在了解文化的渠道方面，我与网络中其他成员的差距减小了	
	CPD2	我认为在已经积累的文化方面，我与网络中其他成员的差距减小了	
	CPD3	我认为在文化的理解和认同方面，我与网络中其他成员的差距减小了	
政府支持	GS1	政府提供农村电商发展方面的专项资金	穆恩和布雷特施奈德（1997）；
	GS2	政府为我们提供贷款方面的便利	
	GS3	政府发布的信息（如公告、政策等）或举行的活动（宣传、推广会等），是我了解农村电商的重要渠道	
	GS4	这些信息或活动，使我对农村电商有更进一步的理解	
价值共创绩效	VCP1	农产品生态价值共创网络使得农产品的产品品质得到提高	魏江（2010）；李金生等（2020）
	VCP2	农产品生态价值共创网络使得农产品的市场定位更加清晰	
	VCP3	农产品生态价值共创网络使得农产品的品牌形象更为理想	
	VCP4	农产品生态价值共创网络使得农产品的销售模式多元化	
	VCP5	农产品生态价值共创网络使得农户/企业收入增加	

2. 问卷的前测

为提高调查问卷质量，在大规模发放前对问卷进行前测。通过问卷星发放前测问卷，共搜集问卷 161 份，有效问卷 152 份，有效率为 94.41%，满足小样本前测要求。根据表 3 – 2 和表 3 – 3、表 3 – 4 可知，具有较高的信度和效度，可进行后续大规模问卷调查。

表 3 – 2　　　　　　　　各变量信度分析结果

名称	校正项总计相关性（CITC）	项已删除的 α 系数	Cronbach's α 系数
信息联结	0.721	0.897	0.903
	0.789	0.873	
	0.801	0.868	
	0.823	0.861	
网络互动	0.824	0.827	0.880
	0.616	0.876	
	0.784	0.838	
	0.646	0.870	
	0.707	0.857	
信息势差	0.759	0.875	0.893
	0.794	0.844	
	0.818	0.824	
技术势差	0.768	0.867	0.893
	0.806	0.834	
	0.797	0.842	
文化势差	0.791	0.844	0.892
	0.773	0.860	
	0.801	0.836	
政府支持	0.678	0.814	0.850
	0.702	0.804	
	0.730	0.792	
	0.647	0.827	

续表

名称	校正项总计相关性（CITC）	项已删除的 α 系数	Cronbach's α 系数
价值共创绩效	0.858	0.897	0.924
	0.781	0.911	
	0.798	0.908	
	0.794	0.909	
	0.786	0.911	

表 3－3　　　　前测探索性因子分析 KMO 与 Barlett 检验结果

KMO 值		0.880
Bartlett 球形度检验	近似卡方	2 939.078
	df	351
	p 值	0.000

表 3－4　　　　　前测探索性因子分析结果

变量名称	因子载荷系数							共同度（公因子方差）
	因子1	因子2	因子3	因子4	因子5	因子6	因子7	
信息联结	0.275	0.107	**0.756**	0.080	0.093	0.040	0.151	0.697
	0.226	0.168	**0.831**	0.026	0.093	0.089	0.041	0.790
	0.127	0.121	**0.854**	0.128	0.086	0.186	0.101	0.828
	0.178	0.143	**0.846**	0.087	0.071	0.074	0.196	0.824
网络互动	0.152	**0.852**	0.174	0.115	0.079	0.102	0.081	0.816
	0.161	**0.692**	0.068	0.034	0.061	0.183	0.164	0.575
	0.162	**0.853**	0.085	0.047	0.078	0.099	0.089	0.788
	0.060	**0.694**	0.096	0.236	−0.012	0.120	0.231	0.618
	0.054	**0.778**	0.153	0.212	0.153	0.034	0.044	0.703
信息势差	0.161	0.158	0.241	0.173	0.192	0.075	**0.781**	0.792
	0.138	0.149	0.168	0.103	0.093	0.099	**0.864**	0.844
	0.166	0.239	0.069	0.095	0.201	0.047	**0.846**	0.857

变量名称	因子载荷系数							共同度（公因子方差）
	因子1	因子2	因子3	因子4	因子5	因子6	因子7	
技术势差	0.231	0.132	0.096	0.104	0.047	**0.843**	0.082	0.811
	0.153	0.203	0.176	0.137	0.127	**0.835**	0.121	0.842
	0.090	0.146	0.096	0.218	0.188	**0.855**	0.017	0.852
文化势差	0.190	0.158	0.055	0.198	**0.831**	0.117	0.139	0.828
	0.169	0.087	0.104	0.101	**0.856**	0.133	0.120	0.822
	0.236	0.061	0.166	0.158	**0.815**	0.103	0.211	0.831
政府支持	0.224	0.134	0.133	**0.723**	0.141	0.108	0.139	0.660
	0.295	0.102	0.014	**0.743**	0.099	0.205	0.086	0.708
	0.198	0.102	0.087	**0.798**	0.129	0.133	0.168	0.757
	0.135	0.238	0.087	**0.759**	0.117	0.061	0.007	0.676
价值共创绩效	**0.735**	0.188	0.265	0.238	0.307	0.187	0.116	0.845
	0.807	0.169	0.107	0.233	0.071	0.090	0.173	0.788
	0.771	0.134	0.224	0.187	0.148	0.142	0.152	0.763
	0.766	0.119	0.238	0.208	0.193	0.132	0.079	0.762
	0.706	0.146	0.304	0.231	0.190	0.159	0.119	0.741

注：加粗字体表示因子数值最大。

（二）数据收集及分析方法

正式问卷调查依托问卷星展开，共发放 426 份调查问卷，回收 371 份有效问卷，有效率为 87.1%。样本数据分布见表 3-5，在调查对象上，主要选择农户、电商企业、政府随机投放问卷，其中企业人员 144 人、农户 111 人、政府人员 48 人，其他角色的 68 人。在调查方式上，为减少调查对象的集中性问题，采用简单随机抽样方法，即随机选取调查区域、随机选取调查实践、随机选择调研对象，以保证调研样本的代表性。

表 3 - 5　　　　　　　　　　样本数据分布（N = 371）

名称	选项	频数	百分比（%）
性别	女	204	54.99
	男	167	45.01
年龄	25 以下	93	25.07
	26 ~ 35	131	35.31
	36 ~ 45	98	26.42
	46 ~ 55	33	8.89
	55 以上	16	4.31
文化程度	初中及以下	57	15.36
	大专及本科	208	56.06
	研究生及以上	58	15.63
	高中及中专	48	12.94
角色	企业人员	144	38.81
	其他	68	18.33
	农户	111	29.92
	政府人员	48	12.94
合计		371	100.0

本研究采用结构方程模型（SEM）方法进行数据分析，分析工具为 SPSS26.0 和 AMOS26.0。

三、数据分析

（一）信度与效度检验

本研究采用 Cronbach's α 系数和因子分析分别检验量表的信度和效度，根据表 3 - 6 可知，问卷中各变量的 Crnobach's α 系数均大于 0.7，满足信度要求；各变量的因子载荷都大于 0.5，满足效度要求。

表 3 - 6　　　　　　　　　　模型变量指标、问卷信度和效度

变量	测量项	因子载荷	Cronbach's α	变量	测量项	因子载荷	Cronbach's α
信息联结	LC1	0.816	0.895	信息势差	IPD1	0.858	0.888
	LC2	0.822			IPD2	0.847	
	LC3	0.819			IPD3	0.854	
	LC4	0.842		技术势差	TPD1	0.868	0.900
网络互动	OL1	0.805	0.888		TPD2	0.851	
	OL2	0.806			TPD3	0.852	
	OL3	0.800		文化势差	CPD1	0.858	0.891
	OL4	0.806			CPD2	0.852	
	OL5	0.806			CPD3	0.846	
政府支持	GS1	0.827	0.899	价值共创绩效	VCP1	0.719	0.898
	GS2	0.834			VCP2	0.678	
	GS3	0.830			VCP3	0.736	
	GS4	0.835			VCP4	0.717	
					VCP5		

（二）结构方程模型检验

采用 AMOS 对模型进行拟合，根据表 3 - 7 可知，模型拟合各项指标均符合参考值标准，因此可判断模型与样本的适配度良好。表 3 - 8 汇总了各潜变量之间的关系，部分假设通过检验。

表 3 - 7　　　　　　　　　　模型拟合指标

常用指标	卡方自由度比 χ^2/df	GFI	RMSEA	CFI	NFI	TLI	AGFI	IFI
判断标准	<3	>0.9	<0.10	>0.9	>0.9	>0.9	>0.9	>0.9
值	1.319	0.936	0.029	0.987	0.949	0.985	0.919	0.987

表 3 – 8　　　　　　　　　　　　　模型结果分析

X	→	Y	非标准化路径系数	SE	z（CR 值）	p	标准化路径系数	假设结果
信息联结	→	信息势差	0.219	0.048	4.553	0.000	0.255	假设 H1 – 3a 通过
信息联结	→	技术势差	0.318	0.046	6.858	0.000	0.384	假设 H1 – 3b 通过
信息联结	→	文化势差	0.28	0.046	6.094	0.000	0.34	假设 H1 – 3c 通过
信息联结	→	价值共创绩效	0.16	0.041	3.937	0.000	0.205	假设 H1 – 1 通过
网络互动	→	信息势差	0.313	0.063	4.945	0.000	0.28	假设 H1 – 4a 通过
网络互动	→	技术势差	0.197	0.058	3.369	0.000	0.183	假设 H1 – 4b 通过
网络互动	→	文化势差	0.272	0.059	4.6	0.000	0.254	假设 H1 – 4c 通过
网络互动	→	价值共创绩效	0.308	0.05	6.111	0.000	0.304	假设 H1 – 2 通过
信息势差	→	价值共创绩效	0.221	0.043	5.155	0.000	0.245	假设 H1 – 5a 通过
技术势差	→	价值共创绩效	0.241	0.046	5.293	0.000	0.257	假设 H1 – 5b 通过
文化势差	→	价值共创绩效	0.234	0.046	5.078	0.000	0.247	假设 H1 – 5c 通过

备注：→表示回归影响关系

　　根据表 3 – 6、表 3 – 7 和表 3 – 8 可知各变量之间的关系，形成如图 3 – 2 的结构方程模型结果。

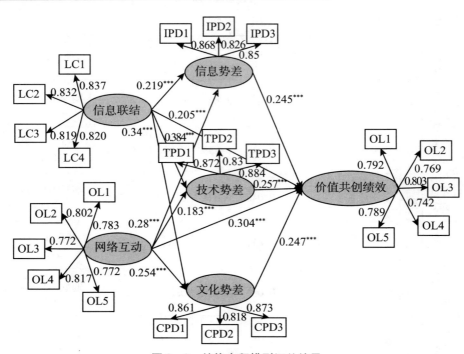

图 3 - 2   结构方程模型汇总结果

注：*表示 $p < 0.05$，**表示 $p < 0.01$，***表示 $p < 0.001$。
资料来源：由笔者绘制。

（三）中介效应检验

中介效应模型共分为三类：第 1 类是自变量 X 与因变量 Y 构建回归模型；第 2 类是自变量 X 与中介变量 M 构建回归模型；第 3 类是自变量 X 和中介变量 M 一起与因变量 Y 进行回归模型构建。根据表 3 - 9 可知，信息势差、技术势差、文化势差均存在部分中介作用。

表 3 - 9   中介作用检验结果汇总

项	检验结论	c 总效应	a×b 中介效应	c' 直接效应	效应占比（%）
信息联结≥文化势差≥价值共创绩效	部分中介	0.306	0.053	0.151	17.469

项	检验结论	c 总效应	a×b 中介效应	c′ 直接效应	效应占比 （%）
信息联结≥技术势差≥价值 共创绩效	部分中介	0.306	0.063	0.151	20.473
信息联结≥信息势差≥价值 共创绩效	部分中介	0.306	0.038	0.151	12.568
网络互动≥文化势差≥价值 共创绩效	部分中介	0.427	0.051	0.283	11.852
网络互动≥技术势差≥价值 共创绩效	部分中介	0.427	0.037	0.283	8.644
网络互动≥信息势差≥价值 共创绩效	部分中介	0.427	0.057	0.283	13.270

（四）调节效应检验

在上述分析的基础上，采用层次回归的方法验证政府支持在信息势差、技术势差、文化势差和价值共创绩效之间所发挥的调节作用。结果显示，信息势差与政府支持的交互项未呈现出显著性（$t = -0.798$，$p = 0.425 > 0.05$），信息势差对于价值共创绩效影响时，调节变量（政府支持）在不同水平时，影响幅度保持一致，假设 H1 - 8a 不通过。技术势差与政府支持的交互项呈现出显著性（$t = -2.928$，$p = 0.004 < 0.05$），意味着技术势差对于价值共创绩效影响时，调节变量（政府支持）处于不同水平，影响幅度的显著性不同，具体可通过简单斜率图进行查看，见图 3 - 3。政府提供专项资金、开展培训等，能够减小主体之间的技术势差，即缩小与其他人在技术方面的差距，假设 H1 - 8b 成立。文化势差与政府支持的交互项未呈现出显著性（$t = -0.333$，$p = 0.740 > 0.05$），因此认为文化势差对于价值共创绩效影响时，政府支持处于不同水平时，影响幅度没有变化。说明政府的支持行为对主体对于生态价值实现、环境保护、价值共创的共同愿景的认同影响较小。假设 H1 - 8c 不通过。

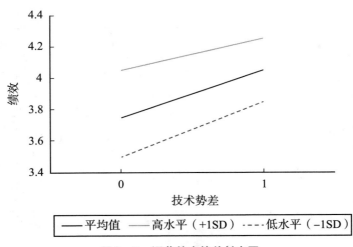

图 3 - 3　调节效应简单斜率图

四、研究结论

　　从农产品生态价值实现视角出发，本研究聚焦电子商务如何促进农产品生态价值实现网络中多主体知识、技能等资源互动，进而实现价值创造，以揭示农产品生态价值实现的微观作用机制，助推农业高质量发展。本研究在微观作用机理模型构建的基础上，采用问卷调查的方式收集数据，并进行实证检验，得到如下结论：

　　信息联结、网络互动正向影响价值共创绩效。可能的解释是，政府、农户、电商企业在生态价值共创网络中形成结构化的网络关系，该网络是连接行动者的一系列社会联系或社会关系，网络成员各自占有不同的稀缺且关键性的资源。各主体在网络中获取知识、信息、资源，互动程度、联结紧密程度都会对资源流动方式和效率产生影响。在互动和知识传递过程中，强联结和弱联结起着不同的作用。强联结的个体间关系稳定，则合作意愿更高，价值共创效果高、效率高。弱联结有利于为共创网络中注入新鲜血液，正向促进生态价值实现。主体间通过互联网建立联结，联结关系为彼此带来异质性资源、知识，共享的信息不断形成信息网络，成为促进价值共创的重要影响因素。网络互动对于价值共创的影响比信息联结的影响作用更大，可能的解释是，价值共创是多方主体共同协作的过程，信息的交流是必不可少的，但是更重要的是主体须不断进行人机互动和人际互动，以获取外部资源及内部已有知识等。

知识势差在信息联结、网络互动与价值共创绩效中发挥中介作用。知识势差的存在使得政府、企业、农户三者之间信息、技术、文化的流动成为可能。知识势差越小，即主体间的差距越小，越能够快速学习、理解及应用管理、经营等的知识。通过信息交流和网络互动，知识不断在生态价值创造网络中流动，主体的能力得以提高的同时改善网络中资源匮乏的状态，促使价值共创绩效的提升。技术势差在信息联结、价值共创绩效中影响最大，可能的解释为通过生态价值创造网络，能够提升主体技术方面的能力，有助于价值共创绩效的提升。政府支持在技术势差到价值共创绩效之间起到调节作用。政府支持在信息势差、文化势差和价值共创绩效中无显著影响，说明政府的资金支持和信息支持主要能够提升主体对于技术的学习，但是信息、文化方面可能更多来源于熟人、网络等，政府的影响作用较小。

第三节　电子商务赋能农村公共服务均等共享的机理：满意度视角

一、文献回顾与研究假设

（一）电商赋能和公共服务均等化满意度

赋能是指在一定程度上激发行动主体实现既定目标的能力，从而改变弱势群体的生活状态（Zimmerman，2012；吴健，2021；李燕凌和陈梦雅，2022）。赋能理论认为，赋能是改善工作生活的关键要素，它强调了社会、政治和物质资源以及环境的不平等，通过争取积极变化的自然倾向而增进福祉（Cattaneo，2010）。信息技术特别是电子商务技术促进了发展中国家农村地区生产、服务和贸易的发展（Zappacosta，2001）。电子商务作为一种信息技术赋予了使用者低成本对接市场的能力，同时也让生产者获得资源整合的能力（汪向东，2015）。有效利用农村电子商务，可以推动本地化一站式服务体系的构建，建成集农村电商、人才培育、农村金融、农村医疗、农村文化、特色农产品上行为一体的电商生态服务体系，进而优化农村公共服务发展环境（赵礼强等，2017）。

因此，本小节结合赋能理论和农村电商的发展实际，将电商赋能公共服务界定为通过电子商务在农村的影响，帮助农村居民消除在获取和接受公共服务的过程中所遇到的各种有形无形的障碍。其可从居民数字能力、设施空间可达、服务内容可及三个维度来衡量。其中居民数字能力指的是农民对数字化工具的实际认知程度和掌握程度以及对数字资源和服务的接受程度和获取水平；设施空间可达是农村居民接近某项服务设施的便利程度，包含交通时间、空间距离、成本等因素；服务内容可及是指农村居民可以便捷且在自己经济可接受的范围内获得自己所需要的各项公共服务。

关于公共服务均等化的内涵，可以从供给和需求两个角度展开。在供给方面强调人、财、物等客观方面的均等。以城乡间、区域间的差异来评价均等化，如彭迪云等（2021）利用公用设施、基本交通等的人均拥有和万人设施数来对公共服务均等化进行评价。在居民需求方面强调机会均等、权力均等、结果公平、过程公平。从这一角度来看，公共服务均等化来源于人类的需求，反映了人与人之间的关系。刘磊和许志行（2016）认为"均等化"是数量化的概念。公共服务均等化里的"均等"包含两层意思：一是机会均等，即公共服务面前，人人平等；二是结果均等，即获得的实际服务数量和质量一致。李永红（2017）认为均等包含三层含义：机会均等、"基本"均等、渐进均等。此外，姜晓萍（2020）指出，公众的满意度是公共服务均等化追求的最终结果，公共服务治理发展的根本目的就在于实现公众的满意。而以满意度来衡量公共服务的均等化程度可以弥补当前公共服务评价维度对公众感知的忽略，涵盖了以人为本的理念，是较为适合我国国情的公共服务均等化衡量。然而，究竟何种对公共服务均等化理念的界定更合理？随着我国经济实力的稳步增强，城乡两地的公共服务人均财力投入上必然逐渐趋同，但是如何保证在相同公共服务资源投入下，实现服务水平的均等化而非人均投入的均等化是当前亟待解决的问题，因此本书基于居民的角度去界定公共服务均等化满意度，即公共服务均等化满意度指的是以公众参与为基础，公众对所提供的公共服务质量、供给水平、绩效等客观结果的主观评价，是建立在客观获得基础上的主观感受。

周绍杰（2015）指出，提高服务的供给水平对提升个人的满意度有着重要的促进作用。第一，农村居民的数字化能力直接关系着农民主体作用的发挥和乡村数字治理能力的整体改善（苏岚岚，2022）。并且数字化社会的蓬勃发展给部分数字化贫困者带来了极大的不便，大部分农村居民由于数字能力贫困而造成与社会脱钩的困境（李幸芝，2022）。实际上，农村电商的发展能够通过居民数字能力赋能提高农村居民的数字化能力，助力农村居民与数字化社会接轨，同时，也能为促进农村数字公共服务的普及和均等化发展提供有力支撑，使得农村居民可以有效借助数字化的手段来享受数字社会发展的成果，从而提升农村居民对公共服务均等化发展成果的满意程度。第二，公共服务设施与居民之间的距离过大时，其设施对居民接受公共服务的影响也会变大，不仅会削弱居民接受公共服务的便捷程度，还会使得设施对居民的吸引力变小（王博等，2017）。季顺伟等（2021）在研究农村公共服务可达性与居民满意度之间的关系中指出提升公共服务短缺区的可达性有助于推进公共服务均等化，进而提升居民的满意度。随着我国农村电商的蓬勃发展，相关的配套设施开始在农村地区逐渐普及。尤其是农村电商服务站（网）点的建立，有效地保障了农村公共服务的地理可达性，缓解了农村因交通不便、信息不畅、经济落后等对社会公共服务发展带来的制约，极大地便利了居民获取公共服务的途径（徐莘杰，2021）。第三，公共服务的内容可及指的是服务供需的匹配程度，在一定程度上会影响民众的公平感、获得感和满意度（熊兴，2021）。当前电子商务在农村的发展打破了服务供给主体与需求主体之间的障碍。一方面，农村电商联通了各大服务主体，不仅承接了各市场主体提供的商务类服务，还有政府主体提供的政务类服务，这在一定程度上弥合了城乡间公共服务不均衡的差距。另一方面，一些有条件的电商服务点开始搭建线上服务平台，不仅能给农村地区带来基本的电商服务，还将搭建多方面多层次的公共服务体系，减少城乡之间的供需不平衡，让农村居民能更快地享受到现代化信息生活带来的服务获取便捷，进而促进农村公共服务均等化的发展及满意度的提升。综上所述，本小节提出以下假设：

H2-1：电商赋能对农村公共服务均等化满意度有显著正向影响。

H2-1a：居民数字能力对农村公共服务均等化满意度有显著正向影响。

H2-1b：设施空间可达对农村公共服务均等化满意度有显著正向影响。

H2-1c：服务内容可及对农村公共服务均等化满意度有显著正向影响。

（二）电商赋能与农村居民公平感

王敬尧（2014）研究指出，公共服务的供给不能一味追求帕累托最优，而是要更关注公平问题，并将公共服务实质性公平划分为过程的公平和结果的公平，前者强调公共服务供给的具体程序，即服务提供过程中所采取的手段，后者强调公共服务提供的数量。严明明（2015）在研究公共服务公平性的主体维度时表明，公共服务的公平性是通过负担公平、供给公平、享有公平而实现的实质公平。夏敏（2020）在研究公共服务实际获得和主观获得时对公共服务的公平感划分为机会公平和结果公平。基于上述对公平划分维度的梳理，有助于我们更好地理解什么是公共服务领域公众认为的公平。与此同时，我们通过深度调研发现，农村居民不仅关注服务内容获得本身与他人相比是否公平，同时也关注服务获取过程与他人相比的公平程度。因此，本小节结合实际调研，参考王敬尧（2014）对公共服务实质性公平的研究，将公平感分为内容公平和过程公平，其中内容公平是指要确保每一个公民能够享受到大致相同的公共服务，过程公平则强调的是在服务提供的过程中让居民所感受到的公平感。

根据群体价值模型，人们会寻找自己被所在社会群体接纳和认可的证据，这些证据可以提高人们对公平的感知。当人们感知到的实际所得和承诺他们的不符时，就会产生不公平感（李敏，2013）。作为社会公平一部分的公共服务均等化在一定程度上会影响居民的公平感（梅正午，2020）。李奕泠（2021）指出，公共服务的供给水平越高，居民的公平感就会越强。而电子商务在一定程度上可以提升农村地区的公共服务供给水平，从而促进人们对公共服务的公平感。如通过大型互联网电商企业下乡，促使贫困地区享受一些城市服务，进而改变初始资源禀赋的配置不公平性（杨书焱，2019）。首先，知识和技能水平高的个人，其主动获取服务的能力也更强，进而对于公共服务获得的公平感也就越高。对于农村居民来说，数字能力的提升有助于激发其数字技术采用行为的内生动力（苏岚岚，2022），让其能更自愿主动地参与到乡村公共服务数字化的建设与发展当中，进而增强其数字服务获取能力，提升其对公共服务获得内容和过程的公平感。其次，对于地理位置较偏僻的农村居民来说，要想享受到公共服务所需要付出的成本较高，这就导致了公共服务获取的机会和成本不公平，而通过完善农村地区的服务配置可以降低居民获取公共服务过程中的成本和阻力（李克让，2022），确保为农村地区创造获取服务的机会和过程公平以及服务内容的结果公平。最后，当前我国农村公共服务发展在城乡间、区域间及人群间供给差异明显，表现为不平衡不匹配矛盾，其主要原因之一在于政府的单一供给。单纯依靠政府的供给难以实现最终结果的公平（余姗姗和鲍文，2019；姚贱苟和于恩洋，2022）。而农村地区的服务可及就是通过联通各个服务供给主体来调整原先的单一供给机制和市场机制造成的不公平问题。利用多方主体的协作供给来确保各项公共服务能够实现无差别和针对性地配置，从而减少公共服务配置不公平的现象（李克让，2022），进而提高居民对于当前公共服务供给的公平感。因此，本小节提出以下假设：

H2－2：电商赋能对内容公平有显著正向影响。

H2－2a：居民数字能力对内容公平有显著正向影响。

H2－2b：设施空间可达对内容公平有显著正向影响。

H2－2c：服务内容可及对内容公平有显著正向影响。

H2－3：电商赋能对过程公平有显著正向影响。

H2－3a：居民数字能力对过程公平有显著正向影响。

H2－3b：设施空间可达对过程公平有显著正向影响。

H2－3c：服务内容可及对过程公平有显著正向影响。

（三）农村居民公平感与公共服务均等化满意度

居民公共服务均等化满意度是居民对所提供公共服务均等化水平的一种主观感受，由于服务的无形性，导致民众对于服务的效果难以评价，因此往往需要通过自己过往的经历或与他人的比较来进行对比，即感知公平来去评价服务供给的水平（梁建春，2012）。

从内容公平对公共服务均等化满意度的影响来看，公共服务内容的公平感是基于对所分配的内容而产生的公平认知，是一种与其他社会成员相比而言的实质公平感受（夏敏，2020）。相对剥夺理论认为，人们会因为与他人的比较中感受到的分配内容不公平而产生剥夺感，这种剥夺感使得他们从主观上感受到不公平的待遇，从而使得农村居民因实际获得不公平而产生不满意的心理。而提升农村人口的分配内容公平感则会促使居民感知到自己拥有了更多实质的公平，认为各项服务内容在各群体之间是相对公平分配的（夏敏，2020；陈丽君，2022）。这种相对公平感就会促使农村人口对公共服务均等化产生一种主观的满意感受。从过程公平对公共服务均等化满意度的影响来看，与内容公平角度不同，过程公平涉及获取服务的过程在社会上所有人中的公平（Fang，2010）。公平启发理论认为，过程的公平会影响人们对最终结果公平的判断（Lind E. A，2011）。个体获取公共服务的过程中受到的不公平对待会引发其负面情绪，进而影响其对公共服务分配结果的满意度。因此，在公共服务供给过程中提升居民的过程公平感会促使其对公共服务均等化产生一种主观的满意感受。由上可知，在电商赋能农村公共服务均等化的过程中，公平感知是居民公共服务均等化满意度的重要前因变量。并且，也有大量学者研究表明，感知公平性会对人的满意度有直接的影响，因此本小节提出以下的假设：

H2－4：感知公平对公共服务均等化满意度有显著正向促进作用。

H2－4a：内容公平对公共服务均等化满意度有显著正向促进作用。

H2－4b：过程公平对公共服务均等化满意度有显著正向促进作用。

（四）模型的提出

基于前述变量间关系的梳理，本小节提出如图3－4的概念模型。

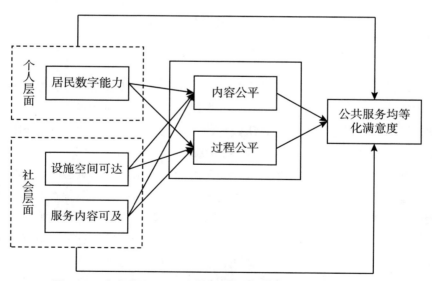

图3－4 电商赋能影响农村公共服务均等化满意度的概念模型
资料来源：由笔者绘制。

二、研究设计与样本选择

(一) 问卷设计

1. 变量的测量

公共服务均等化满意度的测量参考布洛杰特 (Blodgett, 1993)、史密斯和博尔顿 (Smith and Bolton, 1999)、杜建刚和范秀成 (2007) 等的研究, 结合实际情况, 修改后共含 3 个题项来衡量。设施空间可达的测量参考彭尚斯基和托马斯 (Penchansky and Thomas, 1981) 提出的关于卫生服务设施可达性的测量题项, 同时融合雍岚 (2018) 冯献 (2021) 对服务可达性的题项设计, 共设计 4 个题项来衡量; 服务内容可及的测量参照彭尚斯基和托马斯 (Penchansky and Thomas, 1981) 和冯献 (2021) 对服务可及的量表, 根据实际情况稍作调整, 共包含 6 个题项; 居民数字能力的测量参照劳 (Law, 2018)、吴玲 (2018)、李天龙 (2022) 等的量表, 修改后共包含 6 个题项。内容公平和过程公平的测量参考科尔基特 (Colquitt, 2001)、塞维尔特 (Severt, 2002) 和里奥 – 兰萨 (Río-Lanza, 2009) 的公平感量表, 并结合实际情况, 共设计出包含内容公平和过程公平共 10 个题项。测量问项如表 3 – 10 所示。

表 3 – 10　　　　　　　　　　　测量问项汇总

变量	指标编码	问卷题项	参考来源
个人能力赋能	DC1	我愿意使用各种数字化的工具 (如微信、支付宝、拼多多、快手等) 来满足日常需求	劳 (2018) 吴玲 (2018) 李天龙 (2022) 孙晓宁 (2022)
	DC2	我信任并认可数字化工具 (如微信、快手、拼多多等)	
	DC3	我能够关注各种在线的服务信息	
	DC4	我会使用微信、支付宝、抖音、拼多多等各种软件	
	DC5	我能通过从网上获取、筛选、处理相关的服务信息来解决问题	
	DC6	我可以通过数字化的工具 (如微信、微博、快手等) 来表达我的需求和想法	

续表

变量	指标编码	问卷题项	参考来源
设施赋能	FA1	我认为从家到电商服务点的距离很近	彭尚斯基和托马斯（1981）雍岚（2018）
	FA2	我认为从家到电商服务点所需的时间很短	
	FA3	我认为从家到电商服务点很方便	
	FA4	我认为从家到电商服务点需要花费的成本是我可以接受的	
服务赋能	SA1	我认为电商带来的公共服务类型很多	彭尚斯基和托马斯（1981）冯献（2021）
	SA2	我认为电商带来的公共服务内容很丰富	
	SA3	我认为当前可获取公共服务的渠道变多了	
	SA4	我认为电商带来的公共服务是简单易懂，且容易操作的	
	SA5	我可以更快更及时地获取电商带来的公共服务	
	SA6	我认为电商带来的公共服务价格是我可以接受的	
内容公平	CE1	我认为公共服务的内容与他人相比是一致的	科尔基特（2001）塞维尔特（2002）里奥－兰萨（2009）
	CE2	我认为公共服务的内容兼顾了不同人的能力与需求	
	CE3	我认为公共服务内容不存在偏袒，是公正的	
	CE4	我认为公共服务内容不存在优先特权	
过程公平	PE1	电商主体提供公共服务的过程中，我能够发表我的看法和需求	科尔基特（2001）塞维尔特（2002）里奥－兰萨（2009）
	PE2	我认为电商主体提供公共服务的过程中有充分考虑到我的意愿和能力	
	PE3	我认为电商主体提供公共服务的程序和别人相比是一致的	
	PE4	我认为电商主体提供公共服务的程序是没有偏见的	
	PE5	我认为电商主体提供公共服务的程序是公开透明的	
	PE6	电商主体提供公共服务的过程中，服务提供主体能够对相关程序或流程进行详细的解释	

变量	指标编码	问卷题项	参考来源
公共服务均等化满意度	SES1	我对目前提供的公共服务感到很满意	布洛杰特（1993）史密斯和博尔顿（1999）杜建刚和范秀成（2007）
	SES2	提供的公共服务让我感到身心愉悦	
	SES3	我认为目前的公共服务能切实解决我的实际问题	

2. 问卷前测

根据前述变量测量问项，并结合研究实际，加入居民职业和年龄两个控制变量，采用 Likert 七级量表，设计形成前测问卷。前测问卷主要以线上发放为主，同时结合线下实地调研，共发放 207 份问卷，回收 196 份有效问卷，有效率 94.68%。本研究采用 SPSS 26.0 对前测数据进行信度检验和效度分析。根据表 3 – 11 可知，各潜变量的 Cronbach's α 系数以及所有变量的整体 Cronbach's α 系数都在 0.7 到 0.95 之间，且各题项对应的 CITC 值均大于 0.5，符合信度要求。根据表 3 – 12 可知，KMO 值 = 0.913 > 0.7，Bartlett 球形检验近似卡方为 3691.807，自由度（df）= 406，显著性（Sig.）= 0.000（非常显著），说明数据适合进行因子分析。根据表 3 – 13 可知，本研究所有题项均通过信效度检验，说明量表具有较好的信效度，可以用于后续研究。

表 3 – 11　　　　　　　　　前测中各潜变量信度分析结果

变量名称	测量题项	Cronbach's α 系数	删除该项目后的 α 系数	CITC 值
居民数字能力	DC1	0.881	0.866	0.658
	DC2		0.862	0.681
	DC3		0.851	0.749
	DC4		0.849	0.755
	DC5		0.859	0.697
	DC6		0.874	0.603
设施空间可达	FA1	0.876	0.872	0.654
	FA2		0.841	0.734
	FA3		0.817	0.799
	FA4		0.833	0.754

续表

变量名称	测量题项	Cronbach's α 系数	删除该项目后的 α 系数	CITC 值
服务内容可及	SA1	0.892	0.873	0.716
	SA2		0.868	0.746
	SA3		0.877	0.688
	SA4		0.881	0.662
	SA5		0.872	0.719
	SA6		0.868	0.742
内容公平	CE1	0.900	0.857	0.814
	CE2		0.869	0.780
	CE3		0.881	0.750
	CE4		0.876	0.762
过程公平	PE1	0.886	0.860	0.737
	PE2		0.856	0.760
	PE3		0.868	0.688
	PE4		0.878	0.628
	PE5		0.867	0.696
	PE6		0.868	0.690
公共服务均等化满意度	SES1	0.907	0.882	0.796
	SES2		0.874	0.806
	SES3		0.844	0.841
整体可靠性统计量		0.943	—	—

表 3-12　　前测中探索性因子分析 KMO 与 Bartlett 检验结果

KMO 取样适切性量数		0.913
巴特利特球形度检验	近似卡方	3 691.807
	自由度（df）	406
	显著性（Sig.）	0.000

表 3 – 13		前测中探索性因子分析结果					

变量	观测题项	因子					
		1	2	3	4	5	6
服务内容 可及	SA5	**0.760**	0.175	0.122	0.093	0.214	0.059
	SA6	**0.751**	0.189	0.258	0.125	0.048	0.127
	SA2	**0.750**	0.192	0.170	0.156	0.165	0.087
	SA3	**0.736**	0.151	0.185	0.138	0.160	0.009
	SA1	**0.719**	0.115	0.238	0.030	0.181	0.219
	SA4	**0.712**	0.126	0.144	0.115	0.108	0.136
过程公平	PE6	0.091	**0.791**	0.129	– 0.031	0.102	0.115
	PE2	0.210	**0.764**	0.090	0.128	0.154	0.208
	PE1	0.200	**0.745**	0.116	0.225	0.178	0.051
	PE4	0.164	**0.722**	0.110	0.137	– 0.047	0.070
	PE5	0.090	**0.721**	0.178	0.195	0.254	0.046
	PE3	0.180	**0.708**	0.085	0.203	0.084	0.179
居民数字 能力	DC3	0.175	0.275	**0.777**	0.091	0.045	0.147
	DC5	0.118	0.145	**0.737**	0.113	0.225	0.096
	DC4	0.245	0.215	**0.736**	0.161	0.193	0.063
	DC1	0.172	0.063	**0.721**	0.119	0.137	0.119
	DC2	0.182	0.058	**0.702**	0.175	0.228	0.089
	DC6	0.207	0.031	**0.660**	0.175	0.084	0.121
内容公平	CE2	0.121	0.153	0.168	**0.823**	0.151	0.126
	CE1	0.138	0.191	0.181	**0.813**	0.105	0.215
	CE3	0.123	0.134	0.182	**0.800**	0.058	0.173
	CE4	0.192	0.263	0.205	**0.758**	0.103	0.150
设施空间 可达	FA3	0.217	0.178	0.173	0.097	**0.789**	0.262
	FA1	0.122	0.111	0.211	0.064	**0.771**	0.011
	FA4	0.231	0.160	0.213	0.170	**0.770**	0.120
	FA2	0.228	0.137	0.190	0.097	**0.749**	0.180

续表

变量	观测题项	因子					
		1	2	3	4	5	6
公共服务均等化满意度	SES1	0.188	0.220	0.185	0.216	0.162	**0.793**
	SES3	0.185	0.245	0.190	0.291	0.174	**0.784**
	SES2	0.195	0.191	0.248	0.273	0.239	**0.752**
特征值		4.001	3.992	3.873	3.180	2.986	2.303
方差解释%		13.798	13.766	13.355	10.964	10.296	7.943
累计方差解释%		13.798	27.564	40.919	51.883	62.179	**70.122**

注：黑体字表示因子数值最大。

（二）数据收集

正式问卷调查采用线上线下相结合的方式展开，其中，线上途径主要是通过微信朋友圈、微信群等邀请合适的用户填写，线下主要通过进到农村地区现场发放。本次问卷共发放 524 份，回收问卷 524 份。对于回收的 524 份问卷，剔除了 21 份选项均为同一个值的无效问卷，最终获得 503 份有效问卷，有效率为 95.99%。样本数据分布情况如表 3-14 所示。

表 3-14　　　　　　样本数据分布

统计项	类别	频数	占比（%）
性别	男	262	52.09
	女	241	47.91
年龄	18 岁以下	14	2.78
	18~25 岁	111	22.07
	26~35 岁	121	24.06
	36~45 岁	137	27.24
	46~55 岁	85	16.90
	55 岁以上	35	6.96
受教育程度	初中及以下	96	19.09
	高中或中专	159	31.61
	大专或本科	194	38.57
	研究生及以上	54	10.74

统计项	类别	频数	占比（％）
职业	农民	46	9.15
	村干部	23	4.57
	乡镇站所/服务中心职员	8	1.59
	普通工人	105	20.87
	党政机关及事业单位	19	3.78
	个体经营户	48	9.54
	企业职工	172	34.19
	退休人员	8	1.59
	学生	60	11.93
	无业	2	0.40
	其他	12	2.39
平均月收入	1 500 元以下	56	11.13
	1 501~3 000 元	73	14.51
	3 001~4 500 元	121	24.06
	4 501~6 000 元	151	30.02
	6 000 元以上	102	20.28
婚姻状况	已婚	320	63.62
	未婚	160	31.81
	离异或丧偶	23	4.57
在本地的居住时长	1 年以下	43	8.55
	1~3 年	114	22.66
	4~10 年	143	28.43
	10 年以上	203	40.36

三、实证分析与假设检验

（一）效度和信度检验

信度主要是对量表整体有效性和稳定性的检验，当信度高时表明量表具有较好的一致性。对于李克特量表，信度分析主要通过 Cronbach's α 系数来检验。效度反映的是量表内每一个题项的能效性，通常用内容效度和结构效度来衡量。因此，本研究主要对结构效度进行检验，并利用特征效度来检验量表的结构效度，用收敛效度和区别效度来检验测量模型的结构效度。

根据表 3 – 15 可知，各变量的 Cronbach's α 系数均符合大于 0.75 的要求，说明测量模型具有较好的内部一致性。在此基础上，本研究进一步对各潜变量进行效度分析。根据表 3 – 15 可知，卡方自由度比为 1.448 < 3，GFI、CFI、NFI 的值分别为 0.932、0.982、0.944 均大于 0.9，RMSEA 的值为 0.030 小于 0.08。可见，模型的拟合度较好。对于收敛效度，模型中所有变量的因子载荷均大于 0.6。模型中各变量的平均提取方差（average variance extracted，AVE）值分别为 0.625、0.637、0.587、0.697、0.586、0.686，均大于 0.5，组合信度（composite rrliability，CR）值分别为 0.909、0.875、0.895、0.902、0.895、0.868，均大于 0.7。说明量表具有较好的收敛效度。此外，根据表 3 – 16 结果显示，每个变量的 AVE 平方根值都大于其各自之间的相关系数，说明量表具有较好的区别效度。综上所述，本小节的 6 个变量具有较好的测量效度。

表 3 – 15　　　　　　　信效度检验结果（N = 503）

变量	Cronbach's α 系数	标准化因子载荷	AVE	CR
个人能力赋能	0.909	0.776 ~ 0.901	0.625	0.909
设施赋能	0.875	0.783 ~ 0.808	0.637	0.875
服务赋能	0.894	0.721 ~ 0.793	0.587	0.895
内容公平	0.902	0.822 ~ 0.853	0.697	0.902
过程公平	0.894	0.732 ~ 0.805	0.586	0.895
公共服务均等化满意度	0.867	0.809 ~ 0.875	0.686	0.868

$\chi^2/df 1.448$；自由度 df = 362；RMSEA = 0.030；
GFI = 0.932；NFI = 0.944；CFI = 0.982

表 3 – 16　　　　　　　　　　　　区别效度分析

潜变量	居民数字能力	设施空间可达	服务内容可及	内容公平	过程公平	公共服务均等化满意度
个人能力赋能	**0.791**					
设施赋能	0.515***	**0.798**				
服务赋能	0.540***	0.536***	**0.766**			
内容公平	0.483***	0.477***	0.506***	**0.835**		
过程公平	0.437***	0.450***	0.503***	0.486***	**0.766**	
公共服务均等化满意度	0.569***	0.580***	0.567***	0.618***	0.586***	**0.828**

注：***代表在1%的水平上显著。

（二）假设检验分析

1. 模型拟合度检验

采用 AMOS 软件对模型进行拟合，根据表 3 – 17 可知，模型的各项指标都达到了参考标准，说明本研究的结构模型具有较好的适配度，即模型的构建与实际测量数据比较符合。

表 3 – 17　　　　　　　　　结构方程模型拟合分析结果

指标		参数	参考值
绝对拟合指数	χ^2/df	1.711	<3
	RMSEA	0.038	<0.08
	GFI	0.915	>0.9
	AGFI	0.900	>0.9
相对拟合指数	NFI	0.924	>0.9
	IFI	0.967	>0.9
	CFI	0.967	>0.9
	TLI	0.963	>0.9
简约拟合指数	PNFI	0.835	>0.5
	PCFI	0.873	>0.5
	PGFI	0.775	>0.5
其他参数：样本数 = 503；χ^2 = 718.807；P = 0.000；自由度 df = 420			

2. 模型的路径分析

根据表 3 - 18 和图 3 - 5 所示，11 条路径关系的标准化系数均显著，表明本研究构建的理论模型的路径都得到了验证。其中居民数字能力显著正向影响内容公平（$\beta = 0.225$，$p < 0.001$），假设 H2 - 2a 成立；居民数字能力显著正向影响过程公平（$\beta = 0.170$，$p < 0.01$），假设 H2 - 3a 成立；设施空间可达显著正向影响内容公平（$\beta = 0.220$，$p < 0.001$），假设 H2 - 2b 成立；设施空间可达显著正向影响过程公平（$\beta = 0.204$，$p < 0.001$），假设 H2 - 3b 成立；服务内容可及显著正向影响内容公平（$\beta = 0.273$，$p < 0.001$），假设 H2 - 2c 成立；服务内容可及显著正向影响过程公平（$\beta = 0.309$，$p < 0.001$），假设 H2 - 3c 成立；居民数字能力显著正向影响公共服务均等化满意度（$\beta = 0.179$，$p < 0.001$），假设 H2 - 1a 成立；设施空间可达显著正向影响公共服务均等化满意度（$\beta = 0.191$，$p < 0.001$），假设 H2 - 1b 成立；服务内容可及显著正向影响公共服务均等化满意度（$\beta = 0.116$，$p < 0.05$），假设 H2 - 1c 成立；内容公平显著正向影响公共服务均等化满意度（$\beta = 0.277$，$p < 0.001$），假设 H2 - 4a 成立；过程公平显著正向影响公共服务均等化满意度（$\beta = 0.234$，$p < 0.001$），假设 H2 - 4b 成立。另外，控制变量中，年龄和职业的 P 值分别为 0.107 和 0.689，说明两者对公共服务均等化满意度影响都不显著（$p > 0.05$）。

表 3 - 18　　　　　　　　　　结构模型路径分析结果

路径			Estimate	S. E.	C. R.	p	标准化路径系数（β值）	显著性检验
CE	<---	DC	0.254	0.062	4.120	***	0.225	显著
PE	<---	DC	0.137	0.045	3.036	0.002**	0.170	显著
CE	<---	FA	0.261	0.066	3.950	***	0.220	显著
PE	<---	FA	0.173	0.049	3.556	***	0.204	显著
CE	<---	SA	0.372	0.078	4.781	***	0.273	显著
PE	<---	SA	0.303	0.058	5.198	***	0.309	显著
SES	<---	DC	0.151	0.042	3.581	***	0.179	显著
SES	<---	FA	0.169	0.046	3.703	***	0.191	显著
SES	<---	SA	0.118	0.054	2.163	0.031*	0.116	显著

路径			Estimate	S. E.	C. R.	p	标准化路径系数（β值）	显著性检验
SES	<---	CE	0.207	0.036	5.716	***	0.277	显著
SES	<---	PE	0.244	0.049	4.942	***	0.234	显著
SES	<---	年龄	−0.036	0.022	−1.614	0.107	−0.056	不显著
SES	<---	职业	−0.005	0.011	−0.401	0.689	−0.014	不显著

注：***表示 $p < 0.001$，**表示 $p < 0.01$，*表示 $p < 0.05$。

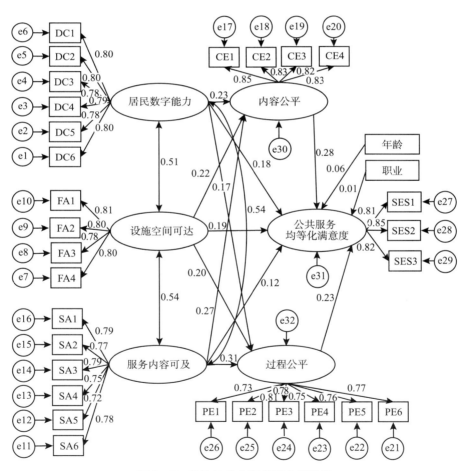

图 3 − 5　最终结构方程模型分析结果

资料来源：由笔者绘制。

3. 中介效应检验

为了分析内容公平和过程公平的中介效应，本小节以公共服务均等化满意度为因变量，以居民数字能力、设施空间可达、服务内容可及为自变量，以内容公平和过程公平为中介变量建立模型进行分析，并采用自助法（bootstrap method）进行检验。根据表 3 – 19 可知，居民数字能力、设施空间可达和服务内容可及对公共服务均等化满意度同时产生显著的直接效应和间接效应，三个自变量分别通过两个中介变量内容公平和过程公平对公共服务均等化满意度产生中介影响。因此下面将对模型中的各中介路径进行进一步的分析。

表 3 – 19　　　　电商赋能对公共服务均等化满意度的中介效应分析

影响变量	被影响变量	总效应	直接效应	中介效应
服务内容可及	公共服务均等化满意度	0. 269 ***	0. 118 *	0. 151 ***
设施空间可达	公共服务均等化满意度	0. 265 ***	0. 169 ***	0. 096 **
居民数字能力	公共服务均等化满意度	0. 237 ***	0. 151 ***	0. 086 **

注：***表示 $p < 0.001$，**表示 $p < 0.01$，* 表示 $p < 0.05$。

根据表 3 – 20 可知，中介路径 1（DC→CE→SES）的中介效应为 0.053，自助算法计算的中介效应 95% 置信区间不包含 0，$p < 0.001$，说明内容公平在居民数字能力和公共服务均等化满意度之间存在显著的中介效应，假设 H2 – 5a 成立；中介路径 2（DC→PE→SES）的中介效应为 0.034，自助算法计算的中介效应 95% 置信区间不包含 0，$p < 0.01$，说明过程公平在居民数字能力和公共服务均等化满意度之间存在显著的中介效应，假设 H2 – 6a 成立；中介路径 3（FA→CE→SES）的中介效应为 0.054，自助算法计算的中介效应 95% 置信区间不包含 0，$p < 0.001$，说明内容公平在设施空间可达和公共服务均等化满意度之间存在显著的中介效应，假设 H2 – 5b 成立；中介路径 4（FA→PE→SES）的中介效应为 0.042，自助算法计算的中介效应 95% 置信区间不包含 0，$p < 0.01$，说明过程公平在设施空间可达和公共服务均等化满意度之间存在显著的中介效应，假设 H2 – 6b 成立；中介路径 5（SA→CE→SES）的中介效应为 0.077，自助算法计算的中介效应 95% 置信区间不包含 0，$p < 0.001$，说

明内容公平在服务内容可及和公共服务均等化满意度之间存在显著的中介效应，假设 H2-5c 成立；中介路径 6（SA→PE→SES）的中介效应为 0.074，自助算法计算的中介效应 95% 置信区间不包含 0，$p < 0.001$，说明过程公平在服务内容可及和公共服务均等化满意度之间存在显著的中介效应，假设 H2-6c 成立。同时，由于居民数字能力、设施空间可达和服务内容可及三个自变量到因变量公共服务均等化满意度的直接效应和中介效应都显著存在，说明内容公平和过程公平在电商赋能的三个自变量与公共服务均等化满意度之间起部分中介作用。

表 3-20　　　　　　　　　　中介效应分析结果

编号	路径	中介效应	95% 置信区间	p	总效应	中介效应在总效应中的占比
1	DC→CE→SES	0.053	[0.025, 0.095]	0.000	0.237	22.36%
2	DC→PE→SES	0.034	[0.010, 0.068]	0.003	0.237	14.35%
3	FA→CE→SES	0.054	[0.026, 0.098]	0.000	0.265	20.38%
4	FA→PE→SES	0.042	[0.015, 0.082]	0.001	0.265	15.85%
5	SA→CE→SES	0.077	[0.039, 0.133]	0.000	0.269	28.62%
6	SA→PE→SES	0.074	[0.037, 0.129]	0.000	0.269	27.51%

四、研究结论

本小节采用实证分析的方法研究电商赋能对农村公共服务均等化满意度的影响，形成以下系列研究成果。

电商赋能的三个维度对农村公共服务均等化满意度有显著正向影响。其中，个人能力赋能（居民数字能力提升）相对于设施赋能（设施空间可达）和服务赋能（服务内容可及）对农村公共服务均等化满意度的影响更强。可能是因为通过电商赋能，居民数字意识的觉醒和技能掌握的提升，大大提高了居民自身发展的能力。这种数字能力的提升直接体现在每个居民个体上，大大提升了居民的自我效能感，进而影响到公共服务均等化满意度的主观评价。

电商赋能对居民公平感有显著正向影响，其中设施赋能（设施空间可达）对内容公平，这种影响可能是由于公共基础设施的普及缩小了城乡之间的公共服务差距，使居民感知到自己拥有了更多实质的公平，认为各项服务内容在各群体之间是相对公平分配的。此外，服务赋能（服务内容可及）对过程公平影响更为明显，可能是由于电商赋能打破了城乡市场壁垒，这种市场主体的连通让村民都能实际享受到各项公共服务，这种供给水平的提升显著地促进农村居民对于公共服务的公平感。

公平感在电商赋能与农村公共服务均等化满意度之间起部分中介作用，与过程公平相比，内容公平的中介作用更显著。原因可能是因为内容公平受居民在享受公共服务过程中评价基本服务内容的影响，尤其在基础设施的普及、产品的市场流通方面会直接影响到居民的主观感受。

第四节　电子商务赋能农民收入"扩中""提低"的机理：小农户视角

一、理论研究与模型构建

（一）理论研究

1. 赋权与赋能理论

赋权是个人或组织对权力的一种感知，包括权力的获得、增强、削弱（Cheryl et al.，2010），是从个体行动向集体行动转变的过程，个体通过活动等形式产生对集体的情感，从而引发个人层面的心理赋权，最后融入组织赋权的集体行动中（Adams，2002）。赋权是指在教育、实践等过程中对个体内在信念的激发（岳晓文旭等，2022），将权利赋予个体使其拥有某种权利，进而提高其对组织的认同感及参与组织事务的积极性，以改善其在组织中的地位（张国芳和蔡静如，2018）。随着信息技术的不断发展，学者们开始关注信息技术背景下赋权理论的实践应用，并由此产生技术赋权。技术赋权指利用新兴技术赋予组织中的弱势群体相应的权利的过程，强调赋权对象在组织中价值的提升，通过赋权，弱势群体也能够拥有平等的发展机会，被赋权的个体对资源的获得和自身发展的掌控力以及对组织的影响力都有所提升。技术赋权可以通过扩大传播途径打破精英主义的话语垄断，重塑平等协商的话语体系（Lally，2014）。技术赋权使组织成员能够通过获得信息、参与表达和采取行动等方式，在提升自身参与能力的同时，提升自我权力（孟天广，2021）。

基于赋权理论，赋能理论获得了发展。赋能关注被赋能对象本身，并强调被赋能主体的主观能动性的提高。赋能是指个体、组织、社群等通过增强对外部环境、客观条件的控制力来取代原本无力、弱势的状态的过程（Perkin et al.，1995）。赋能能促进弱势群体获取他们所需资源，进而提高其解决问题的能力（Konczak，2000）。与此同时，亚当斯（Adams，2008）也指出赋能能通过提高个人的表达能力、认知能力、协作能力等，以增强个体的自信心，进而激发个体的潜能。随着研究的不断深入，学者们开始探讨信息技术背景下赋能理论的发展。如关婷等（2019）研究指出，技术赋能有助于组织成员以自我为中心构建信息网络，通过信息供给、信息交互与信息应用的创新来实现组织信息的开放、透明和共享。孙新波等（2020）认为，技术赋能通过技术手段来提高个体的能力，而被赋能对象能力的获取和提升取决于他们对信息、资源、技术等的使用程度。

2. 社会认知理论

社会认知理论最早由心理学家阿尔伯特·班杜拉（Albert Bandura）于1999年提出，用于探讨外部环境因素（E）、个体认知（P）及行为（B）之间的动态关系。如陈冬宇（2014）以社会认知理论为基础，分析了个体因素和环境因素如何通过认知影响P2P网络借贷市场中出借人的意愿；周军杰（2016）基于社会认知理论，将其他退休人员参与行为作为环境因素，以自我效能和期望收益为认知因素，知识贡献为行为变量，探讨了三者间的关系；杜惠英和耿志敏（2020）将所处环境的影响归纳成自我效能，研究了自我效能、用户认知程度和使用意愿之间的关系。因此，社会认知理论适用于探讨环境因素如何通过个体认知影响个体行为（Bandura，1999）。

（二）研究假设

1. 技术赋权赋能与参与意愿

个体所处的环境会对其行为决策产生一定影响（陆渊，2021）。小农户的参与意愿在一定程度上会受到信息技术的影响，如信息特性、技术支持等。电商技术拓宽了农户信息获取渠道的广度和深度（唐立强，2018），培养小农户的信息意识，提升他们获取、利用信息的能力（闫贝贝，2021）。电商技术提升小农户地位和影响力的同时为小农户提供了发展机会（邱泽奇，2021），为小农户拓宽市场、深度参与电商合作奠定基础。同时，电商技术可以让小农户掌握相关的技能知识，从而增加参与电商合作的优势（王雅婷，2019）。小农户可以感知到电商技术带来的权力和能力的提升以及参与电商合作后能获得的收益，进而激发了其参与电商共富体的意愿。基于此，提出假设：

H3 - 1a：技术赋权对小农户参与电商共富体意愿有显著正向影响。

H3 - 1b：技术赋能对小农户参与电商共富体意愿有显著正向影响。

2. 技术赋权赋能与组织信任

信任是一方甘于承担因另一方采取对自己有影响行动而带来风险的意愿（Mayer et al.，1995）。组织信任是指利益相关主体在组织中形成的一种互信关系，体现了组织成员间合作行为或意愿，并愿意承担组织风险的心理状态（Rousseau，1998）。组织信任也是组织成员间彼此信任的一种积极预期（Ellis，2000），是组织网络参与者对美好愿望的期盼（Daryl，2003）。随着信息技术的发展，学者们开始关注互联网背景下组织成员间的信任关系。如甘利（Ganley，2009）指出，信任能提高人们对网络社区的参与程度；塞莱斯特（Celeste，2013）在研究网络成员互动与网络社区信任关系中指出，互动行为会影响成员对网络社区的信任。从组织信任维度划分上看，现有研究将组织信任划分为人际信任与制度信任（Luhmann，1979）。人际信任源于彼此间的情感深度与了解程度，是指在长期人际交往中形成的亲疏远近而造成的信任程度的差异（唐林等，2020）。制度信任不再局限于个人，是以法律、制度及规范等为基础，在非人际关系上建立的。信任特别是制度信任可以产生一种"软约束"，用以防止因过度追逐个人私利而忽视公众利益的投机行为的出现（Hartmann，2014）。这种约束不仅包括组织内制定的规则，还包括成员自身的道德规范（杨中芳和彭泗清，1999）。

技术赋权使组织成员能够，通过获得信息、参与表达和采取行动等社会实践方式，在提升自身参与能力的同时，改变了旧的社会结构，继而完成自我增权（孟天广，2021）。技术赋权打破了精英主义的话语垄断，重塑平等协商的话语体系（Lally，2014）。因此电商技术为小农户构建了一个公共对话空间，赋予了小农户获取信息、表达自身想法、亲自参与到合作决策中的机会（胡卫卫，2019）。通过技术赋权，小农户可以主动获取主流市场的需求，有效减少信息的阻隔（彭瑞梅，2019），降低了由权力不对等而产生的机会主义倾向（马鸿佳，2022），增强了组织信任。因此小农户对组织的认同感得到提升，对电商共富体以及合作成员的信任得到增强。基于此，本小节提出以下假设：

H3-2a：技术赋权对人际信任有显著正向影响。

H3-2b：技术赋权对制度信任有显著正向影响。

电商技术有效提升了小农户连接能力、智能能力以及分析能力。电子商务降低了小农户信息获取以及技术习得的门槛（何宇鹏，2019），利用电商技术小农户可以对农业生产资源进行配置，对农业生产过程中各生产要素实行数字化设计、智能化控制、精准化运行、科学化管理（胡雅淇，2020），使小农户能够突破地域的限制，减少交易成本（何宇鹏，2019），最终实现从生产到销售各节点数据的同步公开、真实有效以及信息自由的获取、利用（彭瑞梅，2019），组织中信息的公开透明也增强了提升组织信任。基于此，提出假设：

H3-3a：技术赋能对人际信任有显著正向影响。

H3-3b：技术赋能对制度信任有显著正向影响。

3. 组织信任的中介作用

小农户与电商共富体成员之间的交流互动会受到周围环境因素的影响，进而影响小农户对电商共富体的态度，从而对其最终行为产生影响（HSU，2017）。通常，个体行为会受到其所在群体和组织的社会影响，如组织认同、成员互动、信任、合作、规范等（吕剑平等，2022；徐娟等，2021）。因此，当小农户从电商共富体中获得相应的权利时，会有足够的发展机会去接触市场并参与到共富体的电商合作中，进而增强对电商共富体的信任。信任程度越高，降低因信息不对称所引发的矛盾的概率就越大，成员间的合作水平越高（Hartmann，2014）。

同时，小农户能够通过加入电商共富体可以提高个人的表达能力、认知能力和协作能力进而增强个体的自信心，激发个人内在潜力，改善个人、组织或社群各种资源的获取、管理和使用，进而帮助他们和合作成员通过互动和信息交换来建立紧密的利益联结机制，利益联结越紧密，小农户对组织的信任程度也会越高。较高的组织信任可以给小农户带来归属感和认同感，并让他们对其所处的社会环境以及物质条件产生持续、稳定的信心（Giddens，1998），在内心形成一种政策利己的鼓励性认知以及对电商共富体规则的服从，进而产生愿意参与的想法（韩雅清，2017）。因此技术赋能会让小农户对电商共富体产生信任感，而对组织的信任越强，小农户参与电商共富体的积极性和意愿也会越高。基于此，提出假设：

H3 – 4a：人际信任对小农户参与电商共富体意愿有显著正向影响。

H3 – 4b：制度信任对小农户参与电商共富体意愿有显著正向影响。

H3 – 5a：人际信任在技术赋权和小农户参与电商共富体意愿中起中介作用。

H3 – 5b：制度信任在技术赋权和小农户参与电商共富体意愿中起中介作用。

H3 – 6a：人际信任在技术赋能和小农户参与电商共富体意愿中起中介作用。

H3 – 6b：制度信任在技术赋能和小农户参与电商共富体意愿中起中介作用。

（三）模型构建

如上所述，技术赋权强调对被赋权者权力、地位的提升（Lally，2014；孟天广，2021），而技术赋能强调通过技术手段提高被赋能者相关能力的提升，进而有利于其获得相关资源（关婷和薛澜，2019；孙新波等，2020）。技术赋权是技术赋能的基础，电子商务是信息技术的集成，能通过技术赋能和赋权的方式对相关主体产生影响。根据社会认知理论，外部环境因素可以通过个体认知对行为产生影响（Bandura，1999）。作为个体重要的外部环境因素，电子商务能通过电商共富体内的信任，进而影响个体行为。因此，基于社会认知理论和技术赋能赋权理论，结合前述变量间关系的阐述，构建如图3 – 6电商促进小农户参与电商共富体的概念模型。

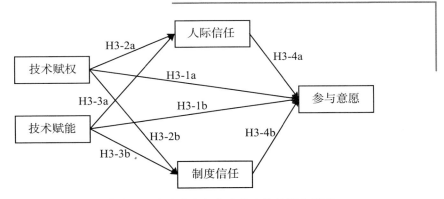

图 3 – 6　电商促进小农户参与电商共富体的概念模型

资料来源：由笔者绘制。

二、研究设计

（一）问卷设计

1. 变量的测量

小农户对电商共富体的参与意愿即指小农户对自己是否愿意且持续愿意参与共同体合作的主观态度。对组织合作的感知以及组织成员的感知都会对参与意愿产生一定影响（Bhattacherjee，2001）。本小节根据皮特（Pitt，1995）、汤普森（Thompson，2009）等的研究，从"我愿意参与电商共富体""我愿意继续参与电商共富体"等 4 个问项来测量参与意愿。

技术赋权指借助电商技术将信息权、话语权、参与权等权力赋予共富体成员使之具有使用相应权力的资格的过程，现有文献并未对技术赋权提出成熟的测量量表。因此，本小节参考李（Lee，2000）、隆等（Long et al.，2014）等的研究，结合现有研究对技术赋权的定性描述，对技术赋权的内容和特征进行了界定，最终形成测量量表。基于此，本小节从"我认为电商能让我在共富体中得到农产品生产销售的信息""我可以参与电商共富体中的相关决策"等 4 个问项来测量技术赋权。技术赋能是通过提高个体对信息的获取和使用能力，充分发挥其所蕴含的知识潜力，进而实现资源的优化配置以及价值的增值的过程（孙新波，2018）。因此，本小节参考兰卡（Lenka，2017）、古普塔（Gupta，2016）的研究，从"我可以与电商共富体的成员们进行沟通交流"等 4 个问项来测量技术赋能。

人际信任指在电商共富体长期人际交往中由于情感联结而形成的信任，包括理性和感性两个层面（McAllister，1995）。理性的人际信任是超越契约关系的互相依赖和协调机制，是基于历史绩效判断的，能够在绩效激励下鼓励互惠行为，有效抑制机会主义行为（张慧等，2021）。感性的人际信任是基于组织间相互吸引和认同（CHUA，2008）。因此，本小节参考麦卡利斯特（McAllister，1995）、蔡（CHUA，2008）等的研究，从"我认为电商共富体成员是值得信任的"等 5 个问项来测量人际信任。制度信任是指在具有强制性、权威性与普遍约束力的合同或规定的约束下形成的信任（陈东平，2018），它可以为各方利益相关者提供一种制度性保障，是一种关乎监督和控制的信任。包括制度合理性和制度有效性两部分（戚玉觉，2018）。因此，本小节参考孔（Kong，2013）、戚玉觉（2018）等的研究，从"我认为电商共富体的规则制度没有什么不合理的地方"5个问项来测量制度信任。变量测量问项及量表来源如表 3 – 21 所示。

表 3 – 21　　　　　　　　　　变量的测量问项及来源

变量	问项	来源
参与意愿	1. 我目前愿意参与电商共富体； 2. 我今后也愿意继续参与电商共富体； 3. 我愿意引荐其他人加入到电商共富体中； 4. 如果有新的电商共富体我依旧愿意参与	皮特（1995）、汤普森（2009）、巴塔切耶（2001）
技术赋权	1. 电子商务使得我能从电商共富体中获得有关农产品生产销售相关信息； 2. 电子商务使我能在电商共富体中表达我的观点、需求等； 3. 我的观点会得到电商共富体中他人的回应； 4. 电子商务使我可以参与电商共富体中的相关决策； 5. 我的参与对电商共富体有影响	李（2000）、隆等（2014）
技术赋能	1. 电子商务让我可以与电商共富体的成员们进行沟通交流； 2. 电子商务让我能从电商共富体中获得农产品生产资源； 3. 电子商务让我能通过电商共富体更快更多的卖出农产品； 4. 通过电商共富体，我可以从大量数据中提取出我需要的种子采购、农产品市场价格等信息； 5. 我能通过电商共富体的提供的信息分析判断消费者的需求	兰卡（2017）、古普塔（2016）

续表

变量	问项	来源
人际信任	1. 我认为电商共富体成员是值得信任的； 2. 我认为电商共富体成员不会做出损害我利益的事； 3. 我可以与电商共富体成员自由的谈论想法、感受以及遇到的困难； 4. 在电商共富体中我能获得对我有帮助的建议； 5. 如果现在退出电商共富体我会感到失落	麦卡利斯特（1995）、蔡（2008）
制度信任	1. 我认为电商共富体的规则制度没有什么不合理的地方； 2. 我认为电商共富体的规则是为我们考虑的； 3. 我认为电商共富体的制度都得到了很好地执行； 4. 我认为电商共富体的制度能让我更放心的参与到合作中； 5. 我认为电商共富体的成员都会遵守合作规则	孔（2013）、戚玉觉等（2018）

2. 问卷前测

根据前述变量测量问项，并结合研究实际将性别、生产经营主体类型作为控制变量，采用 Likert 七级量表，设计形成前测问卷。本次问卷前测共回收问卷 103 份，剔除回答时间少于 60 秒以及所有问项作答结果全部相同的问卷后，最终保留有效问卷 75 份，问卷有效率为 72.8%。根据表 3-22 可知，在技术赋权部分，初始量表题项 TEM3 的 CITC 值大于 0.5，但删除该题项后，整体量表的 Cronbach's α 系数会增加至 0.918。因此，将技术赋权的题项 TEM3 删除。在技术赋能部分，初始量表中题项 TEN4 的 CITC 值小于 0.5，并且删除该题项后，整体量表的 Cronbach's α 系数会增加至 0.842，因此，将技术赋权的题项 TEN4 删除。在人际信任、制度信任和参与意愿部分，各问项的 CITC 值均大于 0.5，并且删除任意问项后，整体量表的 Cronbach's α 系数均会降低，因此，人际信任、制度信任和参与意愿具有较好的信度。

表 3 – 22 技术赋权信度分析结果

变量	测量题项	初始 CITC 值	删除项目后的 α 系数	Cronbach's α 系数
技术赋权	TEM1	0.905	0.861	0.910
	TEM 2	0.872	0.867	
	TEM 3	0.621	0.918	
	TEM 4	0.752	0.893	
	TEM 5	0.716	0.900	
技术赋能	TEN1	0.792	0.711	0.808
	TEN 2	0.656	0.751	
	TEN 3	0.619	0.762	
	TEN 4	0.332	0.842	
	TEN 5	0.598	0.769	
人际信任	IPT1	0.819	0.877	0.909
	IPT2	0.728	0.897	
	IPT3	0.871	0.866	
	IPT4	0.746	0.893	
	IPT5	0.686	0.905	
制度信任	IBT1	0.528	0.800	0.814
	IBT2	0.609	0.776	
	IBT3	0.641	0.768	
	IBT4	0.642	0.766	
	IBT5	0.605	0.777	
参与意愿	PW1	0.753	0.876	0.898
	PW2	0.907	0.816	
	PW3	0.728	0.885	
	PW4	0.713	0.890	

效度分析主要用于判断问卷的问项与研究问题的相符合程度，问卷的效度越高，问卷对研究问题的测量越有效。根据上述信度检验结果，删除问项 TEM3 和 TEN4 后，基于前测数据，先进行 KMO 值以及 Bartlett 球形检验。根据表 3 – 23 可知，样本的 KMO 值为 0.767，大于 0.6，且显著性水平为 0.000，表明可以进行探索性因子分析。

表 3 – 23		前测 KMO 值和 Bartlett 球形检验	
KMO 值			0.767
Bartlett 球形度检验	近似卡方		1 229.849
	df		231
	p 值		0.000

根据表 3 – 24 可知，本小节运用最大方差正交旋转法对剩余的 22 个问项进行探索性因子分析，得到五个特征值大于 1 的因子，解释了总方差的 73.281%，各问项因子载荷均在 0.6 以上，且较好地分布在 5 个潜在因子上，因此本研究效度表现较为理想。

表 3 – 24		探索性因子分析				
变量	测量题项	成分				
		1	2	3	4	5
技术赋权	TEM1	0.168	**0.905**	0.153	0.081	0.111
	TEM2	0.134	**0.867**	0.217	0.156	0.083
	TEM4	0.053	**0.844**	0.150	0.089	0.049
	TEM5	0.160	**0.829**	0.045	0.102	− 0.028
技术赋能	TEN1	0.119	0.086	0.137	**0.853**	0.145
	TEN2	0.087	0.275	0.042	**0.799**	0.045
	TEN3	0.074	− 0.093	0.053	**0.813**	0.162
	TEN5	0.131	0.233	0.184	**0.695**	0.171
人际信任	IPT1	**0.873**	0.087	0.013	0.054	0.177
	IPT2	**0.808**	0.176	0.143	0.186	− 0.079
	IPT3	**0.877**	0.129	0.049	0.143	0.240
	IPT4	**0.800**	0.059	0.158	0.101	0.275
	IPT5	**0.781**	0.123	0.097	0.011	0.027
制度信任	IBT1	0.260	0.236	0.114	0.143	**0.631**
	IBT2	0.045	− 0.024	0.554	0.123	**0.590**
	IBT3	− 0.057	− 0.008	0.232	0.021	**0.822**
	IBT4	0.307	− 0.086	0.248	0.235	**0.650**
	IBT5	0.197	0.111	0.112	0.200	**0.706**

变量	测量题项	成分				
		1	2	3	4	5
参与意愿	PW1	0.177	0.048	**0.800**	0.174	0.189
	PW2	0.171	0.242	**0.872**	0.085	0.225
	PW3	0.076	0.149	**0.816**	0.072	0.149
	PW4	0.026	0.186	**0.803**	0.068	0.136

通过对前测数据进行信效度检验，本研究最终确定了 22 个问项，并优化问题描述方式，进一步修正和完善内容描述不清、理解困难的问题，最终形成正式问卷。

（二）数据收集

本小节正式调研的问卷主要通过线上发放，将问卷链接发放至农村的微信群、抖音群等，邀请了解或参与电商共富体的小农户来作答。本次共收集 576 份问卷，为保证数据质量，本研究严格遵守以下规则对问卷进行筛选：（1）本小节调研对象必须对电商共富体有一定的了解或者参与电商共富体，因此根据题项设计剔除不符合的样本。（2）本研究要求调查对象认真完成作答保证数据的有效性、完整性以及逻辑一致性，因此剔除回答时间小于 60 秒、前后逻辑矛盾、作答结果全部相同的问卷。经过上述筛选过程，共保留有效问卷 419 份，问卷回收有效率 72.74%。样本数据特征分布如表 3 - 25 所示。

表 3 - 25　　　　　　样本特征分布（N = 419）

基本特征	题项	样本数量	占比（%）
性别	男	197	47
	女	222	53
年龄	30 岁以下	92	22.0
	31 ~ 40 岁	113	27.0
	41 ~ 50 岁	119	28.4
	50 岁以上	95	22.7

续表

基本特征	题项	样本数量	占比（%）
受教育程度	小学及以下	48	11.5
	初中	122	29.1
	高中	159	37.9
	大专及以上	90	21.5
家中是否有村干部	是	70	16.7
	否	349	83.3
生产经营类型	种植	137	32.7
	加工	55	13.1
	运输	87	20.8
	销售	140	33.4
合作方式	随行就市	198	47.26
	订单合同	207	49.4
	反租倒包	135	32.22
	股份合作	112	26.73

（三）分析方法

本研究利用结构方程模型进行假设检验和多群组分析。与其他因果关系分析方法进行比较，结构方程模型的一大明显优势在于能够研究含有不可直接观测的潜变量的模型（Ju and Sohn，2014）。本研究所构建的理论模型含有如技术赋权、技术赋能等不可以直接观测的潜变量，因此本小节利用 AMOS 26.0 对结构方程进行模型适配度评估和假设检验，并在此基础上研究不同生产经营类型小农户在参与意愿上的影响路径差异。

三、数据分析

（一）信度和效度检验

本研究采用 Cronbach's α 系数评判量表信度，对量表的内部一致信度进行检验。根据表 3 - 26 可知，各潜变量的测度变量量表的 Cronbach's α 系数值都达到了 0.7 以上，测量模型具有较好的内部一致性。

表3-26   信度检验结果

变量	测量题项	初始 CITC 值	删除项目后的 α 系数	Cronbach's α 系数
技术赋权	TEM1	0.783	0.844	0.888
	TEM2	0.709	0.873	
	TEM3	0.768	0.850	
	TEM4	0.756	0.855	
技术赋能	TEN1	0.770	0.859	0.893
	TEN2	0.767	0.861	
	TEN3	0.767	0.861	
	TEN4	0.749	0.867	
人际信任	IPT1	0.738	0.861	0.888
	IPT2	0.728	0.864	
	IPT3	0.749	0.859	
	IPT4	0.696	0.871	
	IPT5	0.728	0.864	
制度信任	IBT1	0.729	0.861	0.887
	IBT2	0.751	0.856	
	IBT3	0.730	0.861	
	IBT4	0.741	0.858	
	IBT5	0.676	0.873	
参与意愿	PW1	0.757	0.737	0.828
	PW2	0.604	0.806	
	PW3	0.684	0.770	
	PW4	0.583	0.817	

根据表3-27可知，各变量的 AVE 平方根均大于其各自之间的相关系数，说明本研究有较好的区分效度（Fornell and Larker，1981）。因此，正式调研所得到的数据具有良好的信度和效度，可以进行下一步分析。

表3-27   区分效度检验结果

变量	技术赋权	技术赋能	人际信任	制度信任	参与意愿
技术赋权	0.817				
技术赋能	0.662 ***	0.826			
人际信任	0.687 ***	0.697 ***	0.796		

续表

变量	技术赋权	技术赋能	人际信任	制度信任	参与意愿
制度信任	0.617***	0.625***	0.646***	0.769	
参与意愿	0.707***	0.716***	0.740***	0.734***	0.777

注：***表示 $p<0.001$，**表示 $p<0.01$，*表示 $p<0.05$。

（二）结构方程模型分析

本研究选用结构方程模型检验通过案例分析得到的技术赋权、技术赋能、人际信任、制度信任、参与意愿之间的关系模型，并利用 AMOS26.0 建立结构方程模型，共包含5个潜在变量和22个测量指标。最终模型如图3-7所示。

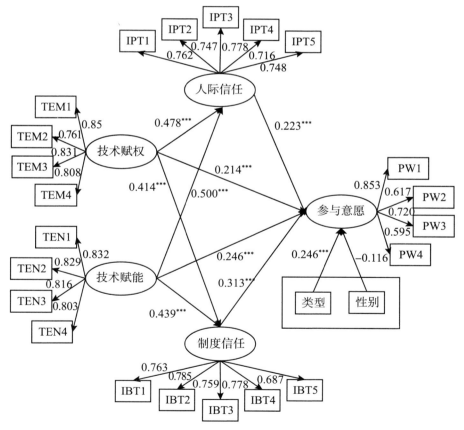

图3-7　结构方程模型最终结果

资料来源：由笔者绘制。

根据表 3 – 28 可知，模型经过修正，各指标均符合标准，说明模型拟合效果良好。

表 3 – 28　　　　　　　　　模型整体拟合效果

拟合指标	拟合指标数值	参考标准
χ^2 / df	1. 926	1 – 3
GFI	0. 923	> 0. 9
AGFI	0. 900	> 0. 9
RMSEA	0. 047	< 0. 08
NFI	0. 927	> 0. 9
IFI	0. 964	> 0. 9
TLI	0. 956	> 0. 9
CFI	0. 963	> 0. 9

根据表 3 – 29 的路径系数可知，技术赋权对人际信任的标准化路径系数为 0. 478，且显著性水平 $p < 0.001$，说明技术赋权对人际信任正向影响显著，即小农户赋权效果越好，对电商共富体成员的信任程度越高，越愿意与其他成员建立人际关系，假设 H3 – 1a 得到了证实。技术赋权对制度信任的标准化路径系数 0. 414，且显著性水平 $p < 0.001$，说明技术赋权对制度信任有显著正向影响，即小农户在电商共富体中影响力越大，对电商共富体的规则制度的信任程度越高，假设 H3 – 1b 得到了证实。技术赋能和人际信任之间的标准化路径系数为 0. 500，显著性水平 $p < 0.001$，说明技术赋能对人际信任存在显著正向影响，即小农户能力提升意味着可以与电商共富体成员建立情感联结，这种联结程度越高，对电商共富体成员的信任程度越高，假设 H3 – 2a 得到证实。技术赋能和制度信任之间的标准化路径系数为 0. 439，显著性水平 $p < 0.001$，说明技术赋能对制度信任存在显著正向影响，即小农户能力的提升使其更加认同电商共富体的规则，进而产生的制度信任越高，假设 H3 – 2b 得到证实。技术赋权和参与意愿之间的标准化路径系数为 0. 214，显著性水平 $p < 0.001$，说明技术赋能对人际信任存在显著正向影响，即小农户在电商共富体中地位提升越多，越

愿意为电商共富体的发展作出贡献，假设 H3 – 3a 得到证实。技术赋能和参与意愿之间的标准化路径系数为 0.246，显著性水平 $p < 0.001$，说明技术赋能对制度信任存在显著正向影响，即小农户通过电商共富体提升的能力越多，越愿意参与电商共富体的合作从而获得更多的利益，假设 H3 – 3b 得到证实。

人际信任和参与意愿之间的标准化路径系数为 0.223，显著性水平 $p < 0.001$，说明人际信任对参与意愿存在显著正向影响，即小农户对电商共富体成员的认同程度越高，为电商共富体贡献的意愿也越高，假设 H3 – 4a 得到证实。制度信任和参与意愿之间的标准化路径系数为 0.313，显著性水平 $p < 0.001$，说明制度信任对参与意愿存在显著正向影响，即小农户对电商共富体规章制度的信任程度越高，越愿意参与到电商共富体的合作中，假设 H3 – 4b 得到证实。控制变量检验结果中，生产经营类型和参与意愿之间的标准化路径系数为 0.246，显著性水平 $p < 0.001$，说明生产经营类型对参与意愿影响显著。性别对参与意愿显著性水平 $p > 0.05$，不存在显著性影响。

表 3 – 29 结构模型路径分析

路径	非标准化系数	标准化系数	S. E.	C. R.	p
人际信任←技术赋权	0.404	0.478	0.043	9.321	***
制度信任←技术赋权	0.312	0.414	0.041	7.656	***
人际信任←技术赋能	0.445	0.500	0.046	9.661	***
制度信任←技术赋能	0.349	0.439	0.043	8.031	***
参与意愿←人际信任	0.242	0.223	0.070	3.453	***
参与意愿←制度信任	0.379	0.313	0.069	5.500	***
参与意愿←技术赋权	0.196	0.214	0.050	3.928	***
参与意愿←技术赋能	0.237	0.246	0.054	4.356	***
参与意愿←生产经营类型	0.226	0.246	0.035	6.554	***
参与意愿←性别	– 0.037	– 0.016	0.086	– 0.437	0.062

注：***表示 $p < 0.001$，**表示 $p < 0.01$，*表示 $p < 0.05$。

（三）中介效应检验

本文利用 Bootstrap 法对技术赋权和技术赋能与参与意愿之间的中介作用进行检验，通过观察上下区间内是否包含 0 来判断中介效应是否显著。根据表 3−30 可知，路径 1 中介效应值为 0.107，该路径 95% 置信区间为 [0.040，0.207]，因此人际信任在技术赋权和参与意愿之间中介作用显著。路径 2 中介效应值为 0.129，该路径 95% 置信区间为 [0.065，0.216]，说明制度信任在技术赋权和参与意愿之间中介作用显著。路径 3 中介效应值为 0.111，该路径 95% 置信区间为 [0.045，0.208]，说明人际信任在技术赋能和参与意愿之间中介作用显著。路径 4 中介效应值为 0.137，该路径 95% 置信区间为 [0.074，0.240]，说明制度信任在技术赋权和参与意愿之间中介作用显著，假设 H3−5a，假设 H3−5b、假设 H3−6a、假设 H3−6b 成立。

表 3−30 　　　　　中介效应 Bootstrap 检验结果（标准化）

	路径	SE	效应值	Bias-corrected 95% CI		p
				Lower	Upper	
1	技术赋权→人际信任→参与意愿	0.041	0.107	0.040	0.207	0.003
2	技术赋权→制度信任→参与意愿	0.037	0.129	0.065	0.216	0.000
3	技术赋能→人际信任→参与意愿	0.041	0.111	0.045	0.208	0.002
4	技术赋能→制度信任→参与意愿	0.040	0.137	0.074	0.240	0.000

（四）多群组分析

为探讨不同类型的小农户在参与意愿影响机制上存在的差异，本研究按照生产经营类型对小农户进一步细分，将从事种植和加工的小农户划分为生产类群体，将从事运输和销售的小农户划分为销售类群体，进行多群组分析。为确定最合适的研究模型，本小节通过参数限制共设置了 6 个模型。根据表 3−31 可知，各模型 CMIN/DF 值均小于 3，RMSEA 值均小于 0.08，GFI、NFI 等指标均符合标准要求，因此模型拟合效果良好，说明生产类群体和销售类群体具有相同的因素分析模型。

表 3 - 31　　　　　　　多群组分析模型适配度指标

模型	CMIN/DF	RMSEA	GFI	NFI	IFI	TLI	CFI
原模型	1.617	0.038	0.890	0.895	0.957	0.947	0.956
测量模型系数	1.641	0.039	0.882	0.888	0.953	0.945	0.953
结构模型系数	1.648	0.039	0.878	0.886	0.952	0.945	0.951
结构模型协方差	1.702	0.041	0.874	0.881	0.947	0.940	0.947
结构模型残差	1.870	0.046	0.865	0.868	0.934	0.926	0.933
测量模型残差	2.126	0.052	0.842	0.841	0.909	0.904	0.909

为进一步分析比较生产类小农户和销售类小农户结构系数相等时的结果，根据表 3 - 32 可知，p 值为 0.045 小于 0.05，达到显著性水平，因此生产经营类型的差异会造成模型的差异。

表 3 - 32　　　　　　　　生产经营类型多群组分析

模型	DF	CMIN	p	NFI Delta - 1	IFI Delta - 2	RFI rho - 1	TLI rho2
结构模型系数	8	15.846	0.045	0.003	0.003	0.001	0.001
结构模型协方差	10	41.301	0.000	0.007	0.008	0.005	0.005
结构模型残差	14	117.477	0.000	0.020	0.022	0.018	0.020
测量模型残差	39	276.647	0.000	0.047	0.051	0.038	0.042

通过对 Measurement weights 模型中生产类小农户和销售类小农户参与意愿影响因素模型路径系数进行比较，根据表 3 - 33 可知，在假设 H3 - 3a 技术赋权对参与意愿影响路径中，生产类小农户影响显著，而销售类小农户影响不显著，表明权力的提升更容易增强生产类小农户参与电商共富体的意愿。假设 H3 - 3b 技术赋能对参与意愿影响路径中，生产类小农户和销售类小农户影响均为显著，说明能力的提升可以增强小农户参与电商共富体的意愿。在假设 H3 - 4a 人际信任对参与意愿的影响路径以及假设 H3 - 4b 制度信任对参与意愿的影响路径中，生产类小农户和销售类小农户影响均为显著，说明无论从事生产还是销售，组织信任的提升均可以增强小农户参与电商共富体的意愿。

表 3 - 33　　　　　　　基于生产经营类型的多群组分析结果

假设路径	生产经营类型	
	生产类	销售类
H3 - 3a：技术赋权→参与意愿	0.282 ***	0.096
H3 - 3b：技术赋能→参与意愿	0.316 ***	0.232 *
H3 - 4a：人际信任→参与意愿	0.173 *	0.252 *
H3 - 4b：制度信任→参与意愿	0.357 ***	0.362 ***

注：***表示 $p < 0.001$，**表示 $p < 0.01$，*表示 $p < 0.05$。

四、研究结论

本研究以小农户为研究对象，聚焦"电商如何促进小农户参与电商共富体"这一关键问题，基于技术赋权、技术赋能、社会认知等相关理论，以探讨电子商务赋能农民收入"扩中""提低"的作用机理。根据实证分析结果，本研究得出以下结论。

第一，技术赋权和技术赋能都正向影响小农户参与电商共富体意愿，但技术赋能对参与意愿的影响作用要略高于技术赋权。通常而言，能力的提升可以让小农户在日常生产经营中直接获利，而权力提升所带来的收益则需要小农户长期参与到共富体事务中逐步体现。通过电子商务赋能的小农户能够与外部建立良好的沟通渠道，获得低成本的农资以及农产品价格等信息，并利用电商技术科学安排生产运营，生产出满足市场需求的高质量农产品，进而实现增收，因此能力的提升可以更直接地让小农户感受到获益进而影响参与意愿。技术赋权主要表现为小农户在电商共富体中影响力和地位的提升，小农户在逐步参与电商共富体事务的过程中，话语权、决策权等权力的提升可以让他们认识到自己的主体地位，并不断从电商共富体中获利进而更加愿意参与到电商共富体的合作中，因此技术赋权可以提升小农户参与意愿。

第二，技术赋权和技术赋能对组织信任存在显著正向影响，但对人际信任的影响略高于对制度信任的影响，我国农村合作网络通常是基于人际关系建立起来的，因此更容易产生人际信任（杨慧，2020）。电商技术可以使小农户在电商共富体中获得更多的权利和技能，增进小农户与共富体成员之间的沟通交流，不断参与到电商共富体的事务中并与共富体成员建立紧密的利益关系，进而转化为人际信任。同时，小农户在参与电商共富体事务的同时也会不断提升其影响力，在与其他成员交流的过程中可以有效监督共富体制度的实施以及共富体内相关决策的制定过程，在进行相关制度的决策时更易表达自己的观点，进而提升对电商共富体的制度信任。因此，技术赋权可以有效增强小农户对组织的信任感。

第三，人际信任和制度信任对小农户参与电商共富体意愿存在显著影响，制度信任的影响要略大于人际信任。虽然我国的农村合作网络大多是以人际关系为基础建立的，但随着信息技术发展带来的不确定性，在电商共富体合作中，制度信任更能加深小农户对组织的认同感。小农户在决定是否参与组织合作时，大多会参考与他们有紧密关系的人的观点，或依照他们信任的人行事，当与小农户有紧密联系的主体大多认为参与电商共富体是值得的，参与意愿也会随之提高。同时，电子商务可以让小农户更多地参与到共富体的相关事务中，有效约束合作成员的机会主义行为，进而产生制度信任，制度信任的提升也会进一步增强他们参与电商共富体的意愿。

第四，不同生产经营类型小农户对参与意愿存在显著影响。生产类小农户技术赋权和技术赋能对参与电商共富体意愿的影响更加显著，说明当从事种植和加工的小农户在权利和能力得到提升时，更容易产生参与电商共富体的想法。而从事运输和销售的小农户可能本身已经具备了一定对接市场的能力，因此能力和权力的提升并不会显著影响他们参与共富体的意愿。在信任对参与意愿的影响路径中，生产类小农户和销售类小农户信任程度的变化均对参与意愿有显著影响，且从事运输和销售的小农户的信任对参与意愿的影响，要大于从事种植和加工的小农户。说明销售类小农户可能更需要通过与组织成员建立情感联结，并且在充分了解共富体的制度规则后，才会逐步加深对电商共富体的认同感，进而产生参与电商共富体的意愿。

第四章 深化电子商务赋能"农产品进城"场景的思路与对策

第一节 共同富裕时代电子商务赋能"农产品进城"的基本内涵

一、共同富裕时代电子商务赋能"农产品进城"面临的挑战

2019年12月,农业农村部、国家发展和改革委、财政部、商务部联合发布了《关于实施"互联网＋"农产品出村进城工程的指导意见》,文件指出要进一步发挥"互联网＋"优势,推动农产品卖得出、卖得好,促进农业高质量发展。2022年中央一号文件进一步提出,要鼓励各地重点发展农村电商等产业,加快实施"互联网＋"农产品出村进城工程,推动建立长期稳定的产销对接关系。然而,在新阶段、新形势和新格局的影响下,农产品出村进城仍面临着诸多挑战。一是农产品产销对接不畅。由于城乡固有的二元壁垒,农产品消费需求与农业生产供给之间沟通不畅:一方面致使消费者越发多样化、个性化、复杂化的消费需求无法得到满足;另一方面,农业企业、农产品个体经营户等供给主体无法及时、准确、快速地捕捉和察觉农产品市场供需和商品价格变动情况,产销对接不精准,农产品因渠道不畅甚至存在滞销等风险,农产品进城陷入供需错配的困境(胡东宁和李沐霖,2020)。二是农产品价值有待提高。农产品缺乏品牌支撑或品牌赋能不足是导致农产品价值偏低的主要原因之一。2022年,农业

农村部办公厅发布《农业品牌精品培育计划（2022—2025年）》，强调了建设和管理农产品品牌的重要性。从目前来看，农产品经营主体大多分散、弱小，市场集中度不高，产品种类多且分散，具有代表品类的产品品牌不多，部分企业虽积极发展农产品自有品牌，但有影响力的企业品牌、产品品牌占比依旧偏低，大量无品牌或者品牌可区分度不高的农产品仍然充斥在市场中（李吉艳，2022）。在区域公共品牌方面，部分地区虽建立了区域公共品牌，但存在品牌归属权不明确、管理无序等问题，也导致当地农产品独特的生态价值优势无法完全体现，市场对农产品赋予的价值偏低（方志权等，2022）。三是农业生产方式急需转型。一方面，农业生产方式过于落后。农业经营过于分散化、粗放化，使得网销农产品生产组织化、标准化程度低，品控能力较弱；另一方面，订单农业、数字农业等新型农业生产方式普及度及成熟度有待提高。目前，大部分农村地区对订单农业等新型农业生产方式的认识不足，支持不够，新型农业缺乏相应的发展环境和条件。部分地区虽推动发展"订单农业"，对引领农业生产方式变革、保护农民利益等起到了一定积极作用，但普遍存在覆盖范围还不够广、农产品购销渠道不通畅、订单合同内容不详细、程序不完善、运作不规范等问题。

二、共同富裕时代电子商务赋能"农产品进城"的发展主线

为应对上述三个挑战，在推动农业高质量发展，通过"农产品进城"电商赋能乡村振兴，实现共同富裕的过程中，既要有效开发农村市场，扩大电子商务进农村覆盖面，破除区域藩篱，也要完善农产品进城体系，切实解决农产品品牌化、标准化等问题。具体而言，重点把握三大发展主线。一是畅通农业生产与消费循环。要打破城乡藩篱，打通生产与消费的末梢循环至关重要。"农产品进城"电商能够联结供给端与需求端，促进农产品产地和销地信息更大范围地流动、循环，建设有效的市场需求导向机制，促使农业企业、农产品个体经营户等及时获取消费者反馈的信息，优化农产品生产资源配置，打破供需错配的困境，最终畅通农业生产与消费循环，实现农产品更高水平生产与居民更高层次消费需求之间的动态平衡。二是促进农产品价值提升。2022年印发的《关于推动文化产业赋能乡村振兴的意见》指出，要大力发展创意农业，加强农产品包装、设计和

营销，提升农业品牌知名度和农产品文化附加值。"农产品进城"电商能够通过引导和鼓励农业生产主体培育农产品品牌，充分挖掘农产品品牌价值，通过品牌赋能有效避免农产品之间低价竞争，从而达到提升农产品价值的目标。如通过"短视频＋直播"的方式增加品牌知名度、通过"电商＋文旅""电商＋劳务"等方式实现从单纯的卖产品到"卖风景""卖文化""卖体验"的转变，促进农产品价值提升，助推优质农产品"出村进城"搭上电商销售的"快车道"。三是引领农业生产方式改革。习近平总书记指出，要把推进农业供给侧结构性改革、提高农业综合效益和竞争力，作为当前和今后一个时期我国农业政策改革和完善的主要方向。① 一方面，"农产品进城"电商能够沟通需求侧，倒逼农产品生产加工升级转型，推动农业企业完善产业链，提高供应链信息化水平，从而提供更高质量更优品质的产品供给；另一方面，"农产品进城"电商的发展推动促进了订单农业、数字农业等新型农业模式，从而实现以消费需求为导向来重构农业生产方式，引领农业生产方式转变。

三、共同富裕时代电子商务赋能"农产品进城"的内涵

如图4－1所示，共同富裕时代下，电子商务赋能"农产品进城"的基本思路是：聚焦畅通农业生产与消费循环、促进农产品价值提升、引领农业生产方式改革三大主线，推动打造电商品牌体系、网货孵化体系、冷链物流体系、新型农业主体体系、电商渠道体系五大体系，着力构建区域品牌共建机制、生态价值转化机制、全网融合营销机制、跨区域产销协同机制、反向供应链整合机制五大机制，最终实现农业高质量发展的目标。

其中，五大体系为五大机制作用的发挥提供支撑，而五大机制的建立能够推动农业生产方式转型，提升农产品价值，促进农业高质量发展。具体而言，在五大机制方面，一是区域品牌共建机制，主要是指建立由政府牵头、农业协会注册和管理、公司化运营的，包括政府、农业协会和电商公司在内"三位一体"的区域公共品牌机制，实现三方共建共享共用，打

---

① 中国国际电子商务中心研究院：《中国农村电子商务发展报告（2021—2022）》，中国政府网，2022年9月，https：//cif. mofcom. gov. cn/cif/html/upload/20221026141940687中国农村电子商务发展报告（2021－2022）. pdf。

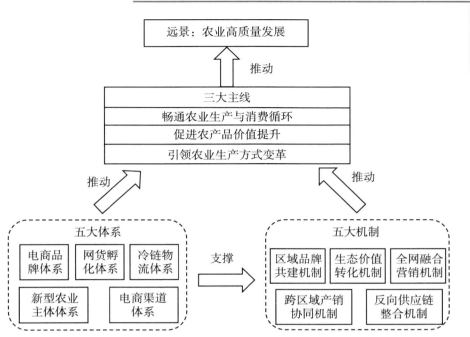

图 4 – 1 共同富裕时代电子商务赋能"农产品进城"的理论逻辑

资料来源：由笔者绘制。

造区域农产品"金名片"，推动农产品附加值提升，通畅农产品进城。二是生态价值转化机制，主要指探索挖掘农村地区生态环境优势，并将这一优势嵌入到农产品的生产、销售等不同环节，促进农业生态价值和资源价值转化为经济价值和产业价值。三是全网融合营销机制，主要指依托社交电商、直播电商、内容电商等电商新兴模式的发展，建设多元化营销渠道，推动线上线下渠道的全方位融合，共同助力农产品进城。四是跨区域产销协同机制，主要是指依托电子商务，建立跨地区农产品产销合作机制，打破区域边界，实现跨区域要素资源的自由流动、优势互补。如依托互联网电商平台打破区域边界，实现跨区域产销对接，推动线上跨区域产销协同。五是反向供应链整合机制，主要指以消费者需求为核心，推动电商企业等互联网化的新型经营主体协同农业生产合作社、家庭农场、农户等农产品传统生产主体，构建以需求市场为主导的农产品产销供应链体系，发展以销定产、按需生产、标准生产、精准生产、数字化生产等新型农业生产方式，从根本上促进农业生产效率和综合效益的提升。

在五大体系方面，一是电商品牌体系，即建立依托电子商务运营推广的、公司品牌、产品品牌及区域公用品牌等相结合，覆盖全区域、全品类、全产业链的品牌体系，其主要作用在于打造地方特色农产品招牌，推动品牌价值跃迁，提升农产品溢价，进而提高农村电商质量效益和农产品市场竞争力。二是网货孵化体系，主要包括选品、打造网货数据库和标准化生产三大模块。其中选品主要是结合地区禀赋、特色产业优势等因素遴选出适合网络销售的农产品；网货数据库打造主要为农产品建田间档案，确保农产品从"菜园子"到"菜篮子"的产品都符合标准并有据可查；标准化生产则主要推进农产品地方标准建设，开展标准化种养殖、标准化加工生产，实现规范化生产、科学化管理、高质量投放。三是冷链物流体系，主要是指围绕从"采购预冷—保鲜仓储—冷链运输"建立的冷链物流体系。既包括电商平台企业、农产品流通企业、冷链物流企业等围绕农产品主要产区和销地市场，以打通农产品进城"最初一公里"为目的进行布局的冷链物流设施，也包括生鲜农产品的包装技术及技术的迭代与更新。四是新型农业主体体系，是指引育一批以农产品电商企业、家庭农场、"新农人"等为代表的新型农产品生产及经营主体，其可通过运用互联网、物联网、大数据等现代信息技术促进农业生产方式转型，引领带动农业高质量发展。五是电商渠道体系，主要指以农村电商为抓手，建设多元化营销渠道，如打造网络直播渠道、社交电商、内容电商等线上营销渠道，以及依托社区便利店等商业网点等布局O2O渠道等，以多元化、场景化的电商渠道赋能农产品进城。

第二节　共同富裕时代电子商务赋能"农产品进城"的现状与问题

一、共同富裕时代电子商务赋能"农产品进城"的发展现状

（一）新型电商主体为农产品进城注入了新动能

随着农村电商的不断普及，一方面，农村电商平台企业、销售企业、

服务企业、商贸流通企业等市场主体数量不断增多，尤其是运用社交电商、直播电商等新型电商模式的农业主体数量不断增多，带动了农村电商发展，为"农产品进城电商"的发展提供了坚实基础。相关数据显示，截至 2021 年底，我国农村网商（网店）达到 1 632.5 万家①。其中仅直播电商就有 573.2 万家，占 33.1%；农产品电商平台达 3 000 多个，涉及 B2B 交易平台、B2C 交易平台、垂直类目电商平台、社交电商平台、进口电商平台、体验性电商平台、产业互联网平台等诸多类型②。另一方面，返乡入乡、在乡创业的新农人成为农产品进城的重要推动力。农村电商的蓬勃发展为农村地区带来更多的发展机遇，吸引一批大学生、企业家、退役军人等加速返乡就业创业，推动了家庭农场、农民合作社以及各类新农人等新型农业生产主体纷纷涉足农村电商，"农产品进城"电商的市场经营主体不断扩容。据农业农村部网站消息，2021 年返乡入乡创业人员达到了 1 120 万人，比 2020 年增加 110 万人，这也意味着相较于 2020 年从城市转移到乡村去寻找机会的人数增长了 10%③。据统计，返乡入乡创业项目中，55% 运用信息技术，开办网店、直播直销、无接触配送等，打造了"网红产品"；85% 以上属于一二三产业融合类型，广泛涵盖产加销服、农文旅教等领域，进而催生一批互联网化的特色村、特色镇，为"农产品进城"电商的发展提供了新动能④。截至 2022 年 1 月，我国家庭农场、农民合作社分别达到 390 万家和 220 万个⑤，其中县级及以上示范社达 16.8 万家⑥。

①　中国国际电子商务中心研究院：《中国农村电子商务发展报告（2021—2022）》，中国政府网，2022 年 9 月，https：//cif. mofcom. gov. cn/cif/html/upload/20221026141940687 中国农村电子商务发展报告（2021 - 2022）. pdf。

②　中国国际电子商务中心研究院：《中国农村电子商务发展报告（2019 - 2020）》，中国政府网，2020 年 10 月，https：//cif. mofcom. gov. cn/cif/html/upload/20221026141940687 中国农村电子商务发展报告（2019 - 2020）. pdf。

③　杨书杰：《乡村振兴看一线｜农村创业主体呈现多元化 产业业态丰富80% 以上是一二三产业融合项目》，央视网，2021 年 12 月 30 日，http：//news. cctv. com/2021/12/30/ARTI55jYkxpnjf8n19RIGNjn211230. shtml。

④　农业农村部信息中心、中国国际电子商务中心：《2021 全国县域数字农业农村电子商务发展报告》，中国政府网，2021 年 9 月，https：//www. gov. cn/xinwen/2021 - 09/11/5636759/files/55ff71aa99934732ad1e285adc65ec42. pdf。

⑤　邱海峰：《2021 年粮食播种面积增至 17.64 亿亩，家庭农场达到 390 万家》，人民日报海外版，2022 年 1 月 21 日，http：//www. gov. cn/xinwen/2022 - 01/21/content_5669637. htm。

⑥　蒋子文：《截至去年，全国家庭农场名录系统填报数量已超 300 万个》，新浪科技，2021 年 7 月 15 日，https：//finance. sina. com. cn/tech/2021 - 07 - 15/doc - ikqcfnca7058427. shtml。

（二）农产品网货孵化体系精准对接消费需求

"十三五"以来，我国农产品网货孵化体系不断完善，农产品网络零售额持续增长。2022年，全国农产品网络零售额达5 313.8亿元，同比增长9.2%①。首先，在网货标准打造方面，各地致力于将农产品标准化打造成高品质、有口碑的农业"金字招牌"，积极推进网货标准化行动，将非标的农产品转化为标准化农产品，提高农产品质量品质的同时提升农业竞争力。以浙江省淳安县为例，淳安县对当地特色非标电商农产品制定若干类产品标准，使得地瓜干、干菜饼、活鱼、山茶油等农产品成为能上线销售、快递到家的网货爆款，2022年，淳安县网络零售额达953 394.3万元，同比增长12.2%②。其次，在农产品网货加工方面，各地整合特色农产品加工资源，打造形成集生产加工、包装、销售、品牌培育于一体的农产品网货加工中心，推动原有的小加工厂、作坊走向标准化、产业化，实现集群抱团发展，通过优化农副特产品生产、包装等环节，将农特产品加工成为适合网络销售的快递运输的网货产品。例如，甘肃省合水县打造农产品网货加工中心，面积2 030平方米，通过整合东西部协作、中央定点帮扶等各类帮扶资金，建成集生产杂粮类、瓜果类、净菜类、干货类、肉蛋类、粮油类、饮料类等10类70余种产品，有效补齐了县域农产品外销标准化输出短板③。最后，在农产品网货数据库建设方面，为确保从"菜园子"到"菜篮子"的产品都符合标准并有据可查，多个地区不仅建立了田间档案，还通过应用农产品质量追溯系统进一步丰富农产品数据库，让农产品质量管理更透明，社会监督机制更规范。例如，丽水市围绕从田头到餐桌链条监管，建立丽水农产品质量安全追溯开放平台，录入并上传农产品生产过程相关信息，记录主体概况、产地环境、投入品采购使用、农事操作、包装标识、二维码生成使用等生产过程信息，确保消费者可以通过二维码扫描实现农产品一码展示全貌、一码彰显品质、一码诚实守

---

① 新华社：《2022年我国农产品网络零售增势较好》，中国政府网，2023年1月30日，https：//www. gov. cn/xinwen/2023 – 01/30/content_5739182. htm。

② 电子商务处：《浙江省2022年1 – 12月网络零售统计数据》，浙江省商务厅官网，2023年2月8日，http：//www. zcom. gov. cn/art/2023/2/8/art_1416807_58938808. html。

③ 钟经文：《电商产业服务集群化 助力县域经济提速增效——合水县以"28633"电商发展新模式助力县域经济快速发展》，咸宁日报，2022年11月25日，http：//qiye. chinadaily. com. cn/a/202211/25/WS638063b2a3102ada8b223d65. html。

信、一码质量追溯①。

(三) 品牌成为农产品进城电商的"金字招牌"

一方面，在农产品区域公共品牌方面，自 2014 年国家级电子商务进农村综合示范县项目建设启动以来，各地加大了区域公共品牌的建设力度，涌现了一批具有地标性特征的区域公共品牌。农产品正以区域公用品牌为帆，闯出一片新蓝海。据统计，截至 2021 年底，仅浙江省已经打造了 54 个多品类区域公用品牌②。以松阳为例，通过开展"松阳三香"之"松阳香茶""松阳香榧""松阳山茶油"重点产业品牌的升级与打造，建立区域公共品牌管理机制，松阳成功开设区域公共品牌天猫官方旗舰店 1 家，全方位进行品牌线上及线下营销推广，累计曝光量已达 5 000 万余次。2021 年 3 月，松阳县在淘宝网春茶节会场联合举办"淘宝春茶节松阳香茶专场活动"，累计交易额达 430 余多万元，在淘宝平台全国产茶县区排名第 5 名，同比增长 59.3%③。另一方面，在农产品企业品牌方面，各地积极实施品牌带动策略，推进"名特优新农产品"等项目进程，鼓励企业加大农产品品牌培育力度，提升品牌知名度、美誉度、影响力和号召力，推动农产品进城进程。以中国涉农企业品牌影响力 TOP50 中排名第一的好想你实业为例，其围绕高端红枣"好想你"品牌定位，加速在新零售渠道的布局和发展。线下渠道重点围绕轻养生活馆，升级单店盈利模式，线上渠道主要围绕全渠道运营，布局新电商、运营新品牌、拓展新品类，持续引领红枣行业朝着规范化、标准化、品牌化、高端化、健康化发展。2021 年，公司实现营业收入 12.81 亿元，其中红枣及相关类收入 9.85 亿元，营业收入预算完成率 125.62%；2022 年前三季度，已实现营业收入 9.75 亿元，其中三季度营业收入 3.59 亿元，同比增长 37.97%④。

---

① 丽水市府办：《丽水市农产品溯源信息全流程公开　保障人民群众"舌尖上的安全"》，浙江省人民政府网，2022 年 4 月 14 日，https：//www.zj.gov.cn/art/2022/4/14/art_1657786_5969130.html。
② 杭州市供销社：《浙江打造 54 个区域公用品牌》，杭州市供销合作社联合社网站，2022 年 4 月 28 日，https：//gxs.hangzhou.gov.cn/art/2022/4/28/art_1229597782_10498.html。
③ 浙江省商务厅：《［浙江省］阳县电商兴农　争当共同富裕模范生》，全国电子商务公共服务网，2021 年 9 月 2 日，https：//dzswgf.mofcom.gov.cn/news/29/2021/9/1630562628811.html。
④ 经观快讯：《好想你 2022 年实现归母净利润 −1.90 亿元，同比大幅下降 407.81%》，腾讯网，2023 年 4 月 28 日，https：//new.qq.com/rain/a/20230428A01O4T00。

（四）农产品进城电商渠道越走越宽

近年来，相较于线上开店等传统电商模式，直播电商、内容电商等新业态新模式在"农产品进城"电商领域的应用不断深化，丰富了"农产品进城"电商渠道。一方面，农产品直播电商发展如火如荼。农产品直播带货规模迅速扩大，手机成为新农具、直播成为新农活、数据成为新农资。由于直播销售能够带给消费者更加直观、更具互动的消费体验，越来越多的农民尝试依托农产品直播进行网销。据统计，2021 年，阿里巴巴推出的"村播计划"已经覆盖全国 31 个省（区、市）的 2 000 多个县，累计培养 11 万乡村主播，开设 230 万场乡村直播①；在拼多多、淘宝、苏宁易购、京东等电商平台中，农产品直播订单量达 23 万，约 15.7 万吨农产品销量②。另一方面，农产品内容电商日渐兴起。在国家政策支持的背景下，包括抖音、今日头条和微信公众号等各大内容电商平台纷纷对农产品营销活动进行布局。如今日头条等平台联合农业农村部管理干部学院，在今日头条 App 里设立"战疫助农"专区，政府、农民合作社在该专区中发布农产品的供应信息，而采购商和农产品消费者亦可通过搜索关键词获取商品信息并购买，由此实现农产品产销对接。《2021 年快手"三农"生态报告》显示，2021 年，快手"三农"兴趣用户超过 2.4 亿，新增"三农"原创短视频突破 2 亿条，"三农"创作者生产的短视频日均播放量超过 10 亿，日均消费时长超过 900 小时③。

（五）冷链物流为生鲜产品上行提供了坚实支撑

近年来，我国冷链物流发展水平不断提升，2021 年我国冷链物流市场规模达 4 773 亿元，同比增长 15.01%；市场需求总量突破 2.7 亿吨，预计 2023 年冷链物流市场规模将达 6 486 亿元，需求总量将超

---

① 谷雨：《阿里巴巴发布"热土计划 2022" 18 项举措扎扎实实助力乡村振兴》，新华网，2022 年 7 月 25 日，http://www.xinhuanet.com/tech/20220725/3ac7efa30a0a4af58bc6d5ffc4ecd48e/c.html。

② 李维康：《2020 年中国农产品电商销售额超 6000 亿元，产地品牌开始兴起 | 乡村振兴 e 力量》，南方农村报，2021 年 10 月 27 日，https://static.nfapp.southcn.com/content/202110/27/c5875675.html。

③ 金江：《今日盘点：2021 快手三农兴趣用户超 2.4 亿》，电商报，2021 年 12 月 26 日，https://www.dsb.cn/171285.html。

3.6 亿吨①。具体而言，一是冷链物流服务主体层出不穷。据统计，目前我国以服务生鲜电商为主的冷链物流行业的主要企业共有 12 460 家，其中注册资本在 500 万以上的企业超过 54%，在 1 000 万以上的企业超过 31%②，规模不断增加。二是农村冷链物流服务模式不断完善创新。已形成农产品生产加工企业主导模式、农产品批发市场主导模式、零售企业主导模式、生鲜电商企业主导模式、三方冷链物流企业主导模式等多种服务模式。三是冷链物流基础设施不断健全。我国产地型冷库增长明显，农产品产地冷链基础设施不断完善，极大地方便了农产品流通，便于畅通生鲜类农产品进城。截至 2021 年底，全国超过 70% 的农产品批发市场建有冷链设施③；农业农村部产地仓储保鲜冷链物流建设工程已覆盖 1 800 个县（市、区）、7 000 个乡镇、2.2 万个村，支持建设设施 5.2 万个新增冷藏库容 1 200 万吨以上。2004～2021 年，我国冷库规模由 3 295 万吨增至 7 498 万吨，年均增长 7.3%，冷藏车保有量从 7.6 万辆增至 34.1 万辆，年均增长 23%④。

二、共同富裕时代电子商务赋能"农产品进城"存在的问题

（一）农产品供应链发展尚不稳定

首先，产地市场体系薄弱。当前我国农产品产地市场区域分布不均，田间地头市场发展慢，农产品商品化率低。特别是欠发达的农村地区没有或者只有一个简易交易场所，缺少预冷库、保鲜库、运输车等基础设施，分级、分选、包装多由人工完成，没有形成区域化、规模化、专业化的市场服务体系，流通"最初一公里"尚未打通。其次，农民个人数字素养普

① 中国产业研究院：《2022 年中国冷链物流行业市场回顾及 2023 年发展前景预测分析》，网易，2023 年 3 月 14 日，https：//www. 163. com/dy/article/HVQ93A2R05198SOQ. html。

② 文放：《收藏！《2023 年中国冷链物流企业大数据全景图谱》（附企业数量、企业竞争、企业投融资等）》，前瞻网，2023 年 2 月 15 日，https：//www. qianzhan. com/analyst/detail/220/230215 – 007fqbfa. html。

③ 商务部电子商务司：《中国电子商务报告（2021）》，中华人民共和国商务部，2022 年 11 月 16 日，https：//dzswgf. mofcom. gov. cn/news/5/2022/11/1668767479114. html。

④ 威士达冷链物流研究院：《我国农产品冷链物流发展现状、问题与建议》，威士达冷链物流研究院官网，2023 年 3 月 9 日，http：//www. wishda. com. cn/xydc/llyjbg/454. html。

遍较差，致使信息对接脱节。农村地区地理位置偏远，信息通道闭塞，城乡二元分离的信息壁垒严重制约了信息流动，而农村地区年轻人口流出较多，大量留守老人、儿童等群体掌握互联网信息技术还存在一定困难，数字素养普遍较弱，无法很好地利用市场信息服务平台获取产品价格、消费者需求信息等，导致无法针对性进行产品的迭代升级，从而生产出适销对路的产品，无法满足多元化、个性化需求（赵春燕，2017）。最后，农村电商数据开放共享程度及数据开发利用水平亟待提升。一方面，政府各部门之间、电商平台之间、政府和电商平台之间以及生产、仓储、营销、配送、追溯等环节之间还存在数据孤岛现象，无法形成供给合力；另一方面，部分农村电商企业不懂得如何对农产品全产业链进行数据监测、分析和应用，还需加强用市场数据信息指导农业生产，开展农产品的网络众筹、预售、领养、定制等产销对接新方式的学习。

（二）农产品价值提升困难重重

首先，农产品品牌化水平亟待提升。我国农村地区虽然拥有优质的农特产品，但大部分农特产品品牌建设水平不高，过度依赖传统渠道，线上渠道开拓不足，销售范围小，市场溢价低。农户陷入低价营销、恶性竞争的困境。地方政府期望通过打造区域公共品牌，形成品牌效应，提升产品附加值。然而，我国农村地区区域公共品牌的运营和管理能力不强，区域公共品牌的效能不能很好地发挥，品牌价值和影响力较低，得不到消费者的信任。其次，农产品标准化水平较差。一方面，农业标准化意识薄弱。目前我国农业发展还处于转型期，对农业标准的重视程度并不够，农产品质量不高，制约了价值提升，且建立农业标准体系是一项系统化的工程，内容涵盖农业生产技术标准、农产品质量标准、农业基础标准、环境标准、检测标准和管理标准等，形成一个有机整体需要一个长期的过程；另一方面，农产品质量标准监督力度有待提升。目前，部分地区过于重视制定标准，而不注重实践，甚至有一些标准仅适用于基地、企业的简单检查与验收，在实际的生产过程中并不能严格实施，使农产品质量大打折扣，并且也不利于提高农产品的溢价能力。最后，农产品隐藏的生态价值难以直观传递至消费者。农产品是传统意义上的无差异产品，很难从外观上辨析其内含的价值。由于存在消费者对农产品常常缺乏足够的体验，难以直接感知农产品的生态价值等原因，导致农户难以通过其特有的资源禀赋提高其附加值。

(三) 农业生产方式面临转型困境

首先,农业生产信息技术应用普遍落后。一是自然条件的多样性和农产品种类的多样性对农业技术的适用性构成了极大挑战,从而导致技术应用成本高;二是受制于农民文化水平低,其更倾向于采用精耕细作的方法提高效益,即通过增加劳动力投入和提高劳动力的转换效率来增加产出,这一劳动密集型的生产方式不利于先进农业生产信息技术的推广和农业机械化水平的提高。根据 2022 年中国数字乡村发展报告,2021 年全国农业生产信息化率仅为 25.4%,且区域间不平衡现象严重,东、中、西部地区的农业生产信息化率分别为 29.2%、33.4%、19.1%①。其次,农业生产主体结构不合理。家庭联产承包责任制实施以后,农业主要以家庭为单位组织生产,形成了以小农户为主体,农业合作社为纽带,部分农业企业为龙头的农业生产主体结构。而小农户因为家庭成员人数较少、户均土地数量少、农田分散等不利因素,难以承担大规模生产的任务,也阻碍了资本投入和机械使用。加之种植物种类过多,成本过高,难以达到市场要求的质量,而合作社的生产服务功能发挥不完全、农业龙头企业实力弱等问题也制约了农产品进城进程。最后,反向供应链发展机制不健全。订单农业、数字农业等新型农业生产方式普及度不高且自身也存在问题是农业生产方式面临的另一转型困境。虽然近年来许多知名电商平台纷纷加强农业生产环节的布局,开发打造了阿里巴巴"未来农场"和"京东农场"等产地直供、订单农业、云养殖等新模式,但尚处于探索阶段,普及度不高,且合作主体在推进农业产业化生产的过程中存在着模式不成熟、利益分配不均、缺乏稳定的合作机制等问题,使得模式的长期运行呈现较高的脆弱性。

(四) 冷链物流体系发展陷入瓶颈

目前,多数农村地区冷链物流发展相对偏弱,农产品,特别是生鲜类产品受仓储、保鲜、冷链物流等基础设施落后的制约,无法顺畅出村进城。中物联冷链委的数据显示,我国果蔬、肉类、水产品冷链流通率分别

---

① 农业农村部信息中心:《中国数字乡村发展报告 (2022 年)》,农业农村部网站,2023 年 3 月 1 日,https://www.gov.cn/xinwen/2023-03/01/content_5743969.htm。

只有22%、34%和41%，而欧美在95%以上，肉类更是100%[①]。

具体而言，首先，冷库容量地域分布不均、"城强乡弱"的问题较为凸显。冷链基础设施主要集中在沿海地带和一线发达城市，然而，承担了全国大部分生鲜农产品批发交易的中西部地区却冷链资源匮乏，发展相对滞后，制约了农产品进城的进程。其次，"最初一公里"冷链物流设施缺乏。冷链物流的基础设施前期投入成本过高，致使普及程度偏低，田间预冷的普及率不到20%，造成我国农产品电商的冷链断链现象并不完全存在于干线物流、销地仓配、末端配送等环节，而是首先出现在农产品采收这一最初环节，这也直接影响了农产品的保鲜链。最后，冷藏运输率低。总体而言，我国新鲜农产品进城较其他农产品而言比例较低，初级农产品冷链运输率相对发达国家而言也同样偏低，截至2022年5月，发达国家冷链运输率已经达到80%~90%之间的水平，而我国果蔬、肉类、水产品冷藏运输率分别仅有15%、57%、69%[②]。

第三节　共同富裕时代电子商务赋能"农产品进城"的典型案例与经验启示

一、浙江丽水：打造丽水山耕区域公用品牌*

（一）模式内涵

浙江丽水模式通过打造农产品区域公用品牌，建立健全"丽水山耕"区域公用品牌的运行机制、品牌管理体系和支撑保障体系，推行"丽水山耕"品牌产品通用标准、认证制度，实现产品质量安全追溯全覆盖，打造

---

① 电子商务司：《中国电子商务报告（2021）》，中华人民共和国商务部，2022年11月16日，https://dzswgf.mofcom.gov.cn/news/5/2022/11/1668767479114.html。

② 傅娟、杨道玲：《我国冷链物流发展的现状、困境与政策建议》，国家信息中心官网，2021年6月7日，http://www.sic.gov.cn/News/455/10963.htm。

* 案例来源：根据浙江省电子商务进农村示范评价工作资料，以及笔者及团队开展浙江省电子商务进农村示范评价及调研工作搜集的资料，进行整理得到。

集成知名电商平台旗舰店、自营电商平台、微商平台、线下O2O体验店、社区店等线上线下销售矩阵，构建了围绕"丽水山耕"区域公用品牌的农产品供应链良好生态，协同发挥企业、协会、政府作用，按照市场化运营方式，推动优质农产品抱团"进城"。

（二）基本情况

丽水市位于浙江省西南部，是习近平总书记"绿水青山就是金山银山"思想的重要发源地之一，是省内陆地面积最大的地级市，全市以中山、丘陵地貌为主，有海拔1 000米以上的山峰3 573座，境内凤阳山黄茅尖、百山祖分别为浙江省第一、第二高峰，是瓯江、飞云江等6条河流的发源地，全市森林覆盖率达到81.7%，生态环境状况指数连续14年全省第一，被誉为"浙江绿谷""中国生态第一市"。丽水市行政区面积1.73万平方公里，辖9个县（市、区），至2022年12月，全市户籍人口269.30万人，其中城镇人口93.40万人，乡村人口175.90万人。2022年全年地区生产总值（GDP）1 830.87亿元，比上年增长4.0%。其中，第一产业增加值117.71亿元，第二产业增加值705.91亿元，第三产业增加值1 007.25亿元，分别增长4.4%、4.3%和3.9%，三次产业增加值结构为6.4:38.6:55.0。

丽水农村电商起步较早，在2013年就编制了《丽水市电子商务产业发展规划》，先后创新出遂昌模式、赶街模式等农村电商新模式，在不同阶段对全国农村电商发展起到引领示范作用。"丽水山耕"是丽水当地推动农业产业供给侧结构性改革所开展的创新探索，率先由丽水市农业投资发展有限公司于2014年9月发布并启用，2017年初，丽水市印发了《"丽水山耕"品牌建设实施方案（2016—2020年）》，标志着"丽水山耕"成为地方政府的农产品品牌发展战略，成为覆盖全区域、全品类、全产业链的农产品区域公用品牌。"丽水山耕"自创建以来，先后获得全国"互联网+农业"百佳实践案例、2016中国十大社会治理创新奖、2018年浙江省优秀农产品区域公用品牌最具影响力十强品牌等多项荣誉，2017年品牌价值达26.59亿元，在百强榜排名第64位。2020年5月，《人民日报》头版刊登长篇通讯——《人不负青山青山定不负人》，报道了"丽水山耕"促成"两山"转化的经典案例。2022年，丽水实现农产品网络销售额110余亿元，同比增长33%。全市各类电商主体突破1万家，其中重点平台活跃网店7 000余家，直播主体1 300余家。

（三）做法经验

1. 不断完善"丽水山耕"运行机制，保障区域公用品牌可持续发展

"丽水山耕"是区域公用品牌，属于集体商标，其目的是提升当地优质农产品的品牌价值。为此，在市政府引导下，丽水市整合全市优秀农产品种养殖、生产、加工主体成立了丽水市生态农业协会，以协会名义注册"丽水山耕"品牌，品牌归属协会全体会员所有；在专业团队运营方面，选定丽水市国有独资公司丽水市农业投资发展有限公司作为"丽水山耕"品牌运营主体，协会秘书处与丽水市农业投资发展有限公司采用"两块牌子、一套人马"运行机制；在品牌运营策略方面，成立子公司负责品牌区域运营，成立浙江畅享生态农业投资发展有限公司，负责"丽水山耕"品牌及农产品在杭州及长三角地区的运营，采取生态精品农产品进机关、进社区、进家庭的营销战略，客户已经覆盖2/3浙江省级单位。"丽水山耕"品牌运行机制的设计以及品牌运营子公司的建立，综合发挥了政府、协会、市场的作用，提升了"丽水山耕"品牌在杭州以及浙江省级机关的知名度和影响力，通过政府创牌保证了品牌的公信力与公益性，由协会注册所有保证了行业组织监管的约束性，采用企业市场化运行保证了品牌运营的灵活性，从而保障了"丽水山耕"区域公用品牌的可持续性发展。

2. 强化区域公用品牌管理，营造农产品电商供应链良好生态

为围绕区域公用品牌更好地推广应用，丽水制定并推广使用"丽水山耕"种植业、养殖业、水产业、畜牧业、非食用类五大产品通用标准，按照"企业申报＋第三方认证＋政府监管"的思路建立"丽水山耕"认证模式，将符合标准及认证要求的农产品纳入"丽水山耕"品牌产品，将一批农产品生产加工主体（含农业企业、合作社、家庭农场、农户等）纳入"丽水山耕"供应链体系；为提升"丽水山耕"在国内的影响力，构建了母子品牌体系，"丽水山耕"在品牌授权上，采取"母子品牌"双商标运营模式，分清各相关主体责任，并采取保证金制度更好地约束企业，确保"丽水山耕"品牌旗下的农产品质量安全；为加强质量保障，"丽水山耕"构建了集八大模块于一体的品牌管理系统，包括丽水生态精品农产品电子商务平台、丽水农产品质量安全溯源平台、丽水农村产权交易平台、丽水农业数据中心、丽水生态农业企业服务平台、丽水山耕国际认证、丽水农业物联网平台、丽水农资质量溯源平台，建立"四级九类"（市—县—

乡—企业"四级",蔬菜、水果、食用菌等九大产业"九类")质量安全追溯系统及监管体系,对"丽水山耕"产品进行检测全覆盖,建立完善企业自我保护、政府依法监管、市场监督和司法维权保障"四位一体"的品牌保护体系,从多个方面营造"丽水山耕"电商供应链良好生态,基本形成区域公用品牌运行的标准规范、公共服务与制度体系。

3. 推动线上线下营销模式创新,多途径拓展品牌农产品销售渠道

"丽水山耕"加强了线上线下多渠道的营销网络布局与模式创新。在线上渠道方面,先后开设了"丽水山耕"农集商城、天猫旗舰店、微商城等线上销售平台,围绕"进机关、进社区、进家庭"营销战略,推动了与政府机关食堂的供应链对接;在线下渠道方面,加快在生鲜农产品新零售领域的布局,创新发展了超级邻居、"丽水山耕"社区店、"山耕到家"O2O智能体验商店、社区中央厨房等线下实体业态,举办"丽水山耕"山货节,基本形成以仓储、物流、供应链为支撑,食堂供应、社区店、电商、微商、餐饮、展会等多业态复合的"丽水山耕"品牌农产品电商营销网络体系,有力支撑了当地优质农产品的高质量上行;在品牌推广方面,"丽水山耕"利用浙江卫视黄金时段广告开启品牌宣传推广、获得《农民日报》《人民日报》等主流媒体的宣传报道,建立了"丽水山耕"品牌专刊;在渠道创新方面,"丽水山耕"还实施农旅融合模式,在丽水9个县市区开设20多家门店,在江浙沪开设70多家合作门店。"丽水山耕"逐步建立线上线下全媒体、多场景协同配合的品牌推广矩阵,形成品牌宣传势能,促进"丽水山耕"产品的线上线下销售,使"丽水山耕"品牌如日中天。

4. 建立完善的支撑保障体系,形成推动"丽水山耕"品牌建设运营的工作合力

在组织保障上,成立了由分管副市长担任组长,市政府副秘书长担任副组长,市场监管局、农业局、林业局、水利局、质监局、财政局、市委宣传部、市农发公司等单位为成员的"丽水山耕"品牌建设领导小组,办公室设在市农业投资发展有限公司,并根据各成员单位部门工作职责,明确其具体的工作要求。在政策保障上,设立生态精品现代农业发展专项资金,向"丽水山耕"品牌工作成效明显的区县(市)倾斜;对于获得"丽水山耕"背书的产品,优先纳入著名商标培育库,在政府采购、政府性投资及补助、国有企业投资等项目中,同等条件下优先采购;并围绕品牌宣传推广、产品走出去、产品标准化、产品质量等方面,制定了相应的

专项政策。在投入保障上，设立"丽水山耕"农业产业基金，确保农业投入稳定增长，逐步形成以主体投入为主导、政府扶持为导向、社会力量为补充的多元化农业投入机制。在考核激励上，建立"丽水山耕"品牌建设绩效评估制度，加强对"丽水山耕"品牌建设的监督和指导，将"丽水山耕"品牌建设工作纳入相关部门及区县（市）政府工作考核范围。

（四）取得成效

"丽水山耕"品牌农产品历年累计销售额已超百亿元；已在上海、杭州、宁波、绍兴、温州、金华、舟山、丽水 8 个城市共开设 240 余家"丽水山耕"社区店，布点 20 个"丽水山耕"O2O 智能体验商店，打造 2 个"超级邻居"生鲜农产品新零售门店，构建了线上线下销售网络。在此基础上，推动"丽水山耕"品牌及服务体系开放，辐射带动新疆、吉林、贵州、湖北四省共 15 个地市，并依托全国 17 个自建农村电商服务中心，逐步形成了面向全国采购的农产品高质量上行服务网络。在品牌建设方面，截至 2022 年，"丽水山耕"产品品牌溢价率超 30%，服务的产业集群主体超 500 家、品牌授权超 300 个、会员数达 1 000 余家、培育品牌背书农产品上千个，形成了"丽水山耕"品牌大家庭。"丽水山耕"品牌于 2018~2020 年连续三年蝉联中国区域农业品牌影响力排行榜区域农业形象品牌类榜首；并于 2022年、2023 年两度位列中国区域农业形象品牌影响力指数"地市级榜首"。

浙江丽水模式如图 4－2 所示。

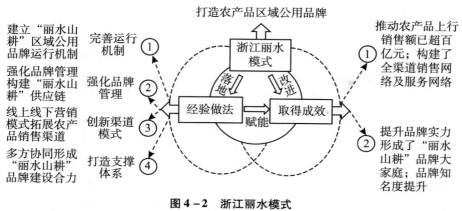

图 4－2　浙江丽水模式

资料来源：由笔者绘制。

二、浙江松阳：壮大松阳茶叶电商"地瓜经济"模式*

（一）模式内涵

浙江松阳模式主要通过培育电商供应链龙头企业、搭建供应链数据平台、完善电商配套支撑体系、加强农产品源头管控、构建辐射全国分销网络等手段，打造市场和资源"两头在外"的松阳茶叶电商"地瓜经济"模式，依托电子商务技术将藤蔓延伸在外，带回发展动能与增长后劲，滋养"地瓜"的茁壮成长，助推农产品上行。

（二）基本情况

松阳县隶属于浙江省丽水市，位于浙江省西南部。东连丽水市莲都区，南接龙泉市、云和县，西北靠遂昌县，东北与金华市武义县接壤，最东至裕溪乡新渡，最西至枫坪乡龙虎坳，东西最宽处径距53.7公里；最北至赤寿乡大川，最南至大东坝镇大湾，南北最长径距40.2公里。全县总面积1 406平方千米。截至2021年末，松阳县辖5个镇、11个乡、203个行政村，全县户籍人口23.91万人。松阳以茶产业为主导产业，截至2023年6月，拥有茶园面积15.32万亩，茶叶总产量1.86万吨、总产值20.49亿元，其中松阳香茶总产量1.08万吨，总产值8.45亿元。松阳县先后荣获"中国茶文化之乡""中国名茶之乡""中国绿色生态茶叶之乡""中国绿茶集散地""中国茶叶产业示范县""全国重点产茶县""全国十大特色产茶县""中国十大最美茶乡""中国十大生态产茶县"以及"十三五"茶叶发展十强县和2020年度茶业百强县等荣誉称号。

近年来，松阳县以国家电子商务进农村综合示范项目为引领，坚持用电子商务打开"两山"通道，积极推动电子商务与茶产业等地方特色产业深度融合，把发展以茶产业为主导的农村电子商务作为推进共同富裕的重要抓手，切实撬动生态产品价值高效转换，为山区加快发展找到了一把推动乡村振兴、促进共同富裕的"金钥匙"，着力探索"电商兴农·争当共

---

　　* 案例来源：根据浙江省电子商务进农村示范评价工作资料，以及笔者团队开展浙江省电子商务进农村示范评价及调研工作搜集的资料，进行整理得到。

同富裕模范生"的新路径。如今，松阳已形成市场和资源"两头在外"的松阳茶叶电商"地瓜经济"模式，进一步推动了茶产品的出村进城。

（三）做法经验

1. 壮大培育市场主体，筑牢松阳茶叶产业根基

一是高标准建设线下电商产业园区。松阳已建成浙南茶叶市场、祥瑞电子商务产业园、康洁电子商务园、茶叶电子商务孵化园 4 个电商集聚园区，总面积 6 万多平方米，入驻茶叶电商企业 450 余家。二是高效率打造网上茶产业集聚平台。搭建浙南茶叶市场网上商城、淘宝特色中国·松阳馆等 17 个松阳茶叶电商集聚平台。2022 年，全县在第三方电商平台成交茶叶订单 4 936.77 万件，销售额达 42.47 亿元。三是高要求构建供应链支撑体系。建成浙南茶叶市场物流集散中心、北山物流基地、浙西南绿色农产品物流中心等物流园区，上线"松阳茶叶在线"物流配送智能应用，对接松阳五大专线物流公司，实现市场主体与物流公司的数字化对接。四是培育了一批有示范带动效应的龙头企业。如百年茶仓为 40 余家中小电商提供全方位供应链服务，提供茶叶选品 215 款，日均发货量 2 万件；亮晶晶文化传媒直播基地致力于主播孵化、直播带货、运营支持等服务，集聚 20 多名网红主播，实现直播 GMV3 000 万元，成为"共富工坊"助力乡村振兴的典型样板。

2. 加强产品源头管控，打造全国知名茶叶市场

一是做优本地茶叶供给。目前，全县茶叶种植面积达 15.32 万亩，年产量 1.86 万吨，产量占全省的 9.4%，亩产量为全省平均水平的 1.89 倍。创新茶叶生产经营思路，以盒马村建设为契机，发展数字订单农业，推动茶叶精细化和标准化种植。二是做精浙南茶叶市场。目前，浙南茶叶市场拥有营业商铺 230 间，交易摊位上万个，高峰期市场日客流量达一万人次，市场年交易量 8.17 万吨，交易额 65.39 亿元，吸引 20 多个省市 4 000 多名茶商常驻，辐射带动周边省市 1 000 余万亩茶园，惠及茶农 300 余万人。三是做大外地茶叶回流规模。推动松阳茶师走出去，将优质茶苗引入到全国多个茶叶产区，突破本地茶叶种植规模瓶颈。目前，外出茶师已达 1 000 余名，在云、贵、川、赣等茶叶主产地建立了逾 10 万亩茶叶基地，同时通过收购当地茶青制作成品茶，联结辐射百万余亩茶园。外出茶师回乡销售的茶叶总量，已占浙南茶叶市场销售额的近四成。四是做强茶叶精

深加工。松阳已建设 3 个规模茶叶标准化加工园区，17 条智能化加工流水线和 5 条名优茶连续化生产线，累计完成 180 余家标准化茶厂改造，39 家茶企通过 SC 认证。全县现有国家级茶叶龙头企业 2 家。

3. 拓宽产品营销渠道，提升松阳茶叶品牌价值

一是提升茶叶品牌影响力。通过发布中国绿茶价格指数、举办中国茶商大会、增加网络曝光等，多措并举提升区域公用品牌影响力。"松阳香茶"已上榜省首批名优"土特产"百品榜名单，松阳区域和松阳香茶在微博、小红书等社交平台的网络曝光量达 35 亿多次。二是打造松阳茶叶品牌集群。形成以"松阳茶"为统领，"松阳银猴""松阳香茶""松阳特色茶"并驾齐驱的茶叶品牌发展格局。目前，"松阳茶"已是国家地理标志保护产品，"松阳银猴""松阳香茶"为国家地理标志证明商标。三是构建全品类茶叶产品体系。形成了以绿茶为主、六大茶类并存的产品格局，同时，积极开展茶饮料、茶食品、保健品、化妆品等深加工产品研发。2022 年，新开发了速溶茶粉、抹茶、茶酒、茶香猪、茶叶熏腿等 20 余种深加工产品，实现销售额 7.46 亿元。四是建立全渠道茶叶分销网络。在积极对接淘宝、拼多多、抖音等电商平台的同时，鼓励茶叶零售模式创新，在茶叶主销区建立 160 余家松阳香茶、松阳银猴直营店，通过专属的物流渠道在盒马鲜生门店上架松阳茶叶，私人定制也成为松阳中小茶企重要销售渠道。

4. 推进营商环境改革，完善茶叶电商生态体系

一是以营商环境优化提升"一号改革工程"为牵引，强化组织领导和完善保障制度。成立电子商务发展工作领导小组，建立就业创业联席会议制度，实施领导干部对接帮扶重点电子商务企业制度，先后出台《松阳县促进电子商务发展的奖扶细则》《松阳县促进电子商务高质量发展的若干意见（试行）》《松阳县支持电子商务经济高质量发展若干意见》等政策。二是推进青年发展型县域建设，出台青年发展新政，完善人才引育机制，吸引青年返乡创业。已吸引 5 000 多人返乡从事电商创业，带动就业 10 000 余人，涌现出农村电商致富带头人黄杰飞、陈凌杰等先进典型。三是加大对电商企业的信贷扶持，实施了"青创贷""扬帆工程""茶商贷"等扶持项目，2022 年发放创业贴息贷款 1 114 万元。四是创新"三前三后三配套"的电商经济孵化机制（前有孵化中心 + 后有产业园区，做到产业链配套；前有政府的指引和考核奖励 + 后有市场化运营，实现奖惩配套；

前有专业人才培训＋后有操作实训，达到人才配套），推动茶叶电商"松阳模式"创新。

（四）取得成效

截至 2022 年底，松阳全县实现网络零售额 70.69 亿元，同比增长 36.3%，总量位居全省第 67、全市第 4，增速位居全省第 5、全市第 3。其中，茶叶电商网络零售额 42.47 亿元，同比增长 63.91%。在主体培育方面，截至 2023 年 6 月，已累计培育茶叶网店 1 500 余家、茶叶直播电商 400 余家。松阳已成为抖音平台全国农村网红和农产品直播活跃度最高的县域，松阳主播占据茶叶类目直播带货前 3 名。在品牌打造方面，"松阳银猴"于 2015 年被认定为中国驰名商标，2022 年品牌价值达 28.3 亿元；松阳香茶于 2022 年成为首批"丽水山耕"拳头产品，并于 2023 年入选浙江首批名优"土特产"百名榜，同年入选首届"丽水山耕"十大标志产品。在上行渠道方面，一方面，截至 2023 年 6 月，在淘宝平台，松阳位列全国产茶县区第 5 名；在拼多多平台，松阳绿茶占绿茶类目总销量的 80% 以上，销量前十名的茶企中松阳占 7 席，松阳绿云峰茶业排名绿茶类目销量第一。另一方面，浙南茶叶市场被列为"农业部定点市场"、成为"中国绿茶第一市"。春茶季期间，浙南茶叶市场线上线下渠道齐发力，每日有近百位"茶主播"直播带货，总成交额近 400 万元。

浙江松阳模式如图 4 - 3 所示。

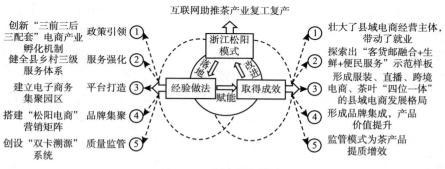

图 4 - 3　浙江松阳模式

资料来源：由笔者团队绘制。

三、浙江长兴模式:"长兴鲜"品牌助力农产品上行*

(一)模式内涵

浙江长兴模式通过打造"长兴鲜"这一农产品区域公用品牌,从数据、品牌等多方面出发,统筹多方资源,打造"产—销—供"为一体的农产品营销平台体系,构建线上线下融合、商品和服务并重的现代化农村市场体系,畅通农产品进城渠道,促进农民收入和农村消费双提升。

(二)基本情况

长兴县是全国文明城市,地处浙皖苏三省交界处,是浙江的北大门,县域面积1 431平方公里,下辖9镇2乡4街道,户籍人口63.6万,其中农村人口28.9万。长兴县依托国家级电子商务进农村综合示范县创建契机,聚焦乡村振兴和巩固脱贫成果,加强农村流通设施建设,提升公共服务水平,降低农村物流成本,提升农村消费品质,助推农产品上行。目前,形成了万亩河蟹、万亩葡萄、万亩芦笋、万亩紫笋茶、十万亩白茶、湖羊养殖六大农业集聚区,六大产业均被列入省级特色农产品优势区建设。

"长兴鲜"是以长兴优质农品为核心的全区域、全品类的公用品牌。长兴县政府探索建立了"政府主导、市场主体"的"长兴鲜"区域公共品牌与农产品电商融合发展的"长兴模式",以长兴良好生态为背景、地理标志为基础、地域文化为灵魂建立品牌准入、管理和监督机制,使农产品质量对标国内国际相关标准并进行严格管控,以实现产品质量100%可追溯,真正体现了"长兴鲜"的"绿色、健康、放心、品质",促进了农产品品牌集聚发展,倒逼了农业产业进一步提质增效,为长兴县特色农产品高质量进城贡献电商力量。

---

*　案例来源:根据浙江省电子商务进农村示范评价工作资料,以及笔者团队开展浙江省电子商务进农村示范绩效评价及调研工作搜集的资料,进行整理得到。

（三）做法经验

1. 网货打造，建立"长兴鲜"产品优势

一是聚焦本土特色，开发适销网货。聚焦长兴紫笋茶、长兴四宝（吊瓜籽、板栗、青梅、银杏果）等优势产品，围绕已完成全品类注册的区域公用品牌"长兴鲜"进行网货打造。完成长兴茶叶系列产品、长兴水果系列产品、长兴坚果炒货系列产品、长兴鲜上鲜系列产品、印象水口5个系列的网货打造，同时创新网货的文案设计和包装盒小样，并推动相对应品牌培育及推广。二是打造网货供应链标准化体系。建立农产品网货供应链标准体系，包括种植、选品、质量、包装、溯源等方面的标准，优化供应链，把长兴特色农产品和加工食品转化为适用网络销售的网货商品。现已完成供应链标准体系相关标准引用参考，并完成4类产品供应链体系标准及通则标准，使网货全过程有据可循。

2. 多元上行，拓宽"长兴鲜"销售渠道

一是推进多平台上行。长兴县依托"长兴鲜"农产品区域公共品牌体系，通过长兴县农业公用品牌指导服务站牵头，组建"1+N"市场推广模式，即"长兴鲜"农产品营销平台+依托"长兴鲜"营销平台与景区、酒店、农家乐、民宿、社区和抖音、农村淘宝等合作建立的线上线下营销体验网点和品牌示范点，突出品牌和质量包装打造，提升产品附加值。二是促进开展线上线下产销对接活动。长兴县为突出线上线下产销对接拓宽农产品的营销渠道，创新销售举措和工作思路，融合品牌线上发布及推广、产品推介、质量追溯、直播带货等，在农事节庆期间举办线下采摘体验、亲子采摘、现场直播、产品展销、年货节等产销对接活动，共开展线上线下活动共10余场次，如："长"啸如虹"兴"业共富云上年货节、长兴（画溪）云上葡萄节原产地直播系列活动、首届"长兴鲜杯""光影瞬间"美景美食摄影赛、长兴—汶川对口支援消费帮扶电商培训活动等，大力提升"长兴鲜"的品牌知名度。

3. 服务集聚，助力"长兴鲜"出村进城

一是整合农村电商发展资源。长兴县培育电商专业村（镇），按照"一乡一品"要求，以"长兴鲜"区域公共品牌发展为目的，重点围绕特种水产、优质茶叶、名优水果、现代畜牧等长兴农业特色产业及乡村旅游等优势产业，打造一批电子商务专业村、电商镇和示范村。此外，以加快推进农村电商集约化、规模化发展为目的，支持农村电子商务产业基地建设，促进农村电子商务企业（网店）不断集聚发展，促进"长兴鲜"出村进城。二是完善农村电商服务生态。长兴县建设并开放共享农村电商公共服务中心，打造农村电商展示平台，由专业的运营团队统一包装和运营，着重农产品上行的营销推广、人才培训、摄影美工等全流程公共服务，完善农村电商"自生态"，展示展销长兴农产品和农村电商产业，推动"长兴鲜"旗下农产品往优质优价方面发展。同时，长兴县提升改造服务站（点），整合县域资源，依托阿里、邮政等平台力量，加快推进农村电商服务站点发展，打通快递进村"最后一公里"，助推"长兴鲜"农产品顺畅出村进城。

4. 完善管理，提升"长兴鲜"品牌价值

一是优化品牌授权机制。遵循供应商准入及"长兴鲜"品牌授权制度，经过实地考察、提供相关资质、签订入驻协议、质量承诺书等环节，通过供应商建档和产品优选，使网货打造相关产品准入制度更加严格规范。二是构建食品安全管理体系。建立产品进入平台的食品安全进货验收制度、运输存储管理制度、销售服务管理制度等，为平台提供新鲜、优质、安全的产品做保障；对平台销售的产品进行检查和产品抽检，督促平台充分履行食品安全主体责任，确保产品安全，呵护"长兴鲜"品牌美誉度。三是提升数字化监管水平。建立"信用＋农安"应用场景，以区块链为底层技术，以"一物一码"为载体，构建"长兴鲜"平台产品质量安全数字身份体系，汇集"长兴鲜"品牌产品的数字身份信息，形成互联互通、协调运作的产品数字身份管理工作体系，实现信息存储、过程监控、信用查询、问题发现、在线查询、统计分析等功能，为健全区域公用品牌管理、运营和防伪机制，提升品牌知名度和影响力，促进长兴县农产品优质优价机制的形成奠定基础。同时，建立"码"上预警。将"一物一码"嵌入三色预警机制，实现对农产品全产业链实时监控和动态监督，倒逼主体转型升级，健全品牌准入、监管和防伪机制，极大提升"长兴鲜"品牌农产品质量安全水平，满足市场消费者的信任需求。

（四）取得成效

一是渠道日益拓宽。依托线下"展示展销＋农事节庆活动"的形式及线上直播电商模式，多渠道宣传推广品牌，持续提升长兴农产品的竞争力。以直播电商为例，"长兴鲜"直播团队已开展助农直播 76 场次，涉及水产、水果、大米、蔬菜、茶叶等长兴特色农产品近 365 个单品，线上线下带动销售近 7 000 多万元，其中仅直播间销售就达到了 1 000 万元。二是品牌越叫越响。已在北京、上海、南京等地布局网点 13 个，签约本地及对口支援地区农业经营主体 132 家，上架农产品 300 多款。截至 2023 年 11 月，"长兴鲜"已签约本地及对口支援地区农业经营主体 132 家，上架农产品 360 余款，年销售额达到 4 800 万元。"长兴鲜"品牌在 2022 年度中国区域农业形象品牌影响力指数排行榜中达到第 26 位。三是服务逐步健全。在物流服务体系方面，已建成 1 个 4 000 平方米的智能共配分拣中心，11 个乡镇建设转运中心，100 个村建设村级服务站，206 个村级寄递物流末端服务点，构成了县、镇、村三级物流快递网络，打通农产品运输物流的"最后一公里"。引进京东湖州总代理入驻"长兴鲜"电商平台，快递价格降低 20%，农产品电商投递数量同比增加 12%。在公共服务方面，依托公共服务中心，培训农民主播超 500 人、电商人才超 300 人，为"长兴鲜"品牌发展输送了新鲜血液。

浙江长兴模式如图 4-4 所示。

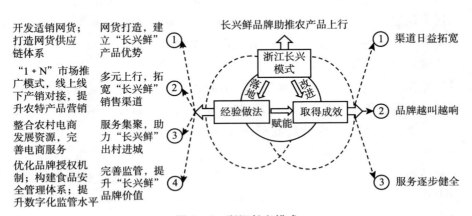

图 4-4　浙江长兴模式

资料来源：由笔者绘制。

四、陕西武功：促进农产品电商全产业链资源集聚*

（一）模式内涵

陕西武功模式通过高起点规划、高标准定位、高层次统筹，利用优越的区位交通条件，在区域内率先推动农产品电商全产业链资源集聚，完善城乡电商与物流服务体系，在做精本地特色农产品电商产业链的基础上，构建农产品集采分销网络，抢占区域"农产品进城"电商发展制高点，以龙头企业、龙头项目招引为抓手，推动农产品电商服务向周边区域输出，成为区域内农产品产地供应链的组织者，逐步实现"买区域、卖全国"。

（二）基本情况

武功县隶属陕西省咸阳市，地处秦岭、渭河以北，关中平原腹地，地势以平原为主，拥有 2 370 年建城史，是中华民族农耕文明的发祥地，东距西安市 87 公里、咸阳市 50 公里，西距宝鸡市 100 公里，境内有陇海铁路、徐兰高铁、连霍高速、西宝中线和北线、344 国道、108 国道等交通干线，是关中地区重要的交通枢纽和物资集散地，是陕西省"一线两带""西咸经济一体化""关中—天水"经济建设圈中心地带。武功县域总面积 397.8 平方公里，耕地面积 42 万亩，下辖 12 个镇办（社区），总人口 47 万人，历来是典型的农业大县，猕猴桃等当地农特产品享有较好的知名度与美誉度。2022 年，武功县实现地区生产总值 184.52 亿元，其中，第一产业增加值 29.06 亿元；第二产业增加值 83.96 亿元；第三产业增加值 71.50 亿元。三次产业比为 15.7：45.5：38.7。

2013 年 12 月，武功县电子商务正式起步发展。2014 年，阿里巴巴平台数据显示，武功县农产品交易增速在全国县域电商排名中位居第 11 位，在陕西省农产品销售县域排名位居第 1 名，当年农产品网络销售额超过 2 亿元，猕猴桃、大枣、核桃、杏干、椰枣、鹰嘴豆类目销售全国排名第 1，干货类目销售全国排名第 5。2015 年，武功县先后引进陕西美农、西北商

---

* 案例来源：根据笔者及团队承担的商务部重大招投标课题《提升电子商务进农村》工作搜集的相关资料，进行整理得到。

盟、陕西新丝路等 100 余家电商实体，落户了淘宝大学陕西分校，当年"双 11"全县销售额达 4 100 万元，全年销售总额达 10.5 亿元，"买区域、卖全国"发展态势初步形成。2019 年，当地销售 7 000 吨猕猴桃，荣膺天猫农产品"千吨俱乐部"第一名。截至 2020 年 9 月，武功县聚集了 300 多家电商配套企业，大到打包箱，小到贴纸绷带，还集中有 40 余家快递企业，个体网店 1 200 多个。2020 年 4 月，武功县猕猴桃产业带整体入选阿里巴巴"春雷计划"首批标杆品牌农业产品带。仅仅是芭芭农场的直采直销业务，每月就能为武功县带来 50 万笔订单。近年来，武功县先后被评为"全国电子商务进农村综合示范县""全国百县百品农产品上行十佳县""全国电子商务创新发展百强区县""互联网＋农业""全国十大标杆县城""陕西省电子商务示范县""全省一二三产融合农产品电子商务试点县""中华全国供销合作社电子商务示范县"等称号。2022 年，全县电商销售额 55.06 亿元，开展培训 1.8 万人次，县域农产品电商销售额排名西部第一。

（三）做法经验

1. 高起点规划、高标准定位、高层次统筹，充分发挥区位交通优势，抢占区域"农产品进城"电商发展制高点

武功县区位交通条件优越，是关中地区重要的交通枢纽和物资集散地，为此，在县域电商发展伊始，县委县政府领导班子就确立了"立足陕西、辐射西北、面向丝绸之路经济带"的发展思路，制定了建设"西北电子商务第一县"的奋斗目标，提出了唱响"中华农都·电商新城"的口号，立足高起点高站位，布局县域电商工作。武功县高标准编制了《武功县电子商务发展"十三五"规划》，印发了《武功县电子商务进农村综合示范工作实施方案》《鼓励和支持电商企业助推三个经济发展补助资金管理使用办法》等政策文件，县财政每年列支 1 000 万元为电子商务发展提供资金保障。此外，县里成立了由县委、县政府主要领导担任组长，分管领导具体负责的电商工作领导小组，并抽调全县熟悉电商的同志，成立了正科级建制的电商服务中心，统一负责运作电商工作，建立发展电商"四个一"服务保障机制，健全企业管理层与县委县政府主要领导定期碰头会议制度，完善县电子商务行业协会职能。武商联盟等一批社会化团体参与县域电商发展，形成全县统筹、多方协同的发展局面，形成县域电商发展合力。

2. 建设县域电商公共服务中心和电商运营中心，完善城乡电商与物流服务体系，做精本地特色农产品电商产业链

在县域电商起步阶段，武功县就充分利用网络信息资源服务农业生产，建立了县、镇（中心）、村三级农业信息服务网络体系，并把握"智慧城市"建设机遇，推进网络安全共享、系统平台共享、信息数据共享、网络媒体共享"四项共享工程"，实施群众办事一站通、惠民资金一卡通、便民服务一号通、掌上武功一点通、和谐社区一格通、协同办公一网通"六个一惠民工程"，为农产品电子商务发展奠定了坚实基础。之后，武功县打造县电商公共服务中心，在实施国家电子商务进农村综合示范项目时，推动了电商公共服务中心的升级改造，依托武功电商园区，围绕服务武功农民网商、电商初创企业、农副产品发展带头人、优秀创业青年的角度，提供创业孵化、运营指导、电商培训、仓储物流、金融支持、电商精准帮扶、跨境电商、视觉营销等方面服务，形成服务电商企业全业态产业链。武功县通过推进"智慧乡村"工程，在全县 200 多个行政村建立电商服务点，完善了覆盖城乡的快递物流服务体系，构建了集成农产品电子商务孵化中心、监测中心、健康指导实验中心、数据保障中心四大平台的县域电商运营中心，依托本地苹果、猕猴桃等优势产品，推动电商服务体系与农产品产业链对接，促进农产品从种植、加工、销售以及增加附加值等产业链各环节中实现效益提升，做精渠道电商和健全本地农产品产业链双管齐下，通过推动本地"农产品进城"电商的高质量发展，进一步提升了县域电商产业发展水平。

3. 加强龙头企业招引，以龙头企业、龙头项目为依托，以县域良好电商生态为支撑，积极对接西北地区产品资源，推动"买西北、卖全国"

武功县始终把龙头企业的招引和培育作为电商产业发展的重中之重，一方面，积极引进西域美农、云创智境、生鲜云仓、大漠盛宴、米豆儿等多家电商龙头企业进驻，大力发展产供销一体化的农产品电商供应链企业；另一方面，引进申通、中通、圆通、汇通、韵达、顺丰、德邦、安能等 40 余家快递物流企业，以及胶带、气柱袋、发泡膜等配套产品生产企业，建成运营菜鸟原产地标准化仓库，促进武功县物流、包材成本降低，在区域内形成快递物流洼地效应，为"买西北、卖全国"奠定基础。武功县围绕"中华农都·电商新城"，打造了"四个基地"，即西北农村电商人才培训基地、西北农产品电商企业集聚地、西部农副特产品物流集散

地、西北冷链物流仓储基地，先后征集陕西渭北苹果、关中核桃、陕北红枣、陕南茶叶、新疆干果、甘肃枸杞等40多类2 000余种农特产品，积极整合西北地区物产资源，为县域电商企业提供充足货源。随着直播电商的兴起，武功县打造了集人才培训孵化、农特产品展示销售、网红直播采货等功能于一体的西北网红直播基地，为"农产品进城"开辟了新的市场对接渠道，不断提升"买西北、卖全国"的服务支撑保障能力。①

（四）取得成效

武功电商年销售额从2014年的3.6亿元增长到2022年的55.06亿元，稳居西部第一。截至2022年，全县汇集了西域美农、生鲜云仓、大漠盛宴等电商企业300余家，培育个体网店1 200多个，引进中通、百世、韵达等快递企业40余家，辐射引领西北地区乃至全国40多类2 500多种特色农产品触网销售。在带动县域经济方面，武功县先后荣获全国电子商务进农村综合示范县、全国百县百品农产品上行十佳县、全国电子商务创新发展百强区县等称号。2021年，武功县农产品销售在阿里平台县域农产品电商排名中分别位列全国第五、西部第一，不仅成为名副其实的"西北电商第一县"，还荣登"2021中国未来投资热点百佳县市"榜。在电商的带动下，"买西北、卖全国"取得了良好成效，带动了周边城市农产品销售，促进了武功县与西北地区的经济互动、资源共享。陕西武功模式如图4-5所示。

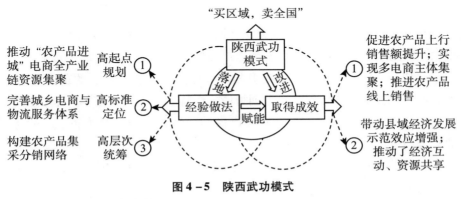

图4-5 陕西武功模式

资料来源：由笔者绘制。

① 部分内容摘自武功县提供的材料——《武功县电子商务产业发展情况》。

五、浙江桐乡：电商赋能杭白菊产业触网*

（一）模式内涵

浙江桐乡模式围绕数字农业发展为核心，通过推动杭白菊等特色产业嫁接电商技术，以打造区域公用品牌和产业区域品牌为引领，孵化培育杭白菊电商主体为支撑，坚定实施杭白菊电商发展战略，整体推进杭白菊电商提质增效，畅通农产品进城渠道，助推电商产业高质量发展。

（二）基本情况

桐乡市位于浙江省北部，下设辖 8 个镇、3 个街道，常住人口 125 万。2022 年，桐乡市实现地区生产总值（GDP）1 209.67 亿元，按可比价计算，增长 2.6%，其中农林牧渔业总产值 44.03 亿元，按可比价计算增长 2.2%。桐乡素有"鱼米之乡，丝绸之府，百花地面，文化之邦"的美誉，其中"百花地面"就源于杭白菊在桐乡的广泛栽种。作为桐乡传统特色农产品，杭白菊在桐乡已有 380 多年的生产历史，也是重点培育的主导产业之一，种植面积稳定在 4 万亩左右，其中以石门、梧桐、凤鸣及乌镇 4 个镇街为主，年产量在 5 000 吨左右。

桐乡市电子商务综合发展水平连续几年处于全国领先地位。自 2019 年被列为全国电子商务进农村综合示范县以来，桐乡以电子商务进农村综合示范项目为切入点，围绕"一个核心"、坚持"两个引领"、完善"六大体系"，即以推动数字农业发展为核心，以打造区域公告品牌和产业区域品牌为引领，进一步完善农产品上行体系、公共服务体系、人才培训体系、物流支撑体系、产业集聚体系和电商扶贫体系。通过示范工作，桐乡市杭白菊等特色产品出村进城更加顺畅，在阿里研究院的 2022 年全国电商"全国百佳县"中，桐乡排名第五，网络零售额从 2019 年 442.7 亿元增长至 2022 年的 579.0 亿元，平均增速达 9.36%。

---

* 案例来源：根据浙江省电子商务进农村示范评价工作资料，以及笔者团队开展浙江省电子商务进农村示范绩效评价及调研工作搜集的资料，进行整理得到。

（三）做法经验

1. 加强源头管控，打造知名杭白菊市场

一是数智赋能本地茶叶生产。打造杭白菊物联网基地，建立杭白菊产业大脑，收集完善环境、地块、采集农户大数据库，以数字赋能杭白菊生产转型升级。如桐乡缘缘食用花卉专业合作社安装 E 生态墒情传感器等设备 40 套，人工成本节省 30%，应用脱毒种苗立体式栽培方式推动菊花产出率提高 27.26%、致病率降低 15%。2023 年 1～8 月，全市杭白菊种植面积 4.5 万亩，产值预计可达 4.2 亿元，较去年近 2.4 亿元的产值增加约 3.2%。二是提升杭白菊标准化建设水平。建成全省首个符合新版良好农业规范（GAP）标准杭白菊种植基地，制定《杭白菊生产技术规程》《杭白菊采收加工与贮运技术规范》等标准规范 9 项和标准化栽培管理"一张图"。实施杭白菊质量安全风险管控"一品一策"行动。全市 20 亩以上的规模化生产基地已全部纳入农产品质量安全追溯体系，全年合格证开证量达 10.5 万张。三是扩大外地杭白菊种植规模。连续三年与青海都兰合作输送优质杭白菊种苗，让都兰高原种上"江南花"，推动杭白菊产业链延伸发展，巩固已有产业基础做大做强。四是做强杭白菊精深加工。构建杭白菊特色产业集群区，引入菊花饮品、杭白菊冷链、杭白菊化妆品等项目，延长产业链、提升价值链。已开发"菊丝明"化妆品等杭白菊延伸产品 20 余种，提升杭白菊附加产值 36%。

2. 打造杭白菊品牌，增强产业集聚效应

一是打造桐乡杭白菊品牌集群。系统性、全方位地推进杭白菊品牌建设，打造"2 + N"杭白菊品牌集群，以市区域公用品牌"桐诚礼"与杭白菊产业公用品牌"菊物堂"为引领，"凤鸣""春发""东篱下""菊韵人家"等多个知名品牌同步发展，承接杭白菊产业联盟和协会活动，共享茶博会、农展会品牌溢出效应，全产业链品牌价值超 10 亿元。二是依托电商整合闲散资源。由桐乡市缘缘食用花卉专业合作社、桐乡新和保健品有限公司、桐乡市绿康菊业有限公司等龙头企业引领，整合农户零散种植资源，分别成立杭白菊合作社，由合作社制定标准、集中收购、统一销售，依托电商直播等互联网工具推动杭白菊的年网络零售额达 2 亿多元。三是高水平培育壮大电商市场主体。做优做强一批杭白菊电商龙头企业，加快推动产业集聚。全市已拥有市级以上龙头企业 10 家，带动产值增长

40%，涌现出土特产公司、远福茶业、海泰菊业等一批电商企业代表，年网销额均超过 1 000 万元。

3. 创新多元渠道，加速杭白菊上行步伐

一是利用电商优势，积极开展线上节庆活动。组织开展"桐享共富集市暨 2023'桐你来消费'网上年货节""拥抱绿色智能，桐享美好生活"等活动，持续推动杭白菊上网，打造消费热点。如举办"桐乡市第二届'一网兴农'网上年货节暨全国网上年货节"，上线桐乡本地企业和商户共 120 余家，直播场次 640 余场，累计销售额达 7 000 多万元。二是电商赋能产业，引领杭白菊跨境出海。通过鼓励杭白菊企业入驻海外电商平台、线上线下参加国际农产品展会等渠道，将桐乡杭白菊的销售版图拓展到东南亚、北美等多个国家和地区。2022 年嘉兴海关累计监管桐乡杭白菊出口 965.27 吨、总计 6 169.98 万元，数量和货值同比分别增长 46.37%、67.02%。三是依托电商赋能，推广直播营销。通过电商新业态，推动建立直播式"共富工坊"，将直播打造成为新的销售渠道，促进杭白菊电商的良性发展，实现杭白菊加快"上网"。全市共培育了 27 家电商直播式"共富工坊"，4 家工坊获得省级"共富工坊"专项激励。四是推动杭白菊产业与文旅产业融合发展。进一步丰富菊乡文化内涵，促进杭白菊电商嫁接文旅行业，建设美丽乡村精品线"果菊飘香子恺路"，探索菊文化文旅产业链。

4. 优化顶层设计，完善公共服务配套

一是建立电商发展政府联动机制。依托"点面结合、多级联动"理念，成立由市政府领导任组长的桐乡市电子商务发展工作领导小组，市政府办、商务局、财政局等 30 个部门以及各镇街道的主要负责人为领导小组成员。同时，建立市、镇（街道）和行政村三级工作推进组，各负其责，合力推进，形成全市农村电商发展的强大工作推进体系，共同主推杭白菊电商发展。二是优化电子商务生态环境。根据电子商务发展形势和桐乡杭白菊实际发展情况，先后出台了《桐乡市电子商务产业发展规划》《桐乡市促进电子商务加快发展政策意见实施细则》《桐乡市杭白菊保护发展补贴实施办法》等指导和扶持政策，配套农村电商发展专项资金，自 2019 年电子商务进农村综合示范项目开展以来，市财政配套资金达 1 109.4 万元。三是优化电商公共服务体系。打造以市级电商公共服务中心为中枢统筹布局、"服务 + 孵化"下沉到镇的公共服务运营模式。目前已实现全域电商公共服务覆盖率100%，桐乡市电子商务公共服务中心连续四年获省级考评优秀。通过电商公共服务中心与抖音电商直播基地签订服务输出协议，已累计孵化本地直播商家300余家，成为推动杭白菊出村进城的主要助力。

（四）取得成效

一是拓宽了杭白菊上行渠道。通过拓宽跨境电商、直播电商等线上渠道，推动杭白菊上行。杭白菊在桐乡本土的种植面积占全国白菊花类总面积的60%；2023年1~8月，杭白菊线上销售总收入超1.3亿元，同比增长8.3%。同时，通过打造节庆活动助力特色产业发展。例如，通过组织桐乡市杭白菊文化节——暨产业公用品牌"菊物堂"活动，线上活动直播观看总量达114.5万，带动直播抖音、有赞、快手等渠道产生销售额20余万元。二是提升了杭白菊品牌价值。农村电商助力桐乡杭白菊产业发展，系统性、全方位地推动品牌价值和影响力。目前桐乡拥有"缘缘"等3个浙江省名牌产品、"三百年留香"等6个浙江省著名商标，21个品牌的杭白菊通过国家无公害农产品认证，14个杭白菊产品通过国家绿色食品认证，15家生产企业获准使用杭白菊地理标志产品标志，34家企业获得"桐乡杭白菊"证明商标使用许可，品牌价值超7亿元。

浙江桐乡模式如图4-6所示。

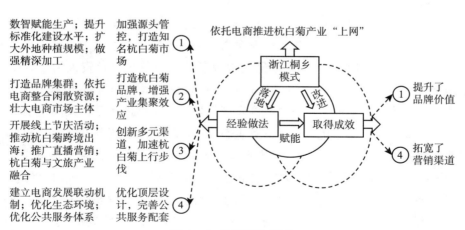

图4-6　浙江桐乡模式

资料来源：由笔者绘制。

第四节 共同富裕时代电子商务赋能 "农产品进城" 的发展思路与对策

一、加大农村电商主体引培力度

一是提高电商创新创业支持力度。优化农村电商领域主体创业创新环境，鼓励在县镇村三级合理布局不同形态的农业众创空间、创业孵化器、创业苗圃、创客总部等创业孵化载体，为创业创新者提供低成本、便利化、全要素、开放式的工作空间，支持创业孵化载体内的新型市场主体开展集群注册，大力支持培育互联网化的农产品经营企业，鼓励电商、微商、网络直播、生鲜新零售等领域的创业创新，不断壮大新农人等农业创业创新群体。二是促进本土农贸企业转型。一方面，鼓励传统农村商贸企业利用数字化技术和自身采购渠道优势，加快数字化、连锁化转型升级，通过模式创新与流程再造，提升农产品生产的标准化、组织化、信息化水平；另一方面，构建市场主体利益联结机制，加快发展农业产业化联合体，积极培育以龙头企业为引领、家庭农场为基础、农民合作社为纽带的农业产业化新型合作组织，鼓励 "农产品进城" 电商龙头企业与农业合作社、家庭农场、农户等建立长期稳定的合作关系，促进技术、资金、信息、品牌等要素资源相互融通，因地制宜地打通各种利益联结模式。三是注重电商龙头企业的引进与合作。通过政策倾斜，支持国内外知名电商平台在农村地区布局业务，开展合作，如在农村地区设立办事处、在农产品原产地布局产地仓、健全 "农产品进城" 电商全程冷链物流服务体系等。从而提升农村地区资源整合力度，增强农产品进城合力。

二、打造全方位农产品网货孵化体系

一是不断拓展适合线上销售的农特产品资源。鼓励电商企业深化与农业生产合作社、种养殖大户、农产品加工企业的供应链协作，加强现代农业技术应用，不断挖掘网络适销产品资源。支持电商园区、各级电商服务

站点，发挥农产品资源对接的纽带服务作用。引导农产品加工企业等市场主体提高市场信息搜集及产品研发创新能力，积极开发适宜线上销售的新产品，统一标准，高效拓展网销市场。二是提升全产业链数字化水平，建设农产品网货数据库。推进农业生产、加工、流通、物流等产业链全过程的数字化建设，引导"农产品进城"电商供应链头部企业，提升关键环节、关键阶段的数据采集、汇集与综合利用水平。有序推进田间、乡村的网络基础设施建设，鼓励物联网技术、智慧技术在田间的应用，为健全全产业链数据采集提供基础设施保障。应用农产品质量追溯系统更大力度地普及和发展农产品数据库，如通过二维码技术为消费者提供农产品生产过程的数据。三是发展农产品加工产业。加快发展农产品初加工业，支持农户、合作社、农业企业通过加强储藏、净化、清洗、分拣、分级、烘干、包装等设施设备配置，提升农产品产地初加工水平，促进商品化处理，减少产后损失。培育农产品精加工业，支持"农产品进城"电商市场主体加强与科研院所、生物科技企业等的合作，促进农产品精深加工产品的研发，不断丰富农产品精深加工产品供给。着力培育一批资质健全、运营规范的农产品加工企业，深化农业领域产研合作，引导电商企业与农产品加工企业加强对接，通过委托加工、品牌联营、采购合作、联合开发等灵活方式，以市场为导向不断拓展适宜线上销售的精深加工农产品品类，提升产品附加价值。

三、推动农业生产方式转型升级

一是提升农业生产组织化水平。支持农产品电商企业、供应链企业等与农户、家庭农场、农业合作社等传统农业生产主体加强供应链合作，深化供应链协同，带动传统农业生产主体提升专业化、标准化水平，提高农业生产的组织化程度。积极吸引创业创新青年、农二代、播客等新农人深入乡村，开展"农产品进城"电商领域创业兴业，以互联网思维推动农业生产力变革，引领农业生产流通组织模式创新。二是加强农业科技创新。结合农村电商发展趋势，进一步明确农业科技创新的重点和主攻方向，加强农业科技的研发和推广应用。聚焦关键领域的技术需求，加强基础理论研究以及技术攻关，充分发挥"互联网＋农业"的技术支撑作用，强化农业科技服务云平台建设。三是提升小农户现代化农业素养。培育新型农民和农村实用人才,充分利用各类培训资源,通过线上直播电商及内容电商等自学以及线下培训等模式,重点提升农业大户、家庭农场经营者的培训力度,提高其生产技能和经营管理水平,更好地融入"农产品进城"电商供应链。四是要建立现代农业发展示范体系。积极开展特色农产品标准化生产、农业物联网等多领域的试点示范,逐步建立多层次、多领域、多类型的现代农业发展示范体系,推动农业现代化生产。

四、进一步完善农产品品牌体系

一是推动打造农产品品牌。鼓励农产品电商企业、农业企业、农民专业合作社、种养殖大户等创建企业品牌及自有品牌,并通过组织参加展会平台活动等方式,加快拓展农业品牌推介渠道。同时,加强农产品品牌建设方面的专项培训,实施品牌服务下乡工程,为企业、合作社、农户提供品牌咨询、营销推广、权益保障等服务。二是发挥区域公用品牌的引领示范作用。引导各地依托原产地产品、属地特色产品等打造区域公用品牌,创新区域公用品牌运行机制,理顺区域公用品牌、市场主体自有品牌,以及农产品生产加工主体的利益关系,保障区域公用品牌可持续发展。三是提升农产品品牌标准化水平。一方面,引导农特产品种植企业、合作社实施农业标准化生产,开展三品一标质量认证,加强产后商品化处理,提升农产品标准化和品牌化水平。另一方面,支持鼓励不同地区依托自身的特色农产品打造标准化流程,科学合理地构建符合本土特征的生产、流通以及销售环节的标准,打造品牌标准化体系。进一步加大农产品流通体系中各类数字基础设施建设,推进大数据、物联网、区块链、人工智能等在农产品全链条生产、加工、流通多环节的应用,依托数字技术打造高效率、可复制的标准化流程。同时健全农产品质量安全追溯管理运行制度,针对标准化产品实现全链条可追溯,从而切实保障农产品质量,推动农产品品牌价值提升。

五、畅通"农产品进城"电商内循环

一是畅通农产品区域流通小循环。加快构建"本地产、本地销""本地产、周边销"的农产品区域流通小循环,着力培育一批具有较强区域影响力的平台型农产品电商企业，建设连接区域内中心城市和周边农业生产基地的农产品供应链体系，加强与区域内商超、连锁店、社区店等线下分销体系的合作，提升线上线下协同运营能力。支持发展社区电商、社群电商、直播电商等新业态，鼓励其积极拓展面向区域内中心城市的线上零售市场，打造农产品进城短链条。二是鼓励跨区域农产品产销对接。重点依托省级、市级对口帮扶机制，加强帮扶合作地区间的农产品产销对接，通过线上直销、线上展会、定制团购、直播代购、举办产销对接会等多种方式，深化线上线下各渠道间的对接合作，加强产销两地农产品干线物流的组织，建立跨地区农产品产销合作常态化机制。支持发展拼购、团购、订单采购等创新模式，鼓励电商平台、电商企业等加强对农户、合作社等农产品小微型生产主体的整合，优先围绕季节性强、保鲜期短的农产品，通过拼购、团购等销售模式，促进农产品批量上行。三是畅通农产品进城多元化流通渠道。鼓励有条件的农产品嫁接电商"走得更远"，根据农产品自身特色、品质、产量、保鲜等差异化条件，引导企业针对不同目标市场提升网络营销能力，通过产地直销、线上团购、网络直播、众筹众包等方式，拓展销售市场。支持知名电商平台、农产品流通供应链企业等加快布局"农产品进城"电商供应链，推进产地集货物流中心、销地分销物流中心建设，完善冷链物流设施，积极拓展农产品高品质消费市场。引导传统农批市场加快数字化转型，在逐步完善市场服务功能的基础上，拓展产地采购、仓储、配送等服务，创新分销、零售新模式新业态，依托市场平台向上下游延伸，建立农产品全产业链的采购销售渠道。

六、优化农产品冷链物流体系

一是加强农产品冷链物流设施建设。一方面，提升现有县、乡、村三级农村物流网络的冷链物流服务功能，引导具备条件的县级农村物流服务中心配备农产品预冷、分拣包装、保鲜、冷藏冷冻及冷链运输等设施设备，鼓励乡镇级和重点村农村物流服务站点，合理规划建设村级仓储保鲜保活设施。另一方面，引导农业企业、农产品流通企业在农产品产地建设预冷保鲜、分级分拣、包装加工等基础设施，同时，改造升级或适度新建一批农产品批发市场，支持建设低温物流专区，配建冷藏设施、冷链运输等，提高农产品冷链保鲜流通比例。二是壮大农产品冷链物流企业。一方面，培育农产品冷链物流服务品牌。鼓励农产品生产加工和贸易企业、新型农业经营主体盘活冷链物流资源，提供社会化冷链物流服务，实现企业价值链延伸。另一方面，推动传统农产品冷链物流企业转型。鼓励企业扩大经营规模和服务范围，拓展经营网络，创新服务产品，引导单一运输服务向多元化增值服务转型，培育一批以现代信息技术为支撑，连接重要产销地的跨区域冷链物流龙头企业。三是推进农产品全程冷链智能化。在推广物联网、卫星定位、二维码、电子标签等技术在鲜活农产品流通领域的普及应用的同时，加快应用低温控制技术、一体化冷链技术、食品追溯技术等级化技术等冷链物流技术。构建农产品冷链物流信息公共平台，实现农产品冷链物流上下游企业数据交换、信息共享和行业监管。继续推广应用全国农产品冷链流通监控平台，加强仓储保鲜设施信息采集，推广产品全程监控与质量追溯信息技术应用。推广应用微型冷链物流车、多温层冷藏车和冷藏箱，鼓励冷链物流企业智能化升级改造，引导冷链配送车辆配备导航定位系统、车厢温度感应系统、智能温控及冷链流通技术，提升农产品冷链运输全程智能化水平。

第五章 深化电子商务赋能"工业品下乡"场景的思路与对策

习近平总书记在参加十四届全国人大一次会议江苏代表团审议时对推动高质量发展作出重要部署，强调"必须以满足人民日益增长的美好生活需要为出发点和落脚点，把发展成果不断转化为生活品质，不断增强人民群众的获得感、幸福感、安全感"[1]。我国乡村地区目前有 4.9 亿左右的常住人口[2]，满足我国广大农民对美好生活的向往，既是"为人民谋幸福"的重要使命，也是推动乡村振兴的不竭动力。从发展经济的角度看，农村市场是我们促进形成强大国内市场、构建国内大循环、促进消费升级等不可或缺的重要组成部分。因此，在共同富裕背景下，厘清工业品下乡的发展障碍，对满足人民日益增长的美好生活需要，实现农村居民的美好生活愿景具有重要意义。

第一节　共同富裕时代电子商务赋能"工业品下乡"的基本内涵

一、共同富裕时代电子商务赋能"工业品下乡"面临的挑战

共同富裕是社会主义的本质要求，是人民群众的共同期盼。党的十九

---

[1] 王岩：《在高质量发展中满足人民的美好生活需要》，载《光明日报》2023 年 5 月 29 日 06 版。

[2] 王蒙：《国家统计局：2021 年末全国人口 141 260 万人，比上年末增加 48 万人》，新浪财经，2022 年 2 月 28 日，https://finance.sina.com.cn/china/2022-02-28/doc-imcwipih5754737.shtml。

大提出到 21 世纪中叶"全体人民共同富裕基本实现",党的十九届五中全会对扎实推动共同富裕作出重大战略部署。国家"十四五"规划纲要明确提出,"十四五"时期要实现全体人民共同富裕迈出坚实步伐。目前,我国发展不平衡、不充分问题仍然突出,城乡区域发展差距较大,持续促进城乡区域向更高水平、更高质量协调发展迈进,在发展中营造新的相对平衡,是推动共同富裕的重要举措。

目前,我国大多数农村地区还依然保持着较为传统的村落集聚和分布特点,普遍存在着居民收入水平低、交通不便、运输成本高、售后网点不到位、消费习俗区域差异大等制约消费升级的不利因素。为增加农民收入、满足农民需求,深挖国内消费潜力,我国已初步形成了工业品下乡与农产品进城的双向流通格局,但是在工业品下乡的过程中,依靠传统实体商业的布局和渠道建设,仍难以高质量满足我国广大农村地区老百姓对商品数量、种类和品质不断增长的需要。在社会整体福利不断增进的过程中,人群间、行业间、城乡间、地区间都存在一定差距,而共同富裕强调在现代化国家发展进程中需要更加注重发展共享,以更加公平地惠及大多数人,进而对现有工业品下乡提出更高要求,使工业品下乡在共同富裕时代背景下面临以下挑战。

（一）农村消费基础设施显短板

从农村网络信息设施上看,现有网络基本能够实现村村通,但网络信号差、速度慢,特别是地处偏远的农村,网络建设仍不完善。一些农村欠发达地区的互联网普及率较低,有些地区受环境因素的制约,甚至还未接入互联网。在一些经济条件落后的乡镇和农村,计算机和智能手机等与电子商务相关的信息设备也尚未普及。从农村商业网点配置上看,县域商业尤其是村镇商业发展依然滞后,网点布局不平衡,商业设施不够完善,功能相对单一,导致商品和服务供给不足。从快递进村设施发展上看,由于农村用户居住分散,导致农村快递价格与成本普遍倒挂,物流网点设施建设意愿低。同时,由于农村快递业务标准化程度低、快递企业资源分散,仍存在快递物流企业网点重复建设、信息共享难、资源不互补等问题,部分偏远地区无法享受快递服务,服务网点覆盖率依然较低。

（二）农村重点领域换代消费弱

从农村消费环境上看，目前国内农村消费环境存在诸多问题，具体包括消费市场机制不健全、政策执行不力、体制不完善、商业欺诈屡禁不止、消费理念落后、生态环境矛盾加剧。从农村的售后服务体系上看，农村地区工业品售后服务体系普遍存在售后维修从业人员素质偏低、售后维修配件价格高、维修网点"三乱"现象严重（乱收费、乱接维修品、乱修家电）等。从换代消费品供给上看，当前农村换代品类少、商品种类不全等问题依然存在，仍集中于家具、家电、汽车等商品品类，农民多元化的消费需求不能得到满足。与此同时，农村耐用消费品更新换代是农村消费扩容提质的重要着力点，而现有商品供给相对缺乏，特别是中高端产品，无法有效满足农村消费者消费升级的需要。

（三）农村新兴消费还未成规模

从农村地区的消费观上看，受短缺经济的影响，我国农村居民养成了"量入为出"的消费观念，消费行为具有天生的节约倾向，超前消费意识薄弱。从农村地区消费信心上看，由于收入的稳定性和较完善的医疗社会保障，城市居民形成了"持币待购、随用随买"的较为理性的消费习惯，这与农民的季节性消费行为形成了鲜明对比，再加上与农村相比，城市具备更加发达的金融系统和银行体系，城市居民消费可以利用金融系统实现超前消费，尤其是在买房、购车等大宗商品交易方面，但农村消费信心则相对薄弱。从农村常住人口结构对新兴消费的影响上看，受大量青壮年农村劳动力进城务工的影响，农村常住人口中65岁以上老人和14岁以下儿童所占比重较高，而这两个群体对新兴消费理念和方式的接受意愿和能力都较为不足。

二、共同富裕时代电子商务赋能"工业品下乡"的发展主线

电子商务天然具有跨越时空的特征，是解决农村地区商业设施不足、末端物流成本高、售后服务体系不完善、消费信息不对称等问题的有效途径。农村电商持续发展将推动市场下沉，挖掘我国超大规模市场的纵深和

腹地，促进乡村经济转型升级，推进乡村振兴。

（一）补齐农村电商配套设施短板，夯实农村消费基础

一是加快农村网络信息设施建设。加强农村信息基础设施建设，深化农村光纤网络、移动通信网络、数字电视和下一代互联网覆盖，进一步提高农村通信网络覆盖率，提升农村网络质量。以农村居民实际需求为引导，实施信息进村入户工程，构建农村信息综合服务平台。加快推进农村基础设施数字化转型，推动一二三产业融合发展。二是推进农村商业网点设施布局。升级农村商业基础设施，完善商业网点功能，健全农村流通网络。在乡镇，重点改造升级一批商业网点，增加生活服务功能，推动购物、娱乐、休闲等业态融合，满足农民消费升级需求。在农村，鼓励商贸流通企业输出管理和服务，通过技术赋能、供应链整合等方式，把一批"小卖店"改造升级为新型乡村便利店，丰富快递收发、农产品经销等业务，实现"一店多能""一点多用"。三是发展县乡村三级物流配送体系。全面推动县乡村三级物流体系建设，加快推进"快递进村"工程，完善末端农村物流节点，畅通农产品进城、农业生产资料和农民生活消费品下乡，实现"场站共享、服务同网、货运集中、信息互通"的城乡物流一体化服务。

（二）加快重点领域产品换代消费，推进消费提档升级

一是优化农村电商消费环境。针对电商平台下乡市场，采取了一系列措施，比如加强店铺销售资质的管控，设置相应的门槛，定义进出标准；搭建劣质商品识别模型，制定防控机制；加强农村地区电商消费宣传，提高农村居民对新兴消费模式的接受度。二是完善农村消费品售后服务体系。依托电商公共服务体系、农村物流网点体系等，叠加电商消费品售后服务功能，实现服务人员及时上门退换货、维修等售后服务。加快推进电商平台完善产品售后服务体系，包括依托原先线下售后服务网络进一步完善功能，要求销售产品品牌商构建自有服务体系。三是优化农村电商商品供给。不同的收入水平和地域文化决定了不同地区农村居民需求的差异，根据不同地区农村居民的需求，优化商品结构。耐用品更新换代对推进农村消费升级有重要作用，支持电商企业结合农村居民消费需求，从功能、外观等方面出发优化耐用品的供给。

（三）促进农村新兴消费形成规模，释放农村消费潜能

一是推动形成农村电商消费新观念。在农村传统的"勤俭持家""节俭是美德"等传统消费观念的影响下，在过去相当长一段时期，农村居民更倾向于"看得见、摸得着"的产品，习惯"货比三家"，喜欢购买物美价廉的产品。农村电商的消费理念与农村居民传统消费观念存在冲突，网络购物习惯尚未完全形成，多数人更习惯于在实体店消费，需进一步提升电商产品质量、保障电商交易安全、完善电商产品售后服务等，进而推动农村电商消费新观念的形成。二是提升农村电商消费信心。电商消费提升对激发农村消费活力，助力农村消费升级具有重要作用。建立健全电商消费服务体系，包括电商公共服务体系、物流配送体系等，消除农村居民后顾之忧；支持电商平台下沉市场，依托电商消费服务体系，加强宣传和引导，增强农村居民参与电商消费的积极性和主动性。

三、共同富裕时代电子商务赋能"工业品下乡"的内涵

如图 5-1 所示，为实现满足农民美好生活需要的目标，共同富裕时代电子商务赋能"工业品下乡"的核心是，要以构建四大体系、形成四大机制为着力点，以补齐乡村消费基础设施短板、加快农村地区重点领域换代消费、促进农村新兴消费形成规模为发展主线，推动工业品下乡电商的发展，助力农村消费升级，推进共同富裕。

如图 5-1 所示，四大体系、四大机制是共同富裕时代工业品下乡电商发展的着力点，为发展主线的实现提供重要支撑。"四大体系"是指推动农村网络信息设施体系、农村电商服务站点体系、农村连锁商业网点体系、快递进村服务体系升级发展，是共同富裕背景下推动工业品下乡的核心任务，为工业品下乡电商的发展提供支撑。"四大机制"是指完善工业品采购整合机制，依托电商平台整合供应链为农村提供优质货源；建立"一站多能、多站合一"机制，促进站点资源共享；建立农村网络消费环境提升机制，打击假冒伪劣产品；建立农村网络消费促销机制，立足农村组织网络节庆促销。

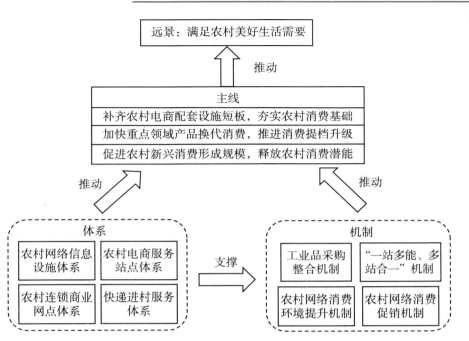

图 5 - 1　共同富裕时代电子商务赋能"工业品下乡"的理论逻辑

资料来源：由笔者绘制。

第二节　共同富裕时代电子商务赋能"工业品下乡"的现状与问题

一、共同富裕时代电子商务赋能"工业品下乡"的发展现状

（一）农村网络基础设施逐渐改善

随着我国数字乡村建设的持续推进，农村地区网络基础设施逐步完善，加之移动通信技术的不断发展，智能手机在农村地区的日益普及，城乡互联网发展水平差距逐渐缩小。根据 2022 年工业和信息化发展情况发布会，我国千兆光网已具备覆盖超 5 亿户家庭的能力，实现了"市市通千

兆""县县通5G"①。截至 2022 年底，全国农村宽带用户总数达 1.76 亿户，全年净增 1 892 万户，比上年增长 11.8%，增速较城市宽带用户高出 2.5 个百分点②。根据中国互联网络信息中心发布的第 51 次《中国互联网络发展状况统计报告》显示（见图 5-2），截至 2022 年 12 月，我国网民规模为 10.67 亿，同比增加 3.4%，其中农村网民规模达 3.08 亿，占网民整体的 28.9%；农村地区互联网普及率为 61.9%，较 2021 年 12 月提升 4.3 个百分点，城乡地区互联网普及率差异较 2021 年 12 月缩小 2.5 个百分点；农村互联网应用普及加快发展，互联网成为实现乡村振兴重要抓手，推动农村数字化服务的发展，我国农村地区在线教育和互联网医疗用户分别占农村网民整体的 31.8% 和 21.5%，较上年分别增长 2.7 个百分点和 4.1 个百分点③。

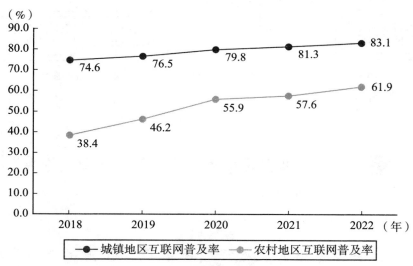

图 5-2　我国城乡地区互联网普及率

资料来源：CNNIC 中国互联网络发展状况统计调查。

---

① 新闻办网站：《国务院新闻办举行发布会 介绍 2022 年工业和信息化发展情况》，中国政府网，2023 年 1 月 19 日，https：//www. gov. cn/xinwen/2023-01/19/content_5737929. htm。
② 工业和信息化部运行监测协调局：《工信部发布 2022 年通信业统计公报（附解读）》，中国工信新闻网，2023 年 1 月 20 日，https：//www. cnii. com. cn/gxxww/ssgx/202301/t20230128_442 203. html。
③ CNNIC：《第 51 次中国互联网络发展状况统计报告》，中国互联网中心，2023 年 3 月 2日，https：//www. cnnic. cn/n4/2023/0303/c88-10757. html。

此外，随着互联网及科技企业不断向四五线城市及乡村下沉，带动农村地区物流和数字服务设施不断改善，推动消费流通、生活服务、文娱内容、医疗教育等领域的数字应用基础服务愈加丰富，为用户带来数字化便利。以网络购物为例，越来越多的服务和商品通过电商进入农村，网络购物不仅拓宽了农民就业渠道，也改变着农民的生活和消费习惯，成为农村生活消费的新风尚，而农村网络基础设施的持续改善，为农民网络购物提供了重要的基础。

（二）农村电商服务站点持续发展

长期以来，农村是电商发展的薄弱地区，农产品进城"最初一公里"和快递入村"最后一公里"的难题难以有效破除，严重影响了农村电商的发展，无法满足农村居民对美好生活的需求。2014年以来，商务部会同财政部、原国务院扶贫办共同开展电子商务进农村综合示范（以下简称"综合示范"），安排中央财政资金，支持建设完善农村电商公共服务体系，弥补农村流通基础设施短板等。农村电商服务站点的建设是电子商务进农村综合示范的重点基础设施建设项目，它以村民为直接服务对象，提供快递代收代发、网上购物、农特产品销售、生活缴费、出行订票、创业指导等服务，在便捷农村生产生活、培育农村电商良好氛围、拉动农村消费升级，带动农特产品销售，促进农民增收，促进农村经济快稳增长等方面发挥着重要作用。

与此同时，农业系统的益农信息社、邮政系统的邮乐购、供销系统的供销e家服务网点也都延伸到了乡村，集网络销售、信息服务、便民服务、物流服务、农村金融服务等功能于一身，逐步将农村服务网点打造成了线上线下相结合的一站式服务平台。随着农村电商服务体系的不断完善，其发展模式也呈现多样化的特点。天猫优品、京东帮、苏宁易购、中国邮政电商便民服务站等不同类型的农村电商服务站加速发展，以"乐村淘""一亩田""和沐"等为代表的农村或农业的专业类电子商务平台也逐渐形成其独特的农村电商服务站规模。截至2022年6月，相关部门累计支持1 489个县建设县级电商公共服务中心和物流配送中心超过2 600个，村级电商物流服务站点达15.3万个，全国建制村快递服务覆盖率达

90%，农村现代商贸流通体系加快完善①。

通过电子商务进农村综合示范工作，进一步完善了农村电商公共服务体系，推动了农村电商在很多地区，特别是贫困地区的从无到有、从弱到强，使农村电商在这些地区蓬勃发展。以浙江省第一批和第二批 23 个电子商务进农村示范县为例，已初步形成功能完善、层次分明的农村电商公共服务站点体系（见表 5 - 1）。

表 5 - 1　　　　　　　浙江省电子商务进农村示范县
公共服务站点建设（截至 2021 年 12 月底）

县区	乡镇电商服务站（个）	村级电商服务站（个）	省级示范服务站（个）	村级电商服务站点功能
安吉县	53	168	6	代买代卖、水电煤等费用缴纳、车票代买、代收（寄）快递、农村金融服务、农旅服务、生活服务、预约预订等
淳安县	23	211	41	代购代销、快递收发、费用缴存、小额存取、信息咨询等便民服务
海宁市	2	143	3	网上代购、充值等便民服务，开展网上代卖和网销农副土特产品、旅游产品
江山市	1	573	60	为村民提供代购代销、快递收发、费用缴存、小额存取、职业介绍、信息咨询等服务
缙云县	5	251	0	农产品上行，工业品下行；便民缴费；快递收发
龙游县	4	150	20	生活服务、代收代发快递、代买代卖、金融服务、交话费
桐乡市	2	101	27	网上代卖；网上代买；便民服务：手机缴费、水电煤缴费、宽带缴费、有线电视缴费；金融服务；培训咨询

---

① 就业司：《延伸营销网络、补齐流通短板　农村电商活力足》，中华人民共和国国家发展和改革委员会，2023 年 1 月 31 日，https：//www.ndrc.gov.cn/fggz/jyysr/dfjx/202301/t20230131_1347954.html。

县区	乡镇电商服务站（个）	村级电商服务站（个）	省级示范服务站（个）	村级电商服务站点功能
武义县	11	240	84	具备代买代卖、便民服务缴费、快递收发、普惠金融、电商培训"五位一体"服务保障功能
永康市	4	402	19	包含但不限于便民生活、代买代卖、农产品代销、对口帮扶产品销售、信息咨询、小额金融服务、职业介绍、旅游出行、代收发快递、党建活动中、电商平台资源对接
嘉善县	3	120	3	水电便民充值、快递存取、农产品展销、代购代销、代收代发、政策咨询、生活服务等
建德市	16	231	42	商户收单、代收代投、批销、农产品代销、话费充值、中邮驿站（快递自提点）、村邮服务等
开化县	15	255	13	收发快递、网上购物、电子车票购买、话费充值
平阳县	12	93	8	代买代卖、社区团购、代缴费、快递服务、话费充值、宽带业务、便民服务等
浦江县	15	23	1	物流配送体系、采购
三门县	0	176	21	整合村级服务点与物流站点的功能，完善站点如代缴水电费便民生活、收寄快递、便民服务、信息咨询、旅游出行等功能服务，提升服务站点存续能力
嵊州市	11	148	0	商品买卖，物流快递收发，缴费充值，便民服务等
松阳县	0	100	13	代买代卖，金融服务，代收代投，便民服务
遂昌县	10	120	—	代买代卖、便民服务、快递收发、农产品上行、消费品下行
天台县	0	128	42	快递收发站+购物消费站+金融服务站+便民服务站的"多站合一"模式
义乌市	—	80	80	快递代收发、信息咨询、便民业务等

县区	乡镇电商服务站（个）	村级电商服务站（个）	省级示范服务站（个）	村级电商服务站点功能
永嘉县	22	110	13	服务辐射周边乡村，满足基本的代销代购、收发快递、职业介绍、培训咨询、金融服务等内容
长兴县	11	206	43	快递寄递、金融服务、包装设计服务、培训服务

资料来源：笔者团队承担的浙江省商务厅《电子商务进农村综合示范绩效评价》课题收集整理的资料。

（三）农村商业网点布局持续优化

加强县域商业体系建设，促进农村消费升级，正成为当前我国促消费的重要抓手。加强县域商业体系建设，是全面推进乡村振兴的重要内容。2021 年上半年，商务部同财政部、国家乡村振兴局共同组织实施了县域商业体系建设行动，支持各地加快补齐农村商业设施短板，推动完善县域商业体系。据商务部统计，2022 年，全国建设改造县城综合商贸服务中心 983 个、乡镇商贸中心 3 941 个，便民超市等商业网点经过改造，环境焕然一新，功能更加完备①。此外，许多商贸企业在推进农村商业网点建设中发挥重要作用。以江山县左邻右舍为例，左邻右舍采用门店加盟与区域代理相结合的模式，打造"齐全、快捷、方便、实惠"的社区多功能综合服务站，成为国内便民店和城乡配送领域的领袖品牌，现已覆盖至浙闽赣三省的 61 个县（市）区，拥有 4 000 多家连锁门店，同时叠加车险代理、快递代收、快捷支付、话费充值、水费代缴等便民服务项目，形成了较为完整的社区小店生态圈，为居民提供便捷的服务。

近年来，国家陆续出台相关政策支持和鼓励商贸流通企业对传统村级商业网点进行规范化升级改造，整合多方资源，增加快递收寄、金融保险、电商、电信、农资等服务，实现"一站多能""一网多用"，对村级商业网点进行连锁化经营，统一集采和配送商品，降低采购成本，提高商

---

① 《数说中国 | 我国将实施"县域商业三年行动计划"》，中国政府网，2023 年 2 月 24 日，https：//www.gov.cn/xinwen/2023 - 02/24/content_5743067.htm。

品品质；加快网点信息化改造，加强 ERP 系统、收银系统的推广使用，提升村级商业网点库存管理和服务水平，做到及时掌握农村消费数据，开发适合农村市场消费的商品和服务。如 2021 年中央一号文件聚焦全面推进乡村振兴加快农业农村现代化，明确提出深化供销合作社综合改革，开展生产、供销、信用"三位一体"综合合作试点，健全服务农民生产生活综合平台。以重庆市为例，依托"基层供销社 + 村集体经济组织 + 农民专业合作社 + 农户"的"村社共建"模式，2021 年重庆市新发展农村综合服务社星级社 400 个，农村综合服务社总量增至 6 120 个，行政村覆盖率达 76%，惠农服务能力进一步增强。

（四）快递进村服务体系日益完善

自 2014 年以来，随着"快递进村"工程、电子商务进农村综合示范项目等的不断推进，以县级中心、乡镇中心（乡镇支局所）、村级站点为三级节点的县乡村三级物流体系建设及农村客货邮融合发展逐渐开展，为打通农村消费升级的末梢循环提供重要支撑。根据国家邮政局统计，2022 年中国累计建成 990 个县级寄递公共配送中心、27.8 万个村级快递服务站点，全国 95% 的建制村实现快递服务覆盖；基本实现每个乡镇至少 1 辆投递汽车，建制村通邮成果持续巩固，94.8% 抵边自然村已实现通邮①。

与此同时，国内邮政、供销社、电商企业的自营物流网点也不断向农村地区延伸，功能配套和作用发挥进一步加强，大大提高了农村电商物流的覆盖率。截至 2022 年 12 月，菜鸟乡村已帮助全国上千个县域 4 000 多家快递企业建设农村快递物流智慧共同配送项目，业务覆盖 1 200 多个县域、16 000 多个乡镇，县、乡、村三级共配站点近 5 万个，信息化、自动化设备在农村物流领域加速应用②。2022 年顺丰乡村服务合作站点增至 10 万家，其中新开拓了 3 万个乡村代理合作点，打造"家门口的快递"③。浙江省因地制宜推进快递进村，截至 2022 年底，全省 19 819 个建制村实

---

① 《国家邮政局：中国 95% 的建制村实现快递服务覆盖》，央视网，2023 年 2 月 22 日，https：//news. cctv. com/2023/02/22/ARTIgrNmIRhNHLyCjfLaGGsZ230222. shtml。

② 年巍：《推进农村寄递物流体系现代化》，载《经济日报》，2023 年 1 月 9 日，http：//m. ce. cn/bwzg/202301/09/t20230109_38333734. shtml。

③ 王文博：《2022 印记·新经济观察，新华社客户端》，新浪网，2022 年 12 月 28 日，ht-tps：//cj. sina. com. cn/articles/view/1882481753/703464590200104ez。

现了 4 个快递品牌进村全覆盖，8 个快递品牌服务覆盖率达 85.52%，农村快递业务量超 33.75 亿件，支撑农产品销售额 1 012.50 亿元①。

此外，为破解农村地区电商快递网点不足的困境，各地方纷纷因地制宜创新工作思路，进一步完善快递进村体系。江苏省通过推动实施"邮政在乡""快递下乡"换挡升级工程，推动农村发展第三方配送、共同配送，建立完善农村公共仓储配送体系，加强大数据、云计算、物联网等现代信息技术在农村电商中的创新应用，大力发展智慧物流。浙江遂昌县通过编制代办清单、整合硬件资源、打造专业团队等方式，将全县 260 个村级电商服务站点打造为代办站点，240 名街乡镇合伙人和村级代理人加入"赶街跑小二队伍"，将农需品便民服务、乡村旅游、惠农政策信息法规、政府公共服务、农村资金扶持等群众关心的 40 项民生事项送下乡，推动"最多跑一次改革"向农村延伸。

（五）重点领域换代消费日渐活跃

当前我国脱贫攻坚已取得全面胜利，"两不愁三保障"等生存性问题得到了根本解决，加之新农村建设的不断推进，农民的生活质量得到不断提升，消费理念逐渐转变，农村消费升级加快实现，更加致力于追求高品质生活。此外，为进一步促进消费回升和消费潜力释放，相关政府部门着眼于农村地区，并出台相应的促消费措施。如 2021 年 1 月 5 日商务部等 12 部门发布《关于提振大宗消费重点消费促进释放农村消费潜力若干措施的通知》，对促进汽车、家具家电、餐饮等大宗消费、重点消费领域做出具体部署，也推动家电、家具、家装、汽车等品类成为农村居民换代消费的重点领域。北京贵士信息科技有限公司（QuestMobile）发布的《2022 下沉市场洞察报告》显示，下沉市场（县镇及农村地区）为各行业提供重要流量支撑，增量 5 000 万以上的行业，下沉市场贡献率均在 60% 以上，其中移动购物下沉市场贡献率达到 62.8%，净增量 6 676 万②。

以家电行业为例，中国家电行业经过多年高速发展，一二线城市的市场竞争已趋于饱和，逐渐开始拓展农村市场，且随着家电下乡等相关政策

① 赵晨等：《浙江因地制宜深入推进快递进村持续助力乡村振兴》，浙江邮政管理局官网，2023 年 1 月 3 日，https://mp.weixin.qq.com/s/KRwaVK0NKXa5C35g50iyMQ。

② 网经社：《Quest Mobile：2022 下沉市场洞察报告》，网经社，2022 年 6 月 7 日，http://www.100ec.cn/detail‐‐6612692.html。

的实施，农村市场成为重要的增长点。根据中国电子信息产业发展研究院发布的《2021 年中国家电市场报告》显示，占人口 70% 的下沉市场在家电零售额中占比为 31.5%，市场规模达 2 775 亿元，同比增长 8.9%，增幅远高于整体市场，成为家电市场最具增长潜力的一极①。作为集成灶行业龙头企业，浙江美大实业股份有限公司的销售数据显示，截至 2022 年第 52 周，集成灶相关产品在一般县级市场和不发达县级市场等欠发达地区的销售额较 2021 年同期分别增长了 5.85% 和 12.26%。与此同时，电子商务进农村、县域商业体系建设等的持续推进，电商公共服务体系、县乡村三级物流体系等的日渐完善，为优质工业品下乡创造了基础。根据京东消费及产业发展研究院发布《2022 数字经济 + 乡村振兴发展指数报告》，近 3 年服务、工业品在县域农村地区的成交额年均增长率都超过了 100%。

（六）农村新兴消费市场逐渐兴起

农村市场是发展新型消费、推动消费升级的重要着力点，随着新技术驱动及扩大内需战略的深入实施，农村消费理念的逐渐转变，以电商为依托的新兴消费市场不断兴起，农村电商提质升级，电商兴农不断深入。根据商务部统计的数据，2022 年全国农村网络零售额达 2.17 万亿元，同比增长 3.6%。其中，农村实物商品网络零售额 1.99 万亿元，同比增长 4.9%；全国农产品网络零售额 5 313.8 亿元，同比增长 9.2%，增速较 2021 年提升 6.4 个百分点，农村用户网络消费习惯逐渐养成②。以在线教育与互联网医疗为例，截至 2022 年 12 月，我国农村地区在线教育和互联网医疗用户分别占农村网民整体的 31.8% 和 21.5%，较上年分别增长 2.7 个百分点和 4.1 个百分点，增长速度较快③。

农村地区已成为线上消费新的增长源，越来越多的农民开始触网，电商、直播带货等新型消费模式走进农村，打通了农特产品上行和优质工业品下行的双向互动渠道。尤其在农村电商市场规模已突破 2 万亿的当下，

---

① 赵阳：《中国家电消费市场规模去年已达 8 811 亿元 "绿色 + 智能"，家电消费升级了》，新华网，2022 年 8 月 15 日，http：//www. news. cn/fortune/2022 – 08/15/c_1128914955. htm。

② 商务部新闻办公室：《2022 年网络零售市场发展情况》，中华人民共和国商务部，2023 年 1 月 30 日，http：//www. mofcom. gov. cn/article/xwfb/xwsjfzr/202301/20230103380919. shtml。

③ CNNIC：《第 51 次中国互联网络发展状况统计报告》，中国互联网中心，2023 年 3 月 2 日，https：//www. cnnic. cn/n4/2023/0303/c88 – 10757. html。

农村网络零售额的增速多年高于全国电商整体增速，农村市场已经成电商平台"争夺"焦点，各大电商平台通过特价版、扶持中小商家、百亿补贴、数字化下乡、物流下沉等方式，发力布局农村市场。2022年上半年，抖音（含极速版）、拼多多、京东三个MAU在亿级以上的App，来自下沉市场新用户贡献率均超过50%，而抖音极速版多达63.3%的新用户来自下沉市场。此外，自电子商务进农村、县域商业体系建设行动等的不断推进，物流配送中心、村级便民商店等商业基础设施短板不断补齐，在一定程度上提升了农民网络购物的便利性。以山西省怀仁市为例，2023年2月3日怀仁市商务局携同电子商务公共服务中心、苏宁易购在"何家堡乡电商服务站点"开展工业品下行活动，通过现场讲解、发送海报等多种方式，向群众宣传介绍了售卖产品的标准、品质等各方面知识，提升农民对网络渠道产品的信任度，进一步促进农村电商的发展。

二、共同富裕时代电子商务赋能"工业品下乡"存在的问题

（一）农村电商消费基础设施有待提质升级

一是农村商业网点需优化。加快推动农村传统商业网点改造升级，是发展县域商业、促进农村消费的重要抓手。然而，县域商业尤其是村镇商业发展依然滞后，商业设施不够完善，功能结构单一，特别是在中西部地区的萎缩村，商品和服务供给普遍不足。二是快递进村设施需强化。在一些人口稀少、位置偏远的农村地区，由于电商物流配送站的建设成本高、运营成本高、使用效率低，配送站的覆盖率依然较低。从快递体系上看，农村地区业务量少，导致快递企业"不愿下""下不去"，下去了"稳不住"；从邮政体系上看，邮政配送进村的时效性差，难以有效满足农民对快速获得网购产品的期望。三是农村电商服务站点功能需拓宽。近年来，随着电子商务进农村的不断推进，农村地区建设了大量电商服务站，在促进农村消费，提供当地农民生活便利等方面发挥了重要作用，但村级电商服务站主要以物流、生活缴费、对农销售等为主，在电商指导、产品宣传、信息传播等方面的功能未充分体现，对推动工业品下乡的力度不够。同时，许多农村地区有多个电商服务站点并未得到有效利用，由于快递、

物流等职能重复，出现"无人站""闲人站"等现象。

（二）农村新兴消费需求有待进一步激发

一是农村地区的消费观与城市居民存在较大差距。城市居民特别是大城市的居民接受新事物和新思想相对更多也更快，而农村居民消费观念往往落后于城市居民。奢侈品的消费、品牌的消费、电商消费新模式等更容易获得城市居民青睐，而乡镇及农村居民更喜欢质优价廉的商品，更依赖传统的到店消费，对电商等新兴消费模式的认可度及接受度不高。二是农村老龄化导致对新兴消费的参与度不够。由于大量青壮年农村劳动力进城务工，农村常住人口中 65 岁以上老人和 14 岁以下儿童所占比重较高，而这两个群体参与网络购物等新兴消费模式的意愿和能力都较为不足。根据第七次全国人口普查数据显示，乡村人口为 5.09 亿人，与 2010 年相比，减少 1.6 亿人；乡村 60 岁、65 岁及以上老人的比重分别为 23.81%、17.72%，比城镇分别高出 7.99、6.61 个百分点①。

（三）农村电商放心消费环境需加快构建

一是农村电商放心消费环境需优化。我国农村地区的消费环境在硬件和软件两方面，与城市相比都有较大的差距。在硬件方面，以城市新零售为例，近年来线上线下相结合的新零售方兴未艾，不仅将线上流量导入了线下，也带动了部分商品的网络销售，而我国农村零售市场普遍存在分销与代理层级过多、渠道成本过高、配送难和售后服务跟不上、商业基础设施短板较多等问题。据调查，我国农村地区人均商业设施占地面积只有城市的1/10。人均商业设施的不足，严重阻碍了线上线下一体的新零售业态在农村地区的开展。在软件方面，农村消费者对农村消费的满意度总体较低，存在假冒伪劣产品多、商品种类少、服务不到位等问题。二是农村的售后服务体系需完善。农村地区工业品售后服务体系普遍存在售后维修从业人员素质偏低、售后维修配件价格高、维修网点"三乱"现象严重（乱收费、乱接维修品、乱修家电）等。以家电行业为例，一二线城市的家电售后服务体系基本完善，而在一些经济不发达的三线城市包括县、乡一级

---

① 《农村老龄化加剧，谁给养老？谁来种地？》，澎湃新闻，2021 年 5 月 11 日，https：//www. thepaper. cn/newsDetail_forward_12640641。

的家电售后市场，售后服务体系还未建立健全，对农村消费者售后服务需求的满足远不如城市，这在一定程度上制约农村重点领域换代消费。

（四）收入瓶颈对消费的约束需进一步破除

近年来，我国农村地区居民增收较快，但人均可支配收入依然较低。2022年全年农村居民人均可支配收入达到20 133元，仅为城市居民的40.77%，进而限制了农民的消费支出，尤其是我国农村地区居民消费支出与可支配收入的比值已经达到82.61%（见图5-3），这一比值超过城镇居民20.94个百分点[1]。因此，在农民收入没有大幅度增长的情况下，继续挖掘农村网络购物的消费潜力，将面临较大困难。笔者在陕西省调研农村电商时了解到，部分乡村因网络购物的兴起，农村集市活跃度有所下降。因此，面对收入瓶颈对消费的约束，需进一步加大稳就业力度，加大财政资金对低收入农民的帮扶力度，同时发展新型消费，以便利农村居民消费。

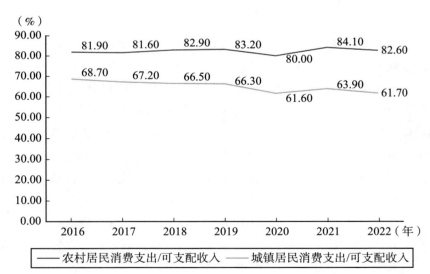

图5-3 我国农村、城镇居民消费支出与可支配收入比值（2015~2022年）
资料来源：国家统计局数据。

---

① 杨雅婷：《农业农村部：2022年我国农村居民人均可支配收入实际增长4.2%》，中国经济网，2023年1月18日，http：//m.ce.cn/yw/gd/202301/18/t20230118_38354481.shtml。

(五) 本土农村电商主体仍有待进一步培育

农村电商主体包括电商经营主体和电商从业人员。从电商从业人员来看，农村电商人才是农村电商发展的基础，也是推动农村电商发展的重要力量，但是目前农村电商从业人员整体素质不高，计算机网络等现代信息技术能力不强，甚至出现人才严重流失现象，加之农村中青壮年人力匮乏，高龄老人和婴幼儿居多，导致农村电商人才匮乏，已经成为制约农村电商发展的一个突出短板。一是农村居民受教育水平普遍偏低，接受能力较弱，无法满足电商对从业人员的要求；二是农村工资、待遇、地区限制、软环境等缺乏吸引力，无法留住农村电商发展专业人才；三是本地青年群体外流，返乡就业群体较少；四是农村电商人才培训体系不健全，现有电商人才培训大多依托电商培训公司、职业教育学校或培训机构，并采用授课形式，缺乏明确的培养目标及制度约束，致使培训效果无法达到预期。从电商经营主体来看，农村电子商务的经营主体很多都是小规模进行生产的个体农户，这些农户往往都是将自己种植和生产的农产品通过第三方电商平台售卖，专门从事电商的企业数量少、规模小，缺乏龙头型电商企业。因此，农村电商主体的培育还需进一步加强。

第三节 共同富裕时代电子商务赋能"工业品下乡"的典型案例与经验启示

一、赶街网："县域电商"模式*

(一) 模式内涵

赶街模式以深耕县域经济为目标，为农村电商发展提供工业品下乡、农产品进城和公共配套等综合服务。通过构建县—村两级的电商服务网

---

* 案例来源：根据浙江省电子商务进农村示范评价工作资料，以及笔者团队开展浙江省电子商务进农村示范绩效评价及调研工作搜集的资料，进行整理得到。

络，深耕村一级电商服务站，打通了电子商务进村入户的最后一公里。该模式摸索出了一条县域电子商务生态的成长路径，在对广大农民启蒙电商意识、形成相关技能方面发挥了重要作用。

（二）基本情况

浙江赶街电子商务有限公司是一家从事农村电子商务的公司，其定位为连接乡村与城市的互联网公司，致力于实现乡村与城市之间资源共享、互通。马云在遂昌考察时曾盛赞"赶街是我见过的最好的农村电商模式"。该公司于2014年正式成立，主要业务涵盖了电子商务、本地生活、农村创业三大业务板块的20多项。该公司以农村植入、普及、推广电子商务应用为核心，充分发挥电子商务优势，突破信息和物流的瓶颈，从而实现"消费品下乡"和"农产品进城"的双向流通功能，为交通不便利、信息相对落后的农村居民在购物、售物、缴费、创业、出行、娱乐资讯获取方面提供一站式服务。2015年5月，赶街承办了农业部全国信息进村入户工作现场会和商务部全国农村电子商务现场会两项活动，并于同年10月成为商务部《农村电子商务工作指引》《农村电子商务服务规范》两项标准的起草单位，2017年7月，赶街再次承接商务部《国家农村电子商务强县（市、区）认定办法》的起草工作，并在同年第三季度获阿里巴巴战略投资。截至2021年3月，赶街服务体系已在全国17个省、49个县（其中含16个国家级贫困县）、12 000多个行政村落地，服务覆盖1 600多万村民。

如图5-4及图5-5所示，赶街的业务模式包括农产品上行体系、消费品下行体系和公共服务体系三大部分。其中，最主要服务是农产品上行体系，包括了供应链管理服务和营销体系服务。从工业品下乡电商的角度看，赶街构筑了一个较为完整的下行服务体系，包括了支付、城乡物流、便民和售后等多重功能。2016年以来，赶街正式启动从农村电商到乡村生活服务平台的战略转型，推出3.0战略，以县、乡、村三级合伙人为核心载体，基于移动互联网平台，实现服务下乡、村货进城的双向服务链接。在原有业务的基础上，转型乡村生活服务平台，涵盖农民求职、特卖、金融、保险、村货上行、娱乐等需求的全方位生活服务。其电商模式如图5-6所示。

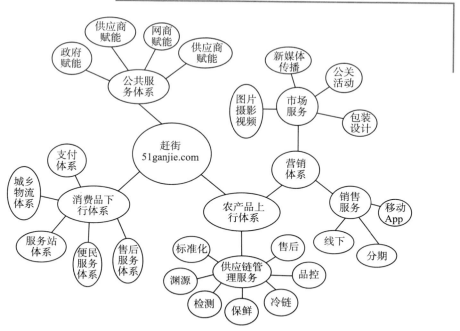

图 5 - 4　赶街网业务框架

资料来源:《中国农村电商 运作与案例分析》,上海财经大学出版社 2018 年版。

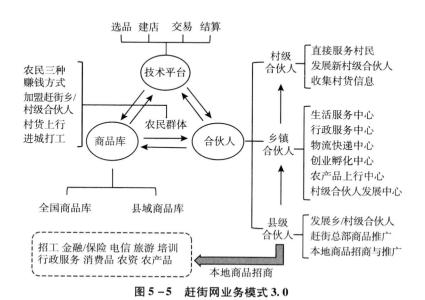

图 5 - 5　赶街网业务模式 3.0

资料来源:由笔者绘制。

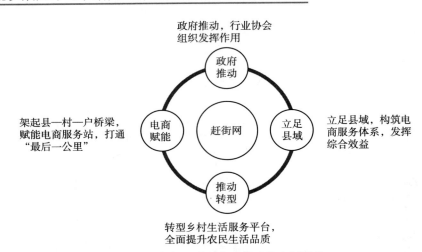

图 5 – 6　赶街网县域电商模式的主要做法

资料来源：由笔者绘制。

（三）做法经验

一是建设以集约发展为重心的县级电商服务中心。赶街网与政府合作建立电商服务中心，并打造网店会员与供应商"信息共享、资源互补"的服务性公共联合平台，依托"赶街"大数据，在生产分散化的前提下，实现销售集中化，从而获得更广阔的销售市场和更强的议价能力。建立"七统一"的标准化运营模式，即统一培训、统一采购、统一仓储、统一配送、统一物流、统一包装、统一服务。会员只负责线上接单，采购、配送、结算等线下运营都可委托中心全程代办，为"大众创业、万众创新"提供新引擎，在推进农村繁荣、带动农民增收、促进农业增效、促进消费转型升级方面发挥了重要作用。

二是建立以村级服务站体系为重心的消费品下行体系。构建村级服务站点为村民提供电商服务，并通过服务站的物流中转，解决物流"最后一公里"问题。赶街网推动村级服务站点通过整合"组团采购、金融支付、缴费服务、城乡物流、信息获取、售后配套"等各方面业务，获取足够的盈利支持，不但改变了农村商业环境现状，也能促进农村传统消费购物习惯的改变，有效弥合城乡二元化带来的裂痕，让农民享受到与城市同等便利的生活方式，让农户真正节省资金。据统计，遂昌的"赶街"站点，每年至少能为农民节约生产生活成本 500 万元以上。

三是建设以培训、上行等为重心的服务体系。赶街网鼓励"草根创业",助力乡村振兴,结合网店协会的职责,探索出一套针对县域农村电商人才培育机制。在政府牵头下,与相关院校联合成立遂昌县农村电子商务学院,开展青年电子商务创业大赛,为相关服务业提供大量电商理念知识培训。同时,联合政府挖掘当地禀赋,打造"一村一品"区域产业,如"茶叶村""青糕村""笋干村""番薯干村"等20余个网上销售产品特色村,为低收入农户带去"互联网+"的全新思维,让他们搭上信息化的快车,推动低收入农户持续稳定增收。如金竹镇利用"赶街村货"平台销售,实现100余名低收入农户增收近20万元。

(四)取得成效

经济效益。赶街已成为我国最大的农村创业生活服务平台,业务已经覆盖全国17个省、43个县、12 000多个行政村,服务覆盖1 600多万村民,平台交易额突破11亿(核心业务包含农产品、乡村消费电商、物流、金融及培训等业务),服务总次数达870多万次,服务总人数达320万人。

社会效益。遂昌赶街模式较好地解决了电子商务进农村所面临的主要困难,如推进工业品到村、提升农民网上购物的技能等。在政府支持下,依托赶街网赋能,2022年,遂昌县农产品网络零售额实现4 272万元,同比增长31.76%。遂昌本地已有网店2 000多家,网货供应商300多家,第三方服务商40多家,农村电商从业人员8 000多人。自开展结对帮扶以来,"赶街模式"协助四川省通江县157个贫困村全部摘帽,累计32 764户112 202人脱贫,贫困发生率由3.46%降至0.20%。同时带动通江网商数量两年内增加2 727家,培育电商致富带头人200余名、从业人员6 000余人,这一案例入选了国务院扶贫办社会扶贫司主编的《2018年全国电商扶贫典型案例》。

二、汇通达:"平台赋能"模式*

(一)模式内涵

汇通达主要是依托互联网平台经济,整合农村零散的夫妻店,提供商

---

* 根据笔者团队承担的商务部重大招投标课题《提升电子商务进农村》工作搜集的相关资料,进行整理得到。

品、金融、信息工具和营销等支持，同时为相关企业提供各类商业数字化服务，推动农村传统实体商业的转型升级，助力工业品下行。

（二）基本情况

汇通达于 2010 年在南京成立，是中国领先的利用数字化技术和供应链能力赋能服务乡镇夫妻店的产业互联网公司。如图 5-7 所示，汇通达除了整合会员店需求，向上游厂家直接采购外，还加强了对终端客户进行店面、顾客、货品管理的指导和培训，提升农村小商户的经营水平和盈利能力，拓展了金融服务，引进非家电类产品，逐步构建出立体化、多层次的农村电商经营体系，打造面向中国农村地区的生态电商平台。交易业务与服务业务相互促进所构成的"飞轮效应"，不仅满足客户多样化的经营需求，同时也成为公司新的高速增长点。

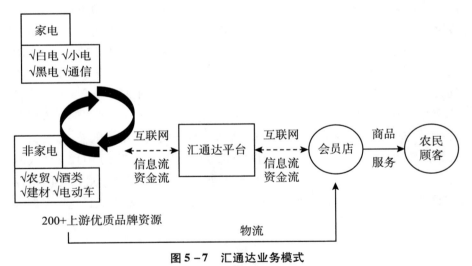

图 5-7　汇通达业务模式

资料来源：中国管理案例共享中心。

（三）做法经验

如图 5-8 所示，具体而言：

一是建立"区客店代"运营体系。企业根据国内农村地区市场特点进行管理，建立了"区客店代"的运营体系。"区"是指汇通达分部的区域运营经理。主要负责区域的标准制定、培训管理等，平台公司负责具体执

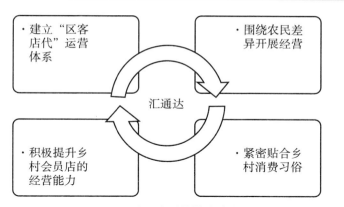

图 5－8　汇通达平台赋能模式的主要做法

资料来源：由笔者绘制。

行。"客"是指负责发展运营乡镇会员店的客户经理，每个人包干几十家会员店，负责面对面谈、手把手教，直接对接会员店，负责新店拓展、老店服务。"店和代"则分别指会员店和代理人。汇通达为成为会员的夫妻店开发管理进销存等业务的后台系统，将所有会员店的后台连接起来，整合其需求信息，统一向上游厂商采购商品；前端仍充分保持其灵活性，不要求统一门头、标志、价格。会员店下面发展代理人。做得好的老板能发展二三十个代理人，代理人甚至能为一场活动带来几十万元的成交。这一密集的人网构成了汇通达最接地气又最有效果的精准营销与顾客维护。

二是围绕农民的差异化需求开展经营。近年来，随着农村消费者购买力的快速提升，消费者需要的不再是低端产品，而是与他们的购买力及消费习惯相匹配的产品。汇通达平台为每个农村家庭打上 200 多个数字标签，对农村家庭消费者进行精准画像，深入了解用户需求。由企业总部提供共享库存，通过信息化平台，由会员店自主发起供货需求，不同于原有市场经销商打款压货的模式，会员店可根据自身经营状况和本地化需求向平台公司进行采购，充分满足会员店的差异化需求。此外，企业建立了"最后一公里"公交化的物流，确保上游的优质产品资源能够高效地满足会员店需求。

三是积极提升乡村会员店的经营能力。企业为会员店提供各类个性化的系统和工具，如：智慧门店系统、超级老板 APP、芯片会员卡、高清触摸展示屏、汇掌柜、超级经理人。满足会员店线上交易、下单、进销存管理、查看业绩等功能，并提供系统线上微课培训。同时，基于会员数据，为会员店提供消费金融的服务满足农村消费者赊销的消费习惯，提供商业保理等供应链金融服务，帮助其完成资金周转，降低其运营成本，满足了会员店原先因规模小、资金有限而贷款困难的资金需求。

四是紧密贴合乡村消费习俗。汇通达整合城市优质资源，为农村消费者提供全方位的农村生活服务内容，解决农民生产生活的痛点。企业结合农民地域实际，帮助会员店组织各类线上线下相结合的会员体验活动，帮助会员店服务粉丝，同时帮助农民们找到合适的商品与服务。企业积极引导会员店构建农村线上社交网络，挖掘农民真实需求，最大程度地发挥会员店组织的能动性，在与消费者建立、维系关系的同时进一步拉动会员店销售。

（四）取得成效

经济效益。平台建成后，从零售商业预测、供应链优化以及定价优化到服务标准化、产品化、数字化，形成智能决策、智能采购、智能运营，对公司产业链上下游企业数字化业务进行基于大数据的智慧化服务，提升了全产业链上面向乡镇门店的经营服务与创新创业能力，加速盘活了农村资源，促进了乡镇经济良性循环。据统计，截至 2023 年 6 月 30 日，公司已形成覆盖中国 21 个省及直辖市、2.4 万多个乡镇的零售生态系统。业务覆盖 21.76 万多家会员零售门店。商品覆盖消费电子、农业生产资料、家用电器、交通出行、酒水饮料、家居建材七大品类。

社会效益。一是完善了农村新型数字化商业流通设施。通过"薪火计划"和一系列的"5 + 服务"，汇通达将互联网的基础设施、技术、工具赋能给乡镇夫妻店，把传统夫妻店从"靠天吃饭"的困境中解脱出来，助力其升级为数字化零售实体，成为拥有"数字化思维"和"数字化能力"的农村商业数字化底座和新基建，成为上接产业、下触农村消费终端的"超级端口"。二是拉动了农村内需，释放农村潜在的消费需求。2022 年，汇通达已开展培训超 4.4 万场次，帮助会员店开展"年货节""丰收节""乡镇集市购物节"等营销活动超 2.4 万场次；三是带动了农村创业和就业，助力农村脱贫致富。截至 2023 年 7 月，已累计培训农村电商人才超 10 万人次，带动 3 万多名"新农人"回乡创业就业。

企业效益。汇通达助力了广大青年回乡创业、帮扶了乡镇小店进行数字化升级，已经成为中国农村电商平台领域的独角兽企业。公司先后被评为：中国企业 500 强、中国服务业企业 500 强、中国互联网综合实力 TOP100、中国产业互联网百强榜前十强、国家数字商务企业、国家电子商务示范企业、国家高新技术企业、国家鼓励的重点软件企业、全国供应链创新与应用示范企业、中国战略性新兴产业企业、江苏省数字乡村服务资源池首批入池单位、《财富》500 强等。

三、零售通："供应链数字化"模式*

（一）模式内涵

阿里巴巴零售通是阿里巴巴针对线下传统小店推出的，集采购、供应链、门店智能经营、客户运营、轻加盟品牌连锁便利店等于一体的数字化解决方案平台，旨在通过互联网实现对传统便利店的数字化改造升级，帮助传统便利店走向智能化、品牌化、连锁化发展的新尝试。

（二）基本情况

阿里巴巴零售通隶属于阿里巴巴（中国）网络技术有限公司，阿里巴巴（中国）网络技术有限公司成立于 1999 年，是阿里巴巴 B2B 事业群下零售通业务的运营载体，是国家高新技术企业，在企业电子商务服务方面获得授权和正在申请中的专利超过 900 件。经过近 5 年发展，零售通在成交量、覆盖率、品牌规模上已发展为全国第一的快消品 B2B 线上采购平台。已有 6 000 个快消品品牌，近万名经销商入驻零售通平台，服务全国超过 150 万家小店。如图 5-9 所示，零售通供应链作为阿里巴巴新零售生态体系中 B 端供应链平台的构建者，协同上游快消品商家、经销商、下游小店，联合阿里巴巴生态体系中的供应链产品中台、菜鸟网络平台、蚂蚁金服、阿里云等，内外部协同发展，共同加速供应链团队成长为数字化、智能化的新型商业平台。

 ＊ 案例来源：根据笔者及团队参与调研工作搜集的相关资料，进行整理得到。

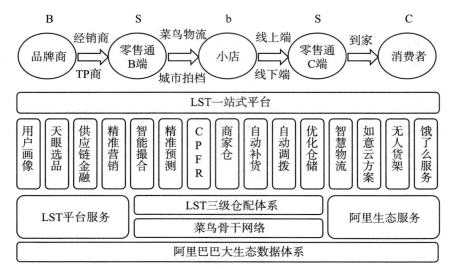

图5-9　"阿里巴巴零售通"供应链链路

资料来源：根据笔者及团队承担《杭州市供应链创新与应用试点报告》整理得到。

（三）做法经验

如图5-10所示，具体包括以下6种方式：

一是构建数字化驱动的智能供应链网络。零售通搭建起以两级仓配网络为基础，城市仓为核心，覆盖全国22个省市、200多个城市、150万家小店的快消品B2B2C的智能分销网络。根据仓网布局、运距分层等，通过吸纳与赋能社会资源，零售通配网已经构建出以落地配、城配、干配三种模式共存的配送网络，实现对小店的T+2快速触达。根据配送网络，仓配模式主要分为单仓城配、双仓城配以及落地仓城配三种模式，针对不同区域，不同城市，进行仓配组合服务，从而形成一张数字化驱动的智能仓配网络。

二是信息流、物流、资金流三位一体，搭建供应链开放平台。零售通初步搭建了全链路闭环的智能供应链平台，并不断推动整个生态体的供应链平台升级。主要从三方面展开：在信息流方面，零售通开发"天眼"项目和"地动仪"项目，通过描摹小店画像，刻画小店需求，快速定位小店需求，实现精准营销；在物流方面，小店订单配送路径，配送时效等物流状态已通过智能产品进行实时监控，订单配送全程对小店透明；在资金流方面，从商品端、承运商端、小店端都运用技术做了更新，使得运营更加顺畅。

三是有效利用行业渠道优势，打造供应链共赢生态圈。针对B端与C

端的差异性，结合快消品不同行业下沉渠道的特点，物流商软硬件资源复用与整合，通过全链路产品的打通，开展了一系列创新举措，打造新零售供应链共赢生态体系。创新举措包括云实仓共配网、轻资产渠道下沉、商家分层与用户分层供应链解决方案等。为进货难的小店解决货品丰富度的痛点，也为品牌商分销渠道下沉问题解决燃眉之急，形成共赢的局面。

四是建立终端门店 B2B2C 链路，推动门店数字化发展。零售通将社区门店按照点位、覆盖人群等不同，分类为 16 类 96 种，应用大数据及算法，预测地区商品流通趋势及补货。在社区门店安装智慧管理系统，回流品牌商品销售数据及销售价格，为品牌商业务员接入零售通工作台，最终将数据回溯至品牌商，帮助品牌商了解社区小店销售情况、指导商品排期排产及品类设计。研发"如意"智能门店管理设备，并持续投入人力精力，不断完善收银管理、商品管理、报表管理等基础门店管理功能；开发会员体系及配套小程序系统，为小店提供会员私域运营功能；优化小店在架商品一键直通外卖服务，帮助小店提供到店及到家两种经营模式。门店智慧管理系统还可帮助门店清晰消费者画像，协助其进行定价、补货，并提供到店到家两种服务，直接触达终端消费者。

五是推动供应链绿色化、标准化发展。通过阿里独有的数据技术分析能力，将符合当地需求的商品大量布局到城市仓，推动集货调拨项目，利用五大区域仓现有资源建立集货仓，让中小商家将各城市仓的库存商品聚合到集货仓中，再通过整合干线资源，每周高频少量向城市仓进行库存调拨，帮助中小商家解决多仓送货难成本高的问题，降低商家库存滞销缺货风险；也降低城市仓库存周转天数，缓解仓库仓容紧张的压力。同时在零售通打造的生态经济体中，其数字化供应链平台为品牌商、经销商、配送商、中小微创业企业等社会各级资源进行节点赋能，从而有效推动供应链标准化建设。

六是加大对供应链金融发展的支持力度。零售通联合菜鸟、网商银行等阿里生态内部资源，共同推出针对不同风险层级的商家端及小店侧的相关金融产品。商家端金融体系通过将不同层级商家在平台的应收和存货打包，推出预付融资、备货贷、仓储融资、极速到账等，有效满足商家采购、备货等的资金需求，提高商家资金周转效率，增强平台控商能力。在过程中，零售通还通过商家信用管理、品类信用、经营情况及实际流水等方法控制授信额度，辅以一系列金融管控手段降低风险，促进平台生态健康发展。与此同时，零售通背靠蚂蚁信用体系，向小店推出赊购、信用贷及无忧购，有效缓解小店备货压力以及设备采购压力，协助小店的快速转型升级。

Ⓐ 构建数字化驱动的智能供应链网络

Ⓑ 信息流、物流、资金流三位一体，搭建供应链开放平台

Ⓒ 有效利用行业渠道优势，打造供应链共赢生态圈

Ⓓ 建立终端门户B2B2C链路，推动门店数字化发展

Ⓔ 推动供应链绿色化、标准化发展

Ⓕ 加大对供应链金融发展的支持力度

图 5 - 10　零售通模式内涵与主要做法

资料来源：由笔者整理绘制。

（四）取得成效

经济效益。阿里巴巴零售通业务经过近 5 年的发展，协同上游品牌商、经销商、供应链生态伙伴、下游社区小店等，逐步摸索出快消品B2B2C 分销渠道数字化供应链体系，并不断优化完善。零售通平台聚集了超过 6 000 个大型品牌商和经销商，商品种类丰富，品质可控。在仓配体系建设方面，全国搭建 40 个仓库，其中包含 5 个区域仓，35 个城市仓。面积约 43 万平方米，服务范围覆盖 192 个城市的 1 008 个县域，累计服务全国 150 万家社区小店，帮助 18 万社区小店进行数字化转型，累计授权超过 6 000 家天猫小店，改变了传统社区小店采购方式，为社区小店带去高质量多品类商品，丰富周边居民采购便捷性。带动线上快消品牌进入线下渠道，区域内品牌走出区域发展。

社会效益。一是提升供应链的协同能力。零售通打造的智能分销网络准确地掌握终端的消费状况，作出较为准确的分销计划，协同上游生产商更准确地作好生产计划。各级仓库能够保持综合成本低、准时补货的能力，敏捷地响应零售商的补货计划。商品全生命周期管理合理地为零售商做好商品汰换的准备，生产商能够及时获得市场的消费趋势，提前做好消费品的升级更新。二是优化零售商消费品品类。依托对零售端的消费者画像、销售环境分析和阿里巴巴大生态数据体系，准确捕捉消费需求，优化零售商品的品类和数量，避免传统零售商商品销售同质化竞争严重的问题，加快消费品流通，增加零售商的坪效。改变了传统社区小店的采购方式，结合周边居民的采购特性，为社区小店带去高质量多品类商品，为周边居民提供便捷采购。三是为生产商建立流通渠道。在零售通平台化运作模式的运用方面，有效帮助线上销售良好但无能力打造分销渠道、下沉到零售店铺的中、浅度分销的生产商建立了直达销售端的流通渠道，使线上品牌快速下沉到线下的零售终端，促进品牌的推广、市场开拓，节省了大量的流通渠道建设的成本，帮助企业快速成长。

四、美顺达："连锁便民网络"模式*

（一）模式内涵

美顺达通过发展加盟商方式在农村地区建设连锁便民体系形成销售网络，并以加盟点物流配送业务为基础，不断拓宽工业品下乡的业务领域，增加经济收益，实现以商流带物流，以物流促商流的良性发展。

（二）基本情况

浙江美顺达物流股份有限公司建立于 2006 年，多年来贯彻落实以诚为本、客户至上的核心价值观，拥有专业化的服务团队，以"仓干配"一体为核心，切入专线运输，形成集中采购、仓储、城配、装卸、包装、落地配等一站式供应链服务。如图 5 - 11 所示，公司致力于服务三农，服务农村，立足仙居，以仙居本土为基点，探索出一条适应区域发展的城乡物流配送体系。为农村店铺、企业周边的厂区店铺、景区周边的店铺以及学校周边的校区店铺提供线上线下供应链服务。截至 2022 年，美顺达已完成了农村三级服务网络，包括生活资料、生产资料、物流信息调度等多个配送中心、20 余个货运服务站、400 多个农村配送服务点的建设，使仙居农村能基本实现在交通节点都有农村货运站，基本实现城市产品下乡、农村产品进城。

---

　　* 案例来源：根据浙江省电子商务进农村示范评价工作资料，以及笔者团队开展浙江省电子商务进农村示范绩效评价及调研工作搜集的资料，进行整理得到。

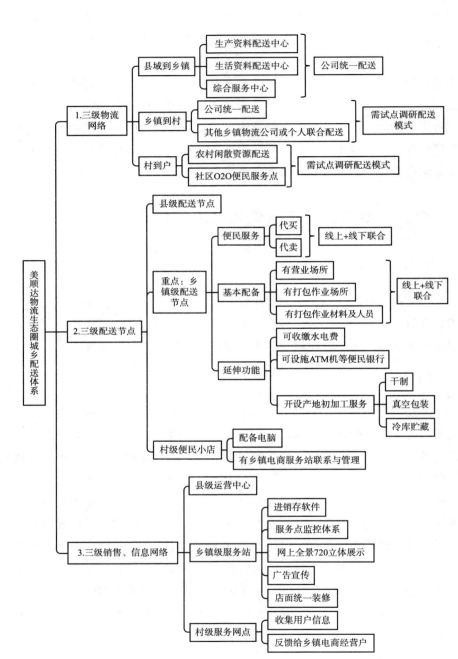

图5-11　浙江仙居美顺达的物流+配送+销售的服务网络
资料来源：由笔者绘制。

（三）做法经验

如图 5 – 12 所示，具体而言。

一是构建三级服务网络，不断提高农村地区配送时效。由政府牵头，美顺达参与打造了"县—乡镇—村"三级服务网络，并借鉴"左邻右舍"和"十足"等便民连锁超市运营模式，通过加盟形式建设连锁便民体系，以商流带动物流发展，并与先行企业进行资源互补，加快发展速度。同时，美顺达还与各大快递公司合作，对到达仙居县城的快递，后续配送均由美顺达完成；通过聚货易购平台对接发展乡村生活服务平台，初步实现 2 小时农村配送网，30 分钟社区配送目标。

二是开展差异化经营，确保业务与当地农民需求紧密结合。美顺达根据当地所处交通节点、乡镇特色农业、工业发展情况等因地制宜地设置货运站。比如仙居杨梅的主要产区步路乡是以服务水果为特色的货运站，该站集仓储、保鲜、加油、冷链于一体，方便农副产品的保鲜及冷链运输。还有服务于电子商务、工艺生产资料的货运站，此类站点通过采取把保鲜库改造成洗车便利店、电瓶车充电桩等便民服务措施，增加站点收入。随着物流配送体系各网点建设的逐步完善和实际投入应用，农村城乡之间商品实现了生产与流通的无缝对接，加快了城乡农资产品的运转速度，带动了区域经济发展和农民增收。

三是搭建数字服务平台，实现上行和下行的有机统一。美顺达探索建立了农业生产信息平台，以便利购信息网络为载体形成 P2R、O2O 等电商平台，为农业生产提供综合网络信息服务。顺美达的信息化系统平台，不

构建三级服务网络，不断提高农村地区配送时效

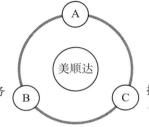

开展差异化经营，确保业务与当地农民需求紧密结合

搭建数字服务平台，实现上行和下行的有机统一

图 5 – 12　浙江仙居美顺达模式的主要做法

资料来源：由笔者绘制。

仅为农业生产提供农副产品代销代卖、包鲜储运、加工销售、融资等农产品进城方面的上行服务，还利用企业自身的聚货易购、聚货网、美顺达配送等 APP，为合作门店提供各类商品，引导加盟店、农民客户在 App 客户端直接下单，实现了工业品下乡方面的下行功能。

（四）取得成效

经济效益。结合自身现有配送业务，美顺达通过与多家快递公司合作承接县城到农村的配送业务，整合仙居末端配送资源，促进了物流配送效益提升。2022 年 3 月，凭借深耕农村，提供多年优质供应链服务，美顺达农产品供应链体系建设项目获农商互联农产品供应链建设项目扶持政策补助 1 500 余万元，并于同年 8 月，成功获得中央专项资金支持。

社会效益。一是通过布局农村物流末端网点，实现了上门取件、上门派件，减少了农村居民取件的跑腿时间，也方便了农村居民捎带自产农产品等货物。二是方便了工业品下行物流。以仙居的特色农产品杨梅为例，在杨梅旺季时，农户早上采摘杨梅，美顺达的运输车在中午之前就会赶到果园进行装车，并可根据农户需要，提供包装、冷藏保鲜等服务，继而完成配送，大大方便了农户。此外，通过提供农产品流通、配送业务岗位，促进当地加工、包装、运输等相关产业的发展，缓解了社会就业压力。

企业效益。美顺达在提高物业经营服务水平的同时，充分利用基础设施资源和网络等优势，拓展经营性或增值性服务，形成了以便民连锁超市、区域末端网络配送、特色电商为核心的供应链集成服务产品，不断探索新的盈利模式，进而实现了以农村商流与农村物流互相促进为主要特征的良性发展。

五、海宁皮革城："直播赋能市场"模式*

（一）模式内涵

海宁皮革城借势发展直播电商等新业态，孵化培育专业直播人才队

---

* 案例来源：根据浙江省电子商务进农村示范评价工作资料，以及笔者团队开展浙江省电子商务进农村示范绩效评价及调研工作搜集的资料，进行整理得到。

伍，加强电商配套基础设施建设，并引入多方对网购产品进行质检，提高产品质量及消费者满意度，以电商赋能皮革市场转型，实现了皮革产业高质量发展。

（二）基本情况

海宁产业兴盛，是著名的中国皮革之都、中国纺织产业基地和中国经编名城，时尚产业欣欣向荣。海宁及周边地区集聚了3 000多家皮革生产企业，是全球最大的皮革生产基地之一。海宁皮革城主营皮革专业市场的开发、租赁和服务。20多年以来，通过不断整合皮革产业价值链的上下游，市场功能逐渐从批零交易单一的皮衣销售，延伸至面辅料供应、时尚创业园、厂房租赁、设计研发、时尚发布、时装批发、总部商务、会展外贸、电子商务、融资担保、健康医疗等，在皮革制品设计、生产、营销和交易等环节，为商户提供一站式的全产业链服务。目前，海宁皮革城在辽宁佟二堡、江苏沭阳、四川成都、湖北武汉、黑龙江哈尔滨、山东济南、新疆乌鲁木齐、重庆、河南郑州九大区域均已建成子市场，市场经营户上万家，年客流量超千万，年成交额数百亿元，领衔全国。

（三）做法经验

如图5-13所示，具体而言：

一是研判市场，拓展产业广度和深度。持续推进金融服务业务、健康产业项目和时装产业基地等创新业务建设和投资，不断拓展公司产业的广度和深度。深耕皮革主业，优化业态布局，完成数字化建设2.0框架梳理，科学推进各市场减闲增效工作，盘活闲置资产。加快线上产业融合，深耕基地运营，进一步完善皮城云批、皮城严选、皮城物流、潮城学社等平台，构建电商生态；深入产业培育，扩大品牌影响，开办展会活动，创新对外宣传，深度聚焦新媒体渠道，推出产业专属IP；持续推进产业推广，组建全国服装客户拓展团队，依托潮来平台，深挖全国重点市场批发客户，推进"城市产业联盟"，积极探索"展示+订货"的商贸模式。

二是推进集聚，赋能直播电商。通过与直播电商平台合作，大力推进直播基础设施建设及产业集聚，赋能直播电商。依托皮革产业优势，2021

年，海宁中国皮革城与抖音电商签约成立了"抖音海宁电商直播基地"，并同步完善直播间、办公区等基础设施。自电商直播基地启用以来，月均开播 2 000 余场，销售额高达 166.13 亿元，成为嘉兴唯一的"省级直播电商产业基地"。目前，电商产业基地运营面积达 16 万平方米，入驻大型供应链、平台商家 600 余家，招募主播 2 000 余人，孵化粉丝量 10 万以上主播超百人，粉丝总数超 9 000 万，实现了淘宝、抖音、快手等线上主要平台全系覆盖。

三是孵化培育，充实网商队伍。依托皮革城中的主播孵化机构，重点组织对新人主播进行个性化包装设计，学习自媒体、短视频、电子商务等业务知识，培训粉丝互动技巧，培养良好的心理素质和吸粉能力，通过直播带货实操，培育与产品匹配的主播与团队，帮助专业市场商家和商贸企业培育输送专业对口的主播与直播团队，培养一批腰部及腰部以下网红主播。目前已培育 VBA 男装，CC 皮草，淘宝小月姐，野兽小姐，正辰服饰、影儿影哥等一批网红主播。

四是推动数智化，提升运营效率。围绕大数据平台、会员体系、智能硬件等建设，全面推动传统市场向数字化盘活及快速拓展。大数据平台方面，完成商户服务、纠纷调解、设计买款等模块研发并陆续投入使用，智能硬件方面，数字化客流分析及安防系统建设正稳定运行，将有效提升商户服务及市场管理效率。在运营方面，通过建设 B2B"皮城云批""潮来CLUB"等线上平台，组建供应链、多频道网络（MCN）、皮革城物流团队，设立质检化一体运营中心（QIC 仓）。以"大数据＋管理"服务体系为主要支撑的海宁皮革城正逐步成为数智化园区"智慧大脑"的典范，以"数智化运营"构建海宁时装企业良好的发展生态。

五是完善配套，提高配送效率。推动快递企业深度对接农村电商，依托海宁皮革城线下场地及基础设施，成立浙江海宁皮城物流有限公司，主要对接皮革城内各电商商家及网红主播的快递服务需求，提升配送效率。同时，依托政府在市区建设的 2 000 多平方米的市邮政公司仓储物流中心及各镇（街道）邮政网点，以及 10 000 多平方米的城市快递园，搭建快递物流服务体系，服务于皮革城，乃至全市区域内的所有淘宝村和电商企业，也为工业品下乡及皮革产业电商发展提供了基础保障。

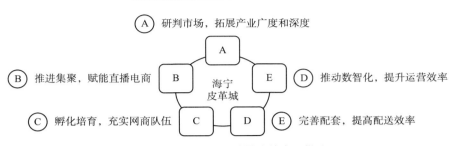

图 5 – 13 海宁皮革城模式的主要做法

资料来源：由笔者绘制。

（四）取得成效

经济效益。目前海宁皮革城形成了集电商直播、电商供应链、主播孵化培育、质量检测、仓储物流等功能于一体的皮革全产业链，同时积极拓展了金融服务业务、健康产业项目和时装产业等，推动了新兴产业发展，促进了市场转型。2022 年，海宁皮革城营收达 13.11 亿元，净利润达 2.7 亿。

社会效益。依托海宁皮革城的电商转型，针对性地提高了当地村民就业率。电商直播人才的培育为当地居民就业提供了另一种可能性，缓解了社会就业压力，提高了居民幸福感，有利于促进社会稳定。据统计，截至 2022 年 11 月，抖音海宁皮革城基地入驻商户近 500 家，涌现出"野兽小姐""MANDYSHEN""coco"等线上网红品牌。

企业效益。质检中心的建立，推动皮革城内中小型电商企业进一步规范生产、统一标准质量，同时，通过直播产业的发展大幅增加了网购工业品的流量，有利于打造标准化的皮革产品，树立海宁皮革城品牌形象，推动电商企业稳定可持续发展。2022 年，海宁皮革产业带入选淘宝产业带百强榜前十强。

第四节 共同富裕时代电子商务赋能"工业品下乡"的发展思路与对策

随着我国广大农村地区农民收入的不断提高，消费理念的变革创新，通过推进农村地区网络设施建设、提高快递进村服务水平、提升电商站点服务能力、完善农村网络消费环境等方式释放促进工业品下乡电商发展，释放消费潜力、形成新的消费增长点具有重要意义。

一、继续推进农村网络设施建设

依托现代信息技术，通过农村网络设施建设为我国农村地区消费者网络购物提供更好的基础条件。一是提升信息化硬件水平。加快农村光纤宽带、移动互联网、数字电视网和下一代互联网发展，提升 4G 网络覆盖水平，探索 5G 等基础设施在广大农村地区建设和应用的新模式。二是提升信息化的软件水平。积极开发适应农民需求的信息终端、技术产品、移动互联网应用（App）软件，提升精细化管理和人性化服务水平，协同推进交通运输、快递物流等各领域信息化，深化信息惠民服务。三是优化提升网络布局。提升农村信息化管理、电商配送与服务网络水平，利用新基建向农村地区推进的契机，建设或改造一批县域电商公共服务中心和村级电商服务站，加快推动农村地区的智慧交通、智能电网、智慧农业、智慧物流建设①；四是提升乡村治理智能化、精细化、专业化水平。提高突发公共事件应急处置能力，推动互联网＋政务服务向乡村延伸覆盖，推进涉农服务事项在线办理，促进网上办、指尖办、马上办，提升人民群众满意度。

二、加快提高快递进村服务水平

缩小城乡地区消费者在物流配送方面的差距，降低农村电商配送成本，提高农村电商配送服务的效率和品质。一是深入实施快递下乡工程。积极推动寄递服务网络向下延伸，实现乡镇一级的快递网点全覆盖，提高村一级快递网点的覆盖率，强化农村电子商务服务站点的物流服务功能，着力解决农村电商配送的最后一公里问题。二是加快末端服务能力建设。积极引导菜鸟、顺丰、京东等服务平台及智能快递柜企业，为末端的农村消费者直接提供寄递服务。三是大力推动偏远地区农村物流配送体系建设。鼓励流通企业与邮政、供销等合作，向偏远农村提供快递配送服务，

---

① 本部分内容与中央网信办等部委发布的《关于开展国家数字乡村试点工作的通知》相结合。

形成覆盖全程、便捷实惠的农村商品配送网络。四是缩短县到村的快递配送时间。鼓励各地对县城到村物流资源进行整合，继续建设县级物流配送中心与乡镇快递网点，着力发展共同配送模式，构筑工业品下乡的便捷通道，让农村居民和城镇居民一样享受网络购物的便利。

三、着力提升电商站点服务能力

依托电商服务站点，完善其综合服务功能，进而推进构建高质量工业品下乡服务体系。一是畅通高品质工业品下乡新渠道。支持电商服务站点宣传推广优质工业品，适应农民体验式购物消费习惯，拓宽农民选购工业品渠道；鼓励电商平台上线包括农资等优质工业品，与电商服务站点实现线上线下互动，完善电商服务站点信息发布、农技培训、展示示范、宣传推广等功能，畅通工业品下乡新渠道。二是完善电商服务站点培训、售后服务等功能。依托电商服务站点，加强对农民工业品安全使用的技术指导和培训，完善售后服务功能；组织农业科研、技术推广、执法监管等单位的工作人员和技术专家开展线上线下咨询、展示活动。三是提升电商服务站点可持续运营能力。结合电商服务站点覆盖范围实际，在现有条件基础上，创新服务模式，做精做专，提升服务能力；在站点服务范围调研的基础上，加快转型升级，叠加相应的服务项目，突出自身核心竞争力，形成商业"护城河"。

四、积极完善农村网络消费环境

一是要严厉打击假冒伪劣产品下乡。严格落实2019年1月1日开始实施的《中华人民共和国电子商务法》，加强打击制售假冒伪劣商品、虚假宣传、不正当竞争和侵犯知识产权等违法行为，努力营造良好的法治化营商环境，各部门协同推进对网络市场发展新模式新业态的分析研判和线上监管执法工作探索，依法惩处网络直播领域销售"三无产品"、侵权假冒伪劣产品和虚假宣传等行为，督促直播平台经营者健全交易保障设施，保障农村消费者合法权益。二是要加强农村网络消费者维权服务。加强工商行政部门、电商平台在农村消费者维权方面的合作，简化维权流程、提高维权便利度和监管力度；依托基层电商站点，为农村消费者提供维权和售后服务，消除农村消费疑虑；充分发挥"一会两站"方便消费者就近投诉、咨询的作用，妥善解决农村消费市场发生的消费纠纷，为农民生活消费排忧解难。三是搭建农村电商消费售后服务体系。支持苏宁易购、京东、淘宝等电商平台依托电商服务站点，开展农村电商售后服务功能；鼓励农村传统商业网点拓展电商售后服务功能，提高农村电商售后服务覆盖率，着重提高汽车、家电等大件产品的售后服务质量。

五、鼓励实施农村电商促消费活动

一是支持电商企业下沉农村市场。吸引淘宝、京东、拼多多等电商平台依托农村电商服务站点，以建立加盟点、代理点等方式，开拓农村市场；鼓励电商企业结合区域农村消费特点，策划不同主题的农村网络消费活动；推动直播电商、短视频电商等电子商务新模式向农村普及，推动农村地区新兴消费。二是开展形式多样的农村电商促消费活动。引导电商企业开展节庆促销活动，并依托平台交易数据，发放相应的节庆消费券、惠民券等；支持电商服务站点结合电商平台促消费活动，开展现场体验、售后服务保障等宣传活动，实现线上线下联动；鼓励电商企业依托抖音、快手等直播平台，开展促销活动，创新工业品下乡"云消费"场景。三是推进农村地区重点领域产品换代消费促销。依托电商平台交易数据，结合区域农村消费实际，挖掘不同细分市场需求，开发适销对路的商品，促进农村地区重点产品的换代消费；依托电商平台开展新能源汽车下乡，鼓励有条件的地方开展绿色智能家电下乡，通过平台企业补贴、降低首付比例、平台金融支持等方式，促进农村居民网络消费。四是要推进线下农村商业网点与线上平台的融合发展。线上平台发挥信息传递便利优势，及时将优惠促销信息发送给相关目标用户，实现信息传递效益的最大化；线下商业网点发挥消费体验优势，给予消费者心理＋物质上的双重感受，通过优质的产品与便利的服务，大大提升消费者的消费体验，让近场消费者产生依赖，进而形成消费黏性，产生更多的回头客。

六、加快打造工业品下行供应链

一是积极推进工业品下行模式创新。鼓励电商平台下沉农村市场，推动物流、电商站点等资源融合，建设一批集线上线下销售、营销、服务、物流四位一体的样板服务站，实现工业品下行模式创新；鼓励连锁商贸流通企业下沉农村，加强数字赋能，拓展消费新业态、新场景，打造乡镇商业集聚区。二是鼓励商贸龙头企业加快农村地区布局。引导大型商贸企业下沉供应链，布局一批县域前置仓、物流仓储等设施，提供直供直销、集中采购、统一配送、库存管理等服务，让农民直购好产品、新产品；鼓励本地商贸流通企业组建联合采购平台，加大农村地区商品投放力度，发展购物、餐饮、亲子、娱乐、农资等多种业态，承接市民下乡和农民本地消费。三是积极推进优质工业品供应链下沉。依托县级电商公共服务中心对接工业品生产厂家，构建"厂家—电商服务中心—电商服务站"的供货模式，缩减中间环节，不仅拓展农民获得优质工业品的渠道，而且使农民获得物美价廉的商品。

第六章 深化电子商务赋能"物流快递进村"场景的思路与对策

第一节 共同富裕时代农村电商物流的基本内涵

一、共同富裕时代农村电商物流面临的挑战

　　共同富裕是社会主义的本质要求,是中国式现代化的重要特征。实现全体人民共同富裕,是我们党矢志不渝的奋斗目标。共同富裕是一项现实任务,由于我国地区之间资源禀赋和发展基础不同,共同富裕不能整齐划一、齐头并进,为解决地区差距、城乡差距、收入差距等问题,推动全体人民共同富裕取得更为明显的实质性进展,要持续推进基本公共服务均等化。作为公共服务普及普惠的表现形态,基本公共服务均等化是共同富裕的内在要求和应有之义,而农村物流是基本公共服务最具代表性的一环。为打通物流最后一公里、加快快递进村步伐,近年来党中央国务院及相关部门都出台了一系列政策,如 2018 年 1 月 23 日印发的《国务院办公厅关于推进电子商务与快递物流协同发展的意见》、2020 年 4 月 13 日印发的《农业农村部关于加快农产品仓储保鲜冷链设施建设的实施意见》和 2021 年 8 月 20 日印发的《国务院办公厅关于加快农村寄递物流体系建设的意见》等,农村物流获得较快发展,但共同富裕对基本公共服务提出的新要求,使农村物流发展面临新挑战。

（一）农村物流基础设施亟须完善

一是区域分布不均衡。农村地区地广且物流需求相对分散，导致物流设施在经济繁荣、人口密度高的镇村设点扎堆，而部分偏远村庄网点布局几乎空白。二是村级布局少。由于农村地区物流业务量少，设置村级物流配送节点成本较高，大多快递企业末端网点多数只布局到县乡镇一级，配送服务到村到户较少。三是物流服务网络覆盖率较低。大多数农村位置较为偏远，居民居住分散，建设相应网络基础设施成本过高，导致农村物流网络设施不足，服务网络覆盖率较低。四是农村物流信息化水平较低。现今一些农村地区网络覆盖率不高，网络基础设施不健全，导致农村物流信息化水平低。

（二）农村物流服务质量亟须提升

一是农村物流资费较高。农村地区通常位于交通网络体系的末端，交通基础设施相对落后，物流需求比较分散且供给量小，且大多物流站点采用加盟方式，导致物流成本较高。二是农村物流配送时效性差。现有农村物流大多只能提供简单的运输功能，缺少相应基础设施和数字化网络的配合，导致难以在较短时间内完成配送服务，造成在农村物流费用比城市费用更高的情况下，农村物流配送的速度还更慢，使得城乡之间的差距加大。三是农村物流服务网点自营能力不足。农村物流网点服务功能及业务收入来源结构较为单一，部分网点难以维持正常运营，需要依靠政府补贴，无法实现自负盈亏。

（三）农村物流服务资源亟须整合

一是跨行业网点资源共享程度有待提高。如由邮政、快递企业主导的农村物流网络多数不能有效整合城乡商贸物流，由城乡客运企业主导的农村物流网络则多数面临货源和末端网点建设问题，由商贸、供销企业主导的农村物流网络则急需整合农村快递业务。二是农村物流配送资源共享程度低。目前农村物流配送资源分散于交通、邮政、商务、供销、快递等多个行业，缺乏有效利益联结和分配机制，导致物流配送资源共享水平不高，"共同配送"模式推广困难，物流成本居高不下。三是农村物流信息共享程度不足。与城市相比，农村缺乏先进的信息技术和管理方式，导致农村信息流难以实现整合与追溯。

二、共同富裕时代农村电商物流的发展主线

电子商务是破解农村物流发展难题，实现高质量共同富裕的重要支撑点，不仅有利于加快补齐农村物流基础设施短板，提高农村物流服务质量，而且能有效整合各方物流服务资源，助力乡村振兴，推进共同富裕。

（一）补齐基础设施短板，夯实电商发展基础

物流是现代经济发展的大动脉，加强农村物流基础设施建设是实现乡村产业兴旺的关键，而农村电商的发展倒逼补齐农村物流基础设施短板。一是推进物流网点建设。农村电商的发展需要以分布县乡村的物流网点为支撑，依托县域物流园区、专业市场和电商产业园等，新建或改造提升县级乡村物流中心，依托乡镇客运站场、电商服务中心、邮政局（所）、快递集聚点等，建设镇村级物流服务站，进而促进县乡村物流网点均衡布局。二是推进县乡村三级物流体系构建。农村电商着力推进形成由村级运输中转站、乡镇物流运输中转站、县级物流中心构成的三级农村物流网络系统，切实提高物流网络在农村区域的覆盖程度。三是加强农村物流信息终端建设与应用。统一开发或者整合已有的乡村物流信息平台，构建县级乡村物流公共信息平台；推进乡村物流网点数字化，实现与县级乡村物流公共信息平台的互联互通；推动人工智能、云计算、大数据、物联网、区块链等新技术在农村物流中心、仓储的应用等。

（二）提高物流服务质量，促进服务提质增效

农村电商的发展对农村物流设定了更高的服务标准，进而反向助推农村物流服务水平的提升。随着农村电商的发展日益成熟，消费者希望在下单后能在短时间内取得商品，从而对运输、仓储以及配送等多个环节均提出更高要求，进而推动农村物流服务质量的提高。一是创新物流服务模式。通过创新物流配送模式整合现有资源，进而提高效率，包括构建"电子商务平台＋农村物流"体系、"快递＋农村物流"体系、"商贸＋农村物流"体系等。二是优化物流服务站点功能。为了适应农民消费升级的需求，乡镇运输服务站进一步加快完善停车装卸、仓储配送、流通加工、电

商快递等综合服务功能，实现"一点多能、多站合一"。同时依托农村生活综合服务中心、邮政及供销服务点、便利店、客运站点以及当地企业物流资源，加快布局城乡一体化配送市场，积极推进共同配送，提高物流服务质量和效率。三是推进物流信息技术应用。通过提升农村信息网络设施设备功能，促进物流信息的传递，同时加强互联网信息的整合与共享，加快实现信息平台之间的互联互通，以满足农村电商对物流信息时效性的要求。

（三）整合多方物流资源，扩大市场主体规模

随着农村电商的日渐发展，其对农村物流的时效性、管理模式等提出更高要求，需要进一步整合多方物流资源，以提高物流运行效率。一是推动物流行业资源的整合。通过鼓励乡村物流企业采用城乡货运班线、网络货运平台、小件快运联盟等方式，加快整合乡村物流服务资源，推广"共同配送"等现代化物流配送模式，共享运力资源、共建配送网络、共营配送业务。二是推动多行业资源的整合。鼓励支持农村物流服务企业与电商、农业、邮政、快递、供销、客运等企业融合发展，实现多行业网络节点共建共享和运力资源互用互补。三是推动农村物流信息互联互通。以农村物流企业为主体，对乡村信息服务站、农村便利店、农村供销合作社、村邮站、农产品购销代办站、快递网点等基层农村物流节点的信息系统进行整合和升级改造，推进农村物流设备信息化，实现与县级农村物流公共信息平台的互联互通。

三、共同富裕时代农村电商物流的内涵

如图 6 – 1 所示，为实现农村物流优质共享的远景目标，共同富裕时代农村电商物流的核心是聚焦农村物流发展中存在的物流基础设施短板、服务质量不高、资源难以有效整合等问题，以构建六大体系，形成五大机制为着力点，以补齐农村物流基础设施短板，提高物流服务质量，整合多方资源为发展主线，推动农村物流服务优质共享，进而实现农村物流提档升级，助力全面乡村振兴和高质量共同富裕。

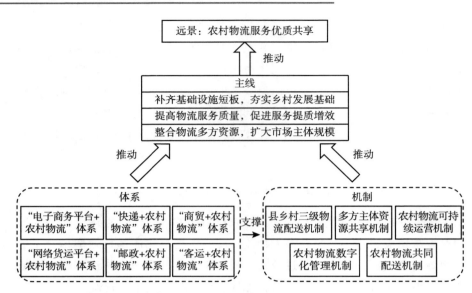

图 6 – 1　共同富裕时代农村电商物流服务优质共享的理论逻辑

资料来源：由笔者绘制。

　　六大体系、五大机制是共同富裕时代农村电商物流发展的着力点，为发展主线的实现提供重要支撑。其中，六大体系包括"电子商务平台 + 农村物流"体系、"快递 + 农村物流"体系、"商贸 + 农村物流"体系、"网络货运平台 + 农村物流"体系、"邮政 + 农村物流"体系、"客运 + 农村物流"体系，为五大机制作用的发挥提供支持；五大机制是指县乡村三级物流配送机制、多方主体资源共享机制、农村物流可持续运营机制、农村物流数字化管理机制以及农村物流共同配送机制，通过五大机制推动农村物流设施完善、物流服务质量提高、物流资源整合共享。县乡村三级物流配送机制是构建以县级物流中心为核心，乡镇为依托，辐射到村的物流服务网络；多方主体资源共享机制是指通过战略联盟、组织协作等方式进行系统的资源整合和信息共享，实现物流主体资源协同；农村物流可持续运营机制要求县乡村三级物流运营模式根据当地现有资源和优势进行创新，加快龙头企业的培育，进而打造当地特色物流品牌，进而实现可持续发展；农村物流数字化管理机制是在完善农村互联网设施的基础上，通过标准化、制度化管理，实现物流信息共享；农村物流共同配送机制是指推进邮政、快递等物流资源整合，采用不同合作模式，实现农村物流共同配送，如图 6 - 1 所示。

第二节　共同富裕时代农村电商物流的现状与问题

电子商务与快递物流互为支撑、相互促进。农村电商在补齐农村物流设施短板，夯实乡村发展基础；提高农村物流服务质量，促进服务提质增效；整合物流多方资源，扩大市场主体规模方面发挥重要作用。当前，全国各地普遍存在的农村地区货难到、效益差、不持续等问题，已成为制约农村电商进一步发展的瓶颈。

一、共同富裕时代农村电商物流的发展现状

（一）农村物流基础设施建设加快推进

党和国家坚持农业农村优先发展总方针，"重城市、轻农村""重生产、轻生活"的观念逐步扭转，持续推进四好农村路建设，实现农村公路建设因地制宜、以人为本，与优化村镇布局、农村经济发展和广大农民安全便捷出行相适应的同时，加快物流网点建设，促进农村物流网络布局。制约农村物流发展的基础设施短板正在加快补齐，城乡协同发展鸿沟不断缩小。

1. 四好农村路建设取得实效，农村交通路网设施提档升级

党的十八大以来，习近平总书记先后对"四好农村路"发展作出重要指示，为农村公路发展提供了根本遵循和行动指南①。在习近平总书记"四好农村路"重要论述的科学指引下，"落实县乡村三级路长制，加快推进《农村公路条例》制定工作""深化农村公路养护体制改革，健全养护长效机制""全面推进县乡村三级农村物流节点体系的建设，加快推动'快递进村'工程"……一系列政策措施密集出台实施。党的十八大以来，我国累计投入农村公路建设的资金高达 34 628 亿元，全国新改建农村

---

① 《习近平对"四好农村路"建设作出重要指示》，人民网，2017 年 12 月 26 日，http：// jhsjk. people. cn/article/29728151。

公路 238.6 万公里，其中贫困地区超 123 万公里，使农民告别了"晴天一身土，雨天一脚泥"，实现了"出门水泥路，抬脚上客车"①。截至 2021 年末，农村公路里程 446.6 万公里，比上年末增加 8.4 万公里，其中乡镇通三级及以上公路比例达 82.2%，提高 1.4 个百分点②。此外，到 2020 年底，全国已实现具备条件的乡镇和建制村 100% 通硬化路、100% 通客③。农村公路设施得到极大的改善，农村公路发展取得历史性成就，以县城为中心、乡镇为节点、建制村为网点的农村公路网络初步形成，乡村之间、城乡之间连接更加紧密，为农村物流发展水平的提升奠定坚实的基础。

2. 城乡物流网络越织越密，双向多向运输服务通道逐步打通

近年来，各地以提高农村物流服务覆盖率和服务品质为目标，加快建设农村物流网络节点体系，工业品下乡、农产品进城、电商进村、快递服务入户双向多向运输服务进一步打通，为农村经济社会发展提供了有力保障。党的十八大以来，我国补建了 8 440 个乡镇邮政普遍服务局所，实现了邮政服务局所乡镇全覆盖；目前，全国 55.6 万个建制村直接通邮，实现了建制村"村村通邮"；2021 年底，全国建制村投递实地打卡率保持在 97% 以上，西部地区建制村周投递频次 3 次及以上的比例超过 98%④，邮政快递服务在农村地区的可及性、均衡性不断提升。2022 年，中国累计建成 990 个县级寄递公共配送中心、27.8 万个村级快递服务站点，全国 95% 的建制村实现快递服务覆盖；基本实现每个乡镇至少 1 辆投递汽车，建制村通邮成果持续巩固，94.8% 抵边自然村已实现通邮⑤。此外，随着国家级电子商务进农村示范县项目的不断推进，县、乡、村三级农村物流网络节点体系建设成效显著，成为农村物流高质量发展的首要目标，以浙江省为例，浙江省第一批和第二批 22 个电子商务进农村示范县的建设情

---

① 魏玉坤、周圆：《中国交通的可持续发展白皮书：6 亿农民"出门水泥路，抬脚上客车"的梦想变成了现实》，中国政府网，2020 年 12 月 22 日，https：//www. gov. cn/xinwen/2020 – 12/22/content_5572283. htm。

② 交通运输部：《2021 年交通运输行业发展统计公报》，中国政府网，2020 年 5 月 25 日，https：//xxgk. mot. gov. cn/2020/jigou/zhghs/202205/t20220524_3656659. html。

③ 焦鹏：《我国基本实现具备条件的乡镇和建制村通硬化路、通客车》，新华网，2020 年 9 月 28 日，http：//www. xinhuanet. com/politics/2020 –09/28/c_1126553021. htm。

④ 李心萍：《农村邮政支撑畅通城乡经济循环》，人民日报，2022 年 4 月 21 日，http：//sh. chinapost. com. cn/xhtml1/report/22041/43 – 1. htm。

⑤ 《国家邮政局：中国 95% 的建制村实现快递服务覆盖》，央视网，2023 年 2 月 22 日，http：//news. cctv. com/2023/02/22/ARTIgrNmIRhNHLyCjfLaGGsZ230222. shtml。

况如表 6－1 所示。此外，近年来我国冷链物流基础设施也日益完善，特别是产地型冷库近年来增长明显，农产品产地冷链基础设施不断完善，极大地方便了农产品流通。根据中冷联盟 2021 版《全国冷链物流企业分布图》统计数据，2021 年全国冷库总容量为 5 224 万吨，其中冷库百强企业总库容量为 2 037 万吨，约占全国总库容量的 39%①。目前，我国冷库总量已经与美国相近。

表 6－1　浙江省电子商务进农村示范县物流站点建设（截至 2021 年）

示范县	县级物流中心数量（个）	乡镇农村物流站点数量（个）	村级物流服务站点数量（个）	平均物流快递配送时间（县到村）
安吉县	1	53	168	24 小时
淳安县	3	23	211	次日达
海宁市	—	12	143	当日达
江山市	1	18	292	1～3 日
缙云县	1	18	185	1～2 日
龙游县	1	4	150	24 小时
桐乡市	1	5	81	24 小时内
武义县	1	10	240	24 小时内
永康市	2	16	232	1～2 日
嘉善县	1	9	25	3～4 小时
建德市	1	16	230	次日达
开化县	1	15	200	6 小时
平阳县	1	3	105	2 日
浦江县	1	12	227	5 小时
三门县	1	0	176	48 小时内
嵊州市	—			
松阳县	1	10	193	48 小时
遂昌县	1	9	148	48 小时

① 中冷联盟：《2021 年全国冷库总容量为 5224 万吨！》，中国制冷网，2021 年 11 月 17 日，http：//www.zhileng.com/news/hy/2021/1117/67830.html。

续表

示范县	县级物流中心 数量（个）	乡镇农村物流 站点数量（个）	村级物流服务 站点数量（个）	平均物流快递 配送时间（县到村）
天台县	0	0	128	1～2 日
义乌市		1	80	12 小时
永嘉县	1	22	110	8 小时
长兴县	1	16	206	1 日

资料来源：笔者及团队根据浙江省电子商务进农村示范评价工作资料整理绘制。

（二）农村物流市场经营主体加速成长

农村物流的健康发展必须依靠微观市场主体。近年来，我国农村物流市场主体的组织化程度、专业化水平不断提升，农村物流服务主体加速成长。我国农村物流市场主体总体上呈多元化发展趋势，农业龙头、电商巨头、快递企业、客运企业等抢滩布局农村物流市场，推动农村物流服务不断创新发展。

1. 行业龙头加速布局农村物流市场

电商巨头争相布局农村物流市场。阿里加速新零售渠道下沉，农村淘宝已在全国近 900 个县域落地，并依托菜鸟网络着力解决"最后一公里"配送难题；京东通过直营的县级服务中心拓展自营配送体系，并将物流布局深入农村，同时依托京东帮服务店模式拓展农村市场；拼多多依托创新的拼农货模式帮助小农户连接大市场，平台单品销量超 10 万的农（副）产品达 1 500 款，较 2018 年同比增长近 230%；[①] 苏宁将原有的乡镇售后维修点升级为新式乡村服务站，提供最后一公里配送、售后维修等服务，并采用加盟方式拓展服务站点。传统交通运输企业也积极拓展农村物流市场。浙江驰骋物流有限公司依托集团公司旗下的左邻右舍生活驿站连锁便民店以及"萝卜白菜"等电商平台加快布局农村市场，业务范围覆盖浙赣

---

① 陶力、易佳颖：《拼多多五年扶贫样本：科技赋能农业 拼成"全村的希望"》，新浪科技，2021 年 03 月 17 日，https：//finance.sina.com.cn/tech/2021－03－17/doc－ikknscsi7300004.shtml。

铁路沿线 44 个县级区域，农村物流比重达 70% 以上[①]；河南省卫辉市原第二汽车运输公司抓住机遇转型重组，积极拓展农村物流市场，走出了一条农村物流服务"三农"的有效途径；浙江双飞运输有限公司依托城乡公交体系和交通基础设施网络体系发展农村物流服务，实现永康市农村物流各类物资的有序集散和高效配送。此外，邮政快递企业协力推进快递进村。2020 年 4 月，中国快递协会联合 13 家快递物流和电商企业发出倡议，加快推动快递进村工作进程；国家邮政局通过与快递企业合作，加快推进快递下乡进村，截至 2021 年 9 月底，全国共有 13.9 万个建制村通过邮政快递企业合作实现"快递进村"，建制村覆盖率达到 27%[②]；2021 年"快递进村"工程扎实推进，交快、邮快、快快等合作模式多元发展，寄递末端共同配送、客货邮融合等模式加速应用，"快递进村"覆盖率进一步提高，江浙沪等地基本实现"村村通快递"[③]。

2. 农村物流市场要素加快融合共享

农村物流涉及产业类型多、管理部门多、参与市场主体多，长期以来存在开放性、合作性不足等问题。2019 年，农村物流行业管理部门要求各地推进交邮融合发展，推动网络节点共建共享，支持运力资源互用互补。在网络节点共建共享方面，利用县级和乡镇客运站资源，拓展邮政快递中转装卸、运输配送等服务；建设集客运、货运、邮政、快递于一体的综合服务站，实现场站资源集约利用；依托邮政乡村服务点延伸农村物流服务网络，打通工业品下乡和农产品进城瓶颈制约。在运力资源互用互补方面，利用广大农村客运网络，推进建制村通客车与建制村通邮工作协同联动，推广农村客车代运邮件快递，开展定时、定点、定线的货运专线服务，提高共同配送、集中配送服务能力；利用互联网等现代信息技术，实现农村物流供需精准匹配、提高运输组织效率。以浙江省宁海县为例，该县持续推进客货邮融合发展，创新"集士驿站""公交邮路""城乡客货邮数字化集成"等农村物流运作新模式，形成客货邮融合"一张网"、数

---

① 赵晖、毛雪茜：《在江山，做什么买卖可以把农产品卖遍天下？告诉你真相！》，搜狐网，2018 年 9 月 6 日，https://www.sohu.com/a/252242995_99972930。

② 王菡娟：《国家邮政局：2021 年前三季度完成快递业务 767.7 亿件》，人民政协网，2021 年 10 月 30 日，https://www.rmzxb.com.cn/c/2021-10-30/2975937.shtml。

③ 吉蕾蕾：《"村村通快递"年内基本实现》，中国政府网，2022 年 1 月 13 日，https://www.gov.cn/xinwen/2022-01/13/content_5667947.htm。

字智管"一平台"、集士驿站"一品牌"的标志性成果，推动宁海公交公司成为全国首个拥有快递经营许可证的公交企业，定制 63 辆全国首批客货邮公交车，首创"公交邮路""公交邮箱"模式以及物流寄递与便民缴费、特产供销和政务服务等相结合的多元化经营模式，实现驿站"一点多能"①。

3. 新型农村物流服务品牌不断涌现

推广农村物流服务品牌，既是贯彻落实党中央、国务院关于实施乡村振兴战略的重要举措，也是引领带动农村物流健康发展的有效路径。自 2019 年 9 月交通运输部在全国范围内组织开展农村物流服务品牌推广工作以来，鼓励各地引导骨干企业加强联动合作，整合特色产业、电子商务、商贸供销、邮政快递、站场运力、金融资本等农村物流市场各类要素，不断延伸产业链，不断丰富和完善农村物流发展新业态、新模式、新服务。围绕农村物流站场资源共享、运力资源共用、信息资源融合等重点，各地结合农村经济发展特点和物流实际需求，以体制机制、运输组织、合作模式、技术变革等创新为途径，因地制宜培育农村物流服务品牌。2020 年，交通运输部会同国家邮政局组织专家对申报项目进行了评审，经公示确定河北省隆尧县"电子商务 + 特色农业"等 25 个项目为首批农村物流服务品牌。2020 年 6 月，河北省涉县"农村客运 + 物流两网合一"服务品牌等来自 16 个省份的 25 个项目入选全国首批农村物流服务品牌。2021 年 9 月，交通运输部确定河北省隆化县"交邮融合助力脱贫攻坚"服务品牌等 35 个项目为第二批农村物流服务品牌，并对开展第三批农村物流服务品牌宣传推广工作进行部署。预计到 2025 年，全国将推广 100 个农村物流服务品牌②。

（三）农村电商物流市场规模持续扩大

随着农村物流网络体系的不断健全、农村居民消费水平的不断提升和农村消费环境的不断改善，我国农村电商物流的市场规模日益扩大，农产

---

① 詹婧：《快递进村，进得去还要稳得住》，新华网，2022 年 4 月 13 日，http：//www. news. cn/politics/2022 – 04/13/c_1128554636. htm。

② 交通运输部：《交通运输部关于印发《综合运输服务"十四五"发展规划》的通知》，中国政府网，2021 年 11 月 2 日，https：//www. gov. cn/zhengce/zhengceku/2021 – 11/18/content_5651656. htm。

品进城和工业品下乡的巨大物流需求持续释放，在推动农业全面升级、农村全面进步和农民全面发展等方面发挥了突出作用。

1. 农村快递成为行业新增长点

自 2010 年农村居民收入增速首次超过城镇以来，城乡收入差距持续缩小，农村地区消费基础环境不断改善，为快递下沉奠定了坚实的基础。2020 年邮政快递业在农村地区的业务量达 300 多亿件，占全国邮政快递业务量 36% 左右，而 2019 年的占比为 24%，可见农村市场已成为邮政快递业新的"增长极"[1]。2021 年，农村地区揽收和投递快递包裹量达 370 亿件[2]，带动工业品下乡和农产品进城超过 1.5 万亿元[3]。2022 年，快递行业大力推进"客货邮"融合发展，新增农村投递汽车近 2 万辆，共达 3.8 万辆，累计开通交邮联运邮路 1 888 条[4]。以海南省为例，受消费潜力的不断释放，2023 年 1~2 月，全省农村地区快递业务量完成 406 万件，同比增长超 93%，快递投递量超 1 475 万件，同比增长超 13%，农村快递业务量同比增速比城市地区高出 60 个百分点[5]。

2. 农村冷链物流需求规模激增

冷链物流是农产品进城的大动脉，不仅提高了农产品品质和附加值，而且能拓展农产品销售市场。农产品冷链物流需求主要包括水果、蔬菜、肉类和水产品四大类，2019 年上述四类农产品冷链物流规模达到 21 370.4 万吨，同比增长 24.8%，其中水果、蔬菜的冷链需求较大，占比都超过 30%[6]。随着农业生产的快速发展，居民消费升级需求的不断释放，科学技术水平的不断进步，电商零售的不断发展，行业政策的逐步优化，农产

---

① 李心萍、祝佳祺：《2020 年我国农村地区收投快件超过 300 亿件，直投到村比例超过 50%》，中国政府网，2021 年 3 月 3 日，https：//www. gov. cn/xinwen/2021 – 03/03/content_5589 871. htm。

② 王树森：《11 万亿元！2021 年我国快递业务量这些数据亮了》，新浪网，2022 年 1 月 7 日，https：//news. sina. com. cn/gov/2022 – 01 – 07/doc – ikyamrmz3613386. shtml。

③ 李心萍、祝佳祺：《2020 年中国农村地区揽收和投递快递包裹量超过 300 亿件》，中国新闻网，2021 年 2 月 3 日，http：//www. chinanews. com/cj/2021/02 – 03/9403745. shtml。

④ 商佩：《2022 年快递业"成绩单"正式发布：服务覆盖全国 95% 建制村》，腾讯网，2023 年 1 月 18 日，https：//new. qq. com/rain/a/20230118A025MH00？ no – redirect = 1。

⑤ 王小畅：《今年前两月海南快递业务量同比增速居全国第二》，腾讯网，2023 年 3 月 20 日，https：//new. qq. com/rain/a/20230320A091FJ00。

⑥ 前瞻产业研究院：《中国农产品冷链物流行业市场前瞻与投资战略规划分析报告》，前瞻网，2021 年 9 月 30 日，https：//www. qianzhan. com/analyst/detail/220/210930 – ae464366. html。

品冷链物流服务需求也在持续增长，并得到快速的发展。以浙江省金华市为例，该市本土培育的生鲜电商企业"虾笨鲜生"，平台订单及销售额呈现出爆发式的增长，为进一步完善供应链系统，"虾笨鲜生"接入本地养殖基地实现产地直供，而生鲜农产品易腐烂、高损耗的特点，使得在产地实现分拣加工、商品化处理、冷藏保鲜等显得更为重要，也加大了对农产品产地仓储保鲜冷链物流的需求①。总体而言，随着供应链创新与应用试点、农产品产地冷藏保鲜设施建设工作等的持续推进，我国农产品冷链物流行业得到较快发展，但从冷链物流服务水平来看，与发达国家相比仍有较大差距，加之需求的不断激增，农产品冷链物流行业还有较大的增长空间。

（四）农村电商物流贡献作用不断上升

农村电商物流为农业生产、农民生活及农村经济活动提供了运输、配送、加工、仓储等基础服务保障，是农产品进城和消费品、工业品下乡的重要通道，在促进农业产业发展、实施精准帮扶、提高农民收入、繁荣农村经济等方面有着重要的基础性作用。在深化电商进农村的背景下，农村电商物流的重要作用进一步显现。

1. 提高流通效率，推动农村产业振兴

农村物流是联系城市和农村、连接生产和消费的重要纽带，而农村电商物流带动了农业生产、农产品加工、冷链物流和农村电子商务的蓬勃发展，并且促进了农村一二三产业融合，在实现农村产业振兴方面发挥了重要作用。"十三五"期间，依托乡村物流的蓬勃兴起，农村形成了一批特色鲜明的小宗类、多样化的乡土产业。近年来，邮政快递业积极嵌入农业产业链，立足当地特色，挖掘优质农产品，打造"农特产品直通车"。以江西省广昌县为例，作为该县的特色支柱产业，茶树菇因上行流通不顺畅，导致产业发展利润不高，为此广昌县积极探索"第四方物流快递"新模式，依托供销社系统的"供销E家"服务网点，承揽县到村的上下行快递业务，推动了茶树菇产业的振兴。此外，农村物流服务现代农业"一

---

① 罗奕、傅丁帅：《更多平台着力升级服务布局未来我市一批生鲜电商抢抓商机快速崛起》，金华市人民政府网，2020年3月18日，http：//www.jinhua.gov.cn/art/2020/3/18/art_1229160482_52975896.html。

地一品"项目，推动现代农业产业组织优化、产业结构升级和生产方式变革。2022 年，全国共培育出 117 个快递业务量超千万件的快递服务现代农业项目，其中，江苏宿迁沭阳花木项目以 2.41 亿件业务量蝉联第一①。农村物流推动我国乡村产业不断向纵深发展，乡村产业形态不断丰富，乡村产业融合渐成趋势。

2. 拓宽增收渠道，提高农民生活质量

农村物流的发展，进一步吸纳农村剩余劳动力，而乡镇和村级服务站点的出现，为闲置劳动力提供了工作机会，拓宽了农民增收渠道。快递收发、配送服务的灵活性，能有效吸纳零散时间和劳动力，满足农村劳动力兼业的需求。以菜鸟为例，自 2019 年大力发展乡村物流以来，全国至少有数万名乡村服务站站长，仅耒阳一个市就有近百名"快递阿姨"，有效创造了农户兼业机会，提高了农户收入。与此同时，农村物流在促进农产品进城，推动产业振兴的同时，助力工业品下行，满足农民品质生活所需，提升农民生活质量。以浙江桐庐县为例，该县着力"三通一达"等快递企业加强合作，结合富村商汇（杭州）供应链管理有限责任公司，建设富村商汇数字供应链平台，能为全县本地生活平台、商贸流通企业提供商品数字共配服务，为本县商贸流通企业解决配送环节的难点、痛点，促进本地商贸流通及优质消费品下行，加强服务配送能力带动流通下行体系降本增效。

二、共同富裕时代农村电商物流存在的问题

随着我国农村电商的不断发展，工业品下乡和农产品进城的双向流通局面已初步形成，迅猛增长的农村快递规模也逐渐成为行业新的增长点，场站共享、货源集约、服务同网、信息互通的农村物流发展新格局正在形成。总体而言，我国农村物流体系发展还处于初级阶段，农村电商物流货难到、效益差、难持续等问题普遍存在，农村电商物流"最后一公里"还存在发展瓶颈，农产品供应链保障能力仍然薄弱，基础设施短板仍需补齐，管理体制有待继续完善，推进农村电商物流的可持续发展依然任重道远。农村电商物流问题已经成为深化电子商务进农村、实施乡村振兴战略

---

① 甘皙：《我国快递服务现代农业金牌项目已达 117 个》，载《工人日报》2023 年 1 月 18 日。

和推进共同富裕的瓶颈，需进一步创新和改革农村电商物流体系。

（一）农村快递服务网络及服务质量仍需改进

在国家级电子商务进农村综合示范工作的带动下，很多以前物流没有覆盖的农村地区，陆续出现了快递网点。然而，农村快递仍存在薄弱环节，收发不方便、快递费用高、不能送货上门等"最后一公里"问题，制约了工业品下乡和农产品进城，阻碍了农村电商进一步发展。一是农村物流企业综合服务能力偏弱。我国大多农村物流企业实力较弱，经营压力较大，通常仅提供简单的运输功能，而仓储保鲜、上门配送、加工、包装、信息服务等增值服务滞后。并且由于乡村物流经济效益不如预期，导致企业主动布网建点、提升服务质量的动力不足，配送到村到户比例不高，因此形成发展停滞的死循环。二是农村快递资费偏贵，违规二次加价现象时有发生。与城市相比，农村物流具有空间集聚密度低、生产经营规模小等特点，加之农民收入水平低和网购频率少，这些因素导致农村快递较难实现规模经济，也使得二次加价现象时有发生。2019年4月以来，国家邮政局下发《快递末端服务违规收费清理整顿工作方案》，在全国范围内开展快递模式服务违规收费整改工作。然而，农村快递网点违规收费在2020年又出现反弹回潮，且违规收费方式趋于隐蔽。三是我国农村快递配送时间较长，且通常难以实现送货上门或上门取件。与城市相比，农村地区通常位于交通网络体系的末端，且基础设施相对落后，导致农村物流环节多、农产品损耗高、流通成本高和服务效率低。当前，大城市及城镇已经可以实现当日达甚至2小时达，而农村地区的配送时间却通常需要3天以上。比如苏宁配送到城镇的时间一般是48小时，而配送到农村则一般需要3~4天。[①]

（二）乡村物流资源共享与整合程度仍需提升

随着电子商务进农村的持续深入，农产品进城数量增大，运输质量要求更高，农村物流发展面临更大困难，更需要通过资源整合和先进技术的应用来实现降本增效。然而，多数县域对邮政、快递、交通运输等农村物

---

① 吕建军：《重磅：人民网新电商研究院发布〈中国农村电商物流发展报告〉，值得读读》，搜狐网，2020年4月28日，https://www.sohu.com/a/391735290_343156。

流资源的统筹整合力度还有待进一步提高。一是乡村物流服务需求相对分散，缺乏有效整合。我国主要以家庭农耕为主，所以农产品大多供应量小而分散，并且呈现季节性特点。这种现状导致许多物流企业难以在农村发展，导致农村物流供给不足，同时农产品没有完善的存储设施也变得更易变质。二是农村物流网点各自为战，缺乏统筹整合。网络布局上，国家邮政局加强农村邮政体系建设，注重发挥邮政网络在边远地区的基础支撑作用，提升农村邮政基本公共服务水平，同时健全末端共同配送体系，统筹农村地区邮政、快递、交通、供销、商贸流通等相关资源，推广共同配送模式。国家邮政局表示，在过去数年，邮政快递业一直在推进"快递进村"工程。截至 2021 年，"快递进村"比例超过了 80%，苏浙沪等地基本实现"村村通快递"，山西、黑龙江、山东等地取得重大政策突破，交快、邮快、快快等合作进一步深化，共同配送、客货邮融合等新模式不断涌现，新增 15.5 万个建制村实现邮快合作[①]。但在资源统筹方面，邮政、交通、供销等资源共享共建机制尚未完善。最终导致农村物流效率低成本高等问题。三是乡村配送资源共享程度不高，缺乏深度整合。目前乡村配送资源分散于交通、邮政、商务、供销、快递等多个行业，由于缺乏有效利益联结和分配机制，运输资源共享水平不高，"共同配送"模式推广困难，导致物流成本居高不下。四是农村物流节点既有资源盘活效果有限，缺乏有序整合。很多地方存在大量模式相仿、共享性不强的农村物流节点，对既有资源盘活不够。加之农村居民居住密集度低、范围广，交通不便及物流运输总量少且分散等原因造成节点利用率低、空载严重。

（三）农村电商物流基础设施仍需进一步补强

相对城市而言，我国农村电商物流发展还有很大提升空间。除了农村交通区位、农业生产和农产品流通特点等客观因素的影响之外，农村物流基础设施薄弱阻碍了农村电商物流进一步降本增效。一是农村地区的交通路网设施相对落后。农村地区公路、水运和铁路的人均里程数远远低于城市区域，不少农村地区仍无法满足大中型物流车辆通车要求，导致农村物

---

① 林月：《中央一号文件：加快农村物流快递网点布局，实施"快递进村"工程》，电商报，2022 年 2 月 23 日，https：//www.dsb.cn/177255.html.

流的运输成本高而配送效率低。二是农村地区物流网点服务覆盖率不高。我国农村地区现有物流业务量不大且农村物流需求相对分散，设置农村物流配送节点成本较高，导致企业积极性不强。目前，由于东西部地区以及城乡发展差异，经营性快递企业末端网点大多数在东部发达地区布局，或只布局到镇一级，农村物流网络节点覆盖面有待拓宽，配送服务到村到户较少。三是农村冷藏保鲜设施建设滞后。农村主要以农产品上行为主，所以物流运输对冷链的需求大且要求较高，但是我国农村由于标准化、专业化的冷藏车数量不足，技术设施不完善，并且服务水平较低，导致无法为生鲜农产品的流通提供保障，农产品容易因腐烂变质而加大流通损耗。根据埃森哲（Accenture）调查，我国每年果蔬物流损耗约占全国总产出的三成①。另据估计，我国每年果品腐烂损失近 1 200 万吨，蔬菜腐烂损失 1.3 亿吨，而冷链运输比例低是导致我国农产品物流损耗大的重要原因之一②。四是农村地区网络基础设施建设相对滞后，乡村物流数字化程度不高。由于地形限制，许多省份尚未建立农村物流公共信息平台，智能化物流技术装备普及应用程度低，另外与上下游企业联动不足，导致精准匹配供给与需求的物流信息服务能力不足，这也在一定程度上制约了农村物流信息化发展水平。

（四）农村电商物流可持续发展机制仍需完善

近年来，国家加大对农村物流发展的政策扶持，各地纷纷出台支持农村物流发展的具体政策和措施，农村物流得到较大的发展，但是大部分县域尚未形成良性的农村物流自我循环发展机制，可持续发展能力不强，仍需依靠政府及相关政策的扶持。一是政策扶持精准性有待加强。在县乡两级场站建设或提升改造、村级物流网点建设、车辆装备淘汰更新、运输组织模式创新、物流公共信息平台建设、冷链物流设施建设等方面，相应政策引导和扶持力度还有待加强，现有扶持政策大多集中于营运补贴等方面。二是农村物流服务运营过度依赖政府或总部企业补贴。大部分县域农村物流成本高企的现状并未得到根本解决，农村物流企业许多都是微利甚

① 万婷婷：《生产流通中食物损耗调查：年损耗 3 亿吨，大部分果蔬运输"裸奔"》，澎湃新闻，2023 年 4 月 17 日，https://www.thepaper.cn/newsDetail_forward_22738850。
② 吕建军：《人民网新电商研究院.〈中国农村电商物流发展报告〉》，搜狐网，2020 年 5 月 5 日，https://www.sohu.com/a/393007008_747469。

至亏本，缺乏可持续性，政府补贴逐步退出后农村物流运营主体的持续经营问题需要引起重视。三是农村物流标准化体系需加快建设。如农村物流网点建设及服务规范、农村物流车辆选型标准、农村物流信息化标准、生鲜农产品冷链物流法规和行业标准等相对欠缺，导致对相关主体缺乏严格的约束机制，进而引发农村物流服务质量参差不齐、服务效率低下等问题。四是各地农村物流发展所取得的实践经验亟待总结和复制推广。近年来，我国商务、交通和邮政等相关部门在破解农村物流"最后一公里"难题方面积累了不少成功经验，在推广集约配送、共用网点、统仓统配等模式方面也已经涌现出许多成功案例，但现有对农村物流发展经验还缺乏系统性地总结梳理与推广示范。五是农村地区物流行业管理体制机制尚未完全理顺。农村物流的健康发展离不开政府部门的全方位扶持，但是许多省份的农村物流政策还存在扶持力度不足、支持面不广、可持续性不强等问题。一方面，农村物流工作各部门之间存在职责交叉，多数省、市、县并未建立统一推进农村物流工作的协调机构，存在多头领导现象。另一方面，许多农村地区的物流节点由各快递、物流企业根据业务需要自发布局，缺乏因地制宜、优势互补，导致网点建设与实际运营、农村物流与中转运输、城乡客运与城乡货运均不能实现有效衔接。

第三节　共同富裕时代农村电商物流的典型案例与经验启示

降本增效和普惠民生是我国农村物流体系建设过程中需要重点关注的问题。农村物流的复杂性、多样性以及公共服务属性等特点，决定了农村物流体系建设需要邮政普遍服务、农村快递、城乡商贸配送和农产品物流等物流体系统筹兼顾、协同发展，需要交通运输、邮政、商务、农业、供销等管理部门密切配合、协同联动，需要商贸流通、农业经营、物流快递等经营主体共建共享、合作发展。电子商务与快递物流互为支撑、相互促进，在深入推进电子商务进农村，实现农村电商提质增效的过程中，需要结合农村发展、农业生产和农民生活的实际特点破解农村电商物流发展瓶颈，全面持续推进县乡村三级农村电商物流体系建设。

一、"客运 + 农村物流"模式

（一）模式内涵

如图 6 - 2 所示，"客运 + 农村物流"，是指交通运输（客运）企业依托农村客运班线或城乡公交运输的网络资源和运力资源的优势，利用城乡客运车辆顺带运输小件货物，从而将城乡客运功能延伸到农村快递物流、小件快运、城乡配送等服务领域的物流模式。

"客运 + 农村物流"模式的特点主要体现在对城乡客运站场网络和城乡客运车辆资源的充分挖掘和利用。一方面，通过对县、乡（镇）两级客运站场设施的改造提升，搭建县级物流中心和乡镇级物流服务站，实现多站合一。另一方面，充分挖掘城乡客运班线的货舱运力资源，由农村客运车辆组成的庞大运输网及时把快递邮件、下乡物资运送到农民手中，同时又把农副产品、快递包裹等迅速汇集到邮政、货运、快递公司，实现客货同网，有效降低农村物流成本，显著提升农村物流效率。

（二）运作方式

1. 网络建设

"客运 + 农村物流"模式下，县、乡（镇）两级物流节点可以通过原有县乡客运站场多站合一的模式来实现，有条件的城乡客运企业更可以在行业管理部门的指导下，实现与邮政、快递、物流和商超配送企业共享场站资源。客运企业在村级物流网点建设方面并不具有优势，一般需要与乡村便利店、村委会等合作建立村级农村物流服务代理点。

2. 资源整合

服务需求方面，客运企业在城乡客运的基础上拓展全新的农村物流服务功能，其物流服务需求主要来自对农村快递、城乡配送和农产品电商物流的资源整合，通常需要在交通、邮政管理部门支持下才能实现。运力资源方面，客运企业依托自有的客运车辆和运输网络，可以实现县域范围内小件货物的高效率运输。对于大件货物的运输与配送，客运企业需要购置专业货运车辆或通过整合社会运力资源。

3. 运输组织

"客运＋农村物流"模式下，利用覆盖城乡的客运网络，客运车辆可以将小件货物快速及时运送到所有乡村的物流服务代理点。对于客运车辆不方便运输的大件货物，一般通过与第三方物流联合或者开通物流班车线路来完成。在末端配送方面，由于客运企业的原有业务并不拥有终端物流配送人员，因此，"客运＋农村物流"模式下的末端配送需要由村级物流服务点负责实施，如图6－2所示。

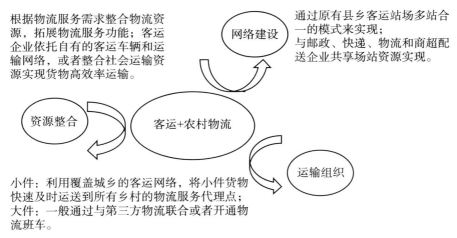

图6－2 客运＋农村物流运作方式

资料来源：由笔者绘制。

（三）模式评价

1. 优势

一是较容易搭建县、乡（镇）两级农村物流网络节点体系。通过客运与货运多站合一的建设模式，客运企业可以较为容易地将现有县、乡两级客运场站分别改造提升为服务农村物流的县级农村物流中心和乡（镇）级农村物流服务站。二是可以有效提升农村物流时效。只有在已经实现城乡公交全覆盖或农村客运发展水平较高的县份，才可以有效推行"客运＋农村物流"模式。缘于农村客运线路班次密集、准点率高的优势，在"客运＋农村物流"模式下，快件包裹不仅可以及时送达偏远乡村，而且其物流时效也显著高于其他农村物流模式。三是降低农村物流成本，盘活闲置客运资源。"客运＋农村物流"模式实现了多站合一和客货同网，既降低了农村物流运输成本，也让城乡客运站闲置的资源得到了充分利用。客运车辆代运货物增加的收入，为客运站场、客运车辆和农村物流服务点三方都带来额外收益。

2. 劣势

一是对于大件货物运输需要借助其他物流模式。客运车辆一般仅适合代运体积较小的快件包裹，而对于大件货物的运输则需要借助其他物流模式来完成。二是末端物流网点的服务规范与质量较难控制。"客运＋农村物流"模式下，村级物流服务点一般均为加盟或代理网点，城乡客运企业对末端网点的运营服务质量和服务规范通常缺少有效的控制手段。三是农村物流服务的信息化程度相对较为薄弱。旅客运输与物流服务对信息平台和信息化水平的要求有较大差异，而城乡客运企业在物流信息平台建设方面与物流、快递、商超配送等企业相比具有一定的劣势。

（四）典型案例

黑龙江省富裕县——客货同网的农村物流模式[*]

1. 基本情况

富裕县是黑龙江省齐齐哈尔市下辖县，位于黑龙江省西部，是齐齐哈尔市北部交通枢纽。全县面积 4 026 平方公里，其中耕地 230 万亩，草原 176 万亩。总人口 30 万，有 6 镇 4 乡、90 个行政村，17 个少数民族聚居村。富裕县物产资源丰富，品种繁多。粮食作物主要有大豆、玉米、小麦、水稻、高粱、谷糜等，地处世界玉米生产带，是优质东北大米生产基地；经济作物以甜菜、马铃薯、葵花、瓜菜为主，是黑龙江省西北部重要的蔬菜集散地，有 14 种农产品荣获绿色食品标识；经济发展以畜牧业为主，是联合国农业基金中国北方草原与畜牧业发展项目区，奶牛、肉牛、猪、羊、禽饲养量和畜产品产量居黑龙江全省前列，被农业农村部确定为全国牧区开发工程示范县，并进入全国畜牧兽医科技百强县行列。2021 年全县地区生产总值 88.9 亿元，同比增长 6.8%。其中，第一产业增加值 38.8 亿元，同比增长 2.8%；第二产业增加值 22.6 亿元，同比增长

---

* 案例来源：根据笔者及团队承担的商务部重大招投标课题《提升电子商务进农村》工作搜集的相关资料，进行整理得到。

13.8%；第三产业增加值 27.5 亿元，同比增长 7.3%。人均地区生产总值 32 549 元，同比上升 11.7%。

2014 年，富裕县申报成为第一批全国电子商务进农村综合示范县，并借此契机大力发展农村电子商务。2015 年 5 月，富裕县政府与神州买卖提电子商务信息技术有限公司正式签订合作协议，由该企业整体承接富裕县电子商务进农村建设运营实施工作。神州买卖提公司与富裕县客运站合作，建设运营富裕县物流分拣中心，发挥本地客运公司覆盖面广、成本低、班次多、速度快、配送及时等优势，开展客运城乡物流体系建设，承担城乡货物短途运输配送及县、乡、村三级物流业务网络建设，切实解决了富裕县农村物流最后一公里难题，在县域物流交通方面取得了突破性成功。2020 年 1 月，富裕县农村物流发展案例入选商务部流通业发展司、公安部交通管理局、交通运输部运输服务司、国家邮政局市场监管局、中华全国供销合作总社经济发展与改革部、中国仓储与配送协会联合发布的《全国城乡高效配送典型案例（第一批）》。

2. 做法经验

（1）发挥客运运力优势，建成覆盖全县乡村的物流网络。一是整合资源，建成覆盖到村的三级物流网络。首先，成立富裕县客运城乡物流有限公司，依托现有农村客运班线系统资源，将农村客运班线组成运力网络，车辆分工到村，明确物流配送范围，确保运力高效利用。其次，县客运站投资改建 6 处 500 平方米车库为物流分拣中心，改建小仓库 3 间 60 平方米，购置厢式货车 2 台，电动送货车 8 台；通过与本地快递公司开展合作，将货物集中到分拣中心运营，统一组织运力，集中开展派发快件业务。最后，组建县、乡、村三级业务结构，以县客运总站为中心，乡镇客运站为二级业务站点，在 90 个行政村农村电商服务站设立物流网点，确保服务网络覆盖到所有村。在农产品进城方面，村屯电商服务站负责收货并安排车辆运至县客运站物流分拣中心，分拣中心再将货物安检、包装、转给快递公司运输；在工业品产品下行方面，由客运站分拣中心负责收货、安检并安排车辆，运达至村级电商服务站后，由其送到农民手中。二是高效管控，降低农产品运输成本。富裕县为了降低工业品下乡和农产品进城的运输成本，出台收费标准，区分农产品外销和网购商品下乡，最大限度降低农产品外销的物流成本，减轻农民负担，增强农产品竞争力。同时，为实现运作专业化、管理高效化，富裕县与入驻的农村电商企业合作，开发了城乡客运物流信息管理系统，对内管控业务流程，对外与物流公司、电商网站对接，实现配送信息的全程追溯。

（2）发展多种配送方式，完善末端配送体系。围绕"互联网＋"战略部署，富裕县抓住农村电子商务发展机遇，发挥城乡客运网络覆盖面广、车次运行频率高、人货共载成本低等优势，完善城乡短途货物配送、长途货物中转为特点的物流体系，抢占乡村物流市场。富裕县客运站与神州买卖提（富裕）电子商务有限公司、京东商城（富裕店）等电商企业开展了深度合作。双方以服务外包形式，承接城乡双向物流配送业务，在县内按照富裕县村级服务站网点及班车线路表配送。在代理外埠货物运输业务时，长途运输与快递企业合作中转运输；中短途采取厢式货车承运业务，按照约定标准收费，并承诺接到订单后 24 小时到车，货物装车后 24 小时内送达村站。高质量的服务、低收费的价格、及时到位的运输，使这种物流模式迅速占领了县域内乡村物流配送市场。

（3）创新货源，推动农村物流服务融合发展。一是对接国内各大物流公司，以自身优势取得乡村物流最后一公里的业务代理权，解决大型物流公司乡村配送服务短板。二是对接省内外空车配货企业，以及县内家电批发、农资批发、食品药品批发等商户，开展城乡货物集散、中转业务，逐步取代商户送货下乡的传统运输配送方式。三是对接乡村农户，实现商品配送到家服务，代办快递中转业务，帮助农民实现农产品外销。富裕县乡镇客运站利用房屋基础好、地理位置佳、人员配备齐、全县乡村物流网络全覆盖的优势，进一步深化与神州买卖提（富裕）电子商务公司的合作，在乡镇客运站投资建设农村电商服务站，逐步开办农产品网络销售店，为农民提供网店建设支持。

3. 取得成效

从经济效益看，对电商企业来说，城乡物流体系的全覆盖，成功打通了农村物流最后一公里，使发展农村电子商务成为可能；对快递物流企业来说，有效整合了富裕县快递物流资源，采取合作经营等方式，通过全县统一在乡村两级设置客运站和村级物流代理点，改变了各快递企业自建网点而造成的重复投资现象，缓解了快递企业资金压力；对农村客运企业来说，提高了客运站运力利用率，盘活了客运班线闲置资源，形成了城乡统筹、以城带乡、客货并举的工作格局，形成了客运为主、货运为补充的盈利模式，"客运＋农村物流"成为城乡客运扭转困难局面、增加收入的一条有效途径，给传统行业带来新的活力。

从社会效益看，"客运＋农村物流"加速了工业品下乡进程，农民以低成本购买到优质的产品，促进农民消费升级；为发展农村电商和农产品进城提供支撑，对提高农村居民生活质量起到积极作用。

黑龙江省富裕县物流运行模式如图6-3所示。

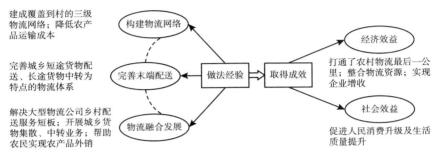

图6-3 黑龙江省富裕县案例

资料来源：由笔者绘制。

二、"邮政＋农村物流"模式

（一）模式内涵

"邮政＋农村物流"，是指邮政企业（县级邮政分公司）依托原有的邮政网络，发挥货源整合、运力资源和运输组织等优势，通过与交通、商贸、农业、供销企业资源共建共享，将农村地区的普遍邮政服务延伸到农村快递、农村电商、商超配送、农产品物流等领域，从而为县域农村物流发展提供综合性解决方案的农村物流模式。

中国邮政在我国农村地区具有坚实的发展基础，不仅承担着农村普遍邮政服务，而且还拥有村邮站、电子商务、邮政储蓄等农村服务资源。因此，邮政企业主导的农村物流服务模式，一般具有网络体系完善、末端网点覆盖率高、服务领域全面的特点。邮政企业在原有相对独立完整的农村物流网络体系基础上，如果能够进一步整合民营快递、城乡客运、农业合作社、城乡商业配送等资源，那么农村地区的物流服务水平将会得到较大幅度的提升。

（二）运作方式

如图 6-4 所示，具体而言：

1. 网络建设

中国邮政在农村地区原有的县级邮政处理中心和快件中转集散中心、乡镇邮政局、村邮站已经形成了一个相对完整的县乡村三级邮政物流网络体系。为了进一步拓展农村电商物流、农产品物流、城乡日用品配送等综合物流服务，县级邮政分公司通常还需进一步整合邮政、商贸、农业、交通、供销等资源，建设县域电商公共仓储设施、快递专业类物流园区，依托农村客运站、货运站等交通基础设施建立仓储分拨中心，拓展末端物流网点的代理收费、金融、票务、网购、信息服务等综合功能。有条件的邮政企业还在农产品产地和部分田头市场建设预冷、保鲜等初加工冷链设施。

2. 资源整合

在服务需求整合方面，为了实现农村物流的可持续健康发展，邮政企业在原有邮政普遍服务的基础上，重点推动县域邮政网络资源社会共享，推动邮件快件、电商包裹、商超配送等货源整合，努力实现农村物流统一仓储、共同运输、共同配送。在运力资源整合方面，邮政企业主要依托自有运输车辆完成农村物流运输与配送，同时也借助农村客运、第三方物流和其他社会运力等，以提高农村物流服务水平，降低农村物流运输成本。

3. 运输组织

除了沿用原有的邮政快件运输组织模式之外，更高层次的农村物流运输组织模式是在浙江义乌、浙江宁海、吉林松原、山东新泰等地已经有多年实践发展经验的城乡货运公交模式。目前的城乡货运公交一般采用县、乡、村三级配送模式，属于中心轮辐式配送模式，具有方便组织、覆盖面较广、需求波动适应性强的优点，而且能够针对不同层级的配送需求特点，确定不同运输批量、选择不同的运输工具来保障配送效率。除了开通城乡货运公交或农村物流班线之外，个别地区，如浙江安吉县，还尝试使用无人机运输方式以满足偏远地区的需求。

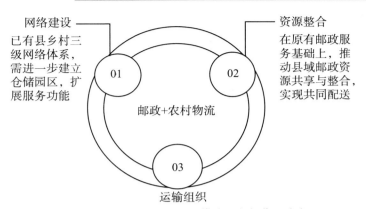

网络建设
已有县乡村三级网络体系，需进一步建立仓储园区，扩展服务功能

资源整合
在原有邮政服务基础上，推动县域邮政资源共享与整合，实现共同配送

邮政+农村物流

运输组织
一般采用县乡村三级配送模式，包括货运公交、农村物流班线和无人机运输

图6-4 邮政+农村物流运作方式

资料来源：由笔者绘制。

（三）模式评价

1. 优势

一是邮政企业在农村地区具有完善的物流网络体系。中国邮政在农村地区拥有相对较为完善的物流网络体系，可以充分发挥邮政点多面广、遍布城乡、深入千家万户的物流网络优势。首先，可以充分利用原有的县级邮政处理中心（或快件中转集散中心）将其改造提升为综合服务和中转运输功能的县级农村物流中心。其次，可以将乡镇邮政局改造提升为具有分拨功能的乡镇级农村物流服务站。最后，在村邮站的基础上，进一步整合乡村商业网点和农村电商网络，可以构建末端覆盖率高而且多网合一、一点多能的村级农村物流服务点。此外，邮政企业在农村地区已经拥有一定规模的配送队伍、运力资源和相对成熟的运营模式，而且能够满足较偏远乡村的物流服务需求。因此，"邮政+农村物流"模式在农村地区的推广实施相对较为容易。二是中国邮政具备服务"三农"的品牌和资源优势。一方面，中国邮政不仅为农村地区提供邮政普遍服务，而且邮政旗下的邮乐网农村电子商务平台、邮政储蓄银行等也深受广大农民喜爱。因此，"邮政+农村物流"模式在整合农村电子商务物流，推动网货下乡和农副产品进城方面极具优势。另一方面，经过多年的运营，中国邮政在农村已经拥有了稳定并且广泛的客户群体，客户满意度较高。邮政的百年运输经

验和数十年快递运营经验，使得邮政快递服务安全可靠，保证了快件的安全运达，能够及时满足客户需求。

2. 劣势

一是邮政企业的物流服务效率相对偏低。与民营快递企业和城乡商超配送企业相比，邮政企业的运营模式和管理体制相对不够灵活，其服务效率和服务质量也相对偏低。二是邮政企业的物流服务网络不够开放。邮政企业的农村服务网络相对较为封闭，邮政系统的电商物流和农村快递自成体系，邮政物流的业务种类和服务产品不够丰富，还需要进一步加强邮政企业、民营快递、商超配送、其他农村电商平台的资源整合与网络共享，才能提供便捷高效实惠的综合性农村物流服务。

（四）典型案例

浙江省宁海县——交邮合作打造城乡货运公交品牌*

1. 基本情况

宁海县是国家生态示范县和县域经济百强县。全县户籍总人口 63.39 万，土地面积 1 931 平方公里，海岸线 176 公里，辖 4 个街道、11 个镇、3 个乡，30 个社区、363 个行政村。2022 年，宁海县实现地区生产总值 900.72 亿元，同比增长 4.3%，其中第一产业生产总值 54.52 亿元，同比增长 5.6%；第二产业 436.49 亿元，同比增长 3.9%；第三产业 409.72 亿元，同比增长 4.6%。全县拥有无公害农产品产地 104 个、无公害农产品 127 个、绿色食品 17 个、有机食品 5 个，已形成茶叶、蔬菜、竹笋、柑橘、枇杷、虾蟹、贝类、鱼类、土鸡、生猪十大名特优农产品，成功创建省级现代生态循环农业整建制推进县。此外，宁海县乡镇工业较为发达，长街、力洋、西店、岔路、前童等乡镇均建立了工业园区，农村工业原材料和产成品物流需求逐年增多。

为满足日用品下乡、农产品进城的门到门服务需求，以及宁海县乡镇工业和电商快速发展带来的物流服务需求，宁海县创新并推动了交邮合作模式来解决农村物流问题。该模式由中国邮政集团公司浙江省宁海县分公司和宁海县交通运输局联合，推进县村邮站和交通物流共建，依托综合的

---

* 案例来源：根据浙江省电子商务进农村示范评价工作资料，以及笔者及团队开展农村物流调研工作搜集的资料，进行整理得到。

路网站点、运力资源和信息平台,发挥邮政的网络优势、品牌优势,借力交通物流优势及保障优势,实现优势互补、资源共享,形成城乡零距离、门到门的终端物流服务体系。2012 年 7 月,宁海县城乡货运公交项目被列为宁波市农村物流发展试点项目。2017 年 11 月,宁海县交邮合作城乡货运公交项目入选交通运输部全国农村物流发展典型案例。2020 年 4 月,宁海"交通运输 + 邮政快递融合"项目入选交通部首批农村物流服务品牌,打造"一个平台、两大基地、三级载体、多维协同共生"的生态发展模式。并且宁海成功创建全省快递发展先进县,按照"一核两副多点"的现代物流体系,多途径发展培育 A 级物流企业。截至 2021 年,全县已有 4A 级物流企业 1 家、3A 级 2 家、2A 级 3 家,全县累计开通公交邮路 9 条,累计公交带货 163 万件,降低农村物流成本 20% 以上。

2. 做法经验

(1)创新建设模式,确保农村物流运作有基础。一是完善基础建设,逐步实现服务全覆盖。积极搭建"县—乡(镇)—村"三级物流网络:在城区成立县级临时货物仓储中心;乡镇(街道)按区域划分组建物流集散中心;物流集散功能相对较强的行政村,在村邮站基础上叠加城乡物流服务功能,建设邮政物流服务站。二是开发信息平台。一期平台实现了社会化仓储、物流服务商和村邮站的互联互通,包括会员管理、调拨管理、查询统计、物流管理、便民服务中心管理等服务功能。二期平台基于"互联网 + 物流"理念,在一期平台的基础上接入宁海邮政车、宁海客运班车、加盟社会车辆 GPS 数据,实现运力资源的整合,完成城乡客运班车小件快运等系统的开发和对接,扩展平台移动应用。

(2)推进融合发展,促进农村物流合作多元化。全力壮大农村物流相关生产性服务行业,支持农民在农产品直播带货、冷链运输、保鲜仓储、清洗包装等方面开展就近就业,积极推动农村创新创业带头人、毕业大学生、农业产业领军人才参与农村物流、农业产业联动发展。一是与农业企业合作,推动农产品进城。主动对接农产品进城项目,服务乡镇农产品批量配送,如一市白枇杷和猕猴桃、岔路王爱金桃、长街欢乐佳田农庄水果蔬菜等,重点拓展了胡陈洋芋、深圳冬笋、春笋等万斤农产品进城项目;与此同时,积极开展开春大集市活动工业品代购和配送服务。二是积极开展快递企业合作。依托邮政行业服务站点多面广的布局优势和快递行业便捷高效的运营优势,增强交邮合作模式运作活力。县邮政公司与申通、韵达等民营快递公司签订专项合作协议，在快递揽收、中转仓储、农村落地配等领域开展深度合作。不少村邮站已经成为服务村民投递和取件的快递民生点，个别村邮站每日快递投放件已达上百件。三是探索开展电子商务合作。依托农村电商服务载体，扶持一批城乡一体化的电商物流公共集散点和商贸服务点，拓展农村地区电商物流服务范围，邮政物流服务站点叠加村邮网购业务及商品贸易服务等功能；四是鼓励邮政物流服务站与全县客运班车合作开展小件快运业务，降低农村物流配送成本，提高边远山区物流配送效率。

（3）做大品牌效应，确保农村物流服务有品质。一是实行标准化、品牌化运作。制定城乡货运公交项目内部管理和操作规范，统一设施、设备、专用工具等技术标准和业务工作标准，提高管理效益。二是加强专业人才培训。依托县人才发展六大工程，加大物流专业技术人才培养和引进力度，对符合县专业人才规定的给予培训经费补助；加大对农村物流管理人员的培训力度，定期开展信息服务水平和操作技能培训，提高从业人员信息化平台操作运用和维护水平，加大对农村物流相关从业人员的业务培训，提高业务水平。另外加速推广"规模种养 + 精深加工 + 商超流通""农业企业 + 电商企业 + 物流企业"发展模式，将原先零碎分散的特色农产品生产、销售、物流整合纳入"宁海珍鲜"区域公用品牌，促进县域农业上、中、下游产业链深度融合，全力以最严的品牌管理、最优的产品质量、最快的送达服务，赢得市场的最大认可。

（4）强化统筹协调，确保多方主体合作参与。宁海通过集合政府、企业、院校三方资源优势，协同打造与群众"面对面、零距离"的农村快捷物流。一是加强顶层设计，加强政策扶持，完善资金保障。宁海县于2014年编制了《宁海县城乡货运公交项目实施方案》，成立了宁海县城乡货运公交项目建设工作协调小组，累计争取省、市、县各级物流补助资金807万元。加强考核，明确镇（乡）政府和邮政部门在服务站建设运行中的落实保障职责和服务管理职责，将农村物流发展以及农村物流网点建设与各个乡镇（街道）年度目标考核任务挂钩。二是搭建多方参与的服务新平台。组建了包括邮政公司、宁海城乡公交、顺丰速运、货拉拉、浙江金邮物联网、农商行、人保、农村物流示范网点、农产品电商优秀经营户和协会为核心的农村物流生态发展联盟，明确了联盟成员职责和业务部门指导职责。三是鼓励联盟成员内部创新，推进农村物流融合发展。

推进农村物流网点融合，建成"1 大中心、11 个站点、80 个服务站"的县乡村三级农村物流体系。推动农村物流运力资源整合共享，依托所开发的宁波城乡物流公共信息平台，实现对宁海城乡之间标准化的农村物流车的统一监管，实现平台内车、货双方无缝对接，并与货拉拉平台互为补充。

3. 取得成效

（1）促进了多部门农村物流资源的集约整合。成立由县政府分管县长亲自挂帅的工作领导小组，统筹农村物流发展，打破交通、经贸、供销等多个相关部门各自为政的壁垒，从体制机制上推动交通、邮政、商贸和供销等部门资源整合，大大提升了宁海农村物流工作推进的效率，使涉及农村物流的重大问题得到很好的协调和处理。

（2）提升了城乡物流公共服务均等化水平。建成由 1 个县级仓储中心、11 个乡镇物流集散中心以及若干农村邮政物流服务站所组成的县乡村三级农村物流服务网络。购置和投入城乡邮政公交车 35 辆，整合邮路 11 条，基本实现农村物流服务"五统一"（定线路、定班次、定首末运行时间、定价格、定站点）。打通农村物流最后一公里，农产品进城和日用品下乡的渠道日益便捷，农村物流成本不断降低，农村物流资源整合有效推进。截至 2021 年底，宁海已建成涵盖"1 个县级中心、354 个村级物流服务站点"的城乡物流体系，年均实现农村物流运输 8.16 万批次、24.5 万吨，运营产值 3.2 亿元，获评 2020 年交通运输部首批全国农村物流服务品牌。

（3）促进了农民的创业增收。一是通过物流兴旺交通事业从而带动富美农村。高质量建设"四好农村路"全域串联起 6 条美丽精品线、10 个景区镇、180 个 A 级景区村，带动更多客流、物流、商流来到乡村、繁荣乡村。2018 ~ 2020 年，全县游客人次、旅游经济收入年均分别增长 20%、16%，2019 年，获评首批国家全域旅游示范区，有力推动"修一条路、美一片景、富一方民"。二是以物流融合配套产业，富强农业。截至 2020 年底，全县已实现农超对接面积 1.1 万亩，订单农业面积 1.2 万亩，农业电商销售额近 5 亿元/年。三是以物流新增服务就业，富裕农民。2020 年，全县农村物流业及相关生产性服务业从业人员 1.2 万人，整体业务收入连续三年增速超过 20%，成功培育"蟹大人"小海鲜、"绿色城堡"蔬菜等一批本土农业创业创新品牌。

浙江省宁海县物流运行模式如图6-5所示。

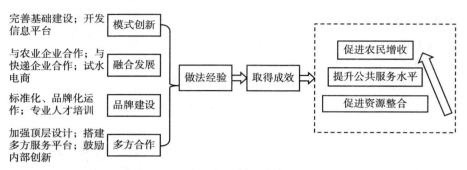

图6-5 浙江省宁海县案例

资料来源：由笔者绘制。

三、"快递+农村物流"模式

(一) 模式内涵

"快递+农村物流"，是指由一家民营快递企业或多家快递企业联合实施的，通过整合农村地区点多面广、分散经营的快递物流资源而形成规模优势，将快递物流产业链条延伸到县域所有乡村的农村物流模式。

快递企业拥有辐射全国的干线快运网络和通常仅下沉到乡镇级的农村快递网络，末端配送成本高和服务水平低是快递企业在农村市场面临的主要难题，个别农村地区甚至屡屡出现二次加价等违规事件。在实践中，民营快递企业往往通过组建快运联盟或者与商超配送、交通运输等企业合作的方式，来解决农村快递进村到户的"最后一公里"问题。因此，民营快递企业主导的农村物流模式，一般具有整合分散货源、网点共建共享、末端共同收派等特点。

(二) 运作方式

如图6-6所示，具体而言：

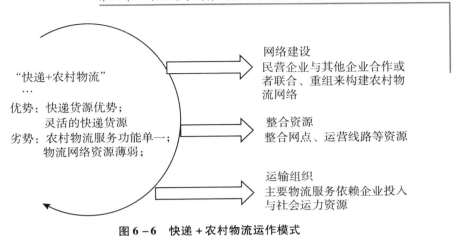

"快递+农村物流"
…
优势：快递货源优势；
　　　灵活的快递货源
劣势：农村物流服务功能单一；
　　　物流网络资源薄弱；

网络建设
民营企业与其他企业合作或
者联合、重组来构建农村物
流网络

整合资源
整合网点、运营线路等资源

运输组织
主要物流服务依赖企业投入
与社会运力资源

图6-6　快递+农村物流运作模式

资料来源：由笔者绘制。

1. 网络建设

民营快递企业在绝大多数县域并未建立相对完整的县乡村三级物流网络体系，因此，民营企业通常需要与其他企业合作，通过整合城乡商超配送网络、农村电商网络、农村快递网络来建立农村物流网络体系。也有一些快递企业在行业管理部门支持下或者多家快递企业通过联合、重组等方式，新建覆盖县域全部乡村或部分线路的农村快递网络体系。

2. 资源整合

由于农村快递服务需求较为分散，把来自多家快递的农村物流需求整合起来交由一家快递企业具体负责，成为农村快递物流发展的现实有效途径。实践中，为了降低农村快递成本，民营快递企业往往在业务量较少的乡镇建立合作网点，统一开展快件揽收、分拣、运输和投递业务。除了快递企业依靠市场力量自发进行农村物流资源整合之外，也有不少地方政府部门为了推动农村物流高质量发展，强力推动农村快递资源整合，如浙江省浦江县通过招投标的形式确定了由浦江申通快递负责全县所有农村快件的收寄派送，而浙江省淳安县则将县域农村快递优化组合为5条村级快递物流班车路线，由5家快递企业分别自主选择一条线路独立运营。

3. 运输组织

由于民营快递企业在农村地区并不具有末端网络节点和运力资源优势，因此，由民营快递企业主导的农村物流服务主要依赖于快递企业自身投入和社会运力资源的整合。受限于民营快递企业的自身实力，农村快递的运输组织模式创新程度相对偏低，多数还未实现定时、定点、定线、定车的公交化运营。

（三）模式评价

1. 优势

一是快递企业在农村物流服务中具有快递货源优势。快递企业拥有辐射全国的干线快运网络，不论是网货下乡，还是农副产品进城或者农村电子商务，多数快递包裹都需要由快递企业来完成县域内外的中转运输，因此，快递企业在整合农村物流服务需求特别是农村快递货源方面具有较为明显的优势。二是快递企业通常具有灵活的运营管理模式。五大民营快递企业集中上市后，在资本驱动下，知识、资本、人才、科技等要素资源在快递行业加速汇聚，主要快递企业加速向科技密集型综合物流服务商转型发展。随着农村电商的不断兴起和农村消费的逐步激活，农村快递市场逐渐成为快递企业竞争热点，在此背景下，由快递企业主导实施的"快递＋农村物流服务"模式在未来将得到持续的创新发展。

2. 劣势

一是快递企业的农村物流服务功能相对较为单一。目前，快递企业在农村物流服务的主要优势仅局限于快递领域，在城乡配送、农产品物流、农村电子商务方面则有待于与相关企业的进一步合作开拓，更加需要行业管理部门的重点指导与推动。二是快递企业在农村地区的物流网络资源较为薄弱。快递企业在农村地区的实体物流资源相对较为薄弱，特别是物流网络设施方面，快递企业在乡镇及以下的网络覆盖率较低。此外，多数快递企业在农村地区的终端配送设施、运输车辆投入都较为有限。三是农村快递资源整合通常需要行业管理部门推动。"快递＋农村物流"的成功实施，需要对农村物流市场上的多个快递经营主体进行有效的资源整合，不可避免地会涉及部分企业的退出，政府部门的强力推动虽然可以弥补市场力量自发矫正能力的不足，但是也容易引起一些争议。

（四）典型案例

浙江省桐庐县——依托民营快递整合资源，推动农村物流发展[*]

1. 基本情况

桐庐县是浙江省杭州市下辖县，位于浙江省西北部，地处钱塘江中游。全境东西长约 77 公里，南北宽约 55 公里。总面积 1 825 平方公里。桐庐县下辖 4 个街道、6 个镇、4 个乡；181 个行政村；4 个经联社；22 个社区。2022 年，桐庐县地区生产总值 431.41 亿元，按可比价计算，同比增长 3.5%。桐庐县"三驾马车"增势强劲，投资保持高位增长，桐庐县固定资产投资同比增长 18.1%，增幅杭州市第一；消费市场增长稳健，桐庐县社会消费品零售总额 166.99 亿元，同比增长 5.3%；对外贸易快速增长，桐庐县货物进出口 142.3 亿元，同比增长 48.6%。桐庐县财政总收入 71.22 亿元，同比增长 5.4%。一般公共预算支出 75.17 亿元，其中教育、卫生健康、社会保障和就业等民生类仍然是最大支出，占一般公共预算支出的 81.1%。全体居民人均可支配收入 55 556 元，同比增长 4.9%。按常住地分，城镇居民人均可支配收入 64 275 元，增长 3.7%；农村居民人均可支配收入 40 190 元，增长 5.9%。

桐庐是"中国民营快递之乡"，桐庐人创办的"三通一达"（中通、圆通、申通、韵达）已全部上市，占有中国电商快递市场 60% 以上份额。近年来，桐庐县充分发挥"中国民营快递之乡"优势，着力构建物流快递一体化服务、高效率配送、多模式揽收、全方位监管四大体系，为地方高质量发展注入新的动力。2020 年，累计招引韵达全球科创中心、申通国际总部、中通快递桐庐总部等重大项目 43 个，总投资超 195.5 亿元；全县快递物流产业实现营收 158.6 亿元，入库税收 10.27 亿元。中国国际快递产业大会永久性会址落户桐庐，已举办三届。同年成功入围首批浙江省物流创新综合改革试点县。

2. 做法经验

（1）围绕"企业有意愿"，打好政策组合拳。一是广泛征求意见凝聚共识。前期充分调研并在局内组织讨论会探讨进村方案及成本测算，多次

---

[*] 案例来源：根据浙江省电子商务进农村示范评价工作资料，以及笔者及团队开展浙江省电子商务进农村示范评价及调研工作搜集的资料，进行整理得到。

召开"打通快递服务最后一公里座谈会"，邀请县"三通一达"及百世公司桐庐负责人参加，就如何打通快递进村最后一公里的问题进行充分讨论，广泛凝聚共识，出台《桐庐县"快递驿站"行政村全覆盖工程实施方案》。二是主动对接实现末端共配。持续与三通一达桐庐公司负责人对接，就运营模式、共配网络、村级代收点管理与运维考核等进行深入讨论，采取由蜂网控股有限公司与县内快递企业共同出资，组建成立桐庐驿共享供应链管理有限公司，由该公司负责推进"快递驿站"全覆盖工程建设和整体运营。该公司聘请专业职业经理人负责运营管理。三是政府提供资金予以配套。转变以往快递进村配送是纯粹的市场行为的观念，充分认识到快递进村的民生属性，县政府对快递共配公司前三年建设运营费用予以全额补助，并按实际管理及运营成本结算，原则上不超过 100 万元/年。形成基本资金＋考核奖励的日常管理体系，确保快递派送的时效性以及服务的满意率。

（2）围绕"快递送得到"，打好网络攻坚战。一是构建配送网络。以乡镇中转场地和村快递驿站为基础，构建快递村村通配送网络。由驿共享公司落实运营人员。截至 2021 年，建有 100 余个快递驿站，6 个乡镇快递中转仓，拥有 12 个派送员，并由各乡镇派件员负责将快递中转仓内的快递配送至各快递驿站。二是完善配送服务设施。在各村完善快递驿站硬件设施条件，设立单独存放快递件房间，并安装监控，提高快递存放安全性。三是落实驿站工作人员。由属地乡镇（街道）及村委推荐快递驿站点位及人员，专事村内快递签收、管理工作，明确各村收发快递联络员，做到村内快递有人收、有人管、有人联系。

（3）围绕"群众满意度"，打好运维管理牌。一是强化考核管理。由政府和快递公司共同组织对运营人员的业务能力、服务水平、满意程度等进行考核，通过快递投诉率、各村快递联络员反馈等各种过程管理方式，切实了解配送完成率、满意率，切实把好事办好。二是补贴政策灵活。按每村每日派件量的不同，设定多个补贴政策，通过补贴费用的梯度，调动快递驿站的工作积极性，进一步提高驿站稳定性。对于驿站工作人员年龄偏大等问题，建立快递 App 签收或手工签收两种收发体系，使快递到村有人收、快递存放有人管、快递签收可以查。在规范快递签收程序的同时，减小快递误拿的概率。

3. 取得成效

（1）配送成本大幅降低。采取末端共配模式，将本由"三通一达"及百世五家配送的快递统一归集至各乡镇（街道）中转仓，以行政村为单位分类，统一安排人员分村派送。以横村镇为例，原本由 5 家网点单独配送 5 趟改由 1 家网点统一配送 1 趟，有效节省末端网点派送成本。原配送 5 人共配送 600 件改为 1 人配送 600 件，快递配送效率得以有效提高。原本每家公司需向乡镇承包区支付 1 元/件的派送费，现在只需向驿共享公司支付 0.4 元派送费及 0.2 元的派送成本，仅一件快递就节省 0.4 元。

（2）惠民服务更加便捷。桐庐县末端共配模式运行以来，快递直接送到村便民服务中心的快递服务点，群众只需徒步取件即可，时间从半天缩减为 10 分钟，显著提升了桐庐县人民的获得感、满足感、自豪感。

（3）品牌形象显著提升。一是有效推行县以下末端资源整合和共同配送，切实提高农村快递服务水平，更好发挥快递特有的农产品上行的网络、渠道优势和规模优势。二是不断提升用户消费体验，降低了快递投诉率，提升了快递物流服务口碑。三是完善城市快递末端网点建设，提高三通一达快递派送效率。并切实提高了三通一达快递服务水平，不断提升三通一达品牌在我县人民心中形象，在与其他民营快递企业的竞争中树立优势。例如，我县三通一达在快递进村后，投诉率明显低于极兔等其他快递品牌。

浙江省桐庐县物流运行模式如图 6-7 所示。

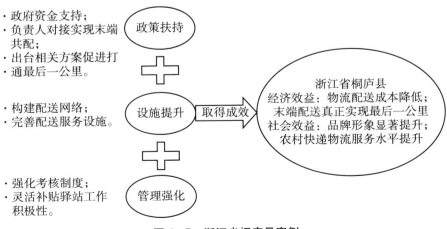

图 6-7 浙江省桐庐县案例

资料来源：由笔者绘制。

四、"商贸＋农村物流"模式

(一) 模式内涵

"商贸＋农村物流"，是指传统商贸流通企业等发挥在农村区域的商品批发零售、商业连锁配送、农资供销等流通渠道优势，依托商超配送网络拓展农村快递、农产品流通、农村电商等城乡双向流通服务，从而将城乡商超网络的商品配送功能延伸到电商快递物流等农村综合物流服务领域的模式。

根据商贸流通企业业务领域及主管部门的差异，"商贸＋农村物流"模式还可以进一步细分为："商超＋农村物流"，如扶风迅达农村物流有限公司实施的陕西省扶风县农村物流体系，以及杭州城乡通商务有限公司实施的杭州市临安区农村物流体系；"供销＋农村物流模式"，如浙江益统物流有限公司联合多家企业建设的绍兴市柯桥区农村物流网络体系。

"商贸＋农村物流"的主要特点是依托传统商贸流通网络拓展农村物流服务领域。"商贸＋农村物流"的实施主体一般是交通物流、商贸流通或者物资供销领域的龙头骨干企业，实施企业具有县域内商超配送资源整合能力是其共同特点，如扶风迅达农村物流有限公司的母公司陕西新贸集团是陕西省级农业产业化经营重点龙头企业，拥有物流配送、超市连锁、电子商务、酒店餐饮、房地产开发、物业管理、装饰装潢、建筑机械设备租赁等八大产业集群，业务辐射西安、杨凌、宝鸡三市十二县区。

(二) 运作方式

如图6-8所示，具体而言：

1. 网络建设

传统商贸流通企业在行业管理部门支持下，依托商超配送网络承担农村物流服务，其县乡村物流网络建设并无固定统一的模式。在陕西扶风县，扶风迅达农村物流有限公司将连锁经营超市建设为乡镇级和村级农村物流网点，投资建设物流园区作为县级农村物流节点。在江苏省丰县，丰县交通物流公司在打造本地品牌O2O生活超市和O2O农资超市的基础上，通过发展加盟超市和整合快递网点的方式建设三级农村物流网络。

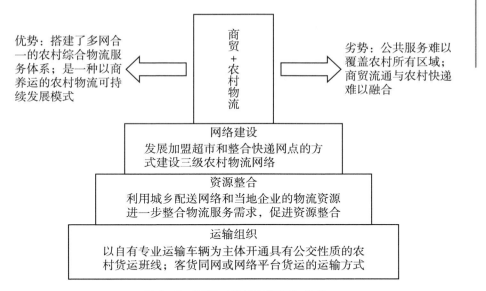

图6-8 商贸+农村物流运作方式

资料来源：由笔者绘制。

2. 资源整合

"商贸+农村物流"模式下，农村物流的实施主体除了整合县域商业网点设施搭建县乡村三级物流网络体系，一般还在城乡商超配送的基础上进一步整合农村物流服务需求，拓展农村快递和农村电商等物流服务。如丰县交通物流公司整合社会资源，将城区物流配送中心免费提供给超市商品供应商使用，并实现了共享仓储、共享业务人员、共享物流运力、共享城乡配送；浙江驰骋物流有限公司则依托母公司旗下的左邻右舍和萝卜白菜，实现了对江山市域商超物流、农村电商资源的整合；扶风迅达农村物流有限公司利用城乡商超配送网络为合作快递公司运配农村快件，利用印象扶风和蜗居乐购电商平台促进扶风县工业品下行和农产品上行。

3. 运输组织

"商贸+农村物流"模式下，实施企业通常以自有专业运输车辆为主体开通具有公交性质的农村货运班线，此外，还可以尝试客货同网或网络平台货运的运输方式。在江苏丰县，对于小散件货物进城下村主要通过公交客运车辆实现，而对于大件货物运输则通过开通城乡物流专线来完成。在陕西扶风，扶风迅达农村物流有限公司利用其22辆厢式专用货车和12

辆城市配送车辆开通了 6 条总长度为 186 公里的农村物流货运专线。

（三）模式评价

1. 优势

一是搭建多网合一的农村综合物流服务体系。"商超 + 农村物流"是在原有城乡商超配送体系的基础上拓展农村快递、农产品流通、城乡配送等农村综合物流服务，实现城乡配送、农村快递、农村电商多网合一、一点多能。城乡商贸流通龙头企业除了拥有完善的县乡村商品配送网络体系和雄厚的物流仓储与运输车辆资源，通常在连锁商业经营、农村电商平台方面也处于行业领先地位。例如，丰县交通物流公司打造了本地品牌 O2O 连锁超市，浙江驰骋物流有限公司可以借力母公司旗下的左邻右舍连锁品牌和萝卜白菜农村电商平台，扶风迅达农村物流有限公司也可利用母公司旗下的印象扶风和蜗居乐购电商平台发展农村物流。依托已经成熟运营的城乡商超配送网络，发挥城乡配送骨干企业优势，不仅有利于整合各类农村物流资源，而且有利于推进农村物流服务的标准化、信息化、规范化建设水平，从而构建便捷高效实惠的农村综合物流服务体系。二是以商养运的农村物流可持续发展模式。农村物流持续健康发展的关键是在满足物流基本公共服务需求的前提下，有效降低农村物流服务成本，提高农村物流运营主体的经营收益。许多地方政府通过给予农村物流运营主体一定资金补贴的方式，来保障农村物流基本公共服务，而"商贸 + 农村物流"则提供了一种商贸流通资源共享、以商养运的农村物流发展思路。例如，丰县交通物流公司通过商品批发产生的利润实现以商养运，保障农村物流长期发展。

2. 劣势

一是偏远乡村的物流基本公共服务问题。"商贸 + 农村物流"模式依托城乡商超配送网络发展农村物流，由于运营成本问题，其物流网络体系一般较难覆盖偏远乡村，因此，在实现偏远乡村物流基本公共服务方面有一定劣势。如果"商贸 + 农村物流"能够与"客运 + 农村物流"模式融合发展，那么该问题可以得到有效解决，这需要交通、商务等行业管理部门的业务指导与积极推动。二是商贸流通与农村快递的融合发展问题。由于农村快递市场经营主体较多等原因，多数商贸流通企业现阶段还难以提供农村快递服务。尽快全面整合农村快递市场资源，是"商贸 + 农村物流"模式能否提供综合性农村物流解决方案的关键。

（四）典型案例

浙江省江山市：依托传统商贸网络构建农村物流服务体系[*]

1. 基本情况

江山市，浙江省衢州市代管县级市，区域面积 2019 平方公里，总人口 60.8 万，全市下辖 11 镇 5 乡 3 街道、292 个行政村 29 个社区。江山市在电子商务进农村示范工作推进过程中，积极构建县乡村三级农村物流网络体系，依托浙江驰骋物流公司及其母公司浙江驰骋控股旗下的"左邻右舍"生活驿站连锁便民店以及"萝卜白菜"等电商平台，架构起江山市农村物流网络体系，实现了农村物流运营服务无盲点。

浙江驰骋物流有限公司是一家集城乡配送、仓储管理、物流平台营运于一体的综合型物流企业。公司前身是浙江驰骋控股的配送中心，为了做专做强做大物流配送，于 2006 年 3 月 15 日从主业中分离出来成立驰骋物流。公司拥有乡镇配送中心、城市配送中心、冷链生鲜配送中心 3 个专业配送中心和一个物流营运平台，是国际标准化的配送中心。驰骋物流在业务上主要是有三种类型：一是企业以门店形式配送，如"左邻右舍""生活驿站"等以统一采购，统一配送为主要运行模式。二是发掘小型企业对物流服务需求，借助回城空车和固定的门店资源这一优势，以低成本进入支线物流，进行支线物流—城乡配送。三是依靠集团的规模优势，搭建物流服务平台及大型的配送基地。经过 10 余载的精耕细作，驰骋物流业务已经遍及上海、北京、兰州、成都、广州等地区；建成 4 个常温仓，面积 5.5 万平方米，2 个冷链仓，面积 0.72 万平方米，物流营运平台 1 个，面积 1.5 万平方米，并服务于浙闽赣三省地区的 1 300 多家公司。

2. 做法经验

（1）依托企业商贸流通网络，搭建农村物流网络节点体系。以驰骋物流公司原有的城乡商贸配送网络为基础，将原有的县级农村配送中心、乡镇配送网点和农村配送网点分别转型为县乡村农村物流网络节点，搭建起

---

[*] 案例来源：根据浙江省电子商务进农村示范评价工作资料，以及笔者团队开展浙江省电子商务进农村示范绩效评价及调研工作搜集的资料，进行整理得到。

县乡村三级农村物流网络节点体系。除了依托旗下"左邻右舍"生活驿站等便民连锁品牌门店进行农村物流网点建设之外，驰骋控股还与江山市政府合作，共同改造提升农村淘宝、邮乐购、丰收驿站等电商平台的农村电商服务网点，作为传统城乡商贸流通网络的补充，实现了全市行政村农村物流服务网点全覆盖。

（2）完善农产品物流体系，带动农产品销售和农业产业发展。一是加快完善冷链物流仓储设施。通过整合现有冷链仓储资源，建设驰骋物流基地冷链物流及配套建设项目，完善场地预冷设施，农产品分级、包装等产地初加工和商品化预处理设施，提升冷链仓储的综合应用能力，增强农产品聚集乡镇销售能力，全力解决生鲜类产品冷链仓储问题。二是创新农产品销售模式，解决农产品上行难题。创新打造"萝卜白菜"平台"店商+电商"融合发展模式，发展"农户+合作社+农村网点收集+连锁物流配送+社区网点自提本地销售"模式，有效解决了农户零散农产品上行难题，同时，作为链主型企业，驰骋物流借助自身物流网络优势，积极向外延伸"地瓜经济"藤蔓，在浙江和江西共有多家子公司和4 000余家门店。

（3）推进物流数智化，带动和提升物流运行效率。驰骋物流引入先进的电子化分拣系统及生产线，在商品的采购、入库、分拣、集货、转运等环节实现信息化集成管理。构建了智慧物流网络体系，形成了总仓、地仓、城仓以及"到家+到店"相融合的多级配送体系。此外，在末端网络方面，依托驰骋信息技术优势，江山实行"1+N"多元化服务模式，即以商贸连锁经营为主，将配送到户、科技信息服务、电商服务、供销合作、农产品经销、农资配送、缴费充值等集于一身。在信息流方面，企业自主建设了研发团队，致力于连锁渠道、物流配送、电商平台等核心业务软硬件技术的研究。目前已开发并投入使用具有自主知识版权的仓储管理系统（WMS）、信息管理系统（MIS）、销售终端（POS）、生意宝、店务通以及"萝卜白菜"电商平台等新零售工具。

3. 取得成效

一是实现了电子商务业快速发展。驰骋物流旗下"左邻右舍""生活驿站"两大连锁便民店品牌已覆盖至浙闽赣三省的62个县（市、区），拥有4 900多家连锁门店，目前正积极准备挺进江苏与上海市场。通过"萝卜白菜"电商平台，全新推出"B2C"等购物模式，为消费者提供

"大件送到家，小件到店取"的电商服务，门店营业额年均增长 22%，日均进店提供服务人次年均增长 46%，让小店实现"有限空间，无限生意"。2022 年，江山市实现网络零售额 278.49 亿元，位列浙江省山区 26 县第一位，同比增长 28.5%，高于全省 21.3 个百分点。

二是实现了电商产业配套体系的完善。依托于驰骋物流旗下密布城乡的便民店网点，江山市已建成市镇村三级电商公共服务体系，包括 1 个市级电商公共服务中心、1 个镇级电商服务站点和 573 个村级电商服务站，电商公共服务覆盖率达到 90%。同时，公共服务体系的完善也助推了市场主体集聚。目前江山电商总部经济培育成效凸显，网络零售超亿元企业 8 家，1 000 万元以上企业达 30 余家。

三是实现了农村物流企业效益提升。驰骋物流在传统商贸网络的基础上建立城乡双向流通、无服务盲点的农村物流体系，不仅提升农村物流公共服务可及性，也带动物流企业效益，助推物流企业做大做强。目前，江山市农村物流配送额已经突破 5 亿元/年，利用驰骋物流的返程车辆每年可助力猕猴桃、高山蔬菜等生鲜农产品上行达 220 多万元。

浙江省江山市物流运行模式如图 6 - 9 所示。

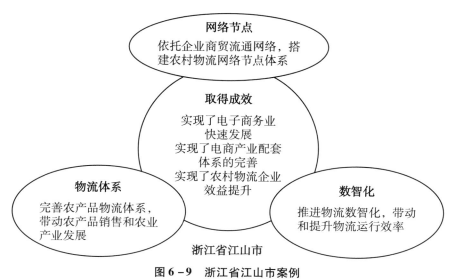

图 6 - 9 浙江省江山市案例

资料来源：由笔者绘制。

五、"网络货运平台＋农村物流"模式

（一）模式内涵

"网络货运平台＋农村物流"，是指充分利用互联网等现代信息技术，搭建集供需发布、网上交易、精准匹配、运力整合、交易结算、诚信评价等功能于一体的网络货运综合服务平台，发挥网络平台精准对接农村物流供需的优势，利用互联网信息技术整合农村物流网络、运力和货源，从而将网络平台货运服务延伸到农村地区的农村物流模式。

"网络货运平台＋农村物流"模式利用信息技术整合社会闲散运输资源，实现农村物流供销服务的精准对接，提供了农村地区及时物流服务需求的一个有效解决方案。"网络货运平台＋农村物流"经常作为"邮政＋农村物流""客运＋农村物流"或"商贸＋农村电商物流"等综合性农村物流解决方案的一个有效补充方式。

（二）运作方式

如图 6-10 所示，具体而言：

1. 网络建设

网络货运平台企业多为重资产物流企业，依托网络货运平台开展农村物流服务，虽然在理论上并不要求平台企业一定拥有物流场站设施或县乡村三级农村物流网络，但是，实践中致力于提供农村物流服务的网络平台企业通常建立了相对完善的"县—乡—村"三级物流网络体系。例如，贵州省雷山县依托通村村平台建设农村物流基础设施骨干网络和末端服务网点；湖北省宜昌百誉智慧物流有限公司则利用自身资产优势在长阳县建设了 1 个县级农村交通物流产业园、11 个镇级农村交通物流服务站和 154 个村级农村交通物流服务点，形成较为完善的农村物流网络体系。

2. 资源整合

网络货运平台运用互联网、大数据、人工智能等现代信息技术，精准对接农村物流服务需求和社会运输能力，以车货匹配为切入点，以数据服务为核心，以运输服务为纽带，实现了农村物流运力和需求的有效整合。此外，网络货运平台企业通常以其强大的资产为纽带，在货源组织、线路整合、网络覆盖、运力调配、装备设施等方面与农村快递、城乡配送、城乡客运、农村电商等各类农村物流市场经营主体建立合作关系。例如，贵州省雷山县通过通村村平台整合商贸、电商、快递、物流、客运、邮政等物流资源形成共同服务体系。

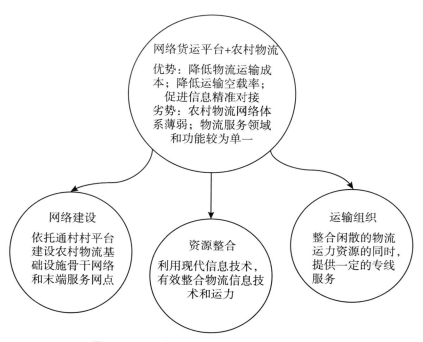

图 6 – 10 网络货运平台 + 农村物流运作方式
资料来源：由笔者绘制。

3. 运输组织

"网络货运平台 + 农村物流"模式的最主要特点就是利用信息技术整合农村地区闲散的社会运力资源从而提供即时物流服务。为了更好地为农村地区用户提供物流服务，平台企业整合闲散运力资源的同时，一般还需要提供一定的专线物流服务。例如，浙江尊龙物流有限公司的配送模式为专车配送和顺带配送，即以广州、深圳、东莞、佛山、中山、福州、厦门、晋江、上海、河北、江苏、山西等省市到货专线配送为基础，通过司机在 App 平台上抢单或平台调度员派单方式，对接苍南、平阳两县区域内盐化集团、苏宁电器、俊伟电器、华昊无纺布、东经科技等工厂及城乡用户和个人的货物配送需求。

（三）模式评价

1. 优势

一是有效降低农村物流运输服务成本。"网络平台＋农村物流"模式，利用现代信息技术整合物流运力和服务需求，提高人、车、货匹配效率，有效降低货运车辆空驶率，在降低农村物流运输成本方面具有重要作用。二是高效完成农村地区即时物流服务。"网络平台＋农村物流"模式，有利于降低车源和货源信息的不对称，促进农村物流供需的精准对接，提供了农村地区及时物流服务的一个有效解决方案。

2. 劣势

一是实体物流网络体系相对薄弱。依托网络平台拓展农村物流服务，对城乡物流网络体系建设并无特别要求，实体物流网络体系相对较为薄弱是"网络平台＋农村物流"模式的一大劣势，这也使得该模式在满足偏远乡村物流基本公共服务方面存在天然不足。二是物流服务领域相对较为单一。"网络货运平台＋农村物流"的主要服务内容是即时性物流服务，将该模式的服务领域全面拓展到县域范围的农村快递、城乡配送、农村电商等特定领域和对象，比其他的农村物流模式有更大的难度。

（四）典型案例

贵州雷山县——通村村平台激活农村三流融合[*]

1. 基本情况

雷山县位于贵州省黔东南苗族侗族自治州西南部，距省府贵阳184公里，距州府凯里42公里，总面积1 218.5平方千米。总人口16.3万人，其中少数民族人口占92.3％，辖5镇3乡，154个行政村。2022年，全县地区生产总值完成48亿元，增长3.2％，社会消费品零售总额完成15.3亿元，农村居民人均可支配收入达13 612元，增长10.5％。雷山县是国家新阶段扶贫开发重点县之一，县内有黑熊、麝羊等23种二类保护动物和天麻、杜仲等200多种名贵野生中药材，素有天然绿色聚宝盆之称。雷

---

[*] 案例来源：根据笔者及团队承担的商务部重大招投标课题《提升电子商务进农村》工作搜集的相关资料，进行整理得到。

山县生产的银球茶、清明茶等茶产品多次获省优、部优荣誉，银球茶被评为贵州十大名茶。笋子、魔芋、蕨类产品等山野菜远销我国港澳台地区及日本等国家。

雷山县自 2016 年被认定为国家级电子商务进农村示范县以来，十分重视农村流通基础设施建设工作，按照县、乡、村三级物流运营模式，建立县级物流配送中心 2 个，仓储中心 2 个在 8 个乡镇分别建立乡镇物流配送中心。2020 年 4 月，雷山县"电子商务 + 统一配送"项目入选交通部首批农村物流服务品牌。截至 2020 年底依托通村客运车辆，整合申通、韵达、德邦快递物流等物流品牌以及汽车站传统的小件运送服务，有效整合物流资源效解决到村最后一公里的问题。建成雷山物流分拨中心 1 个，并配套了相应的设施设备，县至乡村规划物流线路 5 条，主线运输及派送车辆 50 多辆。8 个乡镇全部设有物流收发点，乡镇物流覆盖率 100%，村级电商网点物流覆盖率达 100%。实现了全县的进港件、出港件都由分拨中心来统一调度。

2. 做法经验

（1）依托信息平台，加强资源整合。2017 年 7 月，通村村 App 在雷山县正式上线。通村村是运用互联网、大数据、人工智能技术，精准对接农村客运需求和社会运输能力，解决了农村交通运输的堵点、农民出行及农产品运输的难点、安全运营监管的痛点，回应了社会关切热点的综合开放生态平台。通村村平台通过信息平台和村服务站的建设，构建乡村出行物流基础设施骨干网络和末端服务网点，整合商贸、电商、快递、物流、客运、邮政等形成乡村共同服务体系，将县乡村、村与村连接起来，通过整合运力和需求，以人、车、货匹配为切入点，以数据服务为核心，以运输服务为纽带，实现人畅其行、物畅其流。通村村平台通过大数据将人、货、车供需高效调配，一方面降低了农村客运运营成本，便捷了农村群众出行，另一方面打通了农村物流最后一公里，畅通了经济发展的"毛细血管"，为电商下乡、黔货出山提供了坚实的基础保障，为脱贫攻坚提供了新的模式。

（2）加强客运、货运和商贸资源的协同联动。一是实现农村物流村村直达。通村村通过农村客运车辆实时带货的方式，打通县、乡、村物流通道，既有效解决了农村小件物流送达难、农村特产运输难的问题，又增加了客运车辆的运营收入。"通村村"平台截至 2022 年 7 月建立了超过 1.5

万个村级综合服务站点，实现全省所有建制村 100% 覆盖，累计注册人数超 12.5 万人次，为群众累计提供服务超过 153 万人次。二是实现物流资源整合。通村村通过与申通、中通、圆通、韵达等快递公司及安能物流、德邦物流签订整合发展协议，建立了通村村物流信息调配站，每日由快递公司将发往农村的物流信息发送至通村村农村出行服务平台，由平台调配属地客运车辆当日运输物资，不仅极大地提升快递覆盖率，而且快件包裹出村、入村比原来缩短至少 2 天时间。针对大宗货运特别是大批件的农特产品，平台接入了县内货运车辆数据，实现农特产品的及时运输。同时通村村平台注册司机超过 7 万人，整合车辆超过 6 万余辆，构建了"1 + 9 + 88 + 15 000"的出行物流服务基础设施网络格局。

（3）发挥协会作用，成立物流配送联盟。雷山县整合县域现有物流、快递资源，组建县物流快递行业协会，成立物流配送联盟，实现资源共享共用，节约成本，提高效率。实行"1 + N"模式，建成以雷山县通村村电商物流分拨中心为载体，整合四通一达等多家快递企业，由智通企业管理有限公司负责第三方物流快递的电子商务进农村物流派送服务。在县域内实现物流同一路线统一配送，统一平台、统一信息管理，最终构建统一配发和统一收集的配送体系。

3. 取得成效

一是提高了物流服务水平，降低了物流成本。雷山县通过通村村平台建设，实现了物流、快递进村零的突破，同时增加农村客运驾驶员和村级电商代理点捎带、代派村级快递包裹收入。平台通过农村客运车辆行李空间捎带小件快递，全县所有村组已实现物流全覆盖，配送时间由原来 3 天至 5 天缩短到 1 天，配送成本由原来的每件 5 天到 10 元降低至每件 2 元，每年可为村民减少物流成本 600 万元，让农村群众体验到足不出户、服务上门。2020 年 6 月，交通运输部公布了首批农村物流服务品牌名单，雷山县"电子商务 + 统一配送"作为贵州唯一项目入选。

二是带动黔货出山，提高了农民收入。围绕农村信息不通、农产品销路不畅、农民增收难等问题，充分发挥通村村平台覆盖面广、成本低、班次多、速度快、配送及时等优势，已将全县 140 余个村级电商服务点（其中有 48 个贫困村服务点）纳入平台进行统筹，形成电商供货、平台为电商跑腿的资源互补模式，通村村平台运行前，特色农产品出货少、出货速度慢，在路上逗留时间长，特别是新鲜农产品送到客户手中容易出现变质情况。现在只需在平台电商选购下单，县内半日即可送达，县外 24 小时至 48 小时均可送达，有效解决特色农产品销售难题，带动了农村经济发展。

贵州省雷山县物流运行模式如图 6 – 11 所示。

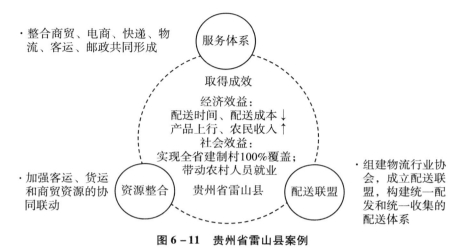

图 6 – 11　贵州省雷山县案例

资料来源：由笔者绘制。

六、"电子商务平台 + 农村物流"模式

（一）模式内涵

"电子商务平台 + 农村物流"，是指充分利用电子商务进农村建设成果，由电子商务平台经营企业发挥自身货源和销售渠道优势，或与物流企业深入合作，将农村电商延伸拓展到仓储、分拨、流通加工、配送等物流服务功能，促进商流、信息流、资金流和物流多流合一的农村物流模式。

"电子商务平台 + 农村物流"模式依托各类农村电商服务站点形成物流网络体系，其服务对象以农村电商经营主体和用户为主，服务领域通常以农特产品为主的农村电商物流。"电子商务平台 + 农村物流"模式能够有力推动农特产品上行，也有助于推进农村电商深入发展。

根据农村物流的实施主体差异，可以分为由电子商务企业、物流企业或其他商贸企业组织实施的"电子商务平台 + 农村物流"模式，以及由行业管理部门组织实施的"电子商务平台＋农村物流"模式。湖北省英山县以及河南省浚县是企业主导的"电子商务平台＋农村物流"模式的典型代表。承担浚县农村物流实施任务的鹤壁万隆电子商务有限公司，是一家集现代物流、专业仓储、电子商务于一体的综合性企业。英山县的农村物流服务则由湖北英迅通物流服务有限公司、湖北美佳商贸有限公司等企业共同实施，其中，英迅通公司为湖北省重点物流企业，而美佳商贸公司为连锁经营的商贸龙头企业。由行业管理部门组织实施的"电子商务平台＋农村物流"模式，体现了农村物流和电子商务领域的政府管理创新，浙江省的长兴县依托农村淘宝平台所实施的农村物流服务项目即为典型代表。行业管理部门在"电子商务平台＋农村物流"模式中的作用主要体现为通过整合农村电商网点物流，建设县级电商仓储配送中心，形成农村电商配送网络体系；通过整合农村快递、商超配送、城乡客运资源，实现县域农村物流的统一仓储、共同配送。实践中，行业管理部门组织实施的"电子商务＋农村物流"，更多的是借助民营快递企业来完成农村物流运输与配送服务。

（二）运作方式

如图 6－12 所示，具体而言：

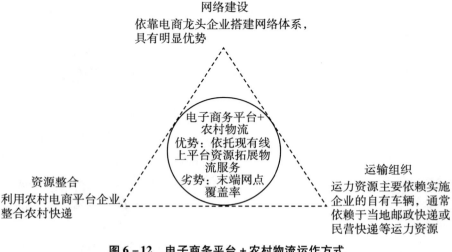

图 6－12　电子商务平台＋农村物流运作方式

资料来源：由笔者绘制。

1. 网络建设

不论是由一家企业单独实施还是多家企业联合运营,企业主导的"电子商务平台+农村物流"模式通常都是由实施企业投资建设县级物流中心和县乡村物流网络体系。由于实施农村电商物流服务的电子商务平台企业通常还是当地的骨干物流企业或龙头商贸企业,因此,其在县级物流中心投资建设乡村商业网点、村邮站等末端网点整合方面也具有较强的实力。例如,鹤壁万隆电子商务有限公司以万隆物流园为依托在河南省浚县打造了"中心多节点全覆盖"级农村物流网络体系。由行业管理部门组织实施的"电子商务平台+农村物流"模式,则主要发挥行业管理部门的统筹规划和协调管理能力,并依托电商平台力量建设农村配送网络。例如,浙江省的长兴县依托农村淘宝并借力菜鸟物流建设城乡物流配送网络。

2. 资源整合

在"电子商务平台+农村物流"模式下,物流服务需求主要是来自于电商平台上的农产品上行货源和工业品下行货源。利用农村电商平台企业整合农村快递物流或城乡商超配送服务,通常都面临较大的组织与协调难度,需要行业管理部门的大力扶持。

3. 运输组织

由企业主导实施的"电子商务平台+农村物流"模式下,通常由实施企业组织运输车辆开通农村货运班线,其运力资源主要依赖实施企业的自有车辆。因此,对实施企业物流服务能力和平台整合能力的要求都较高。由行业管理部门组织实施的"电子商务平台+农村物流"模式下,通常依赖于当地邮政快递或民营快递等运力资源。

(三) 模式评价

1. 优势

电子商务平台拥有的货源和销售渠道优势使得农村电商平台企业在拓展农特产品电商物流服务方面具有独特优势。依托农村淘宝、邮乐网、供销e家、淘实惠等电商平台,利用企业自有运力或借力菜鸟物流、邮政快递等,来自农村地区的农特产品可以销往全国各地。

2. 劣势

一是三级农村物流网络体系不够健全。"电子商务平台+农村物流"模式下,主要依托农村电子商务网点搭建物流配送网络,其末端网点通常难以覆盖偏远或电子商务发展水平薄弱的乡村，三级农村物流网络体系覆盖率较低，一些试点县甚至未搭建县级中转、乡镇分拨、村级末端配送的三级物流网络体系。二是农村综合物流服务能力较薄弱。由于电商平台企业通常并不拥有实体物流网络体系，末端网点一般仅覆盖到开展电子商务的农村，甚至需要借力第三方企业才能完成物流服务，因此，"电子商务平台＋农村物流"模式在农村电商物流之外的其他农村物流服务领域并不具有优势，在提升农村物流基本公共服务水平方面的劣势较为明显。

（四）典型案例

浙江省德清县：借势阿里集团布局农村物流网络体系[*]

1. 基本情况

德清县隶属浙江省湖州市，坐落在长三角腹地，地理位置得天独厚，东望上海、南接杭州、北临环太湖经济圈，县区陆域面积 936 平方公里，是杭州都市经济圈最重要的节点城市，也是环杭州湾产业带重要的先进制造业基地。近年来德清经济发展迅速，先后八次进入全国百强县，获得中国最具投资潜力特色示范县、浙江省科技进步先进县、浙江省首批小康县、浙江省首批信息化试点县、省示范文明城市，并被省委、省政府规划为全省首批基本实现现代化县（市）之一。

德清县自 2021 年 7 月获评"电子商务进农村综合示范县"以来，德清县委、县政府高度重视，紧密结合德清农村电子商务实际，突出电子商务在农村的应用与普及。其把握与阿里巴巴（中国）软件有限公司签署数字乡村建设合作协议的契机，聚焦"县域共配一体化"，构建优质服务共享新体系，把数字乡村建设作为乡村振兴的战略方向和实现农业农村现代化的重要途径，深入推进数字乡村集成改革，探索建立"1＋1＋N"的数字乡村整体架构（1 个数字乡村标准化规范＋1 个多跨协同乡村一体化智能化平台＋N 个涉农场景功能），以数字化撬动传统乡村生产、生活、治理模式变革。

2. 做法经验

（1）推进物流市场主体培育与集聚。德清县通过与阿里数字乡村合

---

[*] 案例来源：根据浙江省电子商务进农村示范评价工作资料，以及笔者团队开展浙江省电子商务进农村示范绩效评价及调研工作搜集的资料，进行整理得到。

作,依托阿里完善的服务体系,打造德清农村电商产业园"数字服务中心",通过优质培训资源、园区管理、资源预约、活动报名、服务申请等板块,培育淘宝、天猫电商企业和配套物流等服务企业,引导开发区内企业改变原有的销售模式,成立电子商务公司,采用 O2O 线上线下相结合的新模式,达到管理模式的输出,推进农村物流市场主体培育,扩大电商物流规模。同时,依托产业园的仓配中心,为入驻企业提供车源、货源、行业信息等信息,通过搭建公共信息平台、提供金融等衍生服务,由传统的收租者转变为物流组织者,促进了物流产业集聚发展。

(2)推动数字赋能物流服务共享。借助阿里平台技术优势,依托本地地理信息特色产业和县域高精地图,通过"一脑一体化"和"一码一平台",实现配送数字化和供应链数字化。"一脑"即数字配送大脑,将所有配送人员、车辆、货物等数据在"城配物联"总部"驾驶舱"全方位展示,利用地理信息系统(GIS)指挥中心和"CHC"超算系统对快递件数据、订单数据、用户数据等进行计算,使指挥调度更合理;"一体化"即仓配一体化,通过智能分拣流水线和县乡村三级配送体系,实现智能云仓与县级分拣中心、镇级转运中心、"服务站"的无缝衔接;"一码"即"有德码",记录商品地理信息和时空信息,贯穿商品的产、供、销和配送的收、发、派、签全过程;"一平台"即数字供应链云平台,把农产品实物转化为数据形式在云端存储,建立商品输出通道。通过城乡共配一体化和供应链数字化,实现车货场"三网"在线融合,推动商品和服务能够高效精准直达"服务站"终端平台。

(3)完善物流末端站点分级管理。成立"村级站点建设"小组,对站点功能分类,进行差异化运行管理:一类服务为快递服务;二类服务包含快递服务、金融服务、冷链服务,配备兼职服务人员;三类服务包含快递服务、金融服务、冷链服务、通信服务、保险服务,配备专职服务人员。同时,借助与阿里等共建的"数字乡村联合实验室",发挥数字治理优势,进一步丰富三类站点的金融服务、冷链服务、通信服务、保险服务等功能,在服务人员筛选方面,精准画像就业创业中的大学生、退伍军人、专业对口再就业人员等人群,鼓励其发展成电商创业人、领头人,真正实现电子商务进农村。通过站点的小切口来作大牵引,持续深化"政府+运营商+服务商"三位一体的可持续的发展运营模式,深化服务内容,率先呈现更智能、更美好、更温暖的城乡共富新模式,破除城乡二元结构。

（4）优化电子商务及物流发展顶层设计。德清县先后出台了《德清县电子商务扶持政策》《德清县人民政府办公室关于推进邮政快递业高质量发展的实施意见》《德清县农村快递物流体系建设实施方案》等政策文件，通过明确主体责任，强化基础保障，提升电商物流服务能力。由县邮政管理局联合交通运输局等部门组织镇（街道）、村组织实施，统筹利用既有客运站、电商服务中心、农资站、村邮站、农村超市、农村电商服务点、旅游集散中心等场地，设置乡村两级物流节点。以政府补助＋社会运营模式，从快递业健康发展专项资金中列支建设经费和运营补助；根据企业规模、营业额等指标，给予电子商务园区或站点、从事跨境电子商务企业、自建海外仓开展跨境电子商务企业相应奖励或补助。

3. 取得成效

一是打通了城乡双向循环。改造了一个面积不少于 4 000 平方米的县级物流快递配送中心，同时聚焦解决乡村物流"最后一公里"问题，依托阿里平台的技术优势，打造"数字配送大脑"，已完成 30 个二类服务站点和 5 个三类服务站点的改造升级，建成 102 个乡村物流智能服务站，形成县、乡、村三级物流配送链条，推动打造"网货下乡、农产品进城"的双向循环，实现物流快递成本明显降低，物流效率有效提升，县到村配送时间不超过 3 天，县内新田农庄"水木江南"等企业上线，实现配送服务县域 2 小时可达。2022 年，德清县快递进（出）村数量达 2 951.9 万件，同比增长 28%。

二是促进了数字生活水平提升。依托乡村物流智能服务站，整合了数字商贸、数字健康、数字配送等 25 项功能提供一站式服务，且已实现二类、三类站点均配备 1 名服务人员，服务内容包含代购代销、快递寄取、费用缴存、职业介绍等便民服务。开展了 1 场农村电商服务站点人员的业务培训指导活动，同时在郭肇村和夏东村各举办了 1 场专业村电商活动。同时，以数字生活智能服务站作为切入点，开设了 24 小时健康云诊室和一体机药房，群众不出村就能和签约医生"面对面"问诊；提供县内景点门票、餐厅预定等服务，还可根据村民需求进行推荐和特殊定制。目前已累计建成数字生活智能服务站点 102 个，服务消费者 800 多万人次，网上就医、门票订购、保险办理、水电通信等各类业务等月均 6.6 万人次，总体业务量和业务金额月均提升 22% 和 17.5%。

三是畅通了网络化营销新路径。依托强大的数字物流网络，德清县已构建出"1+2+N"农村电商体系，即打造 1 个农村电商产业园，打通"本地电商平台+第三方电商平台"2 类销售通道，引进 N 家涉农企业入驻园区，创新"电商+合作社+农民""电商+旅游+农产品销售"等销售模式，引导农产品线上统一销售。截至 2023 年 2 月底，已设立"德 e 生活"等本地电商平台，引入淘宝（天猫）、抖音、快手等主流第三方电子商务平台，引进"宅十堂""新田农庄"等 10 余个涉农企业入驻，成功培育"清溪""德鲜客""游子"等一大批具有地方特色的农产品电商品牌。

浙江省德清县物流运行模式如图 6-13 所示。

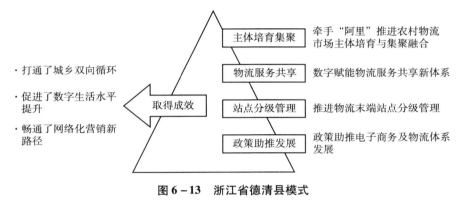

图 6-13　浙江省德清县模式

资料来源：由笔者绘制。

<h2>第四节　共同富裕时代农村电商物流的发展思路与对策</h2>

我国农村物流体系建设已取得了实实在在的成效，但我国农村物流发展总体上还处于初级阶段，物流体系相对落后，已成为深化电子商务进农村、实施乡村振兴战略和推动共同富裕的瓶颈。今后一段时期，我国农村电商物流体系建设应以深化供给侧结构性改革为主线，以推进农村电商物流高质量发展为目的，坚持市场主导、政府引导，多方协同、资源整合，因地制宜、注重实效，创新驱动、试点示范，以体制机制改革为动力，以网络构建为基础，以模式创新为引领，以技术应用为支撑，以共享协同为重点，切实破解制约农村电商和农村物流进一步发展的突出问题，加快构

建畅通便捷、经济高效、便民利民的县乡村三级物流服务体系，促进农产品、农村生产生活物资、邮政快递寄递物品等高效便捷流通，夯实乡村振兴的基础设施，实现城乡物流服务均等化，为农村地区巩固脱贫攻坚成果、全面推进乡村振兴、加快实现共同富裕提供有力支撑。

一、加强县乡村三级物流建设，优化农村物流网络布局

以补齐基础设施短板为重点，加强农村物流网点建设与已有场站的改造提升，加强贫困地区、偏远地区末端网点建设，优化县乡村三级农村物流网络节点布局，有效整合多方资源，探索农村物流设施建设、营运、维护的理想模式。

（一）统筹规划农村物流网络节点体系

加强交通运输、农业、商务、供销、邮政等部门的联动协同，统筹利用多方资源，按照县级中转、乡镇分拨、村级配送的原则，因地制宜地构建县乡村三级物流网络布局。一是完善县级物流中心。依托物流园区、批发市场、电商产业园等，新建或改造提升县级农村物流中心，统筹县域商贸配送、干线物流、快递物流、农资配送等资源，强化县域农村生产生活物资下行配送和农村产品上行的中转物流功能。二是搭建乡（镇）物流服务站。依托乡（镇）客运站场、交管站、电商服务中心、邮政局（所）、快递集聚点等，建设乡镇级农村物流服务站，整合乡镇快递收发、农村电商、农资代购、农产品代销等资源，服务农村各类物资中转仓储和分拨配送。三是布局村级物流服务点。依托农村生活综合服务中心、邮政及供销服务点、便利店、客运站点等，建设村级农村物流服务点，推动行政村农产品、各类物资等的"最初一公里"和"最后一公里"有序集散和高效配送。

（二）加大农村物流信息网络技术应用

一是加强农村网络基础设施和通信基础设施建设。农村网络基础设施和通信基础设施建设，能提高农村互联网覆盖率和通信网络通达率，实现农产品的物流信息收集、共享、发布和传输，进而减少由于信息不对称所引起的车辆空载率、农产品滞销率，进而降低物流运作成本、提高运输效

率。二是促进条形码、射频识别技术等信息技术应用。条形码、射频识别技术、车载卫星定位装置以及电子运单等信息技术在县乡村三级物流体系中的应用，强化对货物交易、运输、仓储、配送全过程的监控和追踪。三是加快实现农村物流信息共享。提供农村物流供需信息发布、物流查询与跟踪、企业信用评价等公共服务功能，推动跨行业领域的农村物流货源、场站、终端、运力等信息的共享和互联互通，提高物流运行效率。四是促进农村龙头企业与各平台的合作共赢。支持县级物流中心、农村物流或农村电商龙头骨干企业牵头建设县级农村物流综合信息服务平台，完善平台网交易、运输组织、过程监控、结算支付、金融保险、大数据分析等服务功能，并加强与电商、邮政快递等平台的有效对接，实现县乡村三级物流信息资源的高效整合、合理配置。

（三）推进农产品流通节点规划与建设

一是实施农产品仓储保鲜冷链物流设施建设工程。推动农村物流、农村电商与现代农业、数字乡村、综合交通运输网络的协同发展，实施农产品仓储保鲜冷链物流设施建设工程，统筹推进农产品分拣、加工、包装、预冷、仓储等设施建设。二是加快农产品物流集散中心规划布局。围绕服务农产品产地集散、优化冷链产品销地网络，加快新建、改造一批布局合理、辐射带动能力强的农产品物流集散中心。三是引导物流服务站点完善冷链物流服务功能。引导县级物流中心和乡（镇）物流服务站、村级物流服务点等完善冷链物流服务功能，合理规划冷藏、恒温、冷冻等设施布局，促进制冷、温控、装卸、分拣、包装等设备的推广应用。四是鼓励有条件的经营主体加快冷链物流设施建设。支持农业企业、农产品流通企业在农产品产地建设预冷保鲜、分级分拣、包装加工等基础设施，提升产后商品化处理能力，实现源头冷链错峰上市，提高农产品附加值，降低流通损耗。

二、推动农村物流共同配送，提高农村物流服务质量

（一）加快整合多方资源实现共同配送

一是整合网点资源及运力资源打通双向流通渠道。鼓励各地充分利用

农村淘宝、邮乐网、供销 e 家等农村电商平台整合农村电商网点、货源和运力资源，促进农村电商服务网络与农村物流服务网络融合发展，畅通农产品进城和工业品下乡的双向流通渠道。二是创新物流组织模式。鼓励支持各地结合农村经济发展特点和物流实际需求，引导各地因地制宜，推广客车带货等运输组织模式，助力各地推广农村物流集中配送和共同配送模式，降低农村物流服务资费，提升物流企业效益。三是完善物流服务站点功能。整合村镇邮政所、"农村淘宝"站点等的服务功能，建立由村委会主导和管理的综合集配服务站，提供复合型物流配送服务，使其具有支线运输、仓储分拣、货物周转等一体化运作功能。四是加强车货资源整合。鼓励各地推广定时、定点、定线的货运公交班车，支持利用网络货运平台整合闲散车辆，实现农村物流服务降本增效；鼓励剩余劳动力作为兼职配送人员，使用已有车辆进行接单配送，实现人力资源的充分利用。

（二）创新农村电商物流共同配送模式

农村电商物流共配模式创新是为了解决农村电商物流资源各自为战，配送成本居高不下，配送效率低下等问题，着力提高农村电商物流公共服务水平，实现快递配送和农产品集货等多重功能，打通农村物流城乡双向快捷通道。一是发展基于资源要素整合的共同配送模式。针对低效的单向物流环节，应有效整合利用空载资源和分散的农村物流资源，将农村现有富余的运力资源和人力资源整合到物流配送体系中来，活化农村末端物流。二是创新"O2O 平台 + 共同配送"模式。实现共享物流的重要条件之一就是要实现物流配送信息的互联互通，通过 O2O 信息共享平台以对物流信息进行采集和决策分析，同时聚集核心企业，有力整合核心资源，为共同配送作业人员提供活动场所。三是发展"村镇电商集配站 + 智能自提柜"共同配送模式。根据各村人口分布特征、快递业务需求、配送范围等，电商企业和第三方物流企业对该区域内待配送货物进行统筹和整合，共同出资投建智能快递柜，并由村委会统筹安排，配置专兼职管理员负责维护快递柜。通过这种实时投放、移动支付、适时提取的"一站式"服务模式，达到方便快递员和收件人，提高"最后一公里"的配送效率。

三、建立物流可持续运营机制，打造农村电商物流品牌

以促进产业融合发展、物流降本增效和助力乡村振兴为导向，加快培育农村电商物流运营主体，创新可持续运营机制，优化治理结构，提升物流运营的专业化水平和效率，是促进农村物流发展、助力乡村振兴的重要路径。

(一) 加快培育农村电商物流运营主体

一是创造有利的制度和市场环境。鼓励打造一批乡村产业集中、乡土特色浓厚、营商环境良好的农村创新创业园区，整合建设一批创业孵化实训基地、众创空间等农村创新创业孵化载体，为农村电商物流经营主体发展提供良好的公共服务配套。同时，建立健全农村地区物流行业管理体制，规范农村电商物流经营主体发展。二是引导相关行业企业发展农村电商物流。鼓励和支持规模较大、基础较好的第三方物流企业、电商平台企业、网络货运平台等延伸农村经营服务网络，拓展农村快递、电商配送、城乡配送等物流服务。三是鼓励自营物流企业开展社会化物流服务。引导区域性商贸流通企业、供销合作社、邮政快递企业将自营物流积极融合到社会化物流系统，鼓励有实力的城乡客运企业转型发展农村物流。推动农业生产、农产品流通企业延伸农业产业链和农产品流通供应链，向产供销一体化方向发展。四是加快农村电商物流经营主体的培育。采用行业联合、并购、重组等措施，引导行业合作、共享资源、协调发展，扶持培育快递、快运物流有实际运营能力的中小企业。同时，重点培育一批主业突出、竞争力强、管理现代化、服务水平高、示范作用强的农村物流龙头骨干企业。

(二) 加大农村物流服务品牌培育力度

一是推动骨干企业参与农村物流服务品牌建设。充分发挥龙头骨干企业的示范引领作用，在全国范围内着力打造一批网络覆盖健全、资源整合高效、运营服务规范、产业支撑明显的农村物流服务品牌。引导骨干企业加强联动合作，整合特色产业、电子商务、商贸供销、邮政快递、站场运

力、金融资本等农村物流市场各类要素，不断延伸产业链，不断丰富和完善农村物流发展新业态、新模式、新服务。二是因地制宜推进农村物流服务品牌建设。鼓励支持各地结合农村经济发展特点和物流实际需求，引导企业培育农村物流服务品牌，进一步降低物流成本，实现农村物流高效运行。三是总结推广农村物流服务品牌发展经验。借鉴在农村物流的信息管理、运营组织、收货、分拣、仓储、配送等各方面的先进典型经验做法，加快形成一批可复制、可推广的促进农村物流市场要素整合的创新经验，逐步形成具有本地特色的农村物流服务品牌，进而形成可复制可推广的发展经验，起到示范带动作用。

（三）推进总结推广农村物流发展经验

一是推广农副产品流通发展经验。引导推广复制优质农产品企业的发展经验，鼓励企业延伸与拓展农业产业链和农产品供应链的上下游空间，实现农产品生产、销售、仓储、配送的供应链集成管理。同时鼓励物流企业积极对接农副产品电子商务平台，拓宽农产品上行渠道及农村物流领域。二是推广农村电商物流发展经验。引导各地推广复制电商领先地区发展经验，鼓励各地充分利用淘宝、邮乐网、供销 e 家等平台的农村电商货源和销售渠道优势，整合农村电商网点、货源和运力，促进农村电子商务服务网络与农村物流服务网络融合发展，畅通城乡双向流通渠道。三是推广农村快递物流发展经验。鼓励推动农村快递集约化经营，实现快递物流降本增效；鼓励各地改造提升客运站场的农村物流仓储配送功能，提升物流网络体系建设水平；鼓励各地推广客运带货的运输组织模式，有效降低农村物流运输成本。

（四）完善县乡村三级物流体系服务规范

一是推进物流体系建设标准化。支持各地结合自身情况，制定《农村物流体系建设标准》《农村物流网络节点建设与运营规范》《农村物流配送服务规范》等地方性标准，细化各级农村物流网点的建设标准、运营服务规范，制定末端网点加入与退出、权利和义务等制度。二是推进物流运营标准化。鼓励并支持县乡村三级物流体系运营主体建立合理有效的监督机制，加强对从业人员的监督管理；进一步完善物流运营管理机制，提升物流服务水平和满意度。三是推进物流服务标准化。支持农村物流体系建设项目的实施企业围绕农村物流节点规划布局、运载工具、收寄交付、仓储保管、中转分拨、时效要求、安全管理、信息查询、结算方式、纠纷处理及赔偿等，按需制定行业性农村物流服务规范。

四、健全多主体资源共享机制，推进农村物流模式创新

破除市场主体在融合发展中的体制机制障碍，围绕多方服务规范不统一的问题，完善农村物流体系建设标准与运营规范，开展农村物流服务标准化试点工作，为资源整合、协同联动创造良好的发展环境。

（一）充分整合利用现有物流资源

一是优化物流服务网络体系。充分整合利用现有物流资源，做好农村物流设施网络规划，避免重复建设，优化物流服务网络体系，是破解农村物流高成本低效率"痛点"、促进农村物流发展的重要路径。二是充分发挥市场主体作用。各地结合当地发展实际，组织实施农村物流节点体系构建，充分发挥各类市场主体的作用，促进不同主体资源整合、信息互通、优势互补、融合发展，共同构建县乡村三级物流服务体系。三是推进传统物流资源与电商网络资源融合。充分整合利用邮政、供销、交通、商业等部门的物流资源，将这些部门和行业的站点资源、运输资源、信息网络资源等与货运平台、电子商务平台、商贸流通企业结合，有效整合到农村物流发展当中，实现网络互联、节点共享，构建多部门、多业态的融合发展模式，提高面向农村的物流整体服务效能。四是加快物流模式创新。通过整合现有物流资源实现物流模式创新，推动各类运营主体实现全网全域农村物流服务，实现农村物流基本公共服务均等化、提供综合性农村物流服务并建立农村物流可持续发展机制。

（二）推进农村物流节点资源共享整合

一是促进物流资源集聚整合。鼓励县乡村三级农村物流主体基于各自拥有的资源、需要的资源以及短缺的资源，在有效保障客运服务和满足安全管理要求的基础上，支持县级公路客货运站拓展建设邮政快递作业设施，拓展乡镇客运站邮政快递中转及收投服务功能。二是推进末端网点融

合。鼓励整合分散的农村物流服务需求，推进各类末端服务站点、网点等一网多用、多站合一、资源共享，支持乡镇和村级物流节点融合快递收寄、代销代购、便民缴费、信息服务等便民服务功能。三是完善物流网络服务功能。鼓励推进县级农村物流节点完善停车装卸、仓储配送、流通加工、电商快递、邮政寄递等综合服务功能，健全乡镇和村级物流节点快递收寄、电商交易、信息查询、便民缴费等功能，实现一点多能、一网多用、多站合一。四是鼓励传统零售网点拓展物流服务功能。支持拓展邮政乡镇网点、村邮站的服务功能，强化农村地区零售商店、农家餐馆等节点的物流服务功能，拓展终端投收件服务，实现一点多能，分担农村物流经营成本压力。

（三）探索互联网企业下沉服务新模式

互联网企业下沉农村物流配送，在农村具有较高的需求和接受度，该模式具有运作灵活性、定位精准性和资源利用性等特点，能推动物流资源表现形式的数字化、信息化和共享化。一是加快实施标准化。建立健全互联网企业参与物流配送的标准化体系，对物流交易操作范围、操作流程和服务形式进行标准化规定和统一化管理。二是推进物流信息共享。支持构建适应农村发展的县镇村一体化物流信息平台，实现物流末端配送"村村通"，提高农民取件的便利性，鼓励探索与国内一些大型互联网企业合作共建。三是推进共同配送。鼓励组建共同配送联盟，依托互联网云计算和大数据技术，为快递、快消品、农产品、农资企业提供"统一仓储、统一分拣、统一配送"服务，降低物流配送成本，提高配送效率。

五、加快农村物流数字化改革，提升农村物流服务效率

着眼于农村物流降本增效，积极推广应用条形码、射频识别技术、车载卫星定位装置等现代信息技术，加强物流运输动态监控和数字化管理，实现农村物流信息化运作和智慧化管理，提高农村物流运营管理效率。

（一）推动物流信息实现互联互通

一是建立物流公共信息服务平台。加强云计算、区块链、人工智能等

供应链智能化技术在农村物流中的应用，支持有条件的经营主体、政府等相关主体统一开发或者整合已有的农村物流信息平台，建立协调机制，加快实现各方信息的互联互通、集约共享和有效联动，并能实现农产品信息数据的正向追踪和逆向溯源等功能，为农产品的生产、检测、周转、销售、品控、管理等提供智力支持。二是实施物流信息互联标准化。鼓励相关主体构建农村物流信息互联标准化体系，包括接入标准、信息交互规范等，进而有利于农村物流信息的互联互通。三是推进物流信息实现移动互联。鼓励农村物流公共信息服务平台从 PC 端向移动终端发展的同时，加大对移动互联等新型信息技术的应用，延伸运输服务信息的推送与传播，更好地满足个性化、多样化的物流服务需求。

（二）提升末端网点的信息化水平

一是提升末端网点信息化水平。采用市场化和行政化相结合的方式，推动乡村信息服务站、农村便利店、农村供销合作社、村邮站、农产品购销代办站、快递网点等基层农村物流节点上线信息系统；对已有信息系统的农村物流节点进行整合和升级改造，加快推进各物流节点信息资源的互联协同。二是推进信息化技术在农村物流领域的应用。加强物联网、大数据等现代物流信息化技术在农村物流中的应用，推动人工智能、云计算、物联网、区块链等新技术在乡村物流中心、仓储的应用。鼓励乡村物流企业利用 RFID、GPS 等技术实现货物跟踪调配、车辆定位调度、物流信息汇总查询，以实现与农村物流公共信息平台的互联互通。三是加强对末端网点物流信息的采集与应用。推进移动终端设备在末端物流网点的应用，及时采集、整理、分析农村物流有关信息，实现农产品供需双方的有效对接和物流供应链快速匹配，应对农村物流规模不够、较为分散、农产品供需匹配失衡等问题，降低农村物流成本。

（三）提升农村物流的智慧化水平

一是拓展乡村振兴的数字产业链。农村新型基础设施建设是数字乡村建设的重要支撑，推动农村物流智慧化改造升级，实施农村物流数字化工程，推进农村物流信息化和智慧化建设，推动落实快递进村，打通工业品下行、农产品上行的最后双向流通体系。二是创新物流管理方式。鼓励农村物流企业应用条形码、射频识别技术、卫星定位技术以及电子运单等先进信息技术和管理方式，加强交易、运输、仓储、配送全过程的监控追踪及数字化管理，提高物流运营效率。三是提高物流设施设备智能化水平。支持农产品流通企业研发推广智能化、共享化、标准化的移动式冷库、冷柜或冷藏箱等，降低农村冷链仓储成本。同时，鼓励开展农产品流通信息溯源，应用智能化设备实现农产品物流、资金流、信息流的高度集成。

第七章　深化电子商务赋能"精准帮扶"场景的思路与对策

第一节　共同富裕时代电子商务促进农民收入"扩中""提低"的基本内涵

一、共同富裕时代电子商务促进农民收入"扩中""提低"面临的挑战

实现共同富裕，是民之所盼、政之所向，而农村是共同富裕的主要突破口，推进共同富裕，最大的短板在农村，最大的潜力也在农村。在推进共同富裕的时代背景下，我国在促进农村居民增收时面临以下三大挑战：首先，城乡收入差距较大。我国城乡收入差距问题突出，并且在改革开放以来城乡收入差距总体来看具有不断扩大的趋势，城乡收入差距对整体收入分配不均等的贡献率越来越大。据统计，2022 年，我国农村居民人均可支配收入为 20 133 元，比上年增长 6.3%；人均消费支出 16 632 元，增长 4.5%，而城市居民人均收入为 49 283 元，比上年增长 3.9%；人均消费支出 30 391 元，增长 0.3%，全国城乡居民收入比值达到 2.45，消费支出差别达 1.83 倍[①]。目前，城镇对城市的承接疏导作用和对农村的辐射带动作用尚未充分发挥，"城高乡低、城优乡劣"的问题还比较突出。在推进

---

① 国家统计局：《中华人民共和国 2022 年国民经济和社会发展统计公报》，国家统计局官网，2023 年 2 月 28 日，http://www.stats.gov.cn/sj/zxfb/202302/t20230228_1919011.html。

共同富裕的时代背景下，如何利用电子商务减小城乡收入差距，促进农民增收是我国面临的第一个挑战。其次，中等收入群体薄弱。一般而言，拥有较高比例的中等收入群体，是一个国家或地区走向共同富裕的重要标志。然而，我国中等收入群体数量较少，根据国家统计局数据，中等收入群体规模约为 4 亿人，如果以 14 亿人的基数计算，中等收入人口占比约为 30%。[1] 尤其农村是低收入群体的主要聚集区，中等收入群体较城市而言更加欠缺。一些行政村自身"造血"功能不强，消薄增收办法不多。农民就近就业机会偏少，收入来源单一，主要靠打工收入和销售农产品所得收入，经营三产、开办工业企业以及租金收入的占比较低。因此共同富裕时代，如何利用电子商务创新创业孵化中等收入群体，形成共同富裕的标杆群体是我国面临的第二个挑战。最后，脱贫成效有待巩固。2020 年是脱贫攻坚收官之年，消除绝对贫困后，我国目前还面临农村贫困人口脱贫后出现一定比例的返贫问题。据统计，2022 年上半年，全国有 65% 的易返贫监测对象已消除返贫风险[2]，仍有部分返贫检测对象需进一步落实帮扶行动。究其原因，一是部分脱贫人口对政策性补助依赖较高，二是脱贫边缘人群的内生发展能力以及适应外部风险冲击的能力欠缺，致使脱贫质量不够稳定。因此共同富裕背景下如何巩固脱贫成果、提高低收入群体收入，预防脱贫人口返贫和避免产生新的贫困群体是我国面临的第三个挑战。

二、共同富裕时代电子商务促进农民收入"扩中""提低"的发展主线

为应对上述三条挑战，在推进乡村振兴实现共同富裕的过程中，势必要缩小农村居民收入差距，这就要求既要高度关注"平均数以下"问题，切实解决农村低收入人口的发展增收和民生困难问题，也要积极探索稳定和扩大中等收入群体的新机制。深化电子商务进农村是破解农村居民收入差距较大难题，实现更高水平共同富裕的最大动力源。利用电子商务促进

---

[1] 就业司：《中国中等收入群体已超 4 亿 中等收入大军如何"扩群"》，中华人民共和国国家发展和改革委员会官网，2021 年 9 月 24 日，https：//www.ndrc.gov.cn/fggz/jyysr/jysrsbxf/202109/t20210924_1297381.html。

[2] 大连监管局：《全国 65% 易返贫监测对象已消除返贫风险》，中华人民共和国财政部官网，2022 年 9 月 16 日，http：//dl.mof.gov.cn/lianzhengjianshe/202209/t20220916_3841026.htm。

农村居民收入"扩中""提低",推进社会结构变革,构建以中等收入群体为主体的"橄榄型"社会,已成为推进共同富裕的最具标志性的重大任务。具体而言,要重点把握三条主线:首先,巩固脱贫成果。农民收入"提低"问题的本质是共同富裕框架下的农村精准帮扶问题。深化电子商务进农村,不仅为农民低收入群体创造了掌握知识和技能、及时获取市场信息等的便利条件,使其有机会参与分享农业高质量发展收益,更重要的是为社会资本借力电子商务参与农村精准帮扶提供机会,其逻辑起点是先富带动后富,最终实现农村共同富裕。其次,多渠道促增收。2023年政府工作报告指出,要多渠道促进居民增收,提高中低收入群体收入。一方面,随着农村电商发展,线上农产品交易的门槛及难度逐渐降低,能够促进农村居民的创业活动,影响工商业收入(周广肃和樊纲,2018);另一方面,农村电商发展带动了旅游、餐饮等服务产业的共同繁荣,能够提供更多就业机会并影响居民工资性收入。此外,农村电商发展可能提高土地流转率,从而增加对应的居民财产性收入(冒佩华和徐骥,2015)。最后,创新创业孵化。2021年全国大众创业万众创新活动周提出的"五个更加突出"之一即为更加突出创新创业促进全体人民共同富裕[①]。深化电子商务进农村,能够拓展和延伸农村产业链,带动现代化农业高质量发展,提供更多创新创业机会。尤其是网络直播、社交电商等电子商务新业态新模式为农村居民创新创业提供了新机遇,正在成为扩大农村居民中等收入群体的重要途径。

三、共同富裕时代电子商务促进农民收入"扩中""提低"的内涵

共同富裕背景下电子商务促进农民收入"扩中""提低"的基本思路是:以聚焦巩固脱贫成果、多渠道促进农村居民增收、扩大中等收入群体三大主线为着力点,构建农村电商培训体系、网络精准扶贫体系、创新创业孵化体系、农村电商产业聚集体系四大体系,深化公益扶贫、东西协作、精准帮扶、收入分配四大机制,最终实现农民收入"扩中""提低"。

---

① 华凌:《2021年全国双创周将至,北京会场惊喜连连》,中国科技网,2021年10月16日,http://m.stdaily.com/index/kejixinwen/2021-10/16/content_1226103.shtml。

其中，四大体系为四大机制作用的发挥提供支撑，而四大机制的建立能够缩小甚至弥合城乡收入差距，推动农民收入"扩中""提低"。具体而言，在四大体系方面，农村电商培训体系主要指构建普惠化、分层化、长效化的农村电商人才培训体系，带动农村电商就业及创新创业。重点针对不同人群和学员层次，科学设置农村电商培训课程体系，开展分层培训，并逐步建立农村电商人才培训跟踪及服务的长效机制，强化农村电商培训的创新创业及就业带动成效。网络精准帮扶体系主要是以电子商务为纽带，因地制宜，探索建立多元、互补的精准帮扶模式。如建立"电商＋创业带头人＋低收入农户""电商＋农业龙头企业＋低收入农户""电商＋农民合作社＋低收入农户""电商创业模范＋低收入农户"等多种模式相互协同的精准帮扶体系。创新创业孵化体系主要是构建培育农村电商创新创业的硬件和软件体系，其中硬件方面包括打造电商公共服务中心、产业园区等，以及完善网络、办公及物流运输基础设施等；软件方面包括面向目标群体开展针对性的培训工作，以及为其提供金融借贷、技术支持等服务，从而为创新创业企业的孵化奠定基础。农村电商产业聚集体系主要基于地方特色禀赋，锚定特色产品及品牌，发挥政府管理引导功能，将存在互补关系的产业结构、企业或机构相互关联，对多种生产要素、经济要素、网络服务要素进行整合，形成不同生产要素的动态流动和灵活配置，打造形成诸如"淘宝村""淘宝镇"等典型农村电商产业集聚体系，提高整个产业集群内集聚企业、特色农产品及网络营销的竞争力。

在四大机制方面，公益帮扶机制主要指政府、企业以电商为突破口，多形式参与农村公益事业，推进以市场化与公益性有机结合的电商帮扶项目，大力提升公益服务能力，营造公益帮扶文化。通过整合社会公益性资源，帮助欠发达地区实现农村居民增收。东西协作机制主要指促进东部沿海发达地区与西部欠发达地区优势互补、共同发展，利用电子商务实现资源跨区域调配，将东部的资源与技术用于西部发展，实现东西协作，助力西部欠发达农村居民增收。精准帮扶机制，主要指将欠发达地区按照户、乡镇、村和地区等进行分类，结合各地发展实际，开展针对性的管理和精准帮扶。引导资金、技术等各类资源在欠发达地区、家庭及人口中进行科学配置，从而达到巩固脱贫的目标，建立具有针对性、精确性的长效帮扶机制。收入分配机制，即要发挥农村电子商务对农业高质量发展、农村集体经济壮大、农民高素质培养的促进作用，进一步提高农业农村发展水平，优化农民固有的就业创业方式，促进农民增收，在"做大蛋糕"的同时也"切好蛋糕"（见图 7-1）。

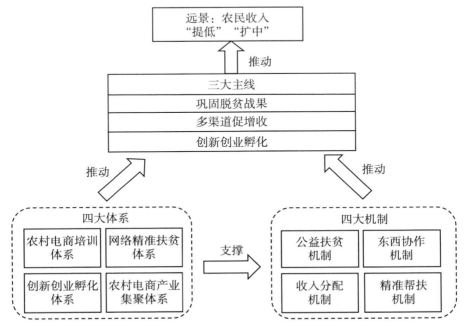

图 7-1　电子商务促进农民收入"扩中""提低"的理论逻辑

资料来源：由笔者绘制。

第二节　共同富裕时代电子商务促进农民收入"扩中""提低"的现状与问题

一、共同富裕时代电子商务促进农民收入"扩中""提低"的发展现状

（一）顶层设计不断加强，为农村电商促进增收提供有力支撑

一方面，推动数字乡村战略转型助力精准帮扶，提高居民收入的相关

政策文件不断丰富。2019 年 4 月，中共中央办公厅、国务院办公厅印发《数字乡村发展战略纲要》，深入推动网络扶贫行动向纵深发展，强化对产业和就业扶持，充分运用大数据平台开展对脱贫人员的跟踪及分析，持续巩固脱贫成果，进一步为农村电商精准帮扶强化了技术支撑。中央网信办在 2022 年 1 月出台《数字乡村发展行动计划（2022 - 2025 年）》进一步指出，要实施网络帮扶拓展深化行动，健全防止返贫动态监测和帮扶机制，依托防止返贫大数据监测平台，对脱贫不稳定户、边缘易致贫户，以及因病因灾因意外事故等刚性支出较大或收入大幅缩减导致基本生活出现严重困难户进行常态化监测帮扶。继续大力实施消费帮扶，支持脱贫地区探索消费帮扶新业态新模式，带动脱贫人口和农村低收入人口增收致富。鼓励中央单位在定点帮扶工作中推动数字乡村项目建设，加强基础设施建设、运营模式创新和利益联结覆盖。《"十四五"数字经济发展规划》指出，要利用数据资源推动研发、生产、流通、服务、消费全价值链协同。确保数据要素市场化建设成效显现，数据确权、定价、交易有序开展，探索建立与数据要素价值和贡献相适应的收入分配机制，激发市场主体创新活力。另一方面，农村电商相关政策进一步完善。2014 年财政部办公厅、商务部办公厅发布了《关于电子商务进农村综合示范的通知》，开始实施综合示范工程，将电子商务作为农民增收的重要路径。2015 年 8 月，商务部等 19 个部门联合发布《关于加快发展农村电子商务的意见》，提出在贫困县开展电商扶贫试点，重点扶持建档立卡贫困村贫困户，推动贫困地区特色农副产品、旅游产品销售以提高农民收入。2016 年国务院扶贫办首次参与其中，精准扶贫成为电商进农村综合示范的主要目标之一，进一步明确了农村电商对帮扶及增收的助推作用。2019 年 1 月，《国务院办公厅关于深入开展消费扶贫助力打赢脱贫攻坚战的指导意见》发布，鼓励大型电商企业为贫困地区设立扶贫专卖店、电商扶贫馆和扶贫频道，并给予流量等支持①。2020 年在 5 月 12 日举行的中央企业消费扶贫工作推进会上，央企消费扶贫电商平台正式上线，为贫困县农产品提供稳定持续、辐射面广的电商销售渠道。2021 年 7 月商务部发布《关于开展 2021 年电子商务

---

① 国务院办公厅：《国务院办公厅关于深入开展消费扶贫助力打赢脱贫攻坚战的指导意见》，中国政府网，2019 年 1 月 14 日，https://www.gov.cn/zhengce/content/2019 - 01/14/content_5357723.htm。

进农村综合示范工作的通知》，指出要推动城乡生产与消费有效对接，服务构建新发展格局，全面推进乡村振兴，通过建立精准帮扶机制，提升居民收入。

（二）培训体系日益完善，为农村电商促进增收打下坚实基础

首先，培训针对性不断加强。面对农村青年、返乡农民工、退役军人等不同职业，尤其是针对低收入群体，各地制定了年度培训计划和完善工作监督与考核机制。通过积极对接高等院校、科研机构等电子商务人才培训资源，配备了多元化师资，并根据培训对象特点划分创业型、技能型、管理型、师资型等多种人才培养类型，开展了分主题、分梯度、分层次的农村电商培训，带动居民个人能力提升，促进增收。以浙江温岭市为例，截至 2022 年 12 月，该地已完成 20 场普及培训，累计培训人次 1 150 余人；开展直播达人中级人才精英班一期，其中 56 名学员考取助理电子商务师证书；开展电商高级研修班游学活动一次，参加人员 40 人。此外，培育 2 个示范性人才培养基地和实训基地，现场教学 3 场次，并通过对乡村振兴直播间实地进行指导，就日常运营情况给出提升完善的建议对策，帮助温岭电商企业或个人提升店铺运营能力，截至目前已完成开设、优化网店 17 家，平均每家年销售额 8 万元左右[①]。其次，培训教材不断完善。各地根据当地产业及就业需求，结合电商领域的前沿趋势，针对农村电商各类主体，围绕短视频拍摄剪辑、账号运营、直播带货、乡村农文旅电商化等主题，组织编写了农村电商标准化教材，注重突出主要内容和特色，并通过网站、公众号、宣传材料等途径向社会免费公开，以覆盖更多低收入人群，提升其增收能力。以浙江德清县为例，截至 2022 年，德清已编制有《直播电商培训教材》及直播技术规范企业标准，最后，培训转化效果不断强化。各地对已培训人员进行了跟踪服务，并提供辅导、孵化等定向服务。在培训成果的跟踪回访方面，建立跟踪回访制度，并且通过理论教学与实操相结合的方式，提升培训的增收效应。据统计，截至 2022 年，全国农村网商（网店）数量达到 1 730.3 万家，同比增长 6.2%。[②]

---

① 根据浙江省电子商务进农村示范评价工作资料，以及笔者及团队对温岭市开展电子商务进农村示范评价及调研工作搜集的资料，进行整理得到。

② 东方财富网：《2023 年农业电商行业发展现状调查及行业未来趋势分析》，东方财富网，2023 年 8 月 15 日，https://finance.eastmoney.com/a/202308152813136870.html。

（三）帮扶渠道日渐多元，为农村电商促进增收提供稳固保障

2014 年以来，商务部积极推动实施电子商务进农村综合示范项目，构建了多元化的帮扶渠道。截至 2021 年底，电子商务进农村综合示范县已达 1 544 个，商务大数据监测显示，2021 年全国农村网络零售额达 2.05 万亿元，占全国网络零售额的 15.66%，同比增长 11.3%，增速加快 2.4%。其中，农村实物网络零售额达 1.86 万亿元，占全国农村网络零售额的 90.73%，同比增长 11%；[①] 截至 2022 年，脱贫地区农民人均可支配收入达到 15 111 元，增长 7.5%，比全国农民人均可支配收入增速高 1.2 个百分点。脱贫人口人均纯收入达到 14 342 元，同比增长 14.3%，比全国农民人均可支配收入增速高 8 个百分点[②]。一方面，各地积极推进以市场化、公益性相结合的电商精准帮扶项目为依托，通过整合社会资源，帮助欠发达地区实现产销对接。例如，"中国电商扶贫联盟"致力于挖掘欠发达地区优质农特产品，打造农特产品明星品牌，促进农特产品产销对接，助推欠发达地区农特产品生产与加工的转型升级，帮助贫困地区脱贫致富。其全流程资助三品一标认证，打造农产品品牌，增加产品附加值，推动农产品标准化，提升产品市场竞争力。据商务大数据监测，截至 2022 年底，共帮助 2 418 家脱贫地区、经济欠发达地区农产品企业开展"三品一标"认证培训，资助 447 家通过认证；通过举办农产品品牌推介洽谈活动、引导成员企业开展多种形式产销和集中帮扶等，累计帮助对接和销售达 464 亿元[③]。另一方面，"互联网+消费"帮扶赋能作用更加明显。依托大型综合电商平台、垂直专业电商平台和各类社交网络平台开展的消费扶贫活动将为电商精准帮扶注入新活力。例如，盒马鲜生通过与欠发达地区合作，以数字技术打通农业上下游产业链，推动农产品标准化、精细化、品牌化改造，发展数字农业村庄，打造盒马村。据统计，截至 2022

---

① 中国国际电子商务中心：《中国农村电子商务发展报告》，中国政府网，2022 年 10 月 14 日，https：//cif. mofcom. gov. cn/cif/html/upload/20221026141940687－中国农村电子商务发展报告. pdf。

② 苏璟：《农业农村部：2022 年脱贫地区农民人均可支配收入达到 15 111 元增长 7.5%》，央视网，2023 年 2 月 14 日，https：//news. cctv. com/2023/02/14/ARTIurw3FFmXJNQuy6IngFfy230214. shtml。

③ 中国电商乡村振兴联盟：《联盟简介》，中国电商乡村振兴联盟官网，2023 年，http：//www. dsfp. com. cn/index/intro/index/clid/1%201。

年 10 月,全国 24 个省份的 140 个盒马村年度农产品销售额达 70 亿元,带动 4 万余名农民就业,实现农民人均年增收超过 25 000 元,促进农村土地流转 10 余万亩。在"十四五"期间,盒马还将在全国建设 1 000 个"盒马村",并在国内农业产地采购共计 1 000 亿元的优质农产品,持续通过盒马村模式探索中国农业现代化高质量发展的创新实践①。

(四) 创业孵化体系逐步完善,为电商促进增收提供内生动力

首先,短视频、直播等电商新业态助力农民创新创业。农村电商加速崛起,短视频、直播等电商新业态的准入门槛低,易操作等特点使得越来越多农村居民当起"新农人",开网店、拍视频、做直播的积极性不断提升。例如,快手启动"福苗计划",帮助国家贫困地区将优质特产推广到全国各地,截至 2021 年举办了近 20 场大型助农专场活动,与全国 24 个省、自治区、直辖市的 50 多个地区达成合作,共甄选偏远地区特产好物 300 多种,带动 200 多位快手电商主播参与助农公益活动,累计进行了超过 720 场带货直播,累计销售额超过 4.48 亿,助力约 20 万乡村人口实现增收②;美团为县域特别是脱贫县生活服务业商户提供线上化经营渠道。根据《2020 年美团助力脱贫攻坚总结报告》统计,全国脱贫县中已有超过 98% 的县接入美团。截至 2021 年线上活跃商户达 48 万③。其次,创新创业公共服务体系不断完善。2019 年以来,电子商务进农村综合示范工作聚焦脱贫攻坚和乡村振兴,取得了"一个全覆盖"和"三个首次"的阶段性成效。2020 年 9 月以来,商务部接续实施"电子商务公共服务惠民惠企行动",重点围绕行业发展堵点、企业转型痛点和群众关切热点,整合社会优质资源,开展惠企让利服务,力求补短板、增动力、促转型。截至 2022 年底,已经汇聚 17 家公共服务合作伙伴,服务内容涵盖数据分析、电商培训、诚信建设、人才招聘等。行动启动以来,已有近 2 000 家企业通过全国电子商务公共服务平台享受免费服务,为创新创业孵化提供

① 侯毅:《以"盒马村"模式探索中国式农业现代化高质量发展路径》,光明网,2023 年 1 月 10 日,https://economy.gmw.cn/2023-01/10/content_36291073.htm。

② 杨丽:《快手"福苗计划"探寻乡村振兴新方向》,宁夏新闻网,2021 年 6 月 27 日,https://www.nxnews.net/cj/xydt/202106/t20210627_7185238.html。

③ 张文婷、初梓瑞:《美团获全国脱贫攻坚先进集体表彰》,人民网,2021 年 2 月 26 日,http://finance.people.com.cn/n1/2021/0226/c1004-32037536.html。

了更多服务支持①。最后，基础设施支撑能力不断增强。一方面，网络基础设施不断完善。随着互联网的快速渗透，倒逼农村电商支撑服务体系加速完善，城乡间的数字鸿沟不断缩小。目前，我国已初步建成融合、泛在、安全、绿色的宽带网络环境，基本实现城市光纤到楼入户，农村宽带进乡入村。另一方面，运输体系不断健全。具备条件的乡镇和建制村100%通硬化路的目标已于2019年底全面实现②。以县城为中心、乡镇为节点、建制村为网点的交通网络初步形成，乡村之间、城乡之间连接更加紧密。同时，县、乡、村三级物流配送体系在许多县份也已经初步形成，为农村地区创新创业提供了良好的设施基础。

（五）产业集聚体系日渐健全，为电商促进增收实效增添成色

各地积极发挥政府、企业、协会等协同效应，以电商销售带动区域产业集聚，推动产业规模效益全面提升。一方面，淘宝村、淘宝镇数量不断增多，持续在乡村催生新的产业集群，实现多产业融合发展，促进县域数字化转型和高质量发展。以"淘宝村＋农户产业集群"模式为例，该模式以淘宝网为主要交易平台，以淘宝电商生态系统为依托，借助互联网带动农户将农产品卖到了全国各地，呈现产业集群化、裂变式扩散的特征，形成规模和协同效应的网络商业群聚。据统计，2020年，淘宝村和淘宝镇网店年交易额超过1万亿元，占全国农村网络零售额的比重为55.87%，活跃网店296万个，创造了828万个就业机会③。南京大学空间规划研究中心、阿里研究院最新研究结果显示，截至2022年，淘宝村已经覆盖全国28个省（自治区、直辖市）和180个市（地区），数量达到7 780个，较去年增加757个，增速11%。淘宝镇数量达到2 429个，增加258个，增速12%④。另一方面，农村电商产业园逐渐兴起。农村电商的发展极大地

---

① 《中国电子商务报告（2021）》，中华人民共和国商务部，2022年11月16日，http：//www.mofcom.gov.cn/article/zwgk/gkbnjg/202211/20221103368045.shtml。

② 《具备条件的乡镇和建制村基本实现通硬化路通客车》，人民日报，2020年9月29日，https：//www.gov.cn/xinwen/2020–09/29/content_5548041.htm。

③ 阿里研究院：《2020中国淘宝村研究报告：1%的改变，1万亿GMV｜报告》，阿里研究院官网，2020年10月20日，http：//www.aliresearch.com/ch/presentation/presentiondetails? articleCode = 126860487966199808&type = %E6%8A%A5%E5%91%8A&special = undefined。

④ 阿里研究院：《2022年"淘宝村"名单正式发布》，福建省商务厅官网，2022年12月19日，https：//swt.fujian.gov.cn/xxgk/jgzn/jgcs/sctxjsc/gzdt_386/202212/t20221219_6081123.htm。

推动了电子商务产业园的开发建设，带动了资源集聚及整合，打造形成了业态丰富、人才集聚、创新驱动的电商产业生态，在扩大本地产业辐射半径的同时提高了相关企业的竞争力，促进了企业效益提升、居民收入提高。以浙江永康市为例，通过建设宏伟电商快递仓储园区，设立产品优选区、公共直播间、公共服务区等，集农村电商服务中心、电商办公、仓储物流、智能分拣、科技孵化、人才公寓于一体，打造了多功能综合型电商快递仓储园区。据统计，2020 年，园区整体产值已突破 30 亿①。仅 618 当天，园区完成发单量达 60 多万件（不含零担和快运）②。

二、共同富裕时代电子商务促进农民收入"扩中""提低"存在的问题

（一）电商促进增收的长效机制不健全

首先，过度依赖政府扶持。在政策倾斜"三农"、扶持农村电商发展的大环境下贫困县全部摘帽，但部分地区的脱贫主要依靠各级政府在人力、信息、资金等多个方面给予扶持，未能形成良好的农村电商自我发展循环机制，缺乏可持续性。各类组织、返乡创业者、受培训对象并未充分发挥其主观能动性，在开展或准备开展农村电商业务过程中，过多依赖政府扶持与补贴，存在"等、靠、要、无所谓"的思想，加之农民对电商的学习与接受能力较弱，对于在网上开店创业、销售产品这种新型交易方式尚未完全认识，在缺少政府扶持的情况下不能充分运用网络信息技术推广特色农产品，导致增收困难。其次，资源缺乏合理规划。农村地区资源丰富，农村电商的初衷也是依靠当地特色，因地制宜发展。但在农村电商实际运营过程中，农村丰富的旅游资源、乡土特色、艺术资源等的优势未得到充分发挥，相邻区域发展照搬照抄现象严重，模仿式发展忽略了各地区间的差异性，这在一定程度上是由于没有结合当地农村特点进

---

① 宏伟时报：《突破 30 亿 | 这个地方会为你的年终决战注入新动能！快来 pick 下》，浙江宏伟供应链集团股份有限公司官网，2022 年 9 月 26 日，http：//www.hw-supply.com/news_times.php？53/198/463。

② 宏伟新闻：《盘它！宏伟中央仓储物流中心的"618"》，浙江宏伟供应链集团股份有限公司官网，2019 年 6 月 20 日，http：//www.hw-supply.com/news_group_info.php？968。

行布局、缺乏合理规划和利用、没有形成产业联动发展导致的。最后，发展资金保障不足。部分政府受财力限制，对农村电商的补贴性投入不够，且资金多用于物流体系、仓储保管、冷链运输等硬件设施，人才培养、组织建设等软件方面投入明显不足，重硬轻软的现象较为普遍，资源供给过剩与不足并存。且由于农业生产周期长、市场风险大，使得金融机构在农村电商的资金投放上缺乏主动性，致使脱贫成效不明显，居民增收受限。

（二）电商经营主体引育及协同能力差

一方面，农村电商人才匮乏。农业生产者文化教育水平主要集中在小学和初中，对于生产经营新理念的认知、接受相对缓慢，对新技术应用的能力较弱，大多数农业生产者自身条件很难满足电子商务对从业人员的要求。且由于农村欠发达地区与电商相关的物流仓储、网络运营、美工摄影、教育培训、创业孵化等服务业态尚未成熟，而工资、待遇、地区限制、软环境等又缺乏吸引力，使得高端农村电商专业技术人才引进难、本地年轻群体返乡就业难，导致人才缺乏，难以提升产业效益，促进增收。加之农村电商人才培训体系尚不健全。多地以商务局牵头形式开展农村电商人才培训，培训主体基本都是单独的电商培训公司、职业教育学校或培训机构，多以课程教授为主，没有明确的培养目标及制度约束，导致培训内容与实际发展脱离，致使培训效果无法达到预期。另一方面，电商主体协同不足。生产农户、加工企业、电商平台、电商服务企业、基层网点、快递物流企业、电商园区企业等各类参与主体之间的协同还相对欠缺，各平台之间数据、物流无法有效打通，运营效率和服务体验提升缓慢，不同平台自成体系，存在着明显的重复建设问题，且农户与农业合作社、电商平台之间的利益分配机制未能有效建立，部分个体农户投机性心理与农产品电商平台投资周期长之间存在矛盾，导致农产品电商和种植基地的合作仅仅是短期的定向采购，缺乏上下游战略协同的长期稳定关系。致使合作效益受限。

（三）电商促进增收的配套体系不健全

在硬件方面，一方面，相较城镇地区而言，农村地区的发展总体滞后，基础设施薄弱，物联网、大数据、人工智能、区块链、5G 等现代信息技术在广大农村的应用范围不广,无法为电商赋能农户增收提供坚实保障。另一方面,农村地区地理位置偏远、地形复杂、基础设施建设难度较大,致使农村电商物流无法做到辐射所有农户。在电子商务进农村服务体系覆盖的区域,往往只能抵达村级电子商务服务站,无法满足家门口发货的基本要求。电商配送站数量的限制也导致收发快递不便、费用偏高,"最后一公里"配送难的同时阻碍了农产品进城的发展,制约了居民增收。此外,冷链流通断链现象相对严重,冷链物流基础设施薄弱,标准化专业化的冷藏车数量不足,并且其技术设施并不完善,无法为生鲜农产品的流通提供保障,无法支撑企业、农户提升经营效益。在服务方面,现有促进配套公共服务不健全。一方面,个别县电商公共服务功能不健全,尚未形成集孵化、品牌设计、策划、营销等服务于一体的综合服务体系,赋能企业及农户增收的能力有限。另一方面,公共服务中心的"指挥中枢"作用未完全体现,面向县域各市场主体,针对网商、平台服务商、快递物流服务商、电商转型企业和个人等电子商务经营者的统筹能力不足,无法协调资源,优化配置,引导企业向薄弱、缺失环节投资,推动农村一二三产业融合发展,促进增收。

(四)电商产业集聚面临发展瓶颈

一方面,淘宝镇、淘宝村发展进入一定瓶颈期,阻碍了农民增收的步伐。随着淘宝镇、淘宝村产业的不断发展,同质化带来的问题逐渐凸显,发展受制于人才、资金、技术,缺乏品牌意识,创新不足,大部分企业的注意力会放在争夺市场份额上,无暇顾及研发新产品,进而陷入低价营销套路下的同行恶性竞争,违背了农民抱团增收的初衷。此外,淘宝镇、淘宝村的发展对金融机构、美工、数据分析、市场营销、软件公司、物流快递企业等各个运营环节提出更专业化的要求,但仓储、物流、生产、加工、包装等配套产业在村镇的服务能力往往跟不上现有业务规模的增长,也影响了产业集聚的成色。另一方面,电商产业园发展也存在弊端。部分产业园尚未建立起科学的管理体制和高效的运营机制。不少园区尚停留在"做房东收租子"阶段,对产业园所需要提供的政策以及相关的服务缺乏基本的认识。同时,部分产业园并没有形成电子商务产业链上下游融会贯通的体系,未能实现产业的有效聚集,推动企业及农户增收。譬如:支撑电子商务产业发展的物流配套设施的建设,不少园区由于受场地等条件的限制而未能得到合理布局。此外，电子商务产业园应与当地的区域优势高度关联，并能切合当地产业结构和经济特点，最大限度地满足当地经济转型升级的现实需要。与之相反，一些尚处于摸索阶段的产业园，并未找准自己的特色和优势，跟地方的经济转型需要处于一种若即若离的状态。

第三节　共同富裕时代电子商务促进农民收入"扩中""提低"的典型案例与经验启示

一、浙江永康模式："互联网＋三农"打造电商扶贫供应链*

（一）模式内涵

永康市坚持"以做工业的思维做农业，以做电商的思维做扶贫"的理念，运用"互联网＋三农"方式，推出电商帮扶新模式，打造全国首个电商扶贫供应链基地，通过帮扶对口贫困地区，打通农产品流通"肠梗阻"；解决要素短板，消除电商公共服务"隐掣肘"；布局线上线下实现"平台式"造血帮扶，让农村电商释放更多红利、激活致富潜能授人以渔，为多个贫困地区量身定做电商帮扶方案，探索出了一套独具特色的电商帮扶"永康模式"。

（二）基本情况

永康市是浙江省下辖县级市，户籍总人口62.3万人。永康是中国五金之都，中国五金工匠之乡，也是浙江省高质量发展建设共同富裕示范区第二批试点城市。永康市致力于推进电商帮扶，线上线下结合，充分吸纳全国贫困地区、永康对口城市、浙江26个发展县，带动种养、收购、包

---

* 案例来源：根据浙江省电子商务进农村示范评价工作资料，以及笔者及团队赴永康县开展电子商务进农村示范评价及调研工作搜集的资料，进行整理得到。

装、存储、运输、服务等产业链各个环节，实现"贫困个体户集体化，贫困集体企业化"的抱团式发展，打造全国首个扶贫供应链基地，创造电商帮扶新模式。

永康市分别与四川理县、四川凉山彝族自治州、云南镇雄、新疆阿克苏等多个国家级贫困县（地区）建立长效帮扶机制。这些地区大都多山、海拔高且交通不便。四川理县位于青藏高原东缘，阿坝藏族羌族自治州东南部，理县地质结构属龙门山断裂带中段，境内山峦起伏，平均海拔2 700米，山高沟深、交通不便、信息闭塞，使得理县一度成为国家级贫困县。四川凉山彝族自治州位于四川省西南部，处于中国东部地台区和西部地槽区分界部位、太平洋构造域与特提斯构造域交接部，地处川西南横断山系东北缘，界于四川盆地和云南高原之间。这里曾经基础设施落后、社会发育不足、自然条件恶劣，几乎集合了所有的贫困因素。云南镇雄，位于云贵川三省接合部，分别与四川叙永、贵州毕节等地相邻，属于"鸡鸣三省"之地。镇雄交通不便，阻碍当地经济发展，使得镇雄成为全国有名的贫困县。新疆阿克苏地处中国西北地区，新疆中部，天山山脉中段南麓，塔里木盆地北部。新疆阿克苏地区属于全国"三区三州"深度贫困地区，绿洲承载能力弱，沙漠、戈壁面积占比大，水资源匮乏、生态环境脆弱，工业化、城镇化水平低，产业发展带动能力不强，贫困发生率曾高达14.2%。

（三）做法经验

首先，精耕式定位，布局全国电商帮扶供应链"生力军"。一是线下设立全国各地农产品帮扶新零售店。永康着力打造全国首个电商扶贫供应链基地，以新农贸城为实体载体，以对口地区为重点，依托36个省市永康商会，甄选全国特色产品，全方位包装打造文创精品。以经营农副产品、手工艺品、乡村旅游、民俗等特色产品等农村产品为主，优先引入对口帮扶地区产品、地方名优特新农产品、自有品牌产品。适当放宽相关农村产品包装、策划、创业（创客）、传统非遗行业的招商条件，对首届入驻商户免收租金。建成电商帮扶产品展销区，实现农副产品、旅游产品和全国贫困地产品集中展销，突出地域文化特色。二是线上主流平台推出电商扶贫专区。提供电商培训、物流、银行、金融、网红、仓储、万吨级冷库等全方位配套服务。针对当前电商消费向三四线城市下沉趋势，引导农村电商企业利用微信、直播、抖音等社交媒体拓宽销售渠道，与拼多多、云集、小红书等新兴平台开展合作，解决农产品售卖难问题和电商企业服务资源供需矛盾。三是线上线下联动融合发展建立现代农业发展供应链。对接小农户与大市场，采取建设自有平台、社交电商、小程序、抖音、直播等各种方式培育知名品牌；建立集种植、研发、生产、销售及农产品加工于一体的现代农业发展供应链，构建采购、分销、仓储、配送为一体的生鲜平台，实现线上线下协同销售。

其次，精准式对接，联手对口地区打通产品流通"肠梗阻"。一是输出电商服务理念提供致富新思路。永康市分别与四川理县、四川凉山彝族自治州、云南镇雄、新疆阿克苏多个国家级贫困县（地区）建立长效帮扶机制。通过多次提供政策讲解、开展免费培训、举办"永康—对口县市区农村电商交流合作论坛"、组建派驻专班成立电子商务园等方式，输出电商服务理念，实现"扶贫"与"扶智"，"治标"与"治本"相结合。二是量身定制多地区"互联网＋脱贫"方案。引导四川理县走"互联网＋智慧旅游"的电商帮扶道路；帮助吉林四平市对接知名电商平台，助推当地国家级电子商务示范基地集聚发展；协助四川凉山彝族自治州打造大凉山产品直供基地，推广凉山"阿憨哥""玉丰""大宋苦荞饼"等农产品品牌；助力云南镇雄成立云南人电子商务创意园。三是培育"新零售"电商脱贫模式。聚焦销售贫困地区、贫困户优质特色农产品，积极探索实践"技术引进推广＋标准化生产＋电商运营＋物流保障""新零售"电商脱贫模式，即在推动农产品标准化、规模化生产的同时，融合京东、微信、淘宝、菜鸟物流、天猫超市、盒马、大润发线上线下渠道，搭建优质农产品产业链。制定"点线面体"等四维结合的多层次、立体化电商脱贫措施，即树立脱贫样板农户、建立农业新链路、搭建电商兴农服务站、发展数字经济体等。

最后，精细式配置，集成各方要素消除公共服务"隐掣肘"。一是充分发挥政策导向作用优化重点资源配置。每年配套电子商务专项扶持资金，在推动农业结构调整、带动农民增收致富、培养农村实用人才等方面发挥积极作用。发挥永康市电商资源优势，积极整合规划设计、园区运营、品牌策划、物流仓储等方面的电商服务资源，为贫困地区电商产业发展提供优质服务支撑。深入实施电商精准帮扶，加强贫困产品宣传，服务贫困地区产业发展，带动贫困地区相关产业发展。二是大力推行农村电商"新金融"解决农户融资难题。创新农村电商"新金融"服务模式"丰收驿站"获全省推广，创新推出"电商贷"系列优惠贷款，为贫困户和农户提供综合性金融便民服务。三是建成市镇村三级物流体系打通电商脱贫"最后一公里"。基本建成覆盖全域的市镇村三级物流体系，全面降低物流成本，快递业务量增长率连续多年超35%，全国首个京东经济仓落户永康。

（四）取得成效

线上线下结合，以永康对口城市、浙江26个发展县为重点，超额完成永康市山海协作对口地区（包括省内26个加快发展县）2020年1 100万元消费扶贫任务。具体而言，首先，建成"2个新零售体验店"包括叛隐农业新零售体验店和华联商厦新零售体验店。叛隐农业初步打通了四川理县、甘肃西和、湖北桑植等地的农产品帮扶供应链体系，各种各样的农产品在这条供应链上畅通流转。线下主攻团购，线上主题推广，2020年上半年，售出理县蜂蜜超过2万瓶，西藏牦牛奶6 000多箱，雪梨膏4万多瓶。永康华联商厦在各分店特设"理县馆""理县产品柜"，专售四川特色农副产品。2019年度"理县馆"实现交易额272万元。2020年，华联商厦通过消费帮扶方式为理县销售各类农产品，与理县建档立卡贫困人员签订购销协议，带动191个建档立卡贫困户增收，实现交易额逾651万元，其中线上交易额超514万元。其次，培育出多个知名品牌，对接小农户与大市场，采取建设自有平台、社交电商、小程序、抖音、直播等各种方式培育知名品牌，推出"伟丰"牌两头乌、旺盛达、方圆藏红花、福大叔、方山柿等"网红"农产品，建立集种植、研发、生产、销售及农产品加工于一体的现代农业发展供应链，构建采购、分销、仓储、配送为一体的生鲜平台，实现线上线下协同销售；再次，健全各级公共服务，截至2020年共有农村电商服务站675个。全面降低物流成本，快递业务量增长率连续多年超35%，1公斤以下快递单件平均成本下降至1.2元/件。创新推出"电商贷"系列优惠贷款，为贫困户和农户提供综合性金融便民服务，累计办理业务239.21万笔，金额21.39亿元。最后，完善培训体系。年均开展培训700余次，每年培训19 800人次以上。组织开展对口帮扶地区农产品资源对接会2场，帮助贫困户逾1.7余人，在永康的对口帮扶下，四川理县实现脱贫，退出国家级贫困县。

浙江永康模式如图7-2所示。

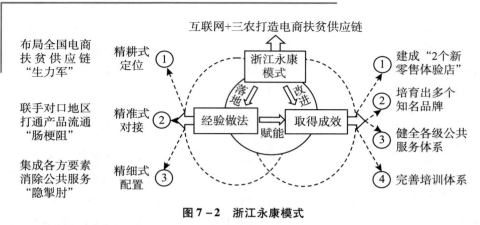

图 7 - 2　浙江永康模式

资料来源：由笔者绘制。

二、浙江——新疆模式："十城百店"工程*

（一）模式内涵

新疆"十城百店"模式是浙江与新疆开展合作，通过发挥浙江市场优势，以在浙江省内 10 个地市建设阿克苏特色农产品公共仓，形成 100 家以上市场销售门店的模式，打通浙江和阿克苏地区之间农产品流通渠道，拓展阿克苏地区特色农产品销售渠道，逐步形成了优质农产品生产加工、仓储物流、品牌创建、市场销售为一体的全产业链条，推动帮扶致富、乡村振兴。

（二）基本情况

阿克苏，新疆维吾尔自治区辖地区，地处中国西北地区，新疆中部，天山山脉中段南麓，塔里木盆地北部。阿克苏地区由 36 个民族组成，是一个以维吾尔族为主体的多民族聚居地区。全区共辖 7 个县，2 个县级市，总面积 13.25 万平方千米。阿克苏地区、兵团第一师阿拉尔市是新疆重要的林果产业基地，林果种植面积 450 万亩，果品总产量 245 万吨、潜在经济价值 150 亿元，占全疆 1/4，但同时又地处祖国边疆，距离国内主要市场远、运输通道不畅、销售渠道不广，制约着林果真正成为农民增收致富

---

* 根据笔者团队参与调研工作搜集的相关资料，进行整理得到。

的"摇钱树""幸福果"。为了破解这一短板问题，浙江援疆坚持市场化的导向，充分发挥浙江平台经济和市场的优势，实施精准帮扶，深入推进市场援疆，全面推动"十城百店"迭代升级。

"十城百店"工程自2017年开始实施，是浙江产业援疆的重点工程，旨在充分发挥浙江市场优势，通过在浙江省内10个地市建设阿克苏特色农产品公共仓，形成100家以上市场销售门店的模式，打通浙江和阿克苏地区之间农产品流通渠道，拓展阿克苏地区特色农产品销售渠道，逐步形成了优质农产品生产加工、仓储物流、品牌创建、市场销售为一体的全产业链条。浙江援疆指挥部在前一批产业援疆的基础上，一方面推进受援地农产品"线下十进"（进机关、学校、医院、国企、农贸市场、超市、水果店等），在浙江省建设线下门店1 778个，形成"百城千店"格局；一方面以10家以上具有影响力的电商平台为重点，设立网店227家，打造"十网百店"。建成以线下"百城千店"、线上"十网百店"、仓储"东移前置"为核心的"十城百店"工程2.0版，有力促进当地农特产品出疆东输、卖到内地市场。目前，"十城百店"工程销售的农产品涵盖阿克苏地区乃至全疆200多个品种，覆盖农牧民15万人。

（三）做法经验

1. 依托电商强省优势，多方联动精准帮扶

一是强化顶层设计。会同当地政府先后出台《关于推进农业产业化"十城百店"工程建设的意见》《打造"十城百店"工程升级版三年行动计划（2020—2022年）》，建立当地主要领导担任组长、指挥部主要领导担任常务副组长、当地相关单位参加的"十城百店"工程建设领导小组，健全工作制度，联动浙江省级相关部门，每年召开一次专项推进会，推动形成一级抓一级、层层抓落实的工作机制。二是强化政策扶持。出台《浙江市场援疆"十城百店"工程扶持资金管理办法（试行）》等政策，省、市援疆指挥部每年在援疆资金中安排5 000多万元，专项用于支持农产品出疆运费补贴、公共仓建设等方面，推进物流服务完善，提高各类市场主体参与积极性。三是强化运营主体培育。坚持市场化导向，依托电商平台宣传推介好阿克苏地区、兵团第一师的优质农产品资源，以特许专营的形式，引导浙江国企、民企等市场主体规范设立省级（跨区域）、市级运营公司。同时，浙江援疆指挥部安排专项资金，支持"一十百千"电商主体

培育，开展"蒲公英计划"系列培训，促进阿克苏地区电子商务、网红经济等"互联网＋"新业态发展。

2. 坚持数字赋能营销，推动线上线下融合

一是加快线上销售渠道、方式创新，打造"十城百店"线上创新版。即以淘宝、天猫、京东、微商城、抖音、云集、严选、饿了么、贝店、政采云等 10 家以上具有影响力的电商平台为重点，开设 100 家网店，通过"小型化、特产化、精致化和源头化"销售阿克苏地区和兵团第一师特色农产品。二是推进直播电商活动，吸引新消费群体。每年联合浙江卫视、阿里巴巴村播等主体，共同开展 886 扶贫、"浙新携手 赋能阿克苏"等直播活动 50 多场，有力带动受援地农产品上行，扩大阿克苏地区和兵团第一师产品知名度。

3. 联动物流配套建设，促进产业供给提升

一是推动农村电商物流网络提质增效。为提高电商服务网点覆盖率，阿克苏地区健全电子商务服务网络，完善县域物流配送中心。整合邮政、快递、供销、电商等资源，利用现有公共设施，发展共同配送等多种物流整合模式，提高下乡进城通达率，降低农村物流配送成本，促进农村电商与物流产业协同发展。二是推动仓储前置活动。以杭州、阿克苏市为中心，合理布局总仓与分仓，在浙阿两地各建设 1 个公共总仓和 10 个分仓，完善冷链仓储、物流配送及检验检测设施，不断扩大辐射半径，逐步向华东地区和全国分销辐射。优化电商收货、质检、仓储、拣选、包装、配送一体化的"云仓储"服务，鼓励线下旗舰店设立前置仓（小型冷藏库）。依托物流公司、快递公司等第三方，完善冷链配送体系，提升仓储配送能力，扩大配送范围，提升消费体验，增强消费黏性。鼓励运营企业、联合运营公司用活公共仓和前置仓，推动"十城百店"运营企业组织线上下单一件代发，降低物流成本。

（四）取得成效

一是实现浙江市场销售网络全渠道覆盖。浙江市场销售终端累计 1 550 个，其中线下门店（专柜）1 330 个，商超渠道稳步铺开，销售渠道不断拓展；在天猫、淘宝、微信商城、顺联动力等平台，建立"阿克苏原产地旗舰店""京东阿克苏馆""农发浙疆食品专营店""驿疆南优选"等网店 220 家。2020～2021 年，累计销售受援地农产品 90.2 万吨、108.6

亿元。主要品种包括苹果、香梨、核桃、红枣、葡萄、蜜瓜、小白杏、牛奶、羊肉、大米以及枸杞、吊干杏等，涵盖阿克苏乃至全疆200多个品种。

二是助推当地农业产业化水平明显提升。一方面带动阿克苏种植养殖基地规模化建设，"百十一"优质特色农产品产业基地达314个；带动标准化生产技术和全过程质量安全管理，"百十一"基地标准化技术应用和推广日益广泛。另一方面带动收储和加工环节的专业化，地区及各县（市）成立了10家"十仓百企"联合营运公司，加盟企业总数已达到130家，充分发挥上联市场（"十城百店"）、下延基地的作用。同时，通过推动现代经营模式提升果农增收能力，带动加工能力提升，已推动浙江企业来阿克苏地区投资建立农产品精深加工企业20多家，提升精深加工水平。阿克苏地区实现电子商务网络交易额155.15亿元，同比增速7.53%。

三是带动当地居民增收。一方面，通过产销对接直接带动农牧民增收。成功开展"电商＋'十城百店'"等系列活动，全地区共培训电商人才9 400余人次，网商总数共计16 642家，带动就业人数5.14万人；通过"十城百店"品牌宣传实现优质优价采购，带动特色农产品田头收购价格不同程度地上扬10%～20%，个别品种如黄杏达到130%，受援地农牧民切实得到了增收。另一方面，依托电商及配套产业促进就业，阿克苏地区现已建成投运商贸物流园达37个，共引进入驻企业和商户7 974家，实现就业37 148人，年营业额达到300亿元。

新疆"十城百店"模式如图7-3所示。

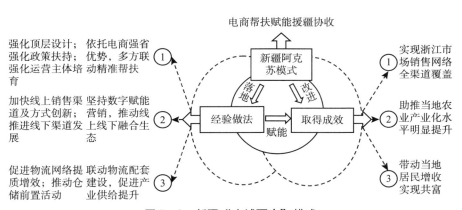

图7-3　新疆"十城百店"模式

资料来源：由笔者绘制。

三、衢州柯城—四川北川模式："共享+"电商东西部扶贫*

(一) 模式内涵

北川县依托国家级众创空间（柯城区创客孵化园）和省级创业创新小微企业服务平台，开设柯城北川电商创客联合办公空间，建立北川在柯"电商飞地"，打造"智慧共享空间"，为前期产品市场大数据分析、包装设计、品牌打造，中端渠道对接、内容运营，后端供应链、品控溯源等一系列闭环提供一站式电商集成服务解决方案，实现"共享+"电商东西部扶贫新模式。

(二) 基本情况

北川县全县面积3 083平方公里，辖10镇13乡（其中民族乡1个），行政村310个，社区33个，总人口24万人。2018年东西部扶贫工作开展以来，柯城区高度重视，按照优势互补、合作共赢、聚焦扶贫、确保有效的原则，积极探索电商扶贫在东西部脱贫攻坚中的引领作用，打造柯城电商扶贫模式，助力北川脱贫奔康。2022年，全县地区生产总值94.47亿元、增长4.6%；规上工业增加值增长6.6%；社会消费品零售总额37.87亿元；全社会固定资产投资增长9.7%，一般公共预算收入5.64亿元、增长8.3%，城镇居民人均可支配收入、农村居民人均可支配收入分别为39 185元、18 676元，各增长4.8%和6.7%。综合实力在全省175个县市区和51个少数民族县中双双晋级升位，蝉联全省少数民族县前十强。

(三) 做法经验

首先，创建衢鲜森电商品牌。创建北川农特产品衢鲜森电商品牌，开展南柯北川，鲜森有礼特色营销，谱写衢鲜森牵手羌妹子东西部电商帮扶恋曲，打开北川红脆李、蜂蜜、猕猴桃线上销售渠道，精准帮扶助农。其

---

* 案例来源：根据笔者及团队承担的商务部重大招投标课题《提升电子商务进农村》工作搜集的相关资料，进行整理得到。

次，推进 O2O 新零售。线下开设北川农产品特色馆，线上开设浙江省第一个东西部扶贫北川羌货特色直播馆。依托淘宝直播平台，借助直播模式，将线下北川优质农特产品资源与线上直播渠道联动起来，以红人经济带动北川农特产品上行。通过线上线下两馆建设探索出生产在北川、销售在柯城的助农增收路径，北川产品线上线下销售额达到了 526 万元，让更多的北川产品实现卖全国。再次，助攻羌品上行。按照北川负责前端供应链、后端物流售后体系服务，柯城负责中端平台渠道、运营推广的合作方式，主动出击帮助对接产品上行渠道，先后赴阿里、贝店、寰球捕手、顺丰大当家、蚊子会直播等机构进行对接，北川产品上行既依托本土企业 B2B、B2C、C2C 等模式在电商线上平台销售，又有外部社交电商、网红直播、新媒体 KOL 等新兴的业态推广，呈现了多元、多屏、全网、跨界的特征，成功帮助羌品打开了上行渠道，拓宽了市场。最后，助推企业转型。深入实施开展东西部电商帮扶村企、企企结对工作，通过高层线上换脑风暴交流、中层线下动手实操挂职锻炼，从思维、战略、战术全力助推北川企业由传统市场转型到互联网柔性供应链新兴市场。2018 年柯城—北川电商村企、企企结对达到 10 家，通过线上线下双向实操、互动交流，重构了用户认知和产品创新。北川禹珍实业有限公司、北川羌山雀舌茶业有限公司等一批企业走在转型前列。禹珍实业在品牌战略的支撑下，走出了以北川老腊肉、腊香肠、腊耳叶等肉制品为主打产品的现代农业产业化企业发展之路，先后在天猫、京东等电商平台上开设了禹珍实业品牌馆，依托网红直播，将北川大山里优质的农产品通过电商送达全国，2018 年电商销售 1 350 万元，同比增长 39%。

（四）取得成效

首先，强化了平台搭建助力扶贫。针对北川县信息闭塞、农产品销售不畅等问题，两地借助互联网平台，探索出了"共享＋电商扶贫"新路。柯城区帮助北川县搭建生产在北川、销售在柯城助农增收平台，组建跨区域的"余杭—柯城—北川"三地供销联盟，带动北川 150 余种农特产品线上销售近 2 000 万元。两省签订"柯城—北川"电商合作协议，制定了"个十百千万三年行动计划"。2018 年，谋划总投资 1.08 亿元以农产品加工为定位和电子商务为主业态的"柯城—北川"扶贫协作产业园项目，可带动脱贫 1 600 余人次；建成了建筑面积 5 400 平方米的两地电商产品展销、企业孵化、人才培训一体化基地。通过专家入川和企业出川双向对流，开展电商培训、游学考察等共计 12 次，培训人员 638 人，培训建档立卡贫困户 494 人次，培育北川电商带头人 5 名。其次，创建了北川农特产品电商品牌。针对北川区域品牌不完善，线上品牌缺失的痛点，柯城区电商东西部扶贫专班深入北川，进村入企、座谈交流、实地调研，以北川作为目前全国唯一一个羌族自治县的民俗风情为切入点，从品牌符号打造、品牌传播语、品牌战略、产品包装设计和推广创意 5 个维度分析梳理，打造羌调品牌。筛选了羌秀、羌笛、羌妹子、西羌等企业子品牌，并指导企业以品牌的理念开设运作线上店铺，以品牌的意识输出企业产品、文化。2018 年，北川新开设线上品牌店铺 10 余家，羌调 IP 品牌全线运营，其中禹珍西羌品牌产品在"2018 天猫腊味节暨北川腊肉"上线发布，在天猫平台销售额突破 220 万元，形成了电商上行品牌孵化重塑示范效应。最后，增加了农民收入并助力了脱贫攻坚。制定了"个十百千万三年行动计划"，即：配套一个电商公共服务运营体系、优化一个电商运营园区、打造一个标杆企业，开展十场培训、打造十个知名网店、培养十名电商带头人，开展百人电商峰会、开展百名网红 show 北川活动，打造千万级店铺的目标任务，助推农产品上行、创新电商帮扶模式，让更多的北川农产品走出去。通过东西部电商扶贫，帮助北川贫困人口 118 人脱贫，实现在网销售 392 万元、年人均增收 780 元；带动电商创业 106 人，全年实现电商销售额 2.7 亿元，同比增长 58%，北川县也成为绵阳市首个脱贫摘帽县。

柯城—北川模式如图 7-4 所示。

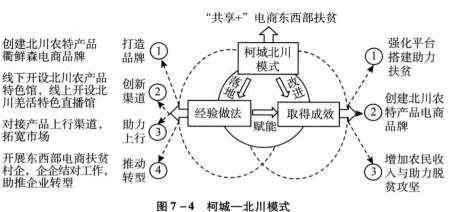

图 7-4 柯城—北川模式

资料来源：由笔者绘制。

四、浙江松阳模式："互联网＋特色农业"的共富模式[*]

(一) 模式内涵

松阳县在电子商务进农村示范工作中立足茶叶、服装、民宿等特色产业，扶持引导困难户线下发展民宿旅游业，线上发展淘宝、阿里等网店，同时创新"电商企业＋农户""电商平台＋村集体""直播平台＋农民素人主播"等共富模式，打造农村电子商务供应链服务、电商创业服务和电子商务培训等电商生态体系，形成了富有特色的松阳电商帮扶模式。

(二) 基本情况

松阳县隶属浙江省丽水市，位于浙江省西南部，东连丽水市莲都区，南接龙泉市、云和县，西北靠遂昌县，东北与金华市武义县接壤。全县辖3个街道，5个镇，11个乡，总面积1 406平方千米。松阳是留存完整的"古典中国"县域样板，中国国家地理把松阳誉为"最后的江南秘境"。全县"八山一水一分田"，保留着80余个完整的传统村落，其中中国传统村落75个，是浙江省传统村落第一县，被誉为"古典中国的县域标本""最后的江南秘境"。同时，茶产业也是松阳的主导产业，全县40%人口从事茶产业、50%农民收入来自茶产业、60%农业产值来源于茶产业。2020年，松阳县茶叶网络零售额达10.86亿元，同比增长84.69%，以茶叶为主导的农产品网络零售额增幅位居全省第一。

近年来，松阳县委、县政府高度重视电子商务发展，坚持用数字赋能乡村振兴、用数字打开"两山"通道，把推进农村电子商务发展定位为产业富民的重要抓手，着力推动产业数字化、数字产业化，切实撬动生态产品价值高效转换，助力居民收入"扩中""提低"、壮大乡村振兴促共富根基。松阳入选2022年度全国县市电商竞争力百佳样本第13位，《浙江松阳五措并举推进电商兴农》入选商务部乡村振兴典型案例。

---

　　* 案例来源：根据浙江省电子商务进农村示范评价工作资料，以及作者团队赴松阳县开展电子商务进农村示范评价及调研工作搜集的资料，进行整理得到。

（三）做法经验

一是壮大电商市场主体，夯实"扩中""提低"产业基础。首先，分类开展电商专业村、电商镇培育，推动农村电商集聚发展。目前，已累计培育省级电子商务示范村 7 个、浙江省电子商务专业村 25 个、浙江省电商镇 7 个，总量均位列丽水市第一。其次，大力推进优质农产品精准对接淘宝、京东、拼多多等电商平台，培育具有松阳特色的线上产业带。以茶叶电商为例，目前，松阳在淘宝平台全国产茶县区排名第 5；在拼多多平台绿茶类目中，松阳绿茶占平台总销量 80% 以上，销量前 10 名茶企中松阳占 7 席。最后，培育集聚一批极具活力的电商企业、中小网店和网络主播，形成了服装电商、直播经济、跨境电商、茶叶电商"四位一体"的县域电商发展格局。截至 2023 年 8 月，全县年交易额 100 万元以上的活跃型电商达 500 余家。2023 年春茶上市期间，仅浙南茶叶市场，每日就有近 200 余"茶主播"直播带货，日均销售茶叶 3 万余斤，销售额 500 余万元。

二是创新电商共富模式，优化"扩中""提低"实现路径。首先，打造"电商企业＋农户"模式，将小农户农业生产纳入电商企业生产环节，带动农户增收。如全国农村青年致富带头人麻功佐，创办丽水横樟蜂业发展有限公司，探索"蜜家乐"统收统购经营模式，借助直播电商带动 400 余名农村低收入人员实现就业增收，年均销售蜂蜜 5 万公斤，帮助蜂农增收 430 多万元。其次，打造"电商平台＋村集体"模式，推动村镇集体组织与电商平台建立稳定的产销协作关系，实现增效增收。如周安村通过与盒马鲜生合作发展订单农业。基于盒马的大数据及精确洞察能力，向种植户反馈消费者需求，推动农产品精细化和标准化种植。2022 年带动西红柿种植户增收达 7 万元，村集体增收 8.2 万余元。再次，打造"电商企业＋村集体＋农户"模式。如绿茗峰茶文旅"共富工坊"，涵盖茶叶加工、电子商务、仓储冷链、研学培训等全产业链，构建"茶＋"多业态发展新模式，带动 200 余名村民在家门口就业增收。最后，打造"直播平台＋农民素人主播"模式。如松阳当地农民孟文亮通过运营抖音账号"拾峰茶叶旗舰店"销售茶叶，截至 2023 年 6 月，已积攒 4.5 万粉丝，日销量超过 300 单，最火爆的一款产品已卖出 5.7 万份。

三是补齐农村公共服务短板，畅通"扩中""提低"共富通道。首先，优化物流公共服务体系，打造客货邮融合运输服务站和"一点多能"农村物流服务点，融合农村物流、农村金融、通信运营等服务业态。2022年已建成9个客货邮站点、25个"一点多能"站点和135个普通站点构成的物流配送体系，推动县域内单件货物配送时效缩短1天，快递进港配送成本降低75%。其次，布局网络直播基础设施。不仅在松阳祥瑞电子商务产业园、松阳康洁电子商务园、浙南茶叶市场电子商务集聚区、松阳县茶叶电子商务孵化园等传统园区设立直播间，建立"助力共同富裕实践创新基地"。同时，还打造了亮晶晶文化传媒直播基地、抖创科技直播孵化基地等多个电商直播基地。目前松阳是抖音平台全国农村网红和农产品直播活跃度最高的县域。最后，完善农村电商人才培训体系，开展分主题、分梯度、分层次的农村电商职业技能培训，提升农民创业就业能力。截至2023年8月，县公共服务中心已累计培训2 800余人，其中包含电商初、中、高级持证人才740余人次，占比1/4以上。

四是拓展产业增值增效空间，扩大"扩中""提低"受益群体。首先，提升品牌溢价能力，带动普惠增收。以茶产业为例，持续培育"松阳茶叶品牌集群"，目前松阳茶成为国家地理标志保护产品，"松阳银猴""松阳香茶"成为国家地理标志证明商标，带动松阳从卖原料向卖产品、卖品牌转变。目前松阳茶叶市场平均售价80.06元/公斤，较打造品牌前售价溢价达32.81%。其次，拓宽产品线长度和宽度，带动产业增效。如利用低档茶、茶末及茶树修剪叶等废弃资源，研发茶粉、抹茶、茶多酚片、茶爽等20余种深加工的产品，经由电商渠道变现。2022年产值达7.46亿元，带动全县茶农增收3 000余万元。最后，以电子商务为纽带，盘活农村生态资源，带动农村地区发挥生态优势就地就近致富，创造产业增值增效新空间。如依托中钢科德"CNS碳汇宝"平台，新兴镇李山头村股份经济合作社与中能国华（重庆）环境科技有限公司完成1 416吨的茶园碳汇交易，实现交易额5万元，开启了"以茶园碳汇促进农民增收与共同富裕"的新模式。

（四）取得成效

一是促进了稳就业、保就业。据统计，截至2023年6月，松阳县累计吸引了5 000多人"回松"电商创业；全县各类电商企业超2 000家，其中，网店1 500余家，直播电商400余家，直接从业人员突破10 000

人。同时，农村电商还是保障茶叶等特色产业持续稳定发展的重要压舱石。2022 年全县茶叶产量 1.86 万吨，产值 20.49 亿元，共有 10 万人从事茶产业，约占全县人口的 40% 左右，50% 的农民收入来自茶产业。而电子商务是松阳茶叶最重要的销售渠道。据统计，2022 年全县茶叶网络零售额达 42.47 亿元，同比增长 63.91%，总量位居全市第一。

二是带动了农民增收致富。以松阳茶叶为例，2022 年，第三方电商平台茶叶订单量达 4 937 万件，不仅帮助优质春茶实现了溢价销售，也破解了以往夏秋茶销售难问题。据统计，2022 年，松阳县农村常住居民人均可支配收入为 25 300 元，同比增长 8.1%；城乡居民收入倍差为 1.97，低于 2021 年 2.01 的水平。

三是精准帮扶了低收入群体。以古市镇蚕桑"共富工坊"为例，通过嫁接农村电商、网络直播，配以种植采摘、餐饮住宿、游乐设施等，建成可观光、游览、研学、养蚕的蚕桑"共富工坊"，辐射带动农村剩余劳动力、低收入群体等 140 余人，2022 年分别带动村集体和村民年均增收 40 万元、50 余万元。据统计，2022 年，松阳低收入农户全年人均可支配收入达 15 880 元，名义增长 16.0%，已连续六年实现 10% 以上增长。

浙江松阳模式如图 7-5 所示。

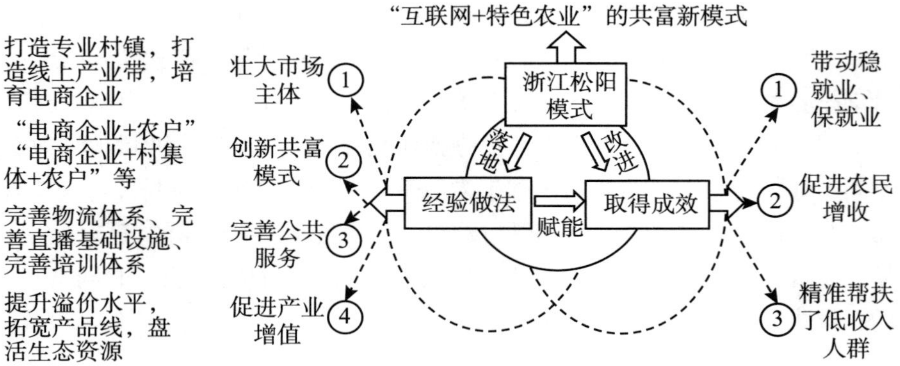

图 7-5 浙江松阳模式

资料来源：作者绘制。

五、杭州临安—黔东南施秉模式："市场化＋实体化＋精准化"的东西部协作*

(一)模式内涵

浙江临安区在贵州施秉县对口帮扶工作中,将苗绣作为帮扶协作的主要突破口,开展私人定制等精准化市场对接工作,创新探索运作市场化＋运营实体化＋营销精准化的东西部电商协作模式,充分发挥市场帮扶力量,以电商帮扶带动对口区域产业转型升级,提升云上施秉区域特色产品的品牌化、标准化建设水平,有效激活市场动力,助推黔货出山黔民脱贫。

(二)基本情况

施秉县位于贵州省东部,黔东南苗族侗族自治州西北部,全县土地总面积1 531.83平方公里。县辖4乡4镇64个行政村10个社区,居住汉、苗等19个民族,总人口16.9万人。县城建成区面积达3.5平方公里,城区人口3.7万人,城镇化率达36.2%。2022年,施秉县地区生产总值413 647万元,比上年增长3.3%。施秉县少数民族人口占施秉县总人口的55.5%,主要有苗族、侗族、彝族等。在漫长的历史发展过程中,各民族形成了独具特色的文化艺术与生活习惯。以阳河风景名胜区为中心的区域,保留一定民族特色的村寨有300多个,民族服饰80余种,民族节日达135个。众多的民族节日中有芦笙会、踩歌堂、姊妹节、龙舟节,五彩缤纷的民族舞蹈有芦笙舞、板凳舞、竹杆舞、跳坡、跳场等。风味独特的民族食品有酢子肉、腌鱼、蕨菜粑、腊肉、酸汤鱼。2018年以来,临安区电商服务中心对口帮扶贵州施秉县,东西协作取得双赢效果,已带动社会投资7 000余万元,新增农产品年销售3 000余万元,直接带动2 000余名建档立卡户脱贫,间接带动20 000余个农户创新创业。

(三)做法经验

首先,注重资源统筹,运营中心运作实体化。以临安区农村电商服务

---

*　案例来源:根据笔者及团队承担的商务部重大招投标课题《提升电子商务进农村》工作搜集的相关资料,进行整理得到。

中心为主体，联动两地，建设电商协作运营中心，探索"1+3+8+600"实体化运作模式，集聚市场资源，培育施秉产业发展内生动力。建立1个临安施秉电商协作运营中心，负责施秉特色商品的设计、整合、配送，实施批量采购、分销配送、线上线下结合等实体化运营；建立农产品3个标准体系，协助原产地进行产品供应链基础设施、农产品全过程溯源品控、产品品牌等基础体系建设；探索实施8类分销模式，分别是旅游产品销售点的施秉特色商品专柜销售、商场超市销售网点的施秉产品专卖区销售、企事业单位工会福利销售、云上施秉线上特色馆销售、微商体系销售、杭州主城区连锁农产品店网点销售、施秉手工艺品外贸渠道销售、农特产品展销节促销；搭建600人才培育体系，重点围绕电商带头人进行电商平台操作技能、电商精准营销、电商品牌等方面的针对培训，每年培育200名电商带头人、农村致富带头人、新农人、营销行政管理人员，建立以市场为主体的人才培育梯队体系。

其次，聚焦流通体系，实现产销对接精准化。实现政府资源的有效对接。根据产品目录对接珠三角、长三角和杭城等5个大型批发市场、3家大型商超，目前高山蔬菜、虫草鸡、猪肉等产品已形成订单800万元。实现展销活动的有效对接。充分利用杭州商场、超市、水果连锁店以及外贸企业等方面的资源，积极开展了施秉产品专题推介会、精品水果专场推介会、苗绣专题对接会等4场活动，其中精品水果推介会一天线下销售1 000箱，线上销售1 471箱。苗绣协会和临安7家外贸企业签订供货和供线双向协议。实现电商资源的有效对接。通过电商运营中心的统筹运作，充分发挥杭州电商平台企业、服务型企业、快递企业等实体供应链、产业链和价值链方面的优势，拓展多方面的渠道对接。

再次，利用民族工艺，创新电商帮扶。抓产品提质。发挥网上平台信息优势，瞄准市场需求，在平绣、辫绣、打籽等多种绣法的基础上，参考西方壁画、民俗装饰画等创意，融合苗族民族特色和现代时尚元素，开发符合市场现代生活需求的苗绣产品，推动苗绣从民间传统工艺品向现代文创产业转型。抓品牌培育。对施秉苗绣产品进行统一品牌策划和包装设计，打造具有核心竞争力的知名苗绣文创品牌，从而提高产品附加值。同时，引导企业和家庭作坊成立协会，促进苗绣家庭作坊向现代企业转型，积极打造有实力的苗绣企业品牌，支持他们打响苗绣村、苗绣之都等地域品牌，将苗绣打造成为施秉的地方名片。抓市场拓展。坚持线上线下并举,构建完善的市场体系,一方面,合作搭建云上施秉馆、公众号、微店等电商平台,将苗绣产品的展示销售渠道拓展到线上,构建高效率、低成本、广覆盖的销售模式。另一方面,线下组织开展各类产销对接活动,拓展渠道对接,形成长期稳定的供销关系和销售渠道,并打造线上、线下订单化服务,构建完善的市场体系。

最后,推动苗绣手工艺产业体系转型升级。建立一个基地。建立施秉贫困妇女刺绣产业实训基地,项目中心占地 500 平方米,选址落户于建档立卡户相对集中的马号镇,建立集教育、培训、设计、生产、加工于一体的刺绣产业工作基地。建立临安施秉电商协作运营中心。中心由临安电商服务公共中心实体化运营,统筹互联网和销售专班等资源。主要进行苗绣、银饰等手工艺产品的统一品牌策划、包装设计和产品研发,重点开展苗绣产品线上、线下订单化服务的渠道拓展和资源对接以及人才培训等工作。

(四) 取得成效

首先,促进贫困地区居民就业。投资 100 万元建立集教育、培训、设计、生产、加工一体的施秉贫困妇女刺绣产业实训基地,举办电商实用技能培训班和电商创新培训班,进行当地美工、摄影、经营、销售、管理等方面的人才培训,让更多施秉当地的电商企业参与到苗绣特色产品的宣传、销售和服务体系中,与绣娘培训形成双向支撑、相辅相成的人才培育体系,为助力黔货出山市场化的深度推进培育企业主体、夯实市场基础。该项目覆盖当地 500 名建档立卡户绣娘,三年完成 7 000 名绣娘贫困户脱贫,辐射带动全区 10 000 余名绣娘创新创业。施秉苗绣产业的发展,吸引 2 000 余名绣娘回乡就业,辐射带动邻里乡村和在外打工的妇女加入到刺绣行业中来,让更多的贫困妇女从中受益。其次,推动民间传统工艺品向现代文创产业转型。施秉苗绣产品进行统一品牌策划和包装设计,打造具有核心竞争力的知名苗绣文创品牌,从而提高产品附加值。引导企业和家庭作坊成立协会或网商联盟抱团发展,促进苗绣家庭作坊向现代企业转型,积极打造有实力的苗绣企业品牌,支持打响苗绣村、苗绣之都等地域品牌,将苗绣打造成为施秉的地方名片,打造具有核心竞争力的知名苗绣文创品牌,提高产品附加值。目前两地已开展线上线下产品展销和资源对接活动 8 次,合作开发苗绣新品 11 个,完成苗绣手工村落授牌 2 个,完成产品宣传片制作 2 个,苗绣文创作品入驻电商平台 3 个、合作商家 20

家，开展线上线下产品展销和资源对接活动 8 次，与临安外贸企业签订订单合作企业 8 家，共实现销售额超 1 000 万元。

临安—施秉模式如图 7-6 所示。

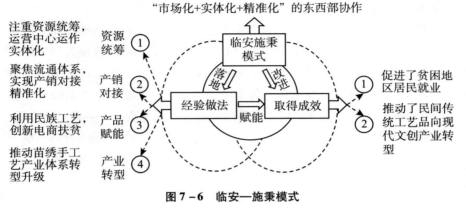

图 7-6　临安—施秉模式

资料来源：由笔者绘制。

六、甘肃广河模式："电商企业＋网货加工扶贫车间＋贫困户"*

（一）模式内涵

广河县将电子商务与传统非农特色产业融合发展，依托电商龙头企业积极创办扶贫车间，通过先店后厂，延伸到村、覆盖到户方式构建出"电商企业＋网货加工扶贫车间＋贫困户"的扶贫模式，包括厂房式扶贫车间、居家式扶贫车间，积极动员各大企业吸收贫困群众从事家庭作坊式加工，助力全县脱贫攻坚工作。

（二）基本情况

广河县地处黄土高原丘陵沟壑地带，位于甘肃省中部西南，宁夏回族

---

　　* 案例来源：根据笔者及团队承担的商务部重大招投标课题《提升电子商务进农村》工作搜集的相关资料，进行整理得到。

自治区东南部,是六盘山片区扶贫开发重点县,也是三区三州贫困县之一。全县辖6镇3乡,102个村,1 121个合作社,总人口30.16万人,其中农业人口24.36万人,人口密度每平方公里500人。2022年,广河县实现地区生产总值24.34亿元,较上年增长了4.1%。广河经济开发区是甘肃省35个省级工业开发区之一,三甲集皮毛交易中心被列为全省5个大型特色农畜产品交易市场之一,全县有以宏良、艾曼为龙头的皮革毛纺企业13家,年吞吐牛皮150多万张、羊皮350多万张、羊毛6万多吨;有活畜交易市场6个,年交易牛11.8万头、羊140万只。

近年来,广河县以电商为抓手,抓实脱贫攻坚一号工程,做大皮革、毛纺、商贸三大特色产业,实施旱作农业、畜牧养殖、转移就业和电商扶贫四大富民工程,推进项目带动、基础提升、改革突破、招商引资和生态保护五大强县行动,办好饮水、道路、住房、教育、卫生和社会保障六项惠民实事。截至2022年,广河县电商营业额突破3亿元,全县共有电商企业200多家,电商从业人员6 000多人,微商从业人员3 000多人。

(三)做法经验

首先,注重完善服务网络建设。依托国家电子商务进农村综合示范县项目,着力加强电子商务服务体系建设,建成县级电子商务服务平台2个、乡镇电子商务服务站9个、村级电子商务服务点102个,县、乡、村三级电商服务体系已经建成。县级平台重点是打造一园、一中心。一园,即广河县电商创业孵化园,由县内永和传媒、牧森服饰、祥俊华商贸三家公司整合线上线下资源成立齐聚众创电子商务公司,投资1 200万元,设立广河县电商创业孵化园。一中心,即齐家电商五中心,位于广河经济开发区,建筑总面积3.8万平方米,按照线下体验与线上营销相结合的方式,建设集体验、展示、销售、物流和金融服务于一体的电商中心,打造对外展示销售的电商旗舰。

其次,注重加大电商培训力度。把电商人才培训作为电子商务发展的有效突破口,加大电商培训力度,累计举办电商培训班45期,培训电商人才3 800多人,实现就业创业1 500人。坚持"请进来培训",邀请国内知名电商专家,开展电商政策理论、运营操作、电商助推特色产业发展等专题培训,促进各级干部和电商企业深化认识、转变观念,累计培训县、乡、村三级干部和电商企业代表700余人次。坚持"走出去培训",结合全县大中专毕业生就业难的实际，县上想方设法创造就业机会，在州上的大力支持下，筹措资金 400 多万元，连续组织 6 批 560 多名未就业大中专毕业生赴电商发达的浙江义乌工商学院进行培训，学习经验、增长见识，激发未就业毕业生就业创业的热情。

再次，注重帮扶车间建设。把推进电商扶贫作为精准扶贫的重要举措，积极打造扶贫车间，通过先店后厂、延伸到村、覆盖到户的方式，鼓励引导电商企业参与扶贫车间建设，探索出一条以特色产业为依托、政策扶持为牵引、企业带动为支撑、车间培训为抓手、群众增收为目标的就近就业扶贫新路子，主要采取 2 种模式：第一种是厂房式扶贫车间。通过中央定点帮扶单位引进企业办扶贫车间、东西部扶贫协作引进企业办扶贫车间、州内企业办扶贫车间、返乡创业人员领办扶贫车间等形式，利用长期闲置的国有资产作为扶贫车间，并给予入驻企业三年免房租或政府和企业各出资一部分建设扶贫车间，并免入驻企业的租赁费用的优惠政策，组织贫困人口从事产品初加工、来料加工制造等劳动密集型生产。第二种是居家式扶贫车间。按照小分散、大集中的要求，由企业找销路、签订单、定生产计划，生产任务下达农户，农户利用闲暇时间，按要求在家分散加工，最后由企业集中包装、统一销售，形成不受限于固定的时间地点，与农闲对接的居家式扶贫车间。

最后，注重孵化创新。在电商发展的初始阶段，广河县注重突出特色、发挥优势，引导有条件的皮革制品加工企业在阿里巴巴、淘宝、京东等电商平台开设网店，鼓励皮革加工企业及个体加工户与淘宝、京东网店签订供货协议，为网店供应羊皮护膝、护肩、手套等皮革成品，形成线上经营与线下生产互促共进。在积累一定发展经验后，逐步拓宽领域，引导电商企业打特色牌，开设甜麦子、油炸食品、茶叶、中药材等特色产品网店，让本地的土特产搭上电商销售的快车，不断扩大电商发展规模。借助电商产业发展，促进大众创业、万众创新，吸引未就业的大中专毕业生和社会青年开设网店创业或在电商企业实现就业。目前，全县有 2 000 多人通过电子商务实现了就业和创业。

（四）取得成效

一方面，发展壮大了本土电商龙头企业。县上按照扶强扶优的思路，从政策、技术、资金等方面，加大对本土企业扶持力度，使本地的传统企业得到进一步发展壮大。比如，西裕工贸原本是一家生产护膝、护腰、护肩、马甲等服饰的传统皮革制品企业，2015年县上引导该公司入驻电商服务中心，协调解决生产用地，鼓励企业创新产品，销售规模迅猛发展，销售产品扩充到劳保用品等5大系列产品40余种款式。2018年，线上销售额达到4 800万，被省商务厅评为全省优秀电商企业，旗下的冬窝旗舰店被评为全省优秀网店。目前，全县有以西域工贸为主的皮革制品电商企业18家，线上年销售额5 100多万元；以正清商贸为主的中药材电商企业26家，线上年销售额5 500多万元；以燕麦郎为主的特色小吃电商企业35家，线上年销售额500多万元。这些龙头企业既有实体店进行线下生产经营，又在网店开展线上交易，生产经营状况稳定向好。

另一方面，富民产业培育成效显著。县上为加快产业发展，推动精准扶贫工作，于2017年启动物流中心并无偿提供给企业，进行加工、仓储、物流等。目前，西裕工贸、明礼裘皮、陈俊皮革和福禄海铝型材4家企业入驻物流中心，县上为每家企业无偿提供1座交易大棚和1座展厅。每户企业用工都在百人以上，其中70%是吸纳易地扶贫搬迁到当地的农村贫困户。共建设扶贫车间24个，其中在贫困村建立15个，在孵化园建立5个，物流中心建立4个，经技能培训带动就业人员3 800多人，其中带动贫困户1 770人。通过企业引导在贫困村设点加工，覆盖贫困户分户加工，吸引更多的贫困户加工，使贫困户足不出户就能收入2 000元到3 000元，对稳定脱贫具有十分重要的作用。

甘肃广河模式如图7-7所示。

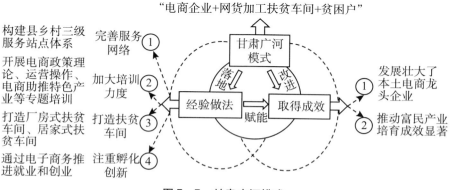

图7-7 甘肃广河模式

资料来源：由笔者绘制。

第四节 共同富裕时代电子商务促进农民收入"扩中""提低"的发展思路与对策

一、健全"扩中""提低"体系

一是坚持分类施策、精准发力，编制农村电商赋能"扩中""提低"的总体方案、行动计划和工作清单，制定重点领域专项政策和重点群体激励具体方案，构建"共性＋个性"的"扩中""提低"政策工具箱。二是发挥农村电商公共服务体系全域覆盖的优势，依托农村电商服务站点梳理制定村级辖区资源、供给需求、政策支持、农村剩余劳动力"四张清单"，建立"扩中""提低"重点群体基础数据库。三是探索以电商共富工坊为纽带的"扩中""提低"模式，引导强村公司、村经合社及各类企业积极参与电商共富工坊建设，支持共富工坊与电商专业镇村建设有机结合，鼓励和引导电子商务企业、农业龙头企业、农业种养与加工基地、农副产品营销大户牵头组建不同形式的电商共富工坊。四是综合集成电商共富工坊的相关政策源，最大程度释放共富工坊劳务输出、入股分红、产业带动、技能帮带、平台共享等方面的红利，实现"群众增收、企业增效、集体增富"。五是加强数字化应用，开发电商共富工坊数字化平台，多跨协同相关政府部门，建设资源统筹、就业服务、政策解读等数字化应用场景，提供一站式、全流程、低成本的数字化公共服务，打造共富工坊数字化服务体系。

二、提升"扩中""提低"能力

以"精准画像"为支撑，以"精准培训"为核心，通过"精准服务"赋能、"精准施策"保障，建立农村电商人才分级分类培育模式，提升农村居民"扩中""提低"能力。一是建立农村地区电商讲师团及带头人数据库。依托电商协会、培训机构及全省高等学校、职业院校，聚集创业指导专家、农村电子商务专家、农业技术专家、电商行业优秀企业家组成农村电商带头人专家讲师团，落实专家和带头人帮扶制，组织讲师与带头人一对多的帮带培养方式，提升其增收能力。二是开发多元化培训课程。以精准帮扶为目标，一方面，针对农业种植养殖户、创业者、农民企业家、涉农企业负责人、专业合作社带头人、返乡人员等不同对象，制定差异化电商培训计划。另一方面，探索建立科学课程体系，结合社交电商、直播电商、内容电商等新模式业态，不断完善电商基础理论课程及开设网店、微店、网络营销等实操性课程。三是建立培训后续跟踪机制。在培训成果的跟踪回访方面建立跟踪回访制度，定期回访培训对象，跟踪指导电商创业、网购网销等，并提供辅导、孵化等定向服务，强化培训转化机制，巩固培训效果。同时，结合学员反馈，进一步优化培训教材及培训课程，提升培训实效。

三、拓宽 "扩中" "提低" 路径

一是就业优先，增加劳动性收入。鼓励电商经营主体通过代养、代管、代加工、代销和吸纳就业等方式，带动本地居民就地就业。同时，支持电商企业结合淡旺季岗位需求，就地吸纳妇女、中老年劳动力等农村剩余劳动力灵活就业。二是促进创业，增加经营性收入。制定差异化的增收举措，拓宽电商技能成才通道，优化电商技能创富路径。重点鼓励返乡人才、农创客、农民主播等利用直播电商、短视频电商等模式积极创业。探索建立直播电商培训基地并搭建创业交流平台，优先从创业经历丰富并且擅长社交的新青年中培养一批直播新农人。三是盘活资源，增加财产性收入。通过土地流转、集体产权改革等方式，鼓励农村居民参与电商共富工坊项目建设，把村集体经济发展和增加群众财产性收入结合起来，实现 "扩中" "提低"。四是精准帮扶，落实低收入群体兜底保障。从用工管理和权益保护、职业技能培训、社会保障等方面制定激励举措，支持电商企业通过产业联动、以商哺农、结对帮扶等形式，精准帮扶低收入群体，强化兜底保障。五是探索完善政府主导式、产业集群式、龙头企业主导式、高校主导式和新农人主导式等不同类型的电商共富工坊建设标准，明确建设任务，完善运营机制，支持中低收入农户通过参与共富工坊实现本地就业、灵活就业和自主就业，最大程度地发挥共富工坊的联农带农作用。

四、夯实"扩中""提低"基础

一是加快农村电商产业集聚区建设。鼓励各地建设综合性的县域电商产业园区，设立农村电子商务公共服务平台，引进配套服务企业，构建电商产业发展生态，着力完善企业孵化、人才培训、仓储物流等配套服务，吸引具有发展潜力的各类农村电商主体落户园区，提升产业集聚效应，降本提效，共同促进增收。二是积极打造农村电商优势产业链。引导当地的特色产品与电子商务相结合，鼓励优势产业进行集群，采取差别化经营、战略联盟以及分工合作的方式，壮大特色产业集群。鼓励龙头企业聚集农村电商产业链上下游资源，依托互联网技术和市场化手段，将小农户、合作社纳入规范化、标准化、集约化的生产经营系统，形成协同高效、利益共享的产供销体系。三是加快培育农村电商特色产业集群。引导有规模、有特色、有基础的农村主导产业，通过建立利益联结机制，形成互惠互利的产业集群，从而带动农业现代化发展、技术水平的提高及相关产业的一体化发展。四是依托农村电商乡镇服务中心、村级服务站点等，成立电商共富工坊服务中心，迭代创新服务内容，提供展示销售、供需对接、用工招聘、技能培训、共富超市等一体化服务。五是促进农村物流服务提质增效，以站点功能整合提升为核心，持续推进县乡村三级物流配送体系建设，迭代创新农村物流共配新模式新业态。同时，因地制宜建设农产品产地仓、集散仓和分拨仓，逐步补齐农产品冷链物流设施短板。

五、扩大"扩中""提低"示范效应

首先，打造农村电商赋能"扩中""提低"的示范样板。把农村电商示范体系建设作为重要抓手，持续大力推进公共服务中心示范、物流站点示范等各级各类示范引领，不断扩大示范覆盖面，引领带动欠发达地区农村电商蓬勃发展，最终推动增收。其次，强化电商龙头企业的示范带动效应。注重发挥电商龙头企业"领头雁"作用，鼓励龙头企业及时总结农村电商"扩中""提低"经验，并通过人才共享、技术培训、对口帮扶等形式，赋能更多电商企业，切实帮助村集体及村民增收致富，带动区域经济发展。再次，提高东部发达地区带动西部欠发达地区共富的示范带动效应。充分利用东西部协作工作平台,进一步深化东西部电商产业交流合作,通过东部省市帮扶西部欠发达地区,建设一批帮扶产业基地,培育一批龙头企业和合作社,引进一批有帮扶意愿的优质电商企业,支持欠发达地区居民通过参与电商产业链环节,实现"扩中""提低"。被帮扶地区要充分利用本地劳动力、土地、资源等优势,主动配合做好电商产业对接协作,承接东部发达地区电商产业转移。最后,加强农村电商品牌的示范效应。梳理总结电商品牌发展优势,并通过报纸、广播、电视、网络、宣传册、宣讲会等多渠道宣传并推广品牌发展经验。鼓励企业因地制宜,结合自身品牌发展情况对成功经验加以吸收、复制。

参 考 文 献

[1] 边发吉：《全面推进乡村振兴实现全体人民共同富裕》，载《河北省社会主义学院学报》2021 年第 1 期。

[2] 曹亚雄、刘雨萌：《新时代视域下的共同富裕及其实现路径》，载《理论学刊》2019 年第 4 期。

[3] 查雅雯、曹立：《缩小差距促进共同富裕：主要挑战、现实基础与实现路径》，载《理论视野》2022 年第 5 期。

[4] 陈岑、张彩云、周云波：《新时代背景下的共同富裕：挑战与路径选择》，载《西南金融》2022 年第 4 期。

[5] 陈丹霞：《电商扶贫"砀山模式"的现状、困境及优化路径》，载《东北农业科学》2021 年第 1 期。

[6] 陈东平、宋文华：《农民与新型农业经营主体利益联结稳定性：信任的作用——基于多个案例的分析》，载《农村经济》2018 年第 3 期。

[7] 陈冬宇：《基于社会认知理论的 P2P 网络放贷交易信任研究》，载《南开管理评论》2014 年第 3 期。

[8] 陈虎东：《互联网 + 农村：农村电商的现状、发展和未来》，清华大学出版社 2017 年版。

[9] 陈劲、李飞宇：《社会资本：对技术创新的社会学诠释》，载《科学学研究》2001 年第 3 期。

[10] 陈娟、吴昊：《基本公共服务均等化公众满意度影响因素分析》，载《学术探索》2017 年第 4 期。

[11] 陈丽君、胡晓慧、顾昕：《社会流动感知和预期如何影响居民幸福感？——公共服务满意度的中介作用和社会公平感的调节作用》，载《公共行政评论》2022 年第 1 期。

[12] 陈伟、潘伟、杨早立：《知识势差对知识治理绩效的影响机理研究》，载《科学学研究》2013 年第 12 期。

［13］陈锡文：《陈锡文谈"中国农村改革历程四件大事"（三）提出城乡一体化发展战略》，载《农村工作通讯》2017年第14期。

［14］陈享光、汤龙、唐跃桓：《农村电商政策有助于缩小城乡收入差距吗——基于要素流动和支出结构的视角》，载《农业技术经济》2023年第3期。

［15］陈晓琴、王钊：《"互联网+"背景下农村电商扶贫实施路径探讨》，载《理论导刊》2017年第5期。

［16］陈旭堂、余国新、朱磊：《基于钻石模型的县域农村电子商务发展要素分析——以浙江遂昌为例》，载《农村经济》2018年第5期。

［17］陈岩、王文会：《农村电商何以精准扶贫》，载《人民论坛》2020年第15期。

［18］陈燕翎、庄佩芬、彭建平：《贸易开放对农业经济高质量发展的影响——基于农业绿色全要素生产率的视角》，载《生态经济》2021年第12期。

［19］陈秧分、王国刚：《乡村产业发展的理论脉络与政策思考》，载《经济地理》2020年第9期。

［20］陈宇斌、王森：《土地流转政策对农业高质量发展的影响——基于连续型DID的实证分析》，载《当代经济管理》2022年第1期。

［21］程宣梅、陈侃翔、林汉川：《农村电子商务促进包容性创业的微观机制及政策展望》，载《浙江工业大学学报（社会科学版）》2015年第1期。

［22］楚向红：《第二个百年奋斗目标视域下推进共同富裕的新起点、新挑战和新思路》，载《领导科学》2021年第16期。

［23］崔超、杜志雄：《发展新型集体经济：2020年后农村减贫路径选择——基于陕西省丹凤县的实地调查》，载《农村经济》2022年第4期。

［24］崔丽丽、王骊静、王井泉.：《社会创新因素促进"淘宝村"电子商务发展的实证分析——以浙江丽水为例》，载《中国农村经济》2014年第12期。

［25］戴国良：《供应链信息共享与竞争战略》，载《物流工程与管理》2017，39年第8期。

［26］丁煌、任洋：《农村电商公共服务体系建设何以破解农副产品产销困境——来自贵州省全链条型服务体系的实践证据》，载《贵州财经

大学学报》2022 年第 1 期。

[27] 丁旭：《"事件"主导的乡村建设路径初探——日本、中国台湾及大陆地区相关乡村建设经验启示》，载《建筑与文化》2015 年第 12 期。

[28] 丁一珂、宾建成：《浅论新时代中国实现共同富裕的挑战与路径》，载《特区经济》2021 年第 4 期。

[29] 董畅、吴萍：《互联网 + 时代下的农村电子商务发展》，载《互联网天地》2020 年第 11 期。

[30] 董坤祥、侯文华、丁慧平、王萍萍：《创新导向的农村电商集群发展研究？——基于遂昌模式和沙集模式的分析》，载《农业经济问题》2016 年第 10 期。

[31] 董志勇、秦范：《实现共同富裕的基本问题和实践路径探究》，载《西北大学学报（哲学社会科学版)》2022 年第 2 期。

[32] 杜惠英、耿志敏：《基于社会认知理论的无人酒店消费者使用意愿研究》，载《北京邮电大学学报（社会科学版)》2020 年第 4 期。

[33] 杜建刚、范秀成：《服务补救中情绪对补救后顾客满意和行为的影响——基于情绪感染视角的研究》，载《管理世界》2007 年第 8 期。

[34] 杜静、魏江：《知识存量的增长机理分析》，载《科学学与科学技术管理》2004 年第 1 期。

[35] 杜永红：《乡村振兴战略背景下网络扶贫与电子商务进农村研究》，载《求实》2019 年第 3 期。

[36] 段雪珊、黄祥祥：《乡村振兴：战略定位与路径探索——第二届中国县域治理高层论坛会议综述》，载《社会主义研究》2018 年第 1 期。

[37] 樊玉枝：《发展农村电子商务，助推农村精准扶贫——鄂州市农村精准扶贫调研》，载《鄂州大学学报》2017 年第 4 期。

[38] 范柏乃、唐磊蕾：《基本公共服务均等化运行机制、政策效应与制度重构》，载《软科学》2021 年第 8 期。

[39] 范晓屏、马庆国：《基于虚拟社区的网络互动对网络购买意向的影响研究》，载《浙江大学学报（人文社会科学版)》2009 年第 5 期。

[40] 方莹、袁晓玲：《精准扶贫视角下农村电商提升农户收入的实现路径研究》，载《西安财经学院学报》2019 年第 4 期。

[41] 方志权、张晨、楼建丽：《上海乡村振兴的经济价值、生态价值、美学价值的实践与探索》载《科学发展》2022 年第 4 期。

［42］冯献、李瑾：《数字化促进乡村公共文化服务可及性的影响与作用机制分析——以北京市 650 份村民样本为例》，载《图书馆学研究》2021 年第 5 期。

［43］高慧智、张京祥、罗震东：《复兴还是异化？消费文化驱动下的大都市边缘乡村空间转型——对高淳国际慢城大山村的实证观察》，载《国际城市规划》2014 年第 1 期。

［44］高强、曾恒源：《巩固拓展脱贫攻坚成果同乡村振兴有效衔接：进展，问题与建议》，载《改革》2022 年第 4 期。

［45］耿荣娜、曹丽英．：《基于 AHP 方法的农村电子商务发展制约因素》，载《江苏农业科学》2016 年第 9 期。

［46］关婷、薛澜、赵静：《技术赋能的治理创新：基于中国环境领域的实践案例》，载《中国行政管理》2019 年第 4 期。

［47］管志贵、田学斌、孔佑花：《基于区块链技术的雄安新区生态价值实现路径研究》，载《河北经贸大学学报》2019 年第 3 期。

［48］郭承龙：《农村电子商务模式探析——基于淘宝村的调研》，载《经济体制改革》2015 年第 5 期。

［49］郭红东、白军飞、刘晔虹、王晶晶、曲江：《电子商务助推小农发展的中国例证》，载《江苏大学学报（社会科学版）》2021 年第 5 期。

［50］郭红东、龚瑶莹、曲江：《农村电商的"临安模式"》，载《中国农民合作社》2020 年第 8 期。

［51］郭红东、周惠珺：《先前经验、创业警觉与农民创业机会识别——一个中介效应模型及其启示》，载《浙江大学学报（人文社会科学版)》2013 年第 4 期。

［52］韩长赋：《大力实施乡村振兴战略》，载《农民科技培训》2018 年第 1 期。

［53］韩俊：《乡村振兴战略五处发力》，载《中国乡村发现》2020 年第 1 期。

［54］韩文龙、祝顺莲：《新时代共同富裕的理论发展与实现路径》，载《马克思主义与现实》2018 年第 5 期。

［55］韩雅清、杜焱强、苏时鹏、魏远竹：《社会资本对林农参与碳汇经营意愿的影响分析——基于福建省欠发达山区的调查》，载《资源科学》2017 年第 7 期。

[56] 郝飞飞、闫永超、葛玮钰：《新时代："四个全面"战略布局视阈下共同富裕的实现路径探究》，载《山西高等学校社会科学学报》2019年第2期。

[57] 何慧丽：《当代中国乡村复兴之路》，载《人民论坛》2012年第31期。

[58] 何美章、尤美虹：《小农户进入农业全产业链循环的机理——以湖北四家涉农供应链创新与应用试点企业为例》，载《中国流通经济》2022年第2期。

[59] 何燕玲：《"淘宝村"及新农人现象解析——遂昌模式带来的启示》，载《人力资源管理》2018年第2期。

[60] 何宇鹏、武舜臣：《连接就是赋能：小农户与现代农业衔接的实践与思考》，载《中国农村经济》2019年第6期。

[61] 洪勇：《我国农村电商发展的制约因素与促进政策》，载《商业经济研究》2016年第4期。

[62] 胡东宁、李沐霖：《互联网背景下现代流通发展对消费升级产生的影响》载《商业经济研究》2020年第17期。

[63] 胡卫卫、于水、杜焱强：《赋权理论视域下乡村公共能量场建构的三重维度》，载《华中农业大学学报（社会科学版）》2019年第4期。

[64] 胡雅淇、林海：《"互联网＋"赋能小农户对接大市场的作用机制及效果》，载《现代经济探讨》2020年第12期。

[65] 黄季焜：《乡村振兴：农村转型、结构转型和政府职能》，载《经济研究参考》2020年第10期。

[66] 黄少华：《网络时代社会学的理论重构》，载《宁夏大学学报（人文社会科学版）》2002年第3期。

[67] 黄修杰、蔡勋、储霞玲、马力、左喆瑜：《我国农业高质量发展评价指标体系构建与评估》，载《中国农业资源与区划》2020年第4期。

[68] 黄志岭：《自我雇佣能否提高农民收入》，载《农业经济问题》2017年第11期。

[69] 黄祖辉：《农村改革发展：重在政府、市场、行业的协同》，载《财经问题研究》2020年第9期。

[70] 黄祖辉：《以全面小康社会补短板为抓手推进共同富裕》，载《农业农村部管理干部学院学报》2021年第2期。

［71］黄祖辉：《准确把握中国乡村振兴战略》，载《中国农村经济》2018 年第 4 期。

［72］季顺伟、蒋海兵、任丽燕、马仁锋：《江苏农村公共服务的可达性与居民满意度空间分异》，载《上海国土资源》2021 年第 2 期。

［73］贾玮娜：《网络直播在农产品销售中的应用研究——以内蒙古某品牌葵花籽为例》，载《商场现代化》2021 年第 15 期。

［74］姜长云、李俊茹、王一杰、赵炜科：《近年来我国农民收入增长的特点、问题与未来选择》，载《南京农业大学学报（社会科学版）》2021 年第 3 期。

［75］姜晓萍、康健：《实现程度：基本公共服务均等化评价的新视角与指标构建》，载《中国行政管理》2020 年第 10 期。

［76］蒋永穆、豆小磊：《扎实推动共同富裕指标体系构建：理论逻辑与初步设计》，载《东南学术》2022 年第 1 期。

［77］蒋永穆、谢强：《扎实推动共同富裕：逻辑理路与实现路径》，载《经济纵横》2021 年第 4 期。

［78］金丽馥、史叶婷：《乡村振兴进程中农民财产性收入增长的瓶颈制约和政策优化》，载《青海社会科学》2019 年第 3 期。

［79］雷竣超、王敏、买欣：《电商扶贫下的流空间与知识生产：昆明乡村重构机制研究》，载《世界地理研究》2022 年第 1 期。

［80］李吉艳：《电商驱动下农产品品牌打造与价值提升》载《南方农机》2022 年第 11 期。

［81］李洁、邢炜：《电商市场发展与中国城乡消费趋同性——搜寻匹配的分析视角》，载《经济理论与经济管理》2020 年第 2 期。

［82］李金生、卞曰瑭、刘利平：《知识生态关系对高新技术企业自主创新的价值共创绩效影响研究》，载《江苏社会科学》2020 年第 1 期。

［83］李军国：《准确把握乡村振兴战略的总要求》，载《新长征》2018 年第 3 期。

［84］李轲：《共同富裕视角下基本公共服务均等化的制度性梗阻与纾解路径》，载《河南社会科学》2022 年第 11 期。

［85］李克让：《社会治理中基本公共服务均等化与可及性研究》，载《财会通讯》2022 年第 16 期。

［86］李敏、黄青良、周恋：《心理契约、公平感、发言权与工作卷

入——基于劳务派遣工的实证研究》，载《商业经济与管理》2013 年第 6 期。

[87] 李秋斌：《"互联网＋"下农村电子商务扶贫模式的案例研究及对策分析》，载《福建论坛（人文社会科学版）》2018 年第 3 期。

[88] 李瑞军、董晓辉：《新时代共同富裕的深刻内涵和实现路径：回顾与展望》，载《晋阳学刊》2021 年第 1 期。

[89] 李实、杨一心：《面向共同富裕的基本公共服务均等化：行动逻辑与路径选择》，载《中国工业经济》2022 年第 2 期。

[90] 李天龙、姜春云：《信息素养对高素质农民乡村数字治理参与的影响机制——来自西北地区 1280 位高素质农民的经验证据》，载《电子政务》2022 年第 6 期。

[91] 李向阳：《电子商务为精准扶贫提供新引擎》，载《人民论坛》2017 年第 10 期。

[92] 李幸芝：《乡村振兴视角下农民数字化贫困治理》，载《福州党校学报》2022 年第 3 期。

[93] 李燕凌、陈梦雅：《数字赋能如何促进乡村自主治理？——基于"映山红"计划的案例分析》，载《南京农业大学学报（社会科学版）》2022 年第 3 期。

[94] 李奕泠：《公共服务供给水平对社会公平感的影响——基于公共服务满意度的中介效应研究》，载《武汉工程职业技术学院学报》2021 年第 4 期。

[95] 李永红：《供给侧改革背景下的基本公共服务均等化分析》，载《华东经济管理》2017 年第 8 期。

[96] 李誉、路金晨、钱敏、束思勉、王祥翠：《大学生村官在农村电子商务发展中的作用》，载《合作经济与科技》2017 年第 13 期。

[97] 李昀励：《新阶段共同富裕的制度优势、挑战与对策》，载《学校党建与思想教育》2021 年第 14 期。

[98] 李章梅、起建凌、孙海清：《农村电子商务扶贫探索》，载《商场现代化》2015 年第 2 期。

[99] 李志平、吴凡夫：《农村电商对减贫与乡村振兴影响的实证研究》，载《统计与决策》2021 年第 6 期。

[100] 梁波：《加快推进基本公共服务均等化的改革举措》，载《理论探讨》2018 年第 4 期。

[101] 梁建春、张国娟：《基于感知公平的政府服务补救对民众满意度的影响研究》，载《天津行政学院学报》2012 年第 4 期。

[102] 梁强、邹立凯、杨学儒、孔博：《政府支持对包容性创业的影响机制研究——基于揭阳军埔农村电商创业集群的案例分析》，载《南方经济》2016 年第 1 期。

[103] 梁向东、梁朋：《推进基本公共服务均等化实现经济社会协调发展》，载《中国党政干部论坛》2019 年第 9 期。

[104] 梁新莉、胡哲文：《新时代乡村振兴战略的必要性探析——基于波兰尼"双向运动"视角》，载《湖北工程学院学报》2018 年第 5 期。

[105] 廖彩荣、陈美球：《乡村振兴战略的理论逻辑、科学内涵与实现路径》，载《农林经济管理学报》2017 年第 6 期。

[106] 林广毅：《农村电商扶贫的作用机理及脱贫促进机制研究》，载《中国社会科学院大学》2016 年第 12 期。

[107] 林广毅、王应宽：《涉农电商对产业扶贫的作用及相关措施探讨》，载《中国农业资源与区划》2020 年第 2 期。

[108] 凌红：《网络经济视角下农村电商发展模式分析》，载《商业经济研究》2017 年第 3 期。

[109] 刘承昊：《乡村振兴：电商赋能与地方政府外部供给的困境与对策》，载《西北农林科技大学学报（社会科学版）》2019 年第 4 期。

[110] 刘根荣：《电子商务对农村居民消费影响机理分析》，载《中国流通经济》2017 年第 5 期。

[111] 刘合光：《激活参与主体积极性，大力实施乡村振兴战略》，载《农业经济问题》2018 年第 1 期。

[112] 刘建武：《习近平共享发展思想的历史由来与重大意义》，载《马克思主义研究》2018 年第 3 期。

[113] 刘景东、党兴华：《不同知识位势下知识获取方式与突变创新的关系研究》，载《管理评论》2013 年第 7 期。

[114] 刘婧娇、董才生：《"电子商务＋农村扶贫"的理论阐释与实践路径探索》，载《兰州学刊》2018 年第 5 期。

[115] 刘磊、许志行：《基本公共服务"均等化"概念辨析》，载《上海行政学院学报》2016 年第 4 期。

[116] 刘荣君、吴光宇、赛吉拉夫：《我国农村养老保险制度的完

善：现实挑战与实践路径》，载《西南金融》2021 年第 12 期。

[117] 刘守英：《土地制度变革与经济结构转型——对中国 40 年发展经验的一个经济解释》，载《中国土地科学》2018 年第 1 期。

[118] 刘晓雪：《新时代乡村振兴战略的新要求——2018 年中央一号文件解读》，载《毛泽东邓小平理论研究》2018 年第 3 期。

[119] 刘旭雯：《中国共产党百年共同富裕实践的三重逻辑向度研究》，载《河南大学学报（社会科学版）》2021 年第 4 期。

[120] 刘亚军、储新民：《中国"淘宝村"的产业演化研究》，载《中国软科学》2017 年第 2 期。

[121] 刘彦随：《中国新时代城乡融合与乡村振兴》，载《地理学报》2018 年第 4 期。

[122] 刘宇荧、张社梅、傅新红：《农民专业合作社能否提高成员的收入？——基于参与模式的考察》，载《农村经济》2019 年第 4 期。

[123] 柳思维：《发展农村电商加快农村流通体系创新的思考》，载《湖南社会科学》2017 年第 2 期。

[124] 龙少波、丁露、余康：《中国式技术变迁下的产业与消费"双升级"互动机制研究》，载《宏观经济研究》2020 年第 10 期。

[125] 陆渊、张新文：《社会认知视角下村民有序参与乡村治理意愿影响因素研究》，载《农林经济管理学报》2021 年第 4 期。

[126] 路征、张益辉、王坤、董冠琦：《我国"农民网商"的微观特征及问题分析——基于对福建省某"淘宝镇"的调查》，载《情报杂志》2015 年第 12 期。

[127] 吕丹：《基于农村电商发展视角的农村剩余劳动力安置路径探析》，载《农业经济问题》2015 年第 3 期。

[128] 吕剑平、马亚飞、谢小飞：《小农户参与现代农业行为的影响因素——基于甘肃 348 户农户调查分析》，载《中国农业资源与区划》2022 年第 5 期。

[129] 罗明忠：《共同富裕：理论脉络、主要难题及现实路径》，载《求索》2022 年第 1 期。

[130] 马鸿佳、肖彬、张玲：《创业者调节焦点、组织间信任与新企业资源识取——有调节的中介效应》，载《南方经济》2022 年第 1 期。

[131] 梅燕、蒋雨清：《乡村振兴背景下农村电商产业集聚与区域经

济协同发展机制——基于产业集群生命周期理论的多案例研究》，载《中国农村经济》2020年第6期。

[132] 梅瑜娟：《电商时代农村物流体系存在的问题及解决策略》，载《农业经济》2019年第5期。

[133] 梅正午、孙玉栋、刘文璋：《公共服务均等化水平与公民社会公平感——基于CGSS 2013的分析》，载《财贸研究》2020年第4期。

[134] 孟天广：《政府数字化转型的要素、机制与路径———兼论"技术赋能"与"技术赋权"的双向驱动》，载《治理研究》2021年第1期。

[135] 孟鑫：《新时代我国走向共同富裕的现实挑战和可行路径》，载《东南学术》2020年第3期。

[136] 莫炳坤、李资源：《十八大以来党对共同富裕的新探索及十九大的新要求》，载《探索》2017年第6期。

[137] 欧阳日辉：《数字经济促进共同富裕的逻辑、机理与路径》，载《长安大学学报（社会科学版）》2022年第1期。

[138] 潘家恩：《城乡困境的症候与反思——以近年来的"返乡书写"为例》，载《文艺理论与批评》2017年第1期。

[139] 潘家恩：《新乡村建设"启动——来自首届新乡村建设研讨会上的报告》，载《中国改革（农村版）》2004年第1期。

[140] 潘鹏、刘莲花：《乡村振兴背景下农村电商发展的制约因素与对策》，载《电子商务》2019年第9期。

[141] 庞丹、边悦玲、张晓峰：《共同富裕视域下中国区域协调发展的现实困境与创新路径》，载《新疆社会科学》2022年第3期。

[142] 彭成圆、赵建伟、蒋和平、陈律：《乡村振兴战略背景下农村电商创业的典型模式研究——以江苏省创业实践为例》，载《农业经济与管理》2019年第6期。

[143] 彭迪云、王玉洁、陶艳萍：《中国地区基本公共服务均等化的测度与对策建议》，载《南昌大学学报（人文社会科学版）》2021年第4期。

[144] 彭芬、刘璐琳：《农村电子商务扶贫体系构建研究》，载《北京交通大学学报（社会科学版）》2019年第1期。

[145] 彭瑞梅、邢小强：《数字技术赋权与包容性创业——以淘宝村为例》，载《技术经济》2019年第5期。

［146］咸玉觉、杨东涛、何玉梅：《组织中的制度信任：概念、结构维度与测量》，载《经济管理》2018年第2期。

［147］秦芳、王剑程、胥芹：《数字经济如何促进农户增收？——来自农村电商发展的证据》，载《经济学（季刊）》2022年第2期。

［148］邱海平：《马克思主义关于共同富裕的理论及其现实意义》，载《思想理论教育导刊》2016年第7期。

［149］邱泽奇、乔天宇：《电商技术变革与农户共同发展》，载《中国社会科学》2021年第10期。

［150］邱子迅、周亚虹：《电子商务对农村家庭增收作用的机制分析——基于需求与供给有效对接的微观检验》，载《中国农村经济》2021年第4期。

［151］屈迪、贺建风：《乡村振兴背景下电子商务能否促进城乡融合？》，载《产经评论》2022年第3期。

［152］任保平、文丰安：《新时代中国高质量发展的判断标准、决定因素与实现途径》，载《改革》2018年第4期。

［153］任翀：《乡村振兴背景下农村电商助力农户增产增收路径探究》，载《广西广播电视大学学报》2021年第4期。

［154］任晓聪、和军：《我国农村电子商务的发展态势、问题与对策路径》，载《现代经济探讨》2017年第3期。

［155］申明锐、沈建法、张京祥、赵晨：《比较视野下中国乡村认知的再辨析：当代价值与乡村复兴》，载《人文地理》2015年第6期。

［156］沈费伟、刘祖云、李永明：《反思与展望：中国"乡村治理"研究评估（2004—2014）》，载《中国科技论坛》2017年第4期。

［157］苏岚岚、彭艳玲：《农民数字素养、乡村精英身份与乡村数字治理参与》，载《农业技术经济》2022年第1期。

［158］孙新波、苏钟海、钱雨、张大鹏：《数据赋能研究现状及未来展望》，载《研究与发展管理》2020年第2期。

［159］孙新波、苏钟海：《数据赋能驱动制造业企业实现敏捷制造案例研究》，载《管理科学》2018年第5期。

［160］孙志：《生态价值的实现路径与机制构建》，载《中国科学院院刊》2017年第32卷，第1期。

［161］唐斌、席振华、曾镇坚：《农村基本公共服务均等化政策的演

进逻辑及其实践工具——基于"中央一号文件"的质性分析》，载《甘肃行政学院学报》2021年第3期。

［162］唐立强、周静：《社会资本、信息获取与农户电商行为》，载《华南农业大学学报（社会科学版）》2018年第3期。

［163］唐林、罗小锋、余威震、黄炎忠、李容容：《农户参与村域生态治理行为分析——基于认同、人际与制度三维视角》，载《长江流域资源与环境》2020年第12期。

［164］唐任伍、孟娜、叶天希：《共同富裕思想演进、现实价值与实现路径》，载《改革》2022年第1期。

［165］涂圣伟、张义博、周振：《聚焦"两大群体、一项改革"有效释放农村内需空间》，载《中国经贸导刊》2023年第6期。

［166］汪向东：《农村电商新进展》，载《农业网络信息》2017年第3期。

［167］汪向东、王昕天：《电子商务与信息扶贫：互联网时代扶贫工作的新特点》，载《西北农林科技大学学报（社会科学版）》2015年第4期。

［168］汪向东、张才明：《互联网时代我国农村减贫扶贫新思路——"沙集模式"的启示》，载《信息化建设》2011年第2期。

［169］汪雨雨、姚万军、张辉：《电子商务发展下社会资本对农户创业选择的影响——基于CHIP2013农村居民数据的实证分析》，载《调研世界》2020年第10期。

［170］王超、龙飞扬：《"一村一品一店"农村电商发展模式浅析——以江苏宿迁市宿豫区为例》，载《江苏农业科学》2017年第4期。

［171］王刚、绽小林：《习近平精准扶贫重要论述的现实背景、思想基础和理论特色》，载《南都学坛》2020年第6期。

［172］王金杰、李启航：《电子商务环境下的多维教育与农村居民创业选择——基于CFPS2014和CHIPS2013农村居民数据的实证分析》，载《南开经济研究》2017年第6期。

［173］王金杰、牟韶红、盛玉雪：《电子商务有益于农村居民创业吗？——基于社会资本的视角》，载《经济与管理研究》2019年第2期。

［174］王敬尧、叶成：《基本公共服务均等化的评估指标分析》，载《武汉大学学报（哲学社会科学版）》2014年第4期。

［175］王沛栋：《我国农村电子商务发展的问题与对策》，载《中州

学刊》2016 年第 9 期。

[176] 王瑞峰：《相对贫困视阈下农村电商助农增收的中介效应研究》，载《湖南师范大学社会科学学报》2022 年第 2 期。

[177] 王思斌：《社会生态视角下乡村振兴发展的社会学分析——兼论乡村振兴的社会基础建设》，载《北京大学学报（哲学社会科学版）》2018 年第 2 期。

[178] 王铜安、肖亮：《政府干预、平台认知和采纳意向关系的实证研究》，载《科研管理》2016 年第 2 期。

[179] 王文彬：《基于资源流动视角的城乡融合发展研究》，载《农村经济》2019 年第 7 期。

[180] 王晓鸿、赵晓菲：《农业高质量发展水平测度与空间耦合度分析》，载《统计与决策》2021 年第 24 期。

[181] 王新春、戚桂杰、梁乙凯：《农村电子商务创业的演进机制——以博兴湾头村为例》，载《科技管理研究》2016 年第 23 期。

[182] 王雅婷：《快递行业政府监管存在的问题及对策研究》，湘潭大学 2019 年硕士论文。

[183] 王亚华、苏毅清：《乡村振兴——中国农村发展新战略》，载《中央社会主义学院学报》2017 年第 6 期。

[184] 王盈盈、谢滪、王敏：《精准扶贫背景下农村电商关系网络与地方营造研究——以广东省五华县为例》，载《世界地理研究》2017 年第 6 期。

[185] 王勇、李广斌：《乡村衰败与复兴之辩》，载《规划师》2016 年第 12 期。

[186] 王振振、雍岚、王乐：《居家养老社区服务可及性评价研究——基于苏州市的调研》，载《人口与发展》2016 年第 3 期。

[187] 卫兴华：《遵循共同富裕的原则促进分配公平》，载《新视野》2013 年第 5 期。

[188] 魏广龙、崔云飞：《"衰落"乡村的振兴——河北省正定县乡村社区调研及再生营建策略研究》，载《现代装饰（理论）》2016 年第 9 期。

[189] 魏后凯：《从全面小康迈向共同富裕的战略选择》，载《经济社会体制比较》2020 年第 6 期。

[190] 魏后凯：《实施乡村振兴战略的目标及难点》，载《社会发展

研究》2018 年第 1 期。

[191] 魏江、冯军政：《国外不连续创新研究现状评介与研究框架构建外》，载《国经济与管理》2010 年第 6 期。

[192] 魏晓蓓、王淼：《乡村振兴战略中农村电商聚集化"2＋"模式研究》，载《山东大学学报（哲学社会科学版）》2018 年第 6 期。

[193] 魏延安：《农村电商－互联网＋三农案例与模式》，电子工业出版社 2017 年版。

[194] 魏延安：《我国电商扶贫回顾与展望》，载《农业网络信息》2017 年第 9 期。

[195] 温涛、何茜、王煜宇：《改革开放 40 年中国农民收入增长的总体格局与未来展望》，载《西南大学学报（社会科学版）》2018 年第 4 期。

[196] 文丹枫、徐小波：《再战农村电商：互联网＋时代的下一个新战场》，人民邮电出版社 2016 年版。

[197] 文晓辉：《浙江欠发达地区生态休闲产业发展路径——基于"两山"理论的研究》，载《经营与管理》2019 年第 1 期。

[198] 吴健：《赋能视角下社区居家养老服务优化路径与保障机制研究》，重庆大学 2021 年博士论文。

[199] 吴玲：《地方高校档案管理一体化研究》，载《改革与开放》2018 年第 21 期。

[200] 夏杰长、刘诚：《数字经济赋能共同富裕：作用路径与政策设计》，载《经济与管理研究》2021 年第 9 期。

[201] 夏敏、张毅：《实际获得与主观获得感——基于社会公平感知对公共服务的调节作用》，载《甘肃理论学刊》2020 年第 6 期。

[202] 向国成、邝劲松、邝嫦娥：《绿色发展促进共同富裕的内在机理与实现路径》，载《郑州大学学报（哲学社会科学版）》2018 年第 6 期。

[203] 项继权：《中国农村建设：百年探索及路径转换》，载《甘肃行政学院学报》2009 年第 2 期。

[204] 萧裕中：《我国农村电子商务的"普惠"价值发展研究》，载《农业经济》2018 年第 9 期。

[205] 肖荆：《产业扶贫背景下北部湾农村电商创新型区域生态圈构建研究》，载《农村经济与科技》2021 年第 20 期。

[206] 肖亮、骆林勇：《基层建议完善"十城百店"援疆方式 促新

建农产品外销》，载《新华社国内动态清样》2022 年第 2888 期。

[207] 肖亮、邱毅、余福茂、袁霄：《提升电子商务进农村的物流短板及对策》，载《调研与参考》2020 年第 15 期。

[208] 肖亮、邱毅、袁霄、郭飞鹏：《提升电子商务进农村 畅通国内城乡大循环》，载《调研与参考》2020 年第 26 期。

[209] 肖亮、王家玮：《现代流通体系畅通双循环的理论逻辑与内在机理研究》，载《商业经济与管理》2022 年第 1 期。

[210] 肖亮、余福茂、郭飞鹏、袁霄：《制约我省农产品冷链物流发展的主要瓶颈及对策》，载《浙江社科要报》2020 年第 196 期。

[211] 肖亮、袁霄：《设立剑瓷产业融合创新试验区 助推历史经典产业高质量发展的建议》，载《浙江社科要报》2021 年第 68 期。

[212] 解新华：《"互联网+"环境下我国农产品电子商务模式研究》，载《商业经济研究》2016 年第 18 期。

[213] 谢治菊、黄美仪：《新农人致富带头的镜像、动力与路径》，载《湖北民族大学学报（哲学社会科学版）》2023 年第 2 期。

[214] 辛岭、刘衡、胡志全：《我国农业农村现代化的区域差异及影响因素分析》，载《经济纵横》2021 年第 12 期。

[215] 邢成举、罗重谱：《乡村振兴：历史源流、当下讨论与实施路径——基于相关文献的综述》，载《北京工业大学学报（社会科学版）》2018 年第 5 期。

[216] 熊小林：《聚焦乡村振兴战略探究农业农村现代化方略——"乡村振兴战略研讨会"会议综述》，载《中国农村经济》2018 年第 1 期。

[217] 熊兴、余兴厚、黄玲：《基本公共服务可及性的逻辑内涵、评价指标及实现路径》，载《改革与战略》2021 年第 8 期。

[218] 徐娟、邢云锋、鄢九红：《多元互动对农户参与农产品区域品牌共建意愿的影响：心理契约的中介效应》，载《农林经济管理学报》2021 年第 1 期。

[219] 徐俊忠：《十九大提出"乡村振兴战略"的深远意义》，载《经济导刊》2017 年第 12 期。

[220] 徐荤杰、杨丰瑜、孙自保：《林芝市农村电商服务站运营分析与展望》，载《高原农业》2021 年第 4 期。

[221] 许敏：《产业集聚、社会关系网络与农村电商创业绩效》，载

《农业经济与管理》2021年第2期。

[222] 闫贝贝、赵佩佩、刘天军：《信息素养对农户参与电商的影响——基于农户内在感知的中介作用和政府推广的调节作用》，载《华中农业大学学报（社会科学版)》2021年第5期。

[223] 严明明：《论公共服务公平性的相关测度方法及其面临的困境》，载《长春师范大学学报》2015年第9期。

[224] 燕连福、毛丽霞：《县域公共服务均等化推动乡村振兴的目标旨归、面临问题和实践路径》，载《兰州大学学报（社会科学版)》2022年第5期。

[225] 杨慧：《改革开放以来农村文化建设状况分析》，载《农村实用技术》2020年第9期。

[226] 杨书焱：《我国农村电商扶贫机制与扶贫效果研究》，载《中州学刊》2019年第9期。

[227] 杨永超：《供给侧改革背景下我国农村电商发展动态及创新发展研究》，载《商业经济研究》2017年第5期。

[228] 杨中芳、彭泗清：《中国人人际信任的概念化：一个人际关系的观点》，载《社会学研究》1999年第2期。

[229] 杨卓、杨海萍、曾松涛：《丽江市发展农村电子商务的SWOT分析与对策研究》载《中国市场》2018年第9期。

[230] 姚贱苟、于恩洋：《农村公共服务供给碎片化困境与整体性突破》，载《农业经济》2022年第2期。

[231] 姚星、王博、王磊：《区域产业分工、生产性服务进口投入与出口技术复杂度：来自"一带一路"国家的经验证据》，载《国际贸易问题》2017年第5期。

[232] 叶兴庆：《新时代中国乡村振兴战略论纲》，载《改革》2018年第1期。

[233] 易法敏、孙煜程、蔡轶：《政府促进农村电商发展的政策效应评估——来自"电子商务进农村综合示范"的经验研究》，载《南开经济研究》2021年第3期。

[234] 尹超、张明玉：《基于资源整合的农工商双向流通电商模式研究》，载《科学决策》2018年第9期。

[235] 余姗珊、鲍文：《农村基本公共服务供给现状及对策建议》，

载《安徽农学通报》2019年第20期。

[236] 郁建兴、肖亮、邱毅：《农村电商赋能共同富裕的浙江做法及启示》，载《调研与参考》2021年第9期。

[237] 袁峰：《电商视角下农户与互联网市场链接关系的阶段更迭及发展建议》，载《商业经济研究》2021年第22期。

[238] 原世伟、钟华、郝桐桐：《基于关联性分析的公共体育服务均等化满意度评价指标研究——以苏州市为例》，载《体育科研》2018年第4期。

[239] 岳晓文旭、王晓飞、韩旭东、周立：《赋权实践如何促进乡村新内源发展——基于赋权理论的多案例分析》，载《中国农村经济》2022年第5期。

[240] 曾亿武、杨红玲、郭红东：《农村信息化发展顶层设计：政策回顾与前瞻》，载《农林经济管理学报》2020年第1期。

[241] 湛礼珠：《社会伦理、国家治理与农村基本公共服务供给》，载《当代经济管理》2021年第9期。

[242] 张灿：《论电子商务产业集群的形成机制——基于"淘宝第一村"的案例研究》，载《区域经济评论》2015年第6期。

[243] 张国芳、蔡静如：《社区赋权视角下的乡村社区营造研究——基于宁波奉化雷山村的个案分析》，载《浙江社会科学》2018年第1期。

[244] 张焕、张彦、李海平：《新媒体视角下陕西武功农村电子商务发展的启示》，载《辽宁农业科学》2021年第2期。

[245] 张慧、周小虎、高照龙：《揭开信任的面纱——基于认知和情感视角的信任双中介模型》，载《科技管理研究》2021年第9期。

[246] 张京祥、申明锐、赵晨：《乡村复兴：生产主义和后生产主义下的中国乡村转型》，载《国际城市规划》2014年第5期。

[247] 张世贵：《缓解相对贫困视角下的农村电商扶贫：机制与路径》，载《电子政务》2021年第3期。

[248] 张文潇：《农村电商与城乡市场体系良性发展研究——以古木县为例》，载《广西民族大学学报（哲学社会科学版）》2020年第1期。

[249] 张小允、许世卫：《新发展阶段提升中国农产品质量安全保障水平研究》，载《中国科技论坛》2022年第9期。

[250] 张晓平、杨皓：《习近平关于精准扶贫工作的重要论述探析》，

载《重庆邮电大学学报（社会科学版）》2019 年第 1 期。

［251］张彦龙、高珂：《推进精准扶贫的新路径——甘肃省陇南市电商扶贫的启示》，载《中国工程咨询》2015 年第 10 期。

［252］张勇：《透过"博士春节返乡记"争鸣看乡村问题、城乡矛盾与城乡融合》，载《理论探索》2016 年第 4 期。

［253］张玉杰：《技术转移势差论》，载《开放导报》1999 年第 10 期。

［254］张占斌、吴正海：《共同富裕的发展逻辑、科学内涵与实践进路》，载《新疆师范大学学报（哲学社会科学版）》2022 年第 1 期。

［255］赵丹玉：《农村电商发展对农村产业融合的促进作用——以甘肃省为例》，载《中国商论》2021 年第 17 期。

［256］赵礼强、姜崇、成丽：《农村电商发展模式与运营体系构建》，载《农业经济》2017 年第 8 期。

［257］赵丽琴、李琳、王天娇：《我国新型城镇化对共同富裕的政策效应研究》，载《经济问题》2023 年第 2 期。

［258］赵玲：《共享发展视域中农村基本公共服务均等化研究》，载《马克思主义与现实》2019 年第 4 期。

［259］赵西华、周曙：《农民创业现状、影响因素及对策分析》，载《江海学刊》2006 年第 1 期。

［260］赵宇虹、李广：《向高质量发展阶段迈进的农业发展：背景、走向、规律与路径》，载《农业经济》2020 年第 1 期。

［261］浙江省派驻四川省工作组：《新农人＋市场化＋全链条打造电商扶贫通江模式》，载《浙江经济》2019 年第 14 期。

［262］郑功成：《以中共二十大精神引领社会保障体系建设》，载《群言》2023 年第 1 期。

［263］郑瑞强、张哲萌、张哲铭：《电商扶贫的作用机理、关键问题与政策走向》，载《理论导刊》2016 年第 10 期。

［264］郑石明、邹克、李红霞：《绿色发展促进共同富裕：理论阐释与实证研究》，载《政治学研究》2022 年第 2 期。

［265］郑志来：《金融供给侧视角下结构改革与农村电商融资体系重构》，载《兰州学刊》2020 年第 1 期。

［266］钟燕琼：《农村电商发展现状及对农村居民消费的影响》，载《商业经济研究》2016 年第 11 期。

［267］钟钰：《向高质量发展阶段迈进的农业发展导向》，载《中州学刊》2018 年第 5 期。

［268］钟真、封启帆、王翔瑞：《共享富农：农业农村现代化中的民生福祉增进》，载《农村经济》2021 年第 10 期。

［269］周冬、叶睿：《农村电子商务发展的影响因素与政府的支持——基于模糊集定性比较分析的实证研究》，载《农村经济》2019 年第 2 期。

［270］周飞飞：《电商经济赋能农户对接市场的作用、困境及应对》，载《农业经济》2023 年第 1 期。

［271］周海琴、张才明：《我国农村电子商务发展关键要素分析》，载《中国信息界》2012 年第 1 期。

［272］周菁华：《转型期我国农民创业：行为、风险及激励———以重庆市为例》，西南大学 2012 年博士论文。

［273］周军杰：《虚拟社区退休人员的知识贡献：基于社会认知理论的研究》，载《管理评论》2016 年第 2 期。

［274］周荣虎：《企业信息共享水平对供应链绩效影响的实证研究——以制造型企业为例》，载《中国商论》2017 年第 30 期。

［275］周绍杰、王洪川、苏杨：《中国人如何能有更高水平的幸福感——基于中国民生指数调查》，载《管理世界》2015 年第 6 期。

［276］周文、何雨晴：《共同富裕的政治经济学理论逻辑》，载《经济纵横》2022 年第 5 期。

［277］周叶、赵慧峰、刘艳靖：《现代农产品物流信息联结模式构建研究——以保定市果蔬农产品物流为例》，载《农业科技管理》2008 年第 5 期。

［278］周泽红、郭劲廷：《数字经济发展促进共同富裕的理路探析》，载《上海经济研究》2022 年第 6 期。

［279］朱进芳：《实施乡村振兴战略需要防范的五个问题》，载《经济纵横》2019 年第 3 期。

［280］朱品文：《农村电商发展困境及对策分析》，载《商业经济研究》2016 年第 10 期。

［281］祝明伟、李随成、杨功庆：《企业的 IT 能力及信息共享对研发合作的影响机理》，载《科技进步与对策》2008 年第 1 期。

［282］ Adams Robert. The Empowerment Approach to Social WorkPractice: Building the Beloved Community. *The British Journal of Social Work*, Vol. 32, No. 4, 2002, pp. 509 - 510.

［283］ Daniel Prajogo A, Jan Olhager B. Supply Chain Integration and Performance: The Effects of Long-term Relationships, Information Technology and Sharing, and Logistics integration. *International Journal of Production Economics*, 2012, 135 (1): 514 - 522.

［284］ Bergstro M F. Capital Subsidies and the Performance of Firms. *Small Business Economics*, Vol. 14, No. 3, 2000, pp. 183 - 193.

［285］ Bhattacherjee A. Understanding Information Systems Continuance: An Expectation-Confirmation Model. *MIS Quarterly*, Vol. 25, No. 3, 2001, pp. 351 - 370.

［286］ Bierly P, Chakrabarti A. Generic Knowledge Strategies in the U. S. Pharmaceutical Industry-Knowledge and Strategy - Chapter 13. *Strategic Management Journal*, Vol. 17, No. S2, 2015, pp. 123 - 135.

［287］ Blodgett, Jeffrey, et al. The Effects of Perceived Justice on Complainants' Negative Word-of-Mouth Behavior and Repatronage Intentions. *Journal of Retailing*, Vol. 69, 1993, pp. 399 - 428.

［288］ Bussey, Kay, and A Bandura. Social Cognitive Theory of Gender Development and Differentiation. *Psychological Review*, Vol. 106, No. 4, 1999, pp. 676 - 713.

［289］ Cattaneo L B, Chapman A R. The Process of Empowerment: a Model for Use in Research and Practice. *American Psychologist*, Vol. 65, No. 7, 2010, pp. 646.

［290］ Celeste See-Pui Ng. Intention to Purchase on Social Commerce Websites Across Cultures: A Cross-Regional Study. *Information & Management*, No. 508, 2013, pp. 609 - 620.

［291］ Chua R Y J, Ingram P, Morris M W. From the Head and the Heart: Locating Cognition-and Affect-based Trust in Managers' Professional Networks. *Academy of Management Journal*, Vol. 51, No. 3, 2008, pp. 436 - 452.

［292］ Colquitt J A, Conlon D E, et al. Justice at the Millennium: a Meta-analytic Review of 25 Years of Organizational Justice Research. *Journal of Applied Psychology*, Vol. 86, No. 3, 2001, pp. 425 – 445.

［293］Daryl Koehn. The Nature of and Conditions for Online Trust. *Journal of Business Ethics*, Vol. 43, No. 1/2, 2003, pp. 3 – 19.

［294］Dejun Tony Kong. Intercultural Experience as an Impediment of Trust: Examining the Impact of Intercultural Experience and Social Trust Culture on Institutional Trust in Government. *Social Indicators Research*, Vol. 113, No. 3, 2013, pp. 847 – 858.

［295］Fang Y H, Chiu C M. In Justice We Trust: Exploring Knowledge-sharing Continuance Intentions in Virtual Communities of Practice. *Computers in Human Behavior*, Vol. 26, No. 2, 2010, pp. 235 – 246.

［296］Flanagin A J. Internet Use in the Contemporary Media Environment. *Human Communication Research*, Vol. 27, No. 1, 2001, pp. 153 – 181.

［297］Fortin D R. The Impact of Interactivity on Advertising Effectiveness in the New Media. *University of Rhode Island*, 1997.

［298］Ganley D & Lampe C. The Ties that Bind: Social Network Principles in Online Communities. *Decision Support Systems*. Vol. 47, No. 3, 2009, pp. 266 – 274.

［299］Giddens A. Modernity and Self-Identity. *Beijing: Joint Publishing*, 1998.

［300］Griliches Z, Hausman J A. Errors in Variables in Panel Data. *Journal of Econometrics*, Vol. 31, No. 1, 1984, pp. 93 – 118.

［301］Gupta M, George J F. Toward the Development of a Big Data AnalyticsCapability. *Information & Management*, Vol. 53, No. 8, 2016, pp. 1049 – 1064.

［302］Hartmann, Evi, Herb, Stefan. Opportunism Risk in Service Triads-a Social Capital Perspective. *International Journal of Physical Distribution & Logistics Management*, Vol. 44, No. 3, 2014, pp. 242 – 256.

［303］Hoffman D L, Novak T P. Marketing in Hypermedia Computer – Mediated Environments: Conceptual Foundations. *Journal of Marketing*, Vol. 60, No. 3, 1996, pp. 50 – 68.

［304］Holcomb-McCoy Cheryl Bryan Julia. Advocacy and Empowerment in

Parent Consultation: Implications for Theory and Practice. *Journal of Counseling & Development*, Vol. 88, No. 3, 2010.

〔305〕Jin Y, Vonderembse M, Ragu-Nathan T S, et al. Exploring Relationships among IT-enabled Sharing Capability, Supply Chain Flexibility, and Competitive Performance. *International Journal of Production Economics*, Vol. 153, 2014, pp. 24 – 34.

〔306〕John, C, Calanni, et al. Explaining Coordination in Collaborative Partnerships and Clarifying the Scope of the Belief Homophily Hypothesis. *Journal of Public Administration Research and Theory*, 2014.

〔307〕Ju Y, Sohn S Y. Development of a National Competitiveness Index Based on a Structural Equation Model. *Technology Analysis and Strategic Management*, Vol. 1, No. 26, 2014, pp. 565 – 579.

〔308〕Lally. Identity, Performance and Technology: Practices of Empowerment, Embodiment and Technicity. *Contemporary Theatre Review*, Vol. 24, No. 2, 2014, pp. 273 – 275.

〔309〕Law N, Woo D, Wong G. A Global Framework of Reference on Digital Literacy Skills for Indicator 4. 4. 2. *Information Paper*; Vol. 51, 2018, P. 146.

〔310〕Lee J. Konczak. Defining and Measuring Empowering Leader Behaviors: Development of an Upward Feedback Instrument. *Educational and Psychological Measurement*, No. 602, 2000, pp. 301 – 313.

〔311〕Lee J W. Government Interventions and Productivity Growth. *Journal of Economic Growth*, Vol. 1, No. 3, 1996, 391 – 414.

〔312〕Lin, Chieh-Yu, Ho, Yi-Hui. RFID Technology Adoption and Supply Chain Performance: an Empirical Study in China's Logistics Industry. *Supply Chain Management*, Vol. 14, No. 5, 2009, pp. 369 – 378.

〔313〕Lind E A, Tyler T R. Procedural Justice in Organizations. *Springer US*, Chapter 8, 1988, pp. 173 – 202.

〔314〕Long, Patrick, Perdue, et al. Empowerment and Resident Attitudes Toward Tourism: Strengthening the Theoretical Foundation Through a Weberian Lens. *Annals of tourism research: A social sciences journal*, Vol. 49, 2014, pp. 33 – 50.

［315］ Luhmann N. *Trust and Power*. New York： John Wiley and Sons，1979.

［316］ Massey B L，Levy M R. Interactivity，Online Journalism，and English-Language Web Newspapers in Asia. *Journalism & Mass Communication Quarterly*，Vol. 76，No. 1，1999，pp. 138 – 151.

［317］ Mayer R. C. The Reciprocal Nature of Trust： a Longitudinal Study of Interacting Teams. *Journal of Organizational Behavior*，Vol. 26，No. 6，2005.

［318］ McAllister D J. Affect-and Cognition – Based Trust as Foundations for Interpersonal Cooperation in Organizations. *Academy of Management Journal*，Vol. 38，No. 1，1995，pp. 24 – 59.

［319］ Moorman C，Miner A S. The Impact of Organizational Memoryon New Product Performance and Creativity. *Journal of Marketingresearch*，Vol. 34，No. 1，1997，pp. 91 – 106.

［320］ Penchansky R，Thomas J W. The Concept of Access： Definition and Relationshipto Consumer Satisfaction. *Medical Care*，Vol. 19，No. 2，1981，pp. 127 – 140.

［321］ Perkins D D，Zimmerman M A. Empowerment Theory，Research，and Application. *American Journal of Community Psychology*，Vol. 23，No. 5，1995，pp. 569 – 579.

［322］ Pitt L F，Kavan R. Service Quality： A Measure of Information Systems Effectiveness. *MIS Quarterly*，Vol. 19，No. 2，1995，pp. 173 – 187.

［323］ Preece，Jenny. Sociability and Usability in Online Communities： Determining and Measuring Success. *Behaviour & Information Technology*，Vol. 20，No. 5，2001，pp. 347 – 356.

［324］ Roger Harris，Rajesh Rajora. Empowering the Poor： Information and Communications Technology for Governance and Poverty Reduction – A Study of Rural Development Projects in India. *Scientia marina*，Vol. 72，No. 2，2006，pp. 373 – 381.

［325］ Río-Lanza A，Vázquez-Casielles R，et al. Satisfaction with Service Recovery： Perceived Justice and Emotional Responses. *Journal of Business Research*，Vol. 62，No. 8，2008.

［326］ Rousseau D M, Sitkin S B, Burt R S, and Camerer C. Not So Different After All: A-Cross-Discipline View of Trust. *Academy of Management Review*, Vol. 23, No. 3, 1998, pp. 393－404.

［327］ Sambit, Lenka, Vinit, et al. Digitalization Capabilities as Enablers of Value Co-Creation in Servitizing Firms. *Psychology & Marketing*, Vol. 34, No. 1, 2017, pp. 92－100.

［328］ Severt D E, Blacksburg, et al. The Customer's Path to Loyalty: a Partial Test of the Relationships of Prior Experience, Justice, and Customer Satisfaction. *Virginiatech*. 2002.

［329］ Sheizaf R, Fay S. Networked Interactivity. Journal of Computer － Mediated Communication, 1997 (1), Volume 2, Issue 4, JCMC243, https://doi.org/10.1111/j.1083－6101.1997.tb00201.x.

［330］ Shockley-Zalabak P, Ellis K, Winograd G. Organizational Trust: What it Means, Why it Matters. *Organization Development Journal*, Vol. 18, No. 4, Winter, 2000, pp. 35－48.

［331］ Smith A K, Bolton R N, et al. A Model of Customer Satisfaction With Service Encounters Involving Failure Recovery. *Journal of Marketing Research*, XXXVI No. 3, 1999, pp. 356－372.

［332］ Steuer J. Defining Virtual Reality: Dimensions Determining Telepresence. *Journal of Communication*, 1992.

［333］ Thompson E R. Individual Entrepreneurial Intent: Construct Clarification and Development of an Internationally Reliable Metric. *Entrepreneurship Theory and Practice*, Vol. 33, No. 3, 2009, pp: 669－694.

［334］ Xiao L, Ke T, Yu F, Guo P. Impact of government support on users' participation in emerging green crowdsourcing logistics model: evidence from digital freight platform in China. *Journal of Enterprise Information Management*, 2023, pp. 583－604

［335］ Xiao L, Luo L, Ke T. The influence of eWOM information structures on consumers' purchase intentions. *Electronic Commerce Research*, 2022, pp, 1－23.

［336］ Xiao L, Wang J, Wei X. Effects of relational embeddedness on users' intention to participate in value co-creation of social e-commerce platforms", *Journal of Research in Interactive Marketing*, Vol. ahead-of-print, 2023, pp. ahead-of-print.

[337] Xiao L, Wang S. Mobile marketing interface layout attributes that affect user aesthetic preference: An eye-tracking study. *Asia Pacific Journal of Marketing and Logistics*, 2023, pp. 472 – 492.

[338] Zahra Al-Busaidi, Hemesiri Kotagama, Houcine Boughanmi, Sunil Dharmapala, John Waelti. Adoption of E-commerce in the Agricultural and Fisheries Business Sector in Oman. *Journal of Agricultural and Marine Sciences*, Vol. 14, 2009, pp. 41 – 47.

[339] Zappacosta M. Information Technologies for Rural Development: between Promises and Mirages. *Info: The journal of policy, regulation and strategy for telecommunications*, Vol. 1, No. 3, 2001, pp. 521 – 534.

[340] Zimmerman M A. Empowerment Theory: Psychological, organizational and community levels of analysis. Handbook of Community Psychology, 2012.